FEMMES DE LUMIÈRE

DES MÊMES AUTEURS

Rachel et Jean-Pierre Cartier

NOUS AVONS RENCONTRÉ LES PROPHÈTES D'AUJOURD'HUI, Albin Michel.
CES DROGUÉS QUI ONT VAINCU LA DROGUE, Plon.

Jean-Pierre Cartier

HISTOIRE DE LA CROISADE CONTRE LES ALBIGEOIS, Grasset.
L'UNIVERS DES HIPPIES, en collaboration avec Mitsou Naslednikov, Fayard.
L'AVENTURE DE LA MARINE, Presses de la Cité.
EXPLORATEURS ET EXPLORATIONS, Presses de la Cité.
L'HOMME ET LE COSMOS, en collaboration avec Stéphane Groueff, Presses de la Cité.
LA PREMIÈRE GUERRE MONDIALE, tomes 1 et 2, en collaboration avec Raymond Cartier, Presses de la Cité.
SYLVAIN, OU LE TEMPS D'UNE VIE, Presses de la Cité.
AURORE LA VENDÉENNE, Presses de la Cité.
MARIE LA TOURMENTE, Presses de la Cité.

RACHEL ET JEAN-PIERRE CARTIER

FEMMES DE LUMIÈRE

Collection « Les Chemins de la Sagesse »
dirigée par Gilles Farcet

LA TABLE RONDE
7, rue Corneille, Paris 6e

ISBN 2-7103-0468-6

1

ANILA : LE DÉSIR FOU D'ÊTRE PARFAITE

Anila regardait tomber la neige, la première de l'année, si poudreuse et si drue qu'il ne lui avait fallu que quelques minutes pour transformer le paysage et le plonger dans un impressionnant silence.

Elle savait qu'il était encore temps de renoncer, qu'en partant maintenant et en dévalant la pente à toute allure, elle avait des chances de parvenir au col avant que les congères ne l'aient rendu infranchissable et d'arriver ainsi saine et sauve au monastère. Il lui fallait se décider vite : encore une heure ou deux et il serait trop tard. Elle devrait alors attendre au moins six mois avant de revoir un visage humain.

La grotte lui sembla soudain étroite et austère : des parois nues et luisantes par endroits d'humidité, un poêle à bois, un petit autel avec des images saintes, une paillasse et quelques ustensiles... Il lui avait fallu tellement lutter pour arriver à ce dépouillement ! Elle avait encore dans les oreilles les sombres avertissements des bergers lorsqu'elle leur avait demandé l'autorisation d'habiter la grotte qu'ils avaient aménagée bien des années plus tôt pour y passer l'été près de leurs brebis. « Personne, lui avaient-ils dit, ne pourrait tenir dans une telle solitude avec la neige, le froid, les loups... » Lui prêter la grotte serait se rendre complice de son suicide... Elle avait tant et tant insisté qu'ils avaient fini par céder et qu'ils l'avaient même aidée à s'installer, montant son maigre mobilier et plaçant dans la grotte voisine ses réserves de farine et de riz. Puis ils l'avaient laissée en la mettant une fois de plus en garde contre ce qu'ils appelaient sa folie et son obstination.

Elle était seule maintenant, isolée dans la tourmente qui se levait au-dehors. Seule et merveilleusement calme. Après tout, que pouvait-il lui arriver? Il y a bien longtemps qu'elle avait appris à ne plus avoir peur de la mort. Si elle tombait malade et mourait au cours de cet interminable hiver, les montagnards retrouveraient son cadavre au printemps et ils se demanderaient une fois de plus ce qui avait bien pu amener une petite Anglaise du Herefordshire à vouloir à tout prix vivre en ermite au cœur de l'Himalaya.

Elle-même, elle n'avait encore aucune idée du bonheur qu'elle allait connaître dans sa grotte. Un bonheur tel qu'elle allait y rester douze années.

Anila! De notre rencontre avec elle, nous conservons un souvenir ébloui. Nous étions à Spello, près d'Assise et une amie, rencontrée par hasard, nous a dit : « Si vous cherchez des femmes habitées par l'Esprit, allez donc à San Presto, à une quinzaine de kilomètres d'ici et demandez Anila. »

Nous aimons saisir au bond ces soi-disant « hasards » et nous sommes partis aussitôt. Il nous a fallu nous perdre un peu sur des chemins poudreux pour trouver la maison. Nous avons frappé, le cœur battant. Nous sommes ainsi, saisis souvent par une intense émotion lorsque nous nous trouvons au seuil d'une rencontre que nous pressentons importante.

Ce qui nous a frappés avant tout chez Anila, c'est son sourire. Un sourire rayonnant, contagieux, débordant jusqu'aux yeux. Jamais encore nous n'avions rencontré une telle simplicité. Sans même savoir qui nous étions et ce que nous voulions exactement, elle nous a accueillis, nous a fait confiance, a accepté de se livrer devant notre magnétophone, chaleureuse, volubile, parlant sans détours, une grande fille mince, joyeuse et racée qui trouvait le moyen de paraître presque élégante dans sa robe si austère de nonne tibétaine.

Elle nous a raconté son enfance dans son Herefordshire natal, les séances hebdomadaires de spiritisme qui se déroulaient chez sa mère. « Les esprits insistaient pour que je vienne, raconte-t-elle, même quand j'avais neuf ans mais moi, je n'aimais pas du tout cela. Je sentais que le spiritisme n'avait pas un bon effet sur l'esprit des gens. Au fond je n'avais qu'une idée, qu'une obsession : toute petite déjà, j'étais persuadée qu'à l'origine, nous sommes parfaits et que, d'une façon ou d'une autre, nous avons perdu cette perfection innée que nous ne sommes venus sur la Terre que pour la retrouver. Sans cesse, autour de moi, je posais cette question : " Comment devient-on parfait ? "

« Les réponses que je recevais étaient loin de me satisfaire. Certains me disaient d'être obéissante et je sentais bien que ce n'était pas suffisant. J'étais tellement obsédée par cette question que je suis allée jusqu'à la poser aux esprits lors d'une séance de spiritisme. Ils m'ont fait la même réponse que les gens de mon entourage : " Tu dois être sage. " Je me suis dit qu'ils n'avaient rien compris.

« Un jour, quand j'ai eu douze ans, des amies de ma mère m'ont demandé ce que je voulais faire quand je serai grande. La réponse a jailli de moi avant même que j'aie eu le temps de réfléchir : " Je serai religieuse. " J'ai su aussitôt qu'il en serait ainsi.

« J'aimais beaucoup Jésus et je l'aime toujours autant. Je trouve que le Nouveau Testament est fantastique mais, si jeune, j'avais déjà du mal à croire en un Dieu personnel. »

Graves préoccupations pour une fillette ! Elle garde tout cela dans son cœur car elle n'ose se confier à ces adultes qui n'y comprennent rien. Tout est pourtant simple dans sa tête : si l'on dit que Dieu a fait ce qui est beau, il faut admettre qu'Il a aussi fait ce qui est laid. Cela, elle ne peut pas le croire... S'il y a un Dieu, il est donc bien évident qu'Il est au-delà de notre capacité de comprendre. Il lui arrive même de poser des questions impertinentes : « Comment Jésus peut-il être le Fils de Dieu et qu'est-ce que ça peut bien vouloir dire qu'Il soit mort pour nos péchés ? » Les réponses qu'on lui donne avec condescendance ne font que renforcer ses doutes. A treize ans, elle refuse de faire sa communion et elle se lance dans la lecture du Coran. Elle s'y perd.

Un jour pourtant, lors d'un cours de latin, elle est choquée par le fait que son maître ne trouve pas les dieux païens dignes d'une majuscule. Elle proteste et, devant le maître interloqué, elle développe sa pensée : « Après tout, pour les Romains, leurs Dieux étaient une réflexion de la Réalité ultime. Il faut donc leur donner la dignité d'un grand D. Qu'il s'agisse d'un ou de plusieurs Dieux, l'ultime réalité est au-delà de l'un et du multiple. » Il y a eu ce jour-là un beau scandale dans la classe.

Ses meilleures amies elles-mêmes ne la comprennent pas. C'est qu'elle est une jeune fille à double face. Passionnée d'un côté par la spiritualité et, de l'autre, avide de plaisirs matériels. A dix-sept ans, elle aime sortir, s'habiller, danser. Elle est très expansive et brillante. « A cette époque, raconte-t-elle, j'avais des amis qui étaient très sérieux et d'autres qui ne pensaient qu'à s'amuser. Je les tenais soigneusement séparés. Un jour pourtant, ils se sont tous présentés chez moi alors que j'étais absente. Lorsque je suis arrivée, ils étaient en pleine confusion. Ils ne pouvaient croire qu'ils étaient les amis de la même personne. Je n'avais aucune raison de m'inquiéter : au fond de moi, j'avais entendu une voix me dire : " Amuse-toi, profite de ta jeunesse. Quand le temps sera venu de renoncer, tu le sauras. " »

Ce qui ne la quitte pas, c'est la passion des livres. Au point qu'en abandonnant l'école elle se fait bibliothécaire pour être aussi près d'eux que possible. Elle dévore Sartre et Camus... Un jour où elle se prépare à aller rendre visite à son frère dans sa base aérienne d'Allemagne, elle fourre dans son sac, sans trop y faire attention, un livre sur le bouddhisme qu'un étudiant vient de rapporter. Pendant tout son séjour, elle ne le regarde pas. Elle le trouve rébarbatif. Sur le chemin du retour, son avion est immobilisé pendant huit heures par le brouillard sur l'aérodrome de Düsseldorf. Elle s'ennuie et finit par tirer le livre de son sac, un petit livre de vulgarisation qu'elle n'a jamais revu depuis et qui s'intitule : *The Mind unshaken.*

« J'en ai lu la moitié, raconte-t-elle, et j'ai dit à ma mère : " Je suis bouddhiste ! " Elle n'a pas sourcillé et m'a répondu : " C'est très bien. Maintenant, termine le livre. Comme ça, tu pourras me dire de quoi il s'agit. " »

C'est fait : elle a trouvé sa voie. Dans un premier stade, elle va dévorer tous les livres sur le bouddhisme qui vont lui tomber sous la main, aller de coup de cœur en coup de cœur. C'est une vie nouvelle qui commence et non seulement pour elle mais aussi pour sa mère qui, six mois plus tard, se fera bouddhiste à son tour. Leur maison ne désemplit pas. C'est l'époque où les premiers moines tibétains arrivent en Occident, entourés de merveilleux. On parle de leurs étranges pouvoirs, de leurs Dieux grimaçants, de leurs rituels barbares... Elle ne voit rien de tout cela. Elle a tout simplement le sentiment de rencontrer des êtres merveilleux.

Chöggyam Trungpa par exemple. Il a trente-deux ans lorsqu'en 1962 il arrive du Tibet pour étudier à Oxford. Anila le trouve prodigieusement intelligent. Il s'intéresse à tout, découvre l'Occident avec passion, fait des conférences, fonde un monastère en Écosse, écrit des livres qui deviennent des best-sellers... Dès les premiers instants, il prend tout à fait au sérieux la vocation d'Anila, il lui accorde des entretiens, lui fait rencontrer d'autres lamas, guide ses lectures, et, comme il n'y a pas encore en Europe de grands centres tibétains, il lui affirme qu'elle doit aller en Inde, que c'est seulement là-bas qu'elle trouvera réponse à toutes ses questions.

Elle s'enflamme. Oui, elle doit partir et le plus tôt sera le mieux. Justement, elle vient d'entendre parler d'une femme extraordinaire, une Anglaise prénommée Frieda qui a épousé un Hindou et qui vit depuis quarante ans à Dalhousie, au sud du Cachemire. Elle y a fondé un monastère et surtout une école pour de jeunes lamas et de jeunes toulkous. Elle est persuadée en effet que le dharma, la doctrine tibétaine, va se répandre en Occident comme un feu de broussailles et qu'il faut apprendre aux jeunes Tibétains qui seront chargés de le transmettre les langues européennes et des rudiments de la science occidentale.

Anila écrit aussitôt, reçoit une réponse par retour du courrier et s'embarque à Marseille sur le premier bateau français en partance. Elle va travailler quelque temps à l'école comme secrétaire. Très vite, elle va se sentir insatisfaite : certes elle est en Inde, elle vit dans une atmosphère religieuse mais elle a le sentiment de piétiner. On a beau lui dire de patienter, elle veut tout, tout de suite. Tout, c'est-à-dire cette réalisation que promettent toutes les grandes religions à ceux qui vont jusqu'au bout de leur quête. C'est alors qu'elle entend parler de Khamtu Rimpoché, un lama qui vit dans le Nord et qui a une grande réputation de sagesse. Des lamas, il y en a des centaines dans la région depuis qu'ils ont été chassés du Tibet. Pourquoi se sent-elle irrésistiblement attirée vers celui-ci qu'elle ne connaît pas? Elle ne saurait le dire. Tout ce qu'elle sait, c'est qu'elle éprouve un désir passionné de prendre refuge auprès de lui.

Arrive la date de son vingt et unième anniversaire. Une nuit de pleine lune. Elle est en train d'assister à une initiation de longue vie donnée par un jeune lama lorsque le téléphone sonne. Elle entend la voix de Frieda, sa directrice : « Anila! Le meilleur cadeau d'anniversaire qui puisse t'être donné vient d'arriver : Khamtu Rimpoché se trouve en ce moment à la station d'autobus. Il va habiter chez nous. »

« J'ai été prise de panique, se souvient Anila. Je me suis précipitée pour que tout soit prêt dans la maison. Quand je suis entrée dans la grande salle, il était dans un coin. Je n'ai pas osé lever les yeux sur lui. Je n'ai vu en entrant que la frange de sa robe et ses chaussures brunes. Je ne savais pas encore s'il était jeune, vieux, gros ou maigre mais je savais déjà, avec une absolue certitude, qu'il était " mon " lama. Je me suis prosternée. Frieda était en train de lui parler de moi et de lui dire que j'aimerais beaucoup prendre refuge auprès de lui. Il a dit oui d'une façon toute naturelle, comme s'il avait dit : " Que pourrait-elle faire d'autre? " J'ai enfin osé lever les yeux sur lui et j'ai été soudain envahie par le sentiment que je retrouvais quelqu'un que je n'avais pas vu depuis longtemps. J'ai murmuré pour moi seule : " C'est si bon de te revoir. " En même temps, j'avais l'impression de me dédoubler, comme si ce que j'avais de plus profond en moi prenait forme à l'extérieur. Je me sentis envahie par une fulgurante certitude : c'était lui et nul autre!

« Tout est allé très vite. Je lui ai dit que je voulais être nonne et il a dit oui, que je voulais le suivre et il a dit oui. C'est lui qui m'a donné ma première initiation. »

Elle va le suivre partout, se faire sa secrétaire et se fixer enfin avec lui dans un monastère de Daramshala. A-t-elle enfin trouvé cet Absolu qu'elle cherchait depuis si longtemps? Au bout de six années, elle comprend que ce n'est pas encore cela. Elle est heureuse, elle vit près de son lama, elle pratique avec assiduité mais elle sent encore en elle cette sensation de vide qui, par moments, se fait insupportable. Comme s'il y avait au plus profond quelque chose d'inaccompli. Elle a renoncé à tout, elle vit dans la pauvreté, la chasteté et l'obéissance et pourtant elle sait que plus encore lui est demandé. Mais quoi?

Peu à peu, l'idée se fait jour : et si elle faisait un pas de plus, si elle devenait ermite? Elle pense d'abord à se faire construire une petite maison dans la montagne. Elle s'en ouvre à une nonne de quatre-vingts ans qu'elle a prise pour confidente. « Mais pour construire une maison, lui dit celle-ci, il faut de l'argent et tu n'en as pas. Pourquoi ne vivrais-tu pas plutôt dans une grotte? » Encore faut-il en trouver une. C'est difficile parce que quand il y a des grottes, en général il n'y a pas d'eau à proximité. Si par extraordinaire il y a de l'eau, il y a aussi des gens et alors adieu la solitude. Un jour, la vieille nonne la fait appeler : « La nuit dernière, je ne dormais pas et je me suis souvenue d'une grotte dont j'ai entendu parler mais que je n'ai jamais vue. Je sais qu'il y a de l'eau, une forêt, une prairie. »

Dès le lendemain matin, elles se mettent en route. La montée est incroyablement raide et la vieille nonne fatigue, appuyée sur son bâton. Il leur faut des heures pour arriver mais elles ne regrettent pas leur peine. La grotte est là sous un surplomb, protégée par un mur dans lequel s'ouvrent une porte et une fenêtre. Une autre plus petite lui est accolée dont on peut faire une réserve de bois et de nourriture. Il y a même un petit coin plat pour faire pousser quelques légumes. L'ermitage rêvé!

Anila est folle de joie. Elle écarte toutes les objections, fait taire les montagnards qui la mettent en garde, obtient de haute lutte l'autorisation de son lama. Elle presse le mouvement. Elle veut absolument être installée avant la première neige. Elle est têtue, Anila, elle l'a toujours été et elle finit par triompher.

La voici maintenant sur le seuil de sa grotte, protégée par le surplomb. Le vent se lève, la neige tourbillonne et vient lui gifler le visage. Elle a obtenu ce qu'elle voulait. Elle est heureuse et pourtant elle ne peut empêcher une pointe d'inquiétude ae se glisser en elle : même si elle voulait descendre maintenant, elle n'arriverait pas jusqu'au col. Va-t-elle tenir? Saura-t-elle, dans cette solitude inhumaine, réaliser cette percée vers l'Absolu à laquelle elle rêve depuis son enfance?

Cette recherche ardente, ce désir fou de l'Absolu sont des points communs à toutes les femmes que nous avons rencontrées pour écrire ce livre, qu'elles soient chrétiennes, hindoues, musulmanes ou qu'elles aient tracé elles-mêmes leur propre chemin. C'est pourquoi nous avons voulu mettre Anila en prologue à ce livre. A nos yeux, elle est exemplaire.

Mais pourquoi écrire un livre sur les femmes?

A cette question qui nous a été si souvent posée, nous n'avons jamais pu donner une réponse tout à fait rationnelle. Nous avons éprouvé le besoin d'écrire ce livre avant même de savoir pourquoi. Un besoin qui, très vite, s'est révélé plus fort que tout. Comme s'il était le prolongement de cet amour qui nous relie si fort, Rachel et moi. Nous savions qu'il fallait écrire ce livre mais nous ne savions pas comment nous y prendre, qui voir, par où commencer.

Nous avons trouvé la réponse au cœur de la Forêt-Noire, dans le centre de Graf Dürckheim. J'ai raconté dans *les Prophètes d'aujourd'hui* l'expérience que j'avais vécue là-bas et qui avait fait de moi un autre homme mais je n'ai pas assez insisté, je m'en rends compte aujourd'hui, sur un point essentiel : la découverte, au cours de cette remise en ordre de moi-même, de la part de féminin que je porte en moi. Plus les mois passaient et mieux je me rendais compte que cet aspect féminin, il me fallait lui ouvrir les bras, l'accueillir, le protéger, lui donner sa vraie place. Ce n'était au départ qu'une sourde intuition. C'est devenu la source de mon bonheur. Je sais aujourd'hui que nous tous, hommes ou femmes, nous sommes appelés à devenir épouses de Dieu. Et j'ai enfin compris le sens de cette forte parole de la Genèse qui jusqu'ici était restée obscure à mes yeux : « Dieu créa l'homme à son image, homme et femme Il le fit. » (Gn 1, 27.)

Tous, hommes ou femmes, nous portons en nous le masculin et le féminin et je suis bien persuadé que ce qui va si mal dans le monde, la violence, la haine, le racisme, le sexisme et ce désenchantement qui pousse tant de jeunes et de moins jeunes sur les chemins de l'alcoolisme et de la drogue, que tous les malheurs du monde en un mot viennent en grande partie du fait que, depuis que le monde est monde, il a toujours été dominé par le masculin. Non pas seulement par l'homme, comme on le dit souvent, mais par les valeurs masculines.

Lorsque j'étais enfant, tous ceux qui m'entouraient, mes parents, mes grands-parents, mes professeurs, tous les gens qui comptaient en fait dans mon univers d'alors, ne cessaient de m'assener ces phrases définitives : « Un garçon ne doit pas pleurer ; tu dois être fort, savoir te défendre, te faire respecter ; la vie est un combat que tu dois gagner, tu dois te battre pour avoir une bonne situation, pour gagner de l'argent, le plus d'argent possible... » C'était un véritable matraquage et, tout naturellement, pendant toute une partie de ma vie d'adulte, disons plutôt de pseudo-adulte, j'ai tout fait pour me conformer à cette image qu'on m'avait donnée de moi.

Je me suis fait ma place au soleil. Seulement, lorsqu'elle a été faite, je me suis rendu compte que ce soleil était bien pâle et qu'il ne parvenait pas à me réchauffer.

On m'avait appris que le but de la vie est d'avoir du pouvoir, le plus de pouvoir possible, qu'il s'agisse du pouvoir de l'argent, de celui qu'une situation sociale peut donner ou du simple fait d'être le chef de famille (quelle expression révélatrice !). J'ai mis cet enseignement en pratique et cela ne m'a pas rendu heureux. Et si je regarde autour de moi, je me rends bien compte que je ne suis pas seul dans ce cas.

Est-ce que cette règle de fer va continuer longtemps à s'imposer à l'humanité ?

Va-t-on encore indéfiniment donner la primauté absolue aux valeurs masculines ?

Est-ce que la vie des femmes et des hommes d'aujourd'hui va continuer à être centrée uniquement sur la recherche du pouvoir ou des pouvoirs, à quelque niveau qu'ils se situent ?

Bien sûr que non !

Pour qui veut se donner la peine de lire les signes des temps, il devient de plus en plus évident que quelque chose est en train de changer et c'est cela la bonne, la formidable nouvelle qui nous a poussés à écrire ce livre.

Cette bonne nouvelle, la voici : le muscle a perdu son pouvoir. D'une simple pression de l'index, une femme peut aujourd'hui, tout aussi bien qu'un homme, faire partir la fusée qui ira explorer des mondes inconnus. Cette même femme peut aussi bien conduire un bulldozer et faire en une journée le travail que faisaient autrefois cinquante solides terrassiers armés de pelles et de pioches. Est-ce à cause de cela, est-ce parce que le monde créé par les hommes n'est pas un monde heureux, est-ce pour bien d'autres raisons encore, mais force nous est de constater que, pour la première fois dans l'histoire, les valeurs féminines sont en train de prendre leur vraie place. Je ne dis pas toute la place, car il ne faut pas faire de sexisme à l'envers, mais leur vraie place. Qu'on appelle Ère du Verseau ou Nouvel âge l'époque qui s'ouvre devant nous, cette époque, pour paraphraser la fameuse phrase de Malraux, sera celle des valeurs féminines ou ne sera pas.

De cela nous pouvons témoigner après l'enquête de plus d'un an que nous venons de faire, Rachel et moi. De plus en plus nombreux sont les hommes qui découvrent que ces valeurs féminines sont en eux, qu'elles font nécessairement partie de leur équilibre et que cet équilibre est pour eux la clé du bonheur.

Ces valeurs sont difficiles à définir. Elles échappent au raisonnement, elles sont subtiles, insaisissables et cela n'est pas surprenant : nous avons du mal à les comprendre parce que nous avons vécu jusqu'ici dans le monde de la froide raison. Ne tentons donc pas d'enfermer le féminin dans nos catégories intellectuelles. Laissons plutôt toute sa place à l'intuition, c'est-à-dire à cette connaissance indéfinissable qui sait avant de voir, à cette plongée dans l'intériorité qui finit par provoquer en nous une lente transformation. Ne cherchons pas, comme nous en avons si fâcheusement l'habitude, à braquer la lumière crue des projecteurs sur le mystère.

Place donc à l'intuition, place à la tendresse qui en est le fruit, à l'accueil, à la réceptivité, au droit de pleurer si nous en avons envie, à la redécouverte du lien vital qui nous unit à la Terre et au cosmos. L'ère nouvelle, ce sera aussi de découvrir que nous devons cesser d'exercer sur la Terre un pouvoir aveugle, cesser de la salir, de la polluer, de la défigurer. Comprendre que nous sommes la Terre et que toutes les souffrances que nous lui imposons se retournent contre nous. « La Terre souffre », nous a dit Dhyani, l'une des femmes que nous avons rencontrées. Il va nous falloir apprendre à aimer la Terre.

Apprendre aussi que Dieu n'est pas seulement Père. Qu'Il est aussi Mère, cette Mère divine que les Hindous vénèrent. Un Dieu total, au-delà de toutes les barrières, dont la vision enfin transformera notre vie et nous aidera à trouver cet indispensable équilibre, que nous soyons homme ou femme, entre le masculin et le féminin.

C'est en partant de cette joyeuse intuition que nous avons, Rachel et moi, commencé nos enquêtes pour notre livre et, dès nos premiers pas, nous avons pu constater qu'elle était juste. S'il nous fallait un signe, nous l'avons trouvé : il n'y a pas si longtemps – c'était hier – il était bien évident, à quelques rares exceptions près, que ceux qu'il convient d'appeler des « Maîtres spirituels » étaient des hommes et ne pouvaient être que des hommes. Leur mission n'était-elle pas d'enseigner? Les femmes n'avaient qu'à écouter et tout était pour le mieux dans le meilleur des mondes. Eh bien! cela aussi est en train de changer, nous pouvons en témoigner.

Bien sûr, les premiers amis à qui nous avons parlé de notre projet ont tout fait pour nous en détourner. J'entends encore leurs mises en garde : « Des maîtres spirituels féminins, vous n'en trouverez pas, en tout cas pas assez pour écrire un livre. Ou alors vous rencontrerez des moniales vouées au silence et dont le rayonnement sera très limité... » Nous avons bien fait de ne pas écouter ces oiseaux de mauvais augure. En fait, cette longue enquête nous laisse avec le cœur plein de reconnaissance. Oui, elles sont merveilleuses ces femmes que nous avons rencontrées, elles sont importantes pour le monde, elles proclament les vérités essentielles, elles sont les annonciatrices des temps nouveaux.

Si on disait à Anila qu'elle est une annonciatrice des temps nouveaux, elle éclaterait de ce rire enfantin qui nous a tellement séduits. L'un de ses plus grands charmes est sans doute qu'elle ne se prend pas au sérieux. Elle n'a même pas l'impression d'avoir fait quelque chose d'extraordinaire en restant douze années isolée dans une grotte perdue de l'Himalaya. Cela faisait partie de son chemin, c'est tout. Elle n'a rien à enseigner, elle se contente d'être.

Ces douze années, elle affirme ne pas les avoir vues passer. « Je suis très surprise, nous a-t-elle dit, lorsqu'on me dit qu'en prison la plus grande des punitions est d'être seul dans une cellule. Je me dis toujours : si on me met en prison, il faudra que je frappe un gardien pour qu'on me punisse ainsi. »

Longuement, elle nous a parlé de son temps d'ermitage et, par moments, son regard se faisait absent, comme si elle revivait avec une intensité particulière tel ou tel moment qu'elle nous racontait. C'était si dense et si beau que nous avons envie de le partager sans rien ajouter.

Anila : Ce qu'il y avait de bien dans cet endroit-là, c'est que je pouvais sortir librement pendant l'hiver puisque personne ne pouvait venir. La nature était splendide, les montagnes éblouissantes sous la neige, le ciel d'un bleu profond. C'était exquis. Même quand la neige était très profonde, j'entretenais un petit chemin pour me promener.

Question : Il y avait des animaux?

Anila : Oui, des loups, de merveilleux loups.

Question : Vous n'en aviez pas peur?

Anila : Pas du tout. Ils venaient parfois tout près. Ils savaient que j'étais là et que je ne leur ferais pas de mal. Je les intéressais et ils m'intéressaient. Alors ils venaient tout près, quatre ou cinq d'entre eux. Ils me regardaient. Ils semblaient très bien nourris, très élégants. Il y avait aussi des léopards des neiges mais ils étaient plus sauvages, ils ne venaient pas jusqu'à moi. Une fois, la première année, j'ai vu de très très grandes empreintes, comme des pieds humains avec des griffes. Elles venaient jusqu'à ma porte et tout autour. C'était probablement un ours qui avait l'habitude de passer l'hiver dans la grotte.

Question : Même de lui, vous n'avez pas eu peur?

Anila : Non mais vous savez, les animaux étaient très amicaux. De toute façon, les loups ne mangent pas les gens. Seuls les hommes peuvent être dangereux mais des hommes, au moins pendant l'hiver, j'étais sûre de n'en point voir. Il en passait l'été mais dans la région, ils sont très gentils. Ils sont bouddhistes, ils comprennent ce qu'est une nonne. Tout le monde en a au moins une dans sa famille si bien qu'ils savaient pourquoi je vivais là-haut.

« D'ailleurs je ne me faisais pas de soucis, même si j'entendais des bruits bizarres dans la nuit. J'étais tranquille : Khamtu Rimpoché m'avait affirmé qu'il n'y avait pas de mauvais esprits dans cette grotte.

Question : Des mauvais esprits?

Anila : Ça existe, vous savez. Il y a des esprits amicaux qui veulent aider mais il y en a aussi qui sont très méchants et qui souhaitent le mal. Il est très important de ne pas avoir à faire avec eux. Heureusement, tous ceux qui m'entouraient dans la grotte étaient très doux et très gentils.

Question : Vous n'avez pas été malade?

Anila : Si, des petites choses comme cela arrive l'hiver.

Question : Que faisiez-vous alors?

Anila : J'attendais que ça passe. [Grand éclat de rire.] De toute façon, si j'avais dû mourir, je serais morte et c'est tout.

Question : Comment occupiez-vous vos journées?

Anila : Cela dépendait si j'étais en retraite ou non. En hiver, je me mettais en retraite le plus souvent possible parce qu'il n'y avait rien d'autre à faire [elle rit]. Cela veut dire que je passais presque toute la journée à pratiquer. En dehors des retraites, je ne pratiquais que le matin de bonne heure et le soir. Le reste du temps, je faisais de la calligraphie, copiais des textes pour les Tibétains. Ma vraie récréation, c'était de peindre.

Question : Puisque vous étiez si heureuse là-haut, pourquoi n'y êtes-vous pas restée plus longtemps?

Anila : Vers la fin de 1987, j'ai senti que le temps était venu de partir. Il arrive un moment où on a besoin de changement.

D'ailleurs, la loi indienne a changé. Jusqu'ici, si l'on appartenait au Commonwealth, l'on n'avait pas besoin de visa et puis il m'en a fallu un. Cela devenait très difficile.

Question : Donc pendant douze ans, vous n'avez pas quitté votre grotte?

Anila : Si, tout de même. L'été, il m'arrivait de descendre au monastère quand je savais qu'une grande puja devait s'y dérouler. Et puis en 1980, j'ai appris que Khamtu Rimpoché avait quitté son corps. Je suis allée assister à sa crémation. On ne l'a brûlé qu'un mois après sa mort et son corps était devenu comme celui d'un enfant.

Question : Vous avez dû avoir beaucoup de peine?

Anila : Oui mais elle n'a pas duré longtemps car il est déjà revenu sur la Terre.

Question : Revenu?

Anila : Oui. Vous savez bien que les grands lamas et les toulkous reviennent sur la Terre pour se consacrer au bien de l'humanité. Khamtu a été « découvert » dans l'Assam alors qu'il avait un an et demi. Il a été intronisé à deux ans et moi, je l'ai vu quand il en avait trois.

« Cela a été une expérience bouleversante. Quand je l'ai vu pour la première fois, il siégeait sur son trône. Chaque fois que quelqu'un venait lui rendre visite, il cessait de jouer pour s'y installer. Il était un enfant, il se comportait comme un enfant et pourtant il y avait en lui une étrange profondeur.

« Quand il m'a vue, il s'est remis à jouer et à rire. On m'a dit que c'était tout à fait inhabituel parce qu'en général il était très timide avec les étrangers. Avec moi, il n'arrêtait pas de rire et de me dire : “ Tu es ma nonne. ” Et c'était extraordinaire parce qu'il le disait exactement comme le disait mon lama. Sur le même ton et avec le même regard. Cela voulait dire : “ Tu m'appartiens. ” J'ai fondu en larmes et en même temps, je riais.

Question : Vous l'avez reconnu sans doute possible?

Anila : Ah oui! Il a une façon de regarder, d'agir et de parler... c'est tellement étrange de voir cette toute petite chose qui a exactement les mêmes manières que le lama. Il est si différent des autres enfants de son âge. Si maître de lui. Il joue, il rit et, d'un coup, ses yeux deviennent comme s'il entrait en méditation. Pleins d'une incroyable conscience, d'un équilibre... Pour moi, cela a été une fantastique expérience! J'ai vraiment été heureuse. Avant, mon lama était mon père et maintenant, je me sentais comme sa mère. Je pouvais le prendre sur mes genoux.

Question : Et cependant, vous n'êtes pas restée près de lui?

Anila : Non. Peut-être, quand il sera un peu plus grand, irai-je lui enseigner l'anglais. Je ne sais pas.

Question : Pourquoi êtes-vous à Assise aujourd'hui?

Anila : Il fallait bien que je vienne quelque part. Quand j'ai annoncé que j'allais quitter l'Inde, beaucoup d'amis m'ont écrit en m'invitant dans leurs pays, aux États-Unis, au Canada, en Australie... mais il y avait toujours quelque chose qui n'allait pas. Et puis j'ai reçu une lettre d'Assise. Assise! Il y a eu comme un déclic dans mon cerveau. J'ai quitté ma grotte et je suis partie sans me retourner, le cœur gonflé de reconnaissance.

« Assise est un lieu extraordinaire. Quand j'ai dit au Dalaï-Lama que j'allais venir ici, il s'est exclamé : " Ah, Assise! Le pays de saint François! " Je suis heureuse ici. J'ai l'impression de retrouver l'Inde. Tout autour de la montagne de saint François, il y a tellement de groupes spirituels, d'ashrams, d'ermites. Tous, on croirait qu'ils ont été attirés par un aimant.

Question : Mais pour vivre, il faut de l'argent. Vous en avez?

Anila : Non et je n'ai aucun moyen d'en gagner mais au fur et à mesure que les besoins se présentent, ils sont satisfaits. Après tout, j'ai vécu vingt-cinq ans en Inde sans argent. Il m'est souvent arrivé de ne pas même avoir de quoi acheter une coupe de thé. Pourtant, j'ai toujours eu un endroit pour dormir et quelque chose à manger. Je sais qu'à l'avenir il en sera toujours ainsi. Je ne me fais pas de soucis. Lorsque j'aurai une cabane, je ferai pousser mes légumes. Cela, je sais le faire. En cas de besoin, il y aura bien quelqu'un pour me donner un peu de riz. Les gens d'ici sont très amicaux. Ils pourraient s'étonner de voir tous ces êtres bizarres mais non, ils restent gentils et serviables.

Question : Avant de nous quitter, dites-nous quel est pour vous le mot le plus important.

Anila : La compassion. Tout est basé sur l'amour et la compassion. Le reste vient après. Au fond, au-delà des mots et des concepts, toutes les religions disent la même chose : qu'il faut se vider de soi-même pour que quelque chose d'autre puisse y entrer. Il est clair que l'Expérience elle-même est une parce qu'elle est au-delà des mots. La sagesse n'arrive pas comme cela d'un coup : Pschitt ! Mais doucement, doucement, à l'intérieur, les choses commencent à s'éclairer. Plus vous comprenez et plus elles s'éclairent. Cela se fait naturellement. Et plus vous allez et plus votre cœur s'emplit d'amour et de compassion.

« L'amour et la compassion sont à la fois le commencement et la fin, la racine, le tronc et le fruit.

Que pourrions-nous ajouter après cela ?

Tout a été dit. Les heures que nous avons passées près d'Anila, dans la gravité parfois et souvent dans le rire, restent dans notre souvenir des heures d'émerveillement.

Si heureuses et si pleines que nous avons tenu à placer ce livre qui ne parle que des femmes dans la lumière de son courage et de son sourire.

2

CHIARA LUBICH : L'UNITÉ EST NOTRE AVENTURE

Cette intense vibration heureuse, nous l'avons ressentie ensemble, Rachel et moi, dès notre arrivée sur la colline. Il y avait, bien sûr, le paysage si harmonieux de la Toscane, la luminosité du ciel... mais il y avait aussi quelque chose en plus : une légèreté indéfinissable, comme si l'air, soudain, devenait plus subtil et que se révélait presque palpable ce qu'il nous faut bien appeler « un supplément d'âme ».

Nous avons plongé au milieu des groupes de jeunes qui se pressaient dans le hall d'accueil, parlé avec les uns ou les autres jusqu'au moment où un garçon, venu de Suisse, s'est proposé pour nous faire visiter le village.

Car c'est bien d'un village qu'il s'agit, le village de Loppiano, dont les six cents habitants, venus d'une cinquantaine de pays, n'ont qu'une seule devise : « Aimez-vous les uns les autres. » L'utopie en quelque sorte, mais dans le bon sens du terme, celui employé par Thomas More : une société idéale où l'amour est assez fort pour faire disparaître tous les conflits avec lesquels nous autres, mortels ordinaires, nous sommes encore aux prises.

Des petites routes serpentent sur les flancs des collines, dominant la vallée de l'Arno et, dans le lointain Florence, dont on aperçoit la nuit les lumières. Garçons et filles, partout des jeunes s'affairent : dans les vignes, sur des chantiers de construction ou de restauration, dans le centre d'accueil...

Les maisons, petites ou grandes, sont dispersées au milieu

des vignes qui produisent l'un des meilleurs chiantis de la Toscane. Certaines sont imposantes, telle, à proximité des chais, la magnifique maison de maître où nous avons dormi ; d'autres, plus humbles, semblent encore plus antiques, faites de la pierre magnifique de la région. Ici ou là sont dispersés des hameaux dont certains sont composés de chalets tandis que se dressent des bâtiments modernes qu'il a bien fallu construire pour abriter cette étrange population venue des cinq continents. Le centre de la communauté, qu'on appelle ici une « Mariapoli », c'est une immense construction surmontée d'une croix où sont rassemblés à la fois les lieux d'accueil et les salles des fêtes. De l'autre côté de l'immense parking se trouvent plusieurs rangées de bâtiments plus austères. « Là-bas, nous dit notre guide, il y a les ateliers et l'usine de compteurs... »

S'il y a une chose que nous ne nous attendions pas à trouver ici, c'est bien une usine. Notre guide s'étonne de notre étonnement. « Je vous avais dit que Loppiano était un vrai village. Il faut bien qu'il ait des ressources pour se suffire à lui-même. » Mais pourquoi une usine de compteurs?

« Vous ne vous souvenez peut-être pas, nous dit le responsable, qu'il y a eu en 1967 une terrible inondation de l'Arno. Florence a été durement touchée et de nombreux villages ont été inondés. Des dizaines de milliers de compteurs électriques ont été endommagés ou détruits. Or il y avait justement chez nous, à ce moment, un spécialiste de ces sortes de problèmes. Il a offert ses services à l'ENEL [l'EDF italienne] qui ne savait où donner de la tête. L'usine est née à ce moment-là et depuis, nous n'avons pas arrêté. Il y a quarante-huit millions de compteurs en Italie et nous faisons 20 % des réparations au niveau national. » Quinze garçons travaillent là à temps complet, des spécialistes en électricité mais aussi un major de l'armée italienne, un architecte et même un médecin.

« Pourquoi un médecin? ne puis-je m'empêcher de demander. Ne pourriez-vous l'employer dans sa spécialité? » J'ai eu l'impression que notre guide était un peu scandalisé par ma question. Visiblement, à ses yeux, je n'avais encore rien compris au phénomène des focolari. « Il y a beaucoup de médecins qui viennent ici, explique-t-il, et, heureusement, nous n'avons pas assez de malades pour les occuper tous. D'ailleurs, si vous restez un peu, vous comprendrez que perdre ses habitudes fait partie de la discipline de Loppiano. Il n'y a plus chez nous de classes sociales et le médecin et l'ingénieur ne sont pas plus que l'ouvrier ou le paysan. C'est parfois une rude expérience et d'autant plus rude que ceux qui arrivent de l'étranger doivent oublier leur culture ou leur mentalité pour s'adapter à l'ensemble et tout centrer sur l'expérience principale qu'ils sont venus vivre ici : l'expérience de l'unité. »

Nous apprenons en passant qu'il se fabrique ici cinq mille compteurs par semaine et qu'on commence tout juste à construire des « groupes de continuité », c'est-à-dire des unités qui servent à maintenir une alimentation électrique constante pour éviter les ruptures de courant dans les centres d'ordinateurs.

De l'usine de compteurs à la menuiserie, il n'y a qu'une porte à pousser. Nous voici soudain dans le grondement des machines. « Ce n'est qu'une fabrique de meubles comme les autres, nous dit notre guide, mais là-bas, tout au fond, il y a une entreprise plus originale. L'un d'entre nous s'est aperçu qu'on jetait beaucoup de petits morceaux de bois et il a eu l'idée de les récupérer et d'en faire des petits objets ou des tableaux sculptés. Ce n'était au début qu'une toute petite entreprise et c'est en train de devenir important car les commandes affluent de toutes les régions de l'Italie. Les Florentins veulent le Ponte Vecchio, les Vénitiens le pont des soupirs, les montagnards des scènes de montagne... Nous faisons aussi des villages médiévaux, des icônes, de nombreux objets pour les sanctuaires et des jouets pour lesquels il nous a fallu inventer une peinture spéciale absolument non toxique. »

Nous nous attardons un moment dans l'atelier des jouets. Il est animé par un Italien, un Paraguayen et un Autrichien. « Ce qui est passionnant, nous dit ce dernier, c'est la façon dont nous travaillons. S'il s'agit de choisir une couleur, par exemple, nous ne sommes pas toujours d'accord. Il n'est pourtant pas question que l'un d'entre nous impose sa volonté. Alors il nous faut discuter sous le regard de Dieu. C'est l'amour qui doit trouver la bonne couleur. »

Cette déclaration est pour nous tellement inattendue que nous avons envie d'en savoir plus sur notre interlocuteur. Il était opticien dans un des magasins importants de Salzbourg. Il est ici depuis huit mois. « Au début, dit-il, mon travail était de mettre de l'ordre. Je m'y suis mis avec enthousiasme mais après quelques semaines, j'ai commencé à me demander ce que je faisais ici. Pendant deux ou trois mois, il m'a même fallu un réel effort pour venir au travail. J'étais désemparé et puis un jour, pendant la messe, j'ai entendu cette phrase de Jésus : " Je suis venu pour servir ! " Cela a produit en moi une vraie révolution. J'ai compris ce que " servir " voulait dire : faire les choses les plus petites que personne ne voit pour aider les autres. Depuis, ma vie est transformée. Par exemple, j'avais beaucoup de peine à tenir le rythme, à faire chacun de ces petits objets en deux minutes et je me suis rendu compte que si je mettais mon attention à 100 % pour faire ce travail, j'y parvenais sans difficulté. Toute mon attention, c'est-à-dire toute mon âme. C'est une manière de vivre l'instant présent. Je me réalise même en faisant les travaux les plus simples. Je suis plus heureux que je ne l'ai jamais été. Plus libre aussi. »

A l'autre bout du village, nous avons maintenant rendez-vous au centre « Ave » avec Ave elle-même. C'est Chiara Lubich qui a ainsi baptisé à la fois le centre artistique de Loppiano et sa principale animatrice qui est aussi l'une de ses plus anciennes compagnes. « Ave », le salut de l'ange à Marie.

Après le grondement des machines et l'agitation de la menuiserie, nous pénétrons maintenant dans un monde feutré fait de silence et de méditation.

Il m'est difficile de décrire ou de définir Ave. Ce que je puis affirmer, c'est que, Rachel et moi, nous nous sommes tout de suite sentis accueillis par une femme heureuse dont le regard sait voir au-delà des formes et dont le sourire jaillit des profondeurs.

« Un jour, raconte-t-elle, Chiara a fait une méditation devant la *Pieta* de Michel-Ange à Saint-Pierre de Rome. Vous ne connaissez pas encore Chiara mais vous allez la connaître très vite car elle est notre fondatrice. Tout ici parle d'elle. Le soir même de cette méditation, elle nous a envoyé cette prière à la

Vierge qui est devenue la charte de notre centre : " Étanche cette soif de beauté que le monde attend. Envoie de grands artistes et imprime en eux de grandes âmes qui, de par leur splendeur, portent tous les hommes vers le plus beau de tous les fils des hommes : Jésus. "

« Je n'ai pas besoin de vous dire qu'en recevant ce message, nous nous sommes senties toutes petites. De grands artistes, de grandes âmes... nous savions bien que nous n'étions rien de cela. Et puis nous avons compris qu'ici, le " grand artiste " ne pouvait naître que de notre unité. Il nous suffirait, pour être à la hauteur de notre mission, d'accueillir le don qui nous a été donné de nous abandonner au temps présent et d'aimer de toutes nos forces.

« En général, les artistes sont très sensibles et, pour se protéger, ils ont tendance à s'enfermer dans leur propre monde. Nous, il nous a d'abord fallu nous unir et, toutes ensemble, nous ouvrir, nous vider de nous-mêmes jusqu'à n'être plus que des canaux. Car l'artiste, c'est Dieu. L'inspiration vient de Lui. Directement. Ce qui nous est demandé, c'est de savoir l'accueillir.

« Pour nous, réaliser cela a été une incroyable révolution

« Nous avions un tel besoin d'unité qu'il nous a fallu aller jusqu'à perdre notre propre inspiration pour accueillir et aimer l'inspiration de l'autre. C'est ainsi que nous pouvons réaliser ce que nous demande Chiara : donner Dieu à travers la matière. A travers la Beauté.

« Travailler ainsi devient vite extraordinaire. Se laisser porter par Dieu, le laisser faire en nous toutes choses nouvelles et surtout ne pas vouloir tout programmer. Souvent, ce qui sort de nous est tout à fait imprévisible. Nous n'avons même plus le désir de chercher la forme, la ligne ou la couleur.

« Regardez cette statue de Marie. J'avoue que je ne sais pas comment nous l'avons faite. J'en suis stupéfaite et j'ai sans cesse envie de rendre grâce. Ce qui prouve bien qu'il ne faut pas partir de la forme mais du " contenu ". C'est Lui qui crée et, encore une fois, tout ce qu'Il nous demande, c'est de Lui laisser la place. »

Tout en parlant, Ave nous a fait faire le tour de l'atelier et nous nous retrouvons devant la reproduction d'un vitrail de plus de dix mètres de haut, une œuvre signée Thécla qui représente un cœur. Un peu plus loin, voici la reproduction en bronze de saint François et du loup de Gubbio, très purs et très stylisés. Plus loin encore, une sculpture de 3,30 m de haut représente Jésus au milieu de ses disciples. Elle a été réalisée par une Espagnole catholique et par une Turque musulmane. « Elles ont travaillé, nous dit Ave, dans la joie et la légèreté. »

Je ne suis pas critique d'art mais tout ce que je vois ici : sculptures géantes, terres cuites, tabernacles, vitraux... tout est simple comme la beauté et je ne suis pas du tout étonné d'apprendre que des dizaines d'églises ont déjà fait des commandes au centre de Loppiano et que l'atelier, aujourd'hui, a du mal à répondre à la demande.

Dans une autre pièce, nous découvrons l'artisanat du centre Ave. Des vases, des lampes et toutes sortes de choses pour les bébés : édredons aux vives couleurs, peluches, poupées, petits canards, carillons en forme de téléphones, objets de toilette...

« Tout cela marche très bien, nous dit Ave, et nous permet de gagner notre vie. Sans doute parce que, tout comme l'art, l'artisanat est chez nous œuvre collective. Même pour la plus petite chose, nous commençons par mettre nos idées en commun, puis nous nous corrigeons les unes les autres de façon à ce que l'œuvre soit l'expression du goût de toutes. »

Beaucoup des idées qui naissent ici se concrétisent un peu plus loin dans l'atelier de céramique où une douzaine de jeunes filles travaillent dans la poussière de l'argile et la chaleur des fours. Nous faisons la connaissance de Fides qui vient du Burundi, d'Aurore la Française, de Nora l'Argentine, de Santa la Colombienne, de Lorela l'Irlandaise, des Brésiliennes Martha, Fidele, Angelica et Isa. C'est à une autre Martha, venue du Guatemala, que nous laisserons le mot de la fin à l'issue de cette visite.

Martha a d'abord voulu changer par la violence ce monde qu'elle trouvait trop injuste. Elle était à la veille de partir pour le maquis, fusil au poing, lorsqu'elle a rencontré des focolarines. « Grâce à elles, nous dit-elle, j'ai compris que si je voulais qu'il y ait un peu plus de justice ici-bas, je devais avant tout correspondre à l'amour que Dieu avait mis en moi. Il ne s'agissait pas de tuer des personnes injustes mais de se servir de l'amour pour construire enfin un monde nouveau. »

J'avoue, puissent les focolari me pardonner, qu'à ce point de notre enquête, j'ai été pris d'un doute. J'ai même dû, lorsque nous avons été seuls, doucher un peu l'enthousiasme naissant de Rachel. Il en va souvent ainsi entre nous. Pendant les enquêtes, elle est l'accélérateur de notre couple, elle voit tout en rose, elle est prête à donner son cœur. Moi je freine, je pèse le pour et le contre, me demande s'il n'y a pas quelque chose qui cloche et si nous ne nous trompons pas en voulant inclure tel ou tel chapitre dans notre livre. Mon rôle n'est pas toujours agréable ou glorieux mais, après tout, il faut un frein et cette espèce de méfiance qui m'habite nous a plusieurs fois évité de nous fourvoyer. Donc ce jour-là, j'ai senti en moi comme une sonnette d'alarme : tout cela n'était-il pas trop beau ? Ces sourires n'étaient-ils pas trop communicatifs ? Cette gentillesse trop spontanée ? Et cette atmosphère de bonheur sans nuage qui baignait la colline n'était-elle pas quelque peu factice ? Je me suis souvenu des mises en garde prononcées par quelques bonnes âmes peu avant notre départ :

« Faites attention où vous mettez les pieds. N'oubliez pas que les focolari sont un mouvement et que mouvement signifie nécessairement enrégimentation, rassemblement de gens tous soumis à la même idéologie et qui ont souvent tendance à fondre leurs personnalités dans le groupe au point de ne plus être que de bons élèves répétant ce qu'on leur a appris. »

Rachel et moi, depuis que nous travaillons ensemble, nous cherchons des lieux de vie authentique où la personnalité de chacun puisse s'épanouir librement. Par-dessus tout, nous avons horreur de toute enrégimentation. Nous étions justement invités à dîner, ce même soir, dans un foyer de focolari et nous nous sommes promis d'être particulièrement vigilants.

Première surprise : nous avons eu le sentiment de nous trouver, avec les cinq femmes qui nous invitaient, dans une salle à manger tout à fait bourgeoise. Rien de l'austérité qu'on trouve si souvent dans les milieux dits « spirituels ». Il y avait une belle nappe sur la table, de la belle vaisselle, le repas était excellent et le vin, récolté à la propriété, était tout à fait remarquable.

Maria-Antonietta, la responsable, une petite femme élégante et volubile dont nous donnerons plus tard le témoignage, nous a accueillis avec ces mots, tout en nous servant l'apéritif :

« Notre spiritualité est basée sur l'amour réciproque. Un amour qui, avec la grâce de Dieu, doit tendre à assurer la présence de Jésus parmi nous. Il est en ce moment au milieu de nous, avec Rachel, Jean-Pierre, Concetta, Lise, Laura et Geneviève. Parce que tous, nous voulons Dieu et Dieu seul.

« Voulez-vous savoir comment je me suis préparée à vous rencontrer ? J'ai pensé que c'était une rencontre importante, la plus importante de ma vie, une rencontre avec deux frères : Jésus-Rachel et Jésus-Jean-Pierre. Je ne vous connaissais pas, je ne savais même pas ce que vous vouliez de moi. Alors je me suis mise à prier, à demander qu'un lien s'établisse entre nous. Les quatre autres se sont jointes à moi et nous avons demandé la grâce d'être un don pour vous.

« Ce n'est pas trop difficile quand il s'agit d'une simple rencontre comme celle-là mais je sais bien que, si nous restions dix jours ensemble, nous nous apercevrions que nous avons des caractères différents. Alors il nous faudrait tout faire pour ne pas rompre l'unité, pour sourire, aimer en pensant sans cesse à Jésus crucifié et abandonné. Maintenant, nous entrons en unité avec vous. Qui sait quelles richesses vous allez nous donner ? »

Je ne sais pas quelles richesses nous avons bien pu donner à nos amies d'un soir mais ce que je sais, c'est que nous nous sentions heureux près d'elles, un peu interloqués cependant de les entendre nous raconter des expériences tout à fait personnelles et profondes ou des anecdotes naïves qui auraient pu faire sourire des esprits moins prêts à les comprendre que les nôtres. Celle-ci par exemple :

« L'année dernière, la récolte de vin a été si exceptionnelle que nous ne savions où la mettre. Il nous aurait fallu acheter deux cuves énormes pour onze millions de lires mais nous n'avions pas pour cela le premier sou. Nous nous sommes réunis devant Dieu et nous avons exposé notre problème : nous ne pouvions tout de même pas jeter tout ce vin ! Nous avons décidé de faire confiance et de commander les cuves en nous disant que Dieu y pourvoirait. Eh bien ! ce même après-midi, nous avons trouvé dans notre courrier une enveloppe contenant un chèque de onze millions de lires. Elle venait d'une personne des Pays-Bas qui nous écrivait : " L'année dernière, je suis passée à Loppiano et je me suis demandé où vous mettiez le vin de votre récolte. Peut-être cet argent pourra-t-il vous aider ? " Cette enveloppe arrivée dans l'après-midi était depuis une semaine en Italie mais elle a attendu pour nous parvenir que nous ayons pris la décision de faire confiance. Une fois de plus, nous avons pu constater qu'il faut croire avant de voir. »

Ils sont ainsi, les focolari. nous aurons souvent l'occasion de le constater. Ils disent ce qu'ils ont à dire sans la moindre fausse pudeur. Après le café, Maria-Antonietta nous a proposé de monter jusqu'à la salle vidéo pour voir une cassette de Chiara Lubich.

Nous étions en train de nous installer devant la télévision lorsque nous avons vu une tête passer par la porte entrebâillée. C'était une jeune fille brésilienne qui a dit en s'adressant à Maria-Antonietta : « Nous venons d'apprendre qu'il y a ici des amis français, est-ce que nous pourrions leur chanter une chanson avant la vidéo ? »

C'est ainsi qu'a commencé une des soirées les plus délicieuses de notre séjour. Les jeunes filles étaient douze, elles venaient de trois continents, elles étaient médecins, chimistes, enseignantes, avocates, comptables et elles chantaient tellement bien que les chansons ont succédé aux chansons et que nous avons oublié la cassette que nous étions venus visionner. Avant de les quitter, nous leur avons demandé leurs témoignages. Nous retiendrons ici celui de Monica parce qu'il nous semble exemplaire. Elle avait trente ans et elle venait du Brésil. Nous lui avons demandé comment elle avait pu quitter son travail de médecin, sa famille, son pays pour venir faire, pendant deux ans, de la céramique à Loppiano.

« J'ai compris d'un coup, nous a-t-elle répondu, que Dieu est plus grand que tout et qu'il me demandait de vivre à la lettre cette parole : Qui ne laisse pas père, mère, femme, enfants...

« Je venais de commencer une spécialité de pédiatrie lorsque j'ai reçu cet appel. Je ne pouvais pas ne pas tout laisser et pourtant, j'ai pleuré avant de me décider tout à fait. Aujourd'hui, je sens que rien, absolument rien n'est plus grand que ce que j'ai trouvé. Jésus peut utiliser mes mains, ma tête, mon cœur. Ici, je suis toute la journée devant une machine mais je suis où Il me veut. Plus tard, s'Il veut que je reprenne ma profession, je le ferai mais s'Il a un autre projet pour moi, je ne discuterai pas. C'est en vivant dans l'amour avec chacune de mes compagnes que je construis ce monde nouveau dans lequel nous sommes tous appelés à vivre. »

Nous pourrions multiplier les témoignages. Ils sont différents mais ils sonnent tous de la même façon. Si bien qu'à la fin de cette soirée, nous pouvions pousser un grand soupir de soulagement : non, ces femmes et ces jeunes filles que nous venions de rencontrer n'étaient pas ces zombies, ces êtres prisonniers d'une idéologie qu'on nous avait si charitablement décrits. Il y avait en elles trop de spontanéité et de vrai bonheur. Et puis nous avions découvert un monde passionnant, jeune, dynamique, enthousiaste, libre de tous les préjugés de classe et de races qui empoisonnent l'humanité. Toute méfiance envolée, nous pouvions poursuivre notre reportage.

Tous les quinze jours, les habitants de Loppiano se retrouvent dans la grande salle où les garçons écoutent quotidiennement la messe. A midi juste, la voix de Chiara Lubich résonne dans les haut-parleurs. Elle commence par citer un court passage de la Bible – le plus souvent du Nouveau Testament –, lentement car chez les focolari, l'Écriture doit être digérée, méditée, vécue phrase après phrase. Elle donne un bref commentaire qui sera, dès le lendemain, diffusé à des centaines de milliers d'exemplaires dans plusieurs dizaines de pays. A peine a-t-elle cessé de parler que la téléréunion commence : dix-sept centres du monde entier peuvent dialoguer par l'intermédiaire d'un central situé en Suisse. De Corée, du Brésil, d'Europe, les nouvelles fusent, des contacts se nouent, des problèmes sont posés et résolus. On a tout à coup l'impression que le monde entier se trouve rassemblé dans cette pièce : soixante-dix mille responsables et des milliers de prêtres répartis dans cent quarante-six nations, un mouvement qui ne cesse de croître avec ses centres, ses écoles, ses journaux, ses maisons d'édition. Une multinationale dont nous étions loin, en commençant cette enquête, de soupçonner l'ampleur et qui est née parce qu'une jeune fille a découvert que Dieu l'aimait, un jour où le monde semblait s'écrouler autour d'elle.

Un petit matin de décembre 1943. Chiara marche d'un bon pas vers le petit hameau de la « Vierge blanche », à deux ou trois kilomètres de Trente. A vingt-trois ans, ce n'est plus elle qui va habituellement chercher le lait de la famille mais ce matin-là, son frère avait fait la mauvaise tête et pour éviter des conflits, elle avait décidé d'y aller à sa place. Soudain elle s'arrête net : une phrase vient de traverser son esprit : « Donne-toi à moi ! » L'a-t-elle vraiment entendue ? Elle ne saurait le dire. Mais elle en a été frappée au cœur.

Parole fulgurante qui va d'un coup faire basculer sa vie. Certains êtres qui ont été ainsi appelés racontent qu'ils ont tenté de résister, de discuter avec Dieu, de penser à autre chose. Elle, pas du tout. Au moment même où elle entend la parole, elle décide d'y répondre et de se donner tout entière. Le soir même, elle écrit à son confesseur et elle discute avec lui pied à pied lorsqu'il tente de la décourager. Il va même jusqu'à lui dire : « Rends-toi compte : ton frère et tes sœurs vont se marier et avoir des enfants, tes parents mourront un jour et toi, tu finiras toute seule à l'hospice sans personne pour s'occuper de toi. » Il pourrait bien lui annoncer les plus épouvantables catastrophes, elle resterait inébranlable.

« Imaginez, écrira-t-elle plus tard, une jeune fille amoureuse, amoureuse de cet amour qui est le premier, le plus pur, celui qui n'est pas encore déclaré mais qui commence à brûler. »

Elle est secrète, Chiara. Elle ne dit rien à personne, pas même à sa mère. Quand on a au cœur une telle lumière, on la garde jalousement sans l'exposer à l'incompréhension des gens raisonnables, à tous ceux qui, comme il se doit, ne « veulent que notre bien ».

Impressionné par sa détermination, le confesseur a fini par donner son accord : oui elle pourra, en secret, se donner tout entière à ce Dieu qui l'a choisie entre toutes et comme elle ne veut pas attendre, il a fixé la date au 7 décembre, une date qu'un million de focolari proclament historique parce que c'est à elle qu'ils font remonter le tout premier début de leur mouvement.

Ce matin-là donc, après avoir veillé une partie de la nuit au pied de son lit, devant son crucifix métallique, elle se lève à 5 heures, enfile sa plus belle robe et sort discrètement de la maison familiale. Elle se trouve aussitôt happée par la tempête. Poussée par un vent furieux, une pluie glacée lui gifle le visage. « Ces circonstances n'étaient pas dépourvues de sens, racontera-t-elle plus tard à Michel Pochet. Elles exprimaient – me semble-t-il – que l'acte que j'étais en train d'accomplir trouverait des obstacles. Cette tempête de pluie et de vent contraires m'apparaissait comme le symbole de quelqu'un d'hostile. »

Il est vrai que les obstacles ne manqueront pas sur son chemin mais jamais, pas plus ce jour-là que les autres, ils ne parviendront à entamer sa détermination.

La voici enfin devant le petit couvent où doit se dérouler la cérémonie. Après le vacarme du dehors, elle se sent envahie par un calme indescriptible. C'est en épouse qu'elle pénètre dans la chapelle où un prie-Dieu a été disposé pour elle. « Ma consécration, dira-t-elle, n'était pas seulement une formule comme celle que j'ai lue ensuite face à l'hostie élevée devant moi : “ Je fais vœu de chasteté parfaite et perpétuelle. ” C'était autre chose : je me mariais. J'épousais Dieu. Cela ne signifiait pas seulement célibat, renoncement au mariage humain. Cela voulait dire tout quitter, parents, études, école, distractions, tout ce que, dans mon petit univers, j'avais aimé jusqu'alors.

« Comprendre ainsi ce que j'étais en train de faire a été soudain, bref, mais tellement fort qu'une grosse larme a coulé sur la page ouverte de mon missel. »

Comprendre ce que j'étais en train de faire... Elle sait, elle, sur quel chemin elle s'engage mais elle aura, dès le début, du mal à le faire comprendre autour d'elle. Quand une jeune fille reçoit l'appel de se donner à Dieu, elle décide normalement d'entrer dans un couvent. Aux yeux du monde, cette démarche est claire et ne suscite pas d'opposition. Mais Chiara, tout en étant consacrée, veut rester dans le monde. Elle insiste encore aujourd'hui sur le fait que les focolari, même ceux qui choisissent le célibat, ne sont pas des religieux mais des laïcs qui vivent dans des foyers (focolare) et qui gagnent leur vie sans être en rien différents des autres hommes.

Pour comprendre cette vocation bien spéciale, il faut remonter plus avant dans sa vie.

Elle est née le 22 janvier 1920 à Trente dans une famille pauvre, ou plutôt dans une famille devenue pauvre parce que son père, militant de gauche, avait perdu son emploi. Petite fille, de sa fenêtre, elle apercevait la magnifique église Sainte-Marie-Majeure où s'était réuni, de 1545 à 1563, le fameux concile de Trente. Souvent, il lui arrivait d'aller prier dans cette église devant une statue du Christ en croix si saisissante qu'elle croyait entendre les immortelles et bouleversantes paroles qui ont troublé tant de chrétiens : « Mon Dieu, mon Dieu, pourquoi m'as-tu abandonné ! » Encore aujourd'hui, la contemplation de Jésus crucifié et abandonné est, nous le verrons, à la base de la spiritualité des focolari.

« J'ai été formée, racontera-t-elle, tout particulièrement par ma mère, puis par mon frère Gino qui était entré à l'université avant de prendre le maquis. » Elle fit de bonnes études, devint institutrice et obtint son premier poste à Castello, un petit village du Trentin perdu dans la montagne. C'est là qu'elle a découvert la peine des hommes. Les paysans étaient si pauvres qu'il leur fallait remonter chaque année dans des hottes la terre qui s'éboulait à cause des pluies de l'hiver.

C'est de là qu'elle est partie, un jour de 1939, pour le premier et le plus important voyage de sa vie, un pèlerinage à Lorette, dans la province d'Ancône, avec un groupe important de l'Action catholique.

Lorette ! Un lieu béni dont elle entend prononcer le nom depuis sa toute petite enfance, la ville où a fleuri une des plus belles légendes de la chrétienté. Là, on ne sait pas exactement quand ni comment, des anges ont amené la maison de Nazareth dans laquelle ont vécu Jésus, Marie et Joseph. Depuis des siècles, les pèlerins s'y pressent par milliers.

Chiara a dix-neuf ans. Elle communie tous les jours et elle est déjà habitée par cette présence mystérieuse qu'elle ne sait peut-être pas encore nommer mais qui inspire toutes ses actions. En entrant dans la « Santa casa », elle est bouleversée. Pendant les quinze jours que durera son pèlerinage, elle y passera tous ses moments libres, abîmée dans la contemplation, sans être incommodée ni par la foule, ni par l'immense basilique fortifiée, en partie construite par Bramante, qui recouvre l'humble maison, comme si on voulait empêcher les anges de venir la reprendre.

Les termes dans lesquels elle raconte cette expérience sont aujourd'hui, pour les focolari, une page d'anthologie :

« La première fois que j'entrai dans la maison de Lorette, raconte-t-elle, je n'ai pas eu le temps de me rendre compte si, historiquement, cet endroit était vraiment celui où la Sainte Famille avait habité. Je me suis agenouillée par terre près du mur noirci par la fumée des lampes. Je n'arrivai pas à prononcer un seul mot, j'étais prise par le mystère de ce qui était arrivé en ces lieux. Il me venait toutes sortes d'idées sur la Sainte Famille. Je me disais : l'enfant Jésus a marché de là à là. Entre ces murs résonnait la voix de Jésus et Marie avait dû chanter ici pour bercer son petit enfant. C'est peut-être Joseph qui avait placé ces poutres de bois. Il y avait aussi une fenêtre : il me venait à l'esprit que Marie était peut-être à cet emplacement au moment de l'Annonciation et que l'Ange était entré par cette fenêtre. Toutes ces pensées m'écrasaient toujours plus, toujours plus. C'était comme si on avait posé sur moi la coupole de Saint-Pierre, et je pleurai toutes les larmes de mon corps. »

Le jour du départ, tandis que toutes les pèlerines de l'Action catholique sont en train de chanter dans l'immense nef, la tête recouverte d'un voile blanc, elle croit entendre cette phrase : « Une armée de vierges te suivra. »

Phrase d'autant plus mystérieuse pour elle qu'elle n'a alors aucune intention de fonder un mouvement ou un ordre religieux. Elle est persuadée en fait qu'elle vient de trouver sa vocation : elle ne se mariera pas parce qu'elle se veut toute à

Dieu mais elle n'entrera pas non plus au couvent. Son modèle, elle le sait depuis qu'elle a pénétré dans l'humble demeure, ce sera la Sainte Famille. Comme elle, elle veut vivre et travailler dans le monde, en plein dans la pâte humaine. Comme elle, elle rêve d'être le levain dont parle l'Évangile. Comme elle, elle vivra la pauvreté, la chasteté et l'obéissance. L'intuition de cette petite jeune fille de dix-neuf ans est aujourd'hui la règle de vie de plus d'un million de garçons et de filles.

De retour à Trente, Chiara, comme Marie, « garde toutes ces choses dans son cœur » mais c'est sans doute parce que l'expérience de Lorette reste si vivante en elle qu'elle décidera, cinq ans plus tard, de se consacrer à Dieu d'une manière si particulière.

Elle ne fait pas de bruit mais déjà son rayonnement est tel qu'un capucin la remarque et lui confie la direction d'un groupe de jeunes filles lié au tiers ordre franciscain. De là viendront ses premières compagnes.

De mois en mois, la guerre se fait plus cruelle. D'abord relativement épargnée, Trente croule maintenant sous les bombes. Les alertes se font de plus en plus fréquentes. Aussitôt que sonnent les sirènes, les six ou sept jeunes filles du groupe se mettent à courir vers le même abri. Elles s'y rassemblent et prient. Leur abri n'est qu'une espèce de grotte, si bien qu'une bombe explosant devant l'ouverture le réduirait en poussière. Heures ardentes! Elles n'ont avec elles qu'un petit Évangile tout froissé. Elles vivent en plein chaos, elles connaissent la peur et la faim et pourtant, elles vont de découverte en découverte. Jamais elles n'ont été aussi heureuses et Chiara retrouve un peu de l'émotion d'alors pour raconter :

« Assises en cercle, dans les abris humides pratiqués dans le rocher, nous lisions, à la lumière d'une bougie, le livre divin dont les paroles se révélaient à nous avec une clarté éblouissante. Jamais, jusqu'alors, l'Évangile ne nous avait paru aussi captivant, le seul livre digne d'intérêt. Et jamais comme alors, il ne nous avait parlé en termes aussi neufs. »

13 mai 1944. C'est l'Apocalypse. Vague après vague, les forteresses volantes écrasent ce qui reste de la ville. Terrés dans leurs abris, les habitants n'ont même plus la possibilité, lors des trop brèves accalmies, d'aller faire leur ravitaillement. Cette fois-ci, c'en est trop. La famille de Chiara, qui a tenu bon jusqu'ici, décide de faire comme tant d'autres, de fuir pendant qu'il en est temps encore. Pour la première nuit, ils iront camper dans un petit bois sis sur une hauteur appelée « La goutte d'or ». Chiara part avec eux mais elle sait que l'heure du grand déchirement est venue. Elle a décidé en effet qu'elle ne quitterait jamais les compagnes que Dieu lui a confiées, qu'elle resterait à Trente avec elles pour aider, autant que possible, les habitants à survivre.

Le lendemain, dès l'aube, toute la famille revient dans la ville. De la maison, il ne reste plus que les murs. Comme tous les survivants, les Lubich se mettent à fouiller les décombres pour sauver au moins quelques objets qu'ils emporteront dans leur exil. Le grand moment est venu. Chiara emmène son père dans ce qui avait été la cuisine, elle se met à genoux devant lui et lui dit : « Papa, j'appartiens à Dieu et d'autres me suivent, je ne peux pas partir. » Elle s'attendait au pire et elle a l'immense surprise de le voir accepter sa décision sans même l'ombre d'un reproche. Au contraire, il l'embrasse, la fait relever et, gravement, lui donne sa bénédiction. C'est fait : le sacrifice est consommé. Et cette grande parole de l'Évangile surgit dans l'esprit de Chiara : « Celui qui ne laisse pas père, mère, femme, enfants et champs, ne peut être mon disciple. »

Il est 6 heures du matin. La famille disparaît au coin de la place. Sans se retourner, Chiara redescend vers la ville. Le spectacle est hallucinant. Fendues comme par de gigantesques coups de massue, les maisons laissent voir leur intérieur, les arbres sont arrachés, les fils électriques jonchent la chaussée encombrée de gravats. Chiara pense à sa famille qui s'éloigne et éclate en sanglots. Juste à ce moment une femme échevelée, affolée, une inconnue, arrive en courant, la saisit par le bras et lui crie : « Ils sont morts tous les quatre ! Tu comprends : tous les quatre ! »

« J'ai compris alors, raconte Chiara, que je devais faire taire ma douleur pour assumer celle des autres. »

Jusqu'à la fin de la guerre, elle ne va plus faire que cela.

Une demi-douzaine de jeunes filles de quinze à vingt-trois ans qui passent leur temps à fouiller les décombres, à ramasser les blessés, à recueillir les enfants, à faire cuire d'énormes marmites de minestrone pour nourrir les affamés, cela se remarque. D'autant plus que certains événements font rêver et semblent prouver que la Providence est avec les jeunes filles. Nous n'en citerons qu'un pris parmi un véritable florilège :

« A cette époque, raconte Chiara, nous avions déjà compris que Jésus était présent d'une manière particulière en chaque pauvre. Un jour l'un d'entre eux me confia qu'il avait besoin d'une paire de chaussures. Il chaussait du 42. Alors, avec cette foi toute nouvelle que Dieu nous avait donnée, j'entrai dans une église et je dis à Jésus : " Jésus, tu as besoin d'une paire de chaussures pointure 42, je t'en prie, donne-la-moi. " Je sors de l'église et je tombe sur une dame qui me remet un paquet : bien sûr, il y avait dedans une très belle paire de chaussures à la pointure demandée. »

Les dons affluent, les vocations aussi. Cela semble extraordinaire mais Chiara raconte cela comme s'il s'agissait de la chose la plus ordinaire du monde : deux mois après le départ de ses parents, Trente comptait déjà cinq cents focolari. A partir de ce moment-là, la vie de Chiara et celle du mouvement qui est né d'elle, sans qu'elle l'ait vraiment voulu, se mêlent si étroitement qu'il est impossible de les dissocier. Elle était bien persuadée au début qu'elle ne quitterait jamais sa ville natale mais la Providence va l'y obliger. Une fois la guerre terminée, des jeunes affluent autour d'elle de tous les coins de l'Italie, le mouvement s'enfle, s'enfle au point qu'il lui faut commencer à s'organiser et à se préoccuper d'obtenir la reconnaissance officielle du Saint-Siège. Où peut-on être mieux pour cela qu'à Rome? Dès 1950, Chiara s'y installe. L'heure des grandes rencontres vient de sonner.

La fête bat son plein. L'immense salle de théâtre croule sous les rires et il faut reconnaître que les deux mimes qui sont en train de se produire sur la scène – une Allemande et une Italienne – sont tout à fait désopilantes. C'est dimanche à Loppiano, le jour de l'accueil. Sur le parking sont rangés une trentaine de cars venus de toute l'Italie. Tous les jeunes sont mobilisés pour accueillir, distraire, nourrir, guider les deux ou trois mille personnes qui passent chaque semaine.

La journée s'ouvre par la messe, dans cette même salle, puis, dans l'après-midi, commence le spectacle. Rien à voir avec le patronage auquel nous étions habitués dans notre enfance. Un vrai spectacle de professionnels. Les jeunes ne s'y trompent pas qui viennent nombreux pour entendre les deux groupes de Loppiano, les Gen rosso et les Gen verde, garçons et filles, qui font dans le monde des tournées triomphales. Et puis il y a Livino et Salvador, de Bahia, qui dansent une samba endiablée, des groupes africains, asiatiques. Comme si le monde entier s'était donné rendez-vous sur cette colline pas comme les autres.

Entre deux spectacles, les focolari offrent à leurs visiteurs des brassées de témoignages puisés dans leur expérience. Ce n'est pas une petite affaire que de se raconter ainsi devant des milliers de personnes mais ils le font avec une sorte de naïveté qui parle au cœur.

Voici Rod, un long Californien dégingandé qui enjambe la scène en tenant par la main sa femme Martia et leur petit garçon.

« Je vais vous parler aujourd'hui, dit-il avec un accent inimitable, du divorce qui est l'une des plaies sociales de notre temps. Aux États-Unis où je suis né et où j'ai grandi, les statistiques disent que sur huit familles, cinq finissent par un divorce. C'est ce qui est arrivé à nos parents lorsque mes frères et moi nous avions quatre, six et sept ans. Aujourd'hui, dans ma famille d'origine, il y a six divorces : papa avec sa troisième femme, maman avec son second mari, ma sœur qui a divorcé deux fois et mon frère qui, jusqu'à trente-six ans, à vécu dans une liberté sans frein. Dieu ne pénétrait pas dans notre maison. Il n'y avait qu'athéisme et indifférence.

« J'ai compris très vite que je ne pourrais pas former une famille saine si je ne trouvais pas d'abord une clé pour une vie nouvelle. A vingt-trois ans, alors que j'étais militaire, j'ai été fasciné par l'Évangile et j'ai été pris d'une folle envie de découvrir des gens qui vivaient de cette Parole. J'ai cherché pendant dix ans et j'ai fini par rencontrer un groupe de jeunes qui m'ont révélé ce qu'était l'amour véritable... »

Martia prend le relais. C'est une jeune femme solide et réfléchie. Elle hésite, regarde Rod qui lui fait un petit signe d'encouragement et se lance :

« Je suis née à Vienne, en Autriche et ma famille a été victime d'un autre fléau social : l'alcool. Notre enfance, à ma sœur et à moi, a été faite de scènes très douloureuses. J'avais treize ans lorsque mon père est mort et ma mère, avec sa foi profonde, a essayé de nous faire connaître le côté positif de la vie. Très vite, je me suis rendu compte que j'avais par-dessus tout une grande soif de beauté et d'amour. J'ai cherché dans la musique, la lecture, l'amitié... mais c'est ma mère qui m'a fait connaître un groupe de focolari. Elle qui avait été si durement éprouvée, elle a découvert auprès d'eux la valeur de la souffrance. Moi j'ai trouvé Dieu. Il a rempli le vide qui se creusait en moi et illuminé ma vie. Il m'engendre jour après jour.

« J'ai rencontré Rod et nous nous sommes mariés en prenant pour devise la plus grande phrase de l'Évangile : " Aimez-vous les uns les autres. " Cet amour que nous avons découvert ensemble est devenu le trésor commun de notre famille. Nous sommes mariés depuis dix-sept ans et nous avons six enfants de quatre à seize ans. Rod a treize ans de plus que moi et nous sommes incroyablement différents de caractère mais aussi de culture, de formation, d'habitudes et même de langues. Pour nous comprendre, nous devons nous parler en italien. Que l'unité et l'harmonie soient nées de tout cela, ce n'est possible que parce que nous sommes unis par l'essentiel, par l'amour qui pardonne tout. A propos de pardon, je voulais dire... »

Elle se trouble. On sent qu'elle a du mal pour aborder cette partie du témoignage. Rod vient à son secours :

« Nous faisons aussi des erreurs et nous sortons d'une période très difficile qui nous a menés jusqu'au bord de la rupture. Comme c'est souvent le cas, cela a commencé par un fait en apparence insignifiant. Un après-midi, alors que Martia devait aller faire les courses, j'avais promis de baigner notre dernière petite fille. J'étais de bonne foi mais je me suis laissé prendre par une chose et par une autre, si bien que lorsque Martia est rentrée, je n'avais pas encore fait couler l'eau du bain. Le choc a été terrible. D'un coup sont sortis tous les griefs que nous avions l'un contre l'autre et toutes nos explications ne faisaient que mettre en évidence nos limites et nos défauts. Au cours du repas du soir, nous avons essayé d'alléger la situation mais nous n'y sommes pas parvenus. Une fois les enfants au lit est venue l'heure de l'affrontement. Ce n'était pas une simple scène de ménage mais un règlement de comptes. Nous étions butés. Martia me tenait tête et je n'en croyais pas mes yeux.

« En un éclair, j'ai compris que nous étions au bord de la rupture et que j'allais vivre ce qu'avaient vécu tous les miens, ce que j'aurais voulu par-dessus tout éviter. J'ai été tellement choqué par cette découverte que j'ai commencé à mesurer mes paroles et à laisser Martia s'exprimer... »

« Cette nuit-là, conclut Martia, est comme une pierre d'angle dans notre vie de couple. Nous nous y référons chaque fois que nous sentons dans notre vie un moment de relâchement. Ce n'est pas parce que nous avons choisi Dieu que nos limites sont effacées mais c'est Lui qui nous donne la force de toujours recommencer. Il nous arrive de nous demander pardon en présence de nos enfants car cet amour réciproque, cet amour de chaque instant, est le plus bel héritage que nous puissions leur laisser. »

Un tonnerre d'applaudissements salue ce témoignage. Sans nul doute, les spectateurs sont touchés par la spontanéité de Rod et de Martia ainsi que par la tendresse qui les unit. Une toute jeune fille les remplace sur le podium, intimidée mais résolue.

« Je m'appelle Patricia, dit-elle, et je viens de Colombie. J'avais quatorze ans lorsque j'ai découvert l'idéal de l'unité. Vous vous souvenez peut-être qu'en 1985, un volcan a explosé dans mon pays, ensevelissant une cité entière. Sur trente mille habitants, il n'y a eu que cinq mille survivants qui n'avaient plus ni maison, ni travail et qui souvent avaient perdu toute leur famille ensevelie sous la boue. Nous, les "Gen", nous sommes aussitôt partis vers cette région pour y porter notre amour.

« J'ai été frappée de plein fouet par l'horreur. Au milieu des décombres, j'ai vu une femme qui était en train de mourir tout en donnant la vie à un enfant. Plus loin, une mère regardait sa petite fille de dix ans qui s'enfonçait dans la boue sans qu'on puisse la secourir. Nous nous sentions impuissants et pourtant, nous savions que nous ne pouvions pas nous contenter de donner des choses mais qu'il nous fallait être aux côtés de ces gens-là, vivre avec eux en étant prêts à donner notre vie. Nous avons fait ce que nous avons pu : aider les blessés, parler avec ceux qui étaient dans l'angoisse...

« Le monde entier a très vite appris la catastrophe et tous les focolari se sont mobilisés. Aux Pays-Bas, en France, en Italie, aux États-Unis, des jeunes se sont mis à faire de petits travaux pour pouvoir nous envoyer l'argent qu'ils avaient gagné. Une véritable solidarité est née entre riches et pauvres. J'ai tout particulièrement connu Omeira, une jeune femme de vingt-deux ans qui avait perdu son mari dans la catastrophe. Elle attendait un enfant. Une famille qui partage avec nous l'idéal de l'unité a ouvert sa maison pour Omeira et sa petite fille si terriblement blessée qu'il a fallu lui couper une jambe. Nous avons trouvé de l'argent pour la prothèse et nous avons vu Omeira reprendre peu à peu espoir. Maintenant, elle a eu son enfant et elle travaille comme coiffeuse.

« En vous parlant, j'ai encore devant les yeux des dizaines de visages torturés par la peur et la souffrance. Je pourrais vous parler pendant des heures et des heures de ce que nous avons vécu avec les rescapés. Ce que je tiens à dire par-dessus tout, c'est que nous avons rencontré Jésus crucifié et abandonné chez nos frères et que j'ai mieux compris notre idéal d'unité. »

Il est évident que cette journée a été préparée par d'excellents pédagogues. Les témoignages se succèdent, si différents les uns des autres que nous ne sentons pas chez les spectateurs un instant de lassitude. Mères de famille, séminaristes, prêtres, travailleurs sociaux, tous ont un mot à dire qui éclaire un point ou l'autre de la spiritualité des focolari.

A la fin, ce sont les spectateurs eux-mêmes qui sont invités à parler et à dire ce qu'ils ont découvert au cours de cette journée. Paola déclare : « J'ai découvert que l'amour pouvait être une chose toute simple. » Daniel voit Loppiano comme une petite lumière très intense qui l'attire irrésistiblement et le fait revenir plusieurs fois par an. D'autres parlent de la « cité du sourire », s'annoncent prêts à faire partie du mouvement, se disent éblouis par la qualité de l'accueil qu'ils ont rencontré... C'est un prêtre qui parle en dernier et il met dans son témoignage une vibrante intensité.

« J'ai honte de le dire parce que je suis prêtre et que je devrais l'avoir compris depuis longtemps : il me semble que je découvre aujourd'hui, en vous regardant vivre, que l'Évangile a la capacité de transformer la vie de fond en comble. Oui, la Parole est vivante. J'ai fait beaucoup de sermons dans ma vie. On m'a souvent dit que je parlais bien et cela me faisait plaisir mais je réalise soudain que personne ne m'a jamais dit, jamais, qu'un de mes sermons avait transformé sa vie. C'est dur de se rendre compte de cela mais c'est bon pour moi. Je vais maintenant être obligé de changer. Je parlerai moins sans doute mais je vais essayer de donner des témoignages concrets. Comme vous le faites. »

Je regarde les focolari qui m'entourent et je vois qu'ils sont la proie d'une intense émotion. L'un d'entre eux me glisse à l'oreille : « J'aimerais que Chiara soit ici, ce témoignage l'aurait bouleversée. » Je n'ai aucun mal à comprendre ce qu'il veut dire parce que j'ai lu plusieurs des livres de Chiara avant de venir.

On raconte que François d'Assise baisait la trace des pas des prêtres qu'il rencontrait, même s'il s'agissait de prêtres indignes. Le plus indigne d'entre eux était à ses yeux digne du plus grand respect parce qu'il avait l'incroyable privilège de consacrer le corps du Christ. Dans ce sens-là, Chiara Lubich est véritablement franciscaine. Pour elle, l'Église est le Royaume descendu sur terre et l'on trouve dans ses livres des phrases qui peuvent surprendre bien des chrétiens en ce temps de contestation. Celle-ci par exemple :

« Regardons aussi les pasteurs de l'Église, les évêques. Ne découvrons-nous pas continuellement, dans ces serviteurs choisis du peuple de Dieu, quelque chose que nous n'avons trouvé en personne d'autre? Notre cœur n'est-il pas touché par leurs paroles parce qu'elles sont particulièrement éclairées au point qu'aucun discours de théologien, même bien préparé, ne peut s'y comparer? Parmi leurs paroles, n'en trouvons-nous pas une si réconfortante et si chaleureuse qu'on a l'impression d'être, par eux, entouré de l'amour maternel de l'Église? Et lorsque ces pasteurs sont présents dans nos rencontres, n'atteignent-elles pas alors leur point culminant? » A la suite de Chiara, on parle beaucoup de l'Église chez les focolari et nous avons même entendu une femme nous affirmer avec force : « Le pape, c'est Jésus-Christ sur terre. » Je pense que Jean-Paul II lui-même, dans son humilité, ne cautionnerait pas une telle déclaration.

Je dois l'avouer, bien que catholique, je ne me reconnais pas dans ces paroles. Jamais je ne me suis senti le cœur spécialement en fête lorsqu'un évêque a assisté à une réunion où je me trouvais et je sais bien que de nombreux papes ont bien mal représenté le Christ sur la terre. Rachel et moi, nous aurions donc pu nous sentir mal à l'aise dans cette atmosphère un peu trop cléricale à nos yeux. C'est pourtant le contraire qui est arrivé. Sans doute parce que nous reconnaissons aux gens que nous rencontrons le droit de ne pas penser comme nous. Nous aimons juger l'arbre à ses fruits et les fruits que nous avons découverts chez les focolari sont souvent tellement savoureux que nous avons tout naturellement laissé de côté certaines réticences.

Cette passion de Chiara pour l'Église s'est manifestée dès les tout débuts du mouvement.

Trente était encore sous les bombes et Chiara n'avait autour d'elle que quelques dizaines de compagnes lorsqu'elle a ressenti le désir d'aller demander pour son mouvement naissant l'approbation de son évêque. Elle y est allée avec crainte et tremblement. Elle était si jeune, si inconnue mais elle avait été frappée par cette parole de l'Évangile : « Qui vous écoute, m'écoute. » Pour elle, il n'y avait aucun doute : les évêques étaient les successeurs directs de saint Pierre et tout catholique leur devait une obéissance absolue.

Elle est arrivée à l'évêché bien décidée à obéir et à rentrer dans le rang si cela lui était demandé. Elle s'est trouvée devant un personnage qu'elle qualifiera elle-même de « jovial ». « Il se présentait, racontera-t-elle, " comme un colporteur de Dieu " parce que partout, dans les vallées du Trentin, il prêchait qu'on devait être en grâce avec Dieu. » Sans doute a-t-il déjà entendu parler de Chiara car il l'accueille comme une fille bien-aimée. Il lui fera attendre deux ans, jusqu'en 1947, la reconnaissance officielle du diocèse mais il ne cessera pas de la recevoir et de l'encourager. « Il y a ici le doigt de Dieu », lui dit-il dès les débuts de leurs relations et il ajoutera un peu plus tard : « Lorsque je me présenterai devant saint Pierre, il me dira : Entre donc, tu le mérites puisque tu as encouragé les focolari. »

Ce qui est admirable avec Chiara, c'est qu'elle n'est pas une femme de certitudes fermées, qu'elle ne s'accroche pas à ses idées déjà faites, même si elles lui paraissent excellentes. Elle va avec la vie, elle fait son pain de tout. Au départ, il est bien évident qu'elle concevait son mouvement comme un petit groupe de femmes consacrées mais laïques qui se répartiraient en de petits foyers pour vivre au sein du monde dans le célibat. Et puis très vite, des hommes ont demandé à entrer dans le mouvement et Chiara, surprise, ne s'est pas reconnu le droit de ne pas les accueillir, même si cela bouleversait ses habitudes mentales. Elle a donc accepté de fonder une branche masculine dans son mouvement. Mais qu'il s'agisse d'hommes ou de femmes, le célibat restait la règle. Et voici qu'un jour de 1948, un homme marié a frappé à la porte des focolari, et pas n'importe lequel. Un personnage qui faisait beaucoup parler de lui dans l'Italie de l'après-guerre : Igino Giordani.

Il est né en 1894 dans une famille pauvre, ce qui ne l'a pas empêché de faire de brillantes études jusqu'à la Première Guerre mondiale. Blessé, il a profité de son séjour à l'hôpital pour terminer ses études de lettres et de philosophie. Dès l'arrivée de Mussolini au pouvoir, il s'est lancé dans l'opposition et il y a mis une telle fougue qu'il lui a fallu s'exiler pour échapper à la prison. Il est rentré en 1944 et, à la demande de Mgr Montini, qui sera plus tard Paul VI, il a fondé l'hebdomadaire *la Via* qui s'honorera d'avoir pour collaborateurs tous les ténors de la

Démocratie chrétienne, y compris De Gasperi et Adenauer. A l'époque où l'Italie se cherche, il en est l'un des personnages les plus écoutés, surtout depuis son élection au Parlement en 1948.

C'est cette même année qu'il voit pour la première fois Chiara Lubich. On retrouve la trace de cette rencontre dans son *Journal* où il a noté avec humour : « Ce matin, à Montecitoria, (siège de la Chambre des députés italiens), j'ai été appelé par des personnes hors du commun : un capucin, un frère mineur, un conventuel, un tertiaire et une tertiaire, Chiara Lubich. Celle-ci est en train de mettre en route une communauté à Trente... Quand je vis rassemblés les représentants des pires divisions de la spiritualité franciscaine, je n'eus pas besoin de beaucoup d'explications pour comprendre ce que me disait Chiara à propos de l'unité. Réunir un capucin, un frère mineur, un tertiaire et une tertiaire surpassait tout ce qu'il m'était possible d'imaginer ! »

Marié en 1920, père de quatre enfants, Giordani souffrait de cette espèce de séparation qu'il sentait dans l'Église entre les célibataires et les gens mariés, entre les gens consacrés et ceux qui ne l'étaient pas. « J'entends souvent, disait-il, des gens dire qu'ils veulent rester célibataires pour se donner tout entiers à Dieu. Mais pourquoi des gens mariés ne pourraient-ils pas eux aussi se donner totalement à Dieu ? Faut-il donc perpétuer cette espèce d'Église à deux vitesses, les parfaits étant célibataires et les imparfaits mariés ? Est-ce qu'un homme ou une femme mariés ne peuvent pas vivre, tout comme un célibataire, dans cette intimité profonde avec le Divin ? »

Chiara rappelle souvent ce déjeuner dans le premier focolare de Rome au cours duquel Igino Giordani a parlé longuement de la virginité comme d'une chose sublime. A ce moment-là, elle a senti qu'une force la poussait à lui dire : « Au fond ce que Dieu nous demande est l'amour. D'accord, nous avons fait le vœu de chasteté, mais il n'est après tout qu'une aide pour mieux aimer, pour avoir moins d'obstacles à l'amour. Alors, qu'est-ce qui t'empêche d'être focolarino si c'est l'amour qui compte ? »

C'est ainsi qu'Igino Giordani est devenu le premier focolarino marié. Ils sont nombreux maintenant sous toutes les latitudes. Bien sûr, ils ne vivent pas en communauté dans des focolare, ils restent en famille et conservent leur travail mais ils ne sont pas des focolari de seconde zone. Ils se veulent eux aussi entièrement donnés à Dieu. Aux yeux de Chiara, chacun de ces foyers est un peu une maison de Nazareth.

Ces années de l'immédiate après-guerre sont pour le mouvement des années de germination. En 1949, un an après l'arrivée d'Igino Giordani, un jeune étudiant de dix-neuf ans se rend à Trente pour rencontrer les membres du premier focolare masculin. C'est Noël et il les trouve en train de terminer le ré-aménagement d'un poulailler dans lequel ils viennent de s'installer. Ce jeune homme s'appelle Pascal Foresi et il a une âme de feu qui va le pousser, dès 1954, à se faire prêtre. Le premier focolarino prêtre. Beaucoup vont le suivre et Chiara va voir dans cette nouvelle moisson un moyen d'enrichir encore son Église bien-aimée. On parlait à cette époque – on en parle encore – de la grande détresse des prêtres qui vivent dans un monde sécularisé, qui voient leurs églises se vider, qui sont de moins en moins nombreux et de plus en plus malheureux de n'être souvent que des fonctionnaires bousculés, harassés, chargés d'assurer les derniers rites d'une Église moribonde : les baptêmes, les mariages, les enterrements surtout.

Très vite, Chiara a senti la nécessité d'aider les prêtres à retrouver leurs racines mystiques, à vivre dans la « Présence ». Elle était frappée d'entendre certains d'entre eux avouer qu'il étaient tellement occupés qu'ils n'avaient même plus le temps de prier. Mais un prêtre qui n'a plus le temps de prier n'est plus vraiment un prêtre.

En d'autres termes, il lui paraissait urgent de créer, à travers le monde, de véritables écoles de prêtres. A partir de là, des rencontres se sont organisées à Grottaferrata, près de Rome, en Allemagne, au Brésil. Prêtres, religieux, séminaristes, c'est par centaines qu'ils se réunissaient ainsi pour apprendre à retrouver leur profondeur, à découvrir, à la suite de Chiara, que l'Évangile est une véritable parole de vie. En même temps, des prêtres, de plus en plus nombreux, demandaient à vivre au sein des focolare de la même vie que les laïcs. Ils étaient quatre cents en 1960, vivant dans un enthousiasme contagieux. C'était trop beau pour durer et l'Église, à cette date, leur a interdit de continuer. Comme les prêtres ouvriers en France, ils ont connu le déchirement mais ils ont obéi.

C'est Pascal Foresi qui a trouvé le moyen de sortir de l'impasse. D'accord, les prêtres ne seraient plus des focolari à part entière. Comme les autres, ils prendraient la charge de paroisses ou des postes de professeurs mais ils continueraient à vivre de la spiritualité des focolari. Pour les y aider, des écoles seraient créées dans lesquelles ils pourraient venir, avec l'autorisation de leurs évêques, faire des séjours plus ou moins longs.

L'une de ces écoles se trouve à quelques kilomètres de Loppiano, dans la vallée de l'Arno. En pénétrant dans cet immense couvent franciscain, nous avons le sentiment de pénétrer sur un chantier. Une trentaine d'hommes en salopettes s'affairent qui dans le monumental escalier, qui dans la cuisine, qui dans le jardin. Il faut faire attention où l'on pose les pieds car il y a ici des tas de ciment, là des morceaux de parquets en cours de réfection... « Tous ces gens qui travaillent avec un tel cœur, nous dit notre guide, sont des séminaristes ou des prêtres. Il arrive aussi qu'il y ait des pasteurs protestants et il y a même eu un moine bouddhiste. Certains n'ont jamais travaillé de leurs mains et ils ont du mal au début mais ils s'y font vite, heureux de découvrir qu'ils peuvent faire des choses dont ils se croyaient tout à fait incapables. »

Don Gio vient à notre rencontre. Il s'appelle Don Giovanni mais tout le monde l'appelle Don Gio, ce qui est à la fois plus familier et moins théâtral. C'est un homme solide et volubile qui parle parfaitement le français et qui ponctue ses phrases de oui, oui, oui d'une énergique jovialité.

Il n'a pas été averti de notre visite, il ne sait pas ce que nous voulons de lui mais il nous accueille comme s'il nous attendait depuis toujours et comme nous nous en étonnons, il nous dit avec un large sourire : « Ici notre règle est l'hospitalité. Tout le monde doit se sentir à la maison. »

Cette maison, il commence par nous en faire l'historique. En 1300 déjà, les sœurs camaldules avaient fait construire un hospice pour accueillir les pèlerins se rendant à Rome. Deux siècles plus tard, le peuple a réclamé la construction, à la place de l'ancien hospice, d'un monumental couvent de Franciscains. Léon X a accédé à leur demande et la paroisse a été dédiée aux saints Côme et Damien en l'honneur de Côme de Médicis qui était le neveu du pape. Le couvent a été longtemps prospère mais en 1982, il ne contenait plus que trois Pères qui ne pouvaient que se sentir orphelins dans ses quatre-vingt-quatorze pièces de plus en plus délabrées. Il y a des hasards qui n'en sont pas vraiment : le jour même où les Franciscains annonçaient leur intention d'abandonner le couvent, Chiara Lubich parlait à Loppiano de la nécessité de fonder une école pour les séminaristes et les prêtres. L'affaire a été bientôt faite et, dès 1984, les focolari ont pris possession des lieux.

C'était une folle aventure. Tout était à refaire, depuis le cloître jusqu'aux greniers et il n'y avait pas un sou. Alors les prêtres ont décidé de tout faire eux-mêmes à l'exception de certains gros travaux et de l'électricité. Ils se sont faits terrassiers, maçons, plombiers, jardiniers, carreleurs, menuisiers, charpentiers... Ils ont attrapé des ampoules et des tours de rein mais ils ont fait jusqu'ici du beau travail. Non pas seulement de réparations mais de restauration. La chapelle, par exemple, est un véritable chef-d'œuvre. Il a fallu, pendant des jours et des jours, gratter le vernis qui recouvrait le sol et la peinture du plafond, retrouver les poutres. Quand tout a été propre, un prêtre de passage a exécuté une céramique géante faite de cent quatre-vingt-sept morceaux et représentant le thème central de la spiritualité des focolari : Jésus crucifié et abandonné. « Lorsque vous reviendrez, nous a dit Don Gio, j'espère bien que nous aurons redonné au cloître toute sa splendeur. »

Il est tellement habité par son sujet, Don Gio, que c'est tout juste si nous avons besoin de lui poser des questions. Il se souvient : « Dès le début du mouvement, il y a eu des prêtres et des religieux qui ont été touchés par la vie de ces groupes de laïcs chrétiens authentiques. C'étaient comme de petites églises, des communautés vivantes. Je me souviens que nous nous sommes dit : si cette spiritualité est capable de transformer à ce point la vie de tant de laïcs ou de couples, elle doit l'être aussi pour nous, prêtres. Nous avions tellement besoin d'apprendre à faire de nos paroisses des communautés vivantes ! C'est de ce besoin qu'est née, en 1966, sous l'impulsion de Chiara, l'école sacerdotale. Le premier groupe s'est retrouvé tout près de Rome, dans une maison prêtée par la famille du pape Pie XII et si nous sommes venus ici en 1984, c'est pour nous trouver tout près de Loppiano et des merveilles qui y sont quotidiennement vécues.

« Actuellement, il y a ici trente prêtres et séminaristes venus de vingt-trois pays différents. Quatre continents sont représentés. Il ne manque que l'Australie. Il y a des jeunes, des vieux, des curés de paroisses, des professeurs de théologie. Ils viennent pour six mois ou pour un an, puis ils retournent dans leur pays d'origine. La plupart du temps, ils essaient d'y recréer l'atmosphère spirituelle des focolari. Beaucoup décident de vivre en commun et de prendre tout un secteur pastoral. Je vous assure que c'est une expérience très forte quand un groupe de trois ou quatre prêtres s'installe ainsi quelque part. Les gens se demandent d'abord ce qui se passe, puis ils veulent en savoir davantage et bien souvent des focolare se créent. Pensez qu'il y a aujourd'hui plus de quinze mille prêtres répartis à travers le monde et qui, pour leur plus grand bonheur, vivent cette spiritualité. Plus de sept mille cinq cents d'entre eux se sont retrouvés à Rome pour concélébrer la messe avec Paul VI. Cela a été la plus grande concélébration de l'histoire. »

Depuis le début de notre entretien, une question nous brûle les lèvres : après tout, les gens qui viennent ici sont pour la plupart déjà prêtres ou très avancés dans leurs études. Ils se sont donnés entièrement déjà, ils ont une spiritualité, une expérience profonde de Dieu. Pourquoi ont-ils besoin de cette spiritualité si particulière des focolari ?

« Je ne peux pas parler pour les autres, nous répond Don Gio, mais je peux dire que ma rencontre avec les focolari, alors que j'étais déjà ordonné depuis quatorze ou quinze ans, m'a permis de découvrir véritablement ma vocation de prêtre. Je sais bien qu'en disant cela, je risque de scandaliser certains de mes confrères. Ce n'en est pas moins vrai.

« Il est vrai qu'au séminaire, j'avais reçu une solide formation mais elle n'était que théorique, intellectuelle. Elle était aussi individualiste. Personnellement, j'étais professeur de théologie et j'avais de nombreuses autres activités. Et puis, comme tant d'autres, j'ai connu la crise, je ne comprenais plus quel sens cela pouvait bien avoir pour moi d'être prêtre aujourd'hui. C'est terrible, vous savez, dramatique. Toute ma vie se trouvait remise en question. Je risquais de sombrer. J'ai eu la chance, à ce moment précis, de rencontrer des focolari et d'être invité par eux à une réunion de prêtres au lendemain même de la reconnaissance du mouvement par le Saint-Siège. J'y suis allé et, je dois l'affirmer avec force, j'ai fait ce jour-là, pour la première fois, l'expérience de Dieu. Ma vie a basculé d'un coup.

« Jusqu'alors, je me contentais de parler de Dieu. Ce jour-là, je l'ai rencontré dans ma vie. Un cœur à cœur bouleversant. Il était au fond de moi. Il était aussi présent dans la communauté vivante qui m'entourait. Ce n'était pas une simple rencontre d'ecclésiastiques : c'était l'amour fraternel qui régnait entre les frères. J'avais le sentiment de vivre ce qu'avaient vécu les apôtres en suivant Jésus sur les routes de la Palestine. Une rencontre personnelle, physique. Cela a été une expérience formidable et je me suis dit : " Voilà ce que j'ai cherché toute ma vie. " J'ai compris soudain le sens de la crise que je venais de vivre : c'était une préparation à cette rencontre. Je n'étais plus seul, je ne le serai plus jamais.

« A partir de ce jour, j'ai cheminé dans la spiritualité du mouvement. Au point qu'il y a deux ans, j'ai demandé à mon évêque de me décharger de toutes les tâches que j'assumais pour me permettre de devenir permanent ici. Il a d'abord cru que je voulais m'évader du diocèse mais lorsqu'il a entendu mon histoire, je crois bien qu'il en a été touché. »

Question : Vous êtes donc responsable de cette école?

Don Gio : C'est un mot qui ne veut pas dire grand-chose car ici, il n'y a pas de maîtres. Nous sommes des frères qui cherchons à nous aimer instant après instant à travers les mille situations de chaque jour, qu'il s'agisse du travail, du sport, de l'apostolat, de la prière, de la méditation... Rendez-vous compte, c'est extraordinaire : à partir du moment où nous cherchons à vivre l'amour réciproque, Jésus est au milieu de nous. C'est lui qui nous l'a dit : « Là où deux ou trois sont réunis en mon nom, je suis au milieu d'eux. » Donc le Maître parmi nous, c'est Jésus et personne d'autre. il est un si bon pédagogue, si vivant, si fort qu'il nous aide à devenir des hommes dans le sens le plus plein du mot, pas seulement des hommes de tête mais des hommes complets. Et cela non pas par de grandes théories mais dans les petits faits de la vie de tous les jours. Il s'en passe des choses dans une journée si l'on sait être attentif.

Question : Vous avez donc découvert, dans la spiritualité de Chiara, la valeur de l'instant présent?

Don Gio : Absolument, oui, oui, oui, oui [il rit]. D'ailleurs ne me laissez pas parler seul. Demandez à Don Pietro qui vit ici avec moi ce qu'il a découvert dans la spiritualité du mouvement.

Don Pietro : D'abord et avant tout l'unité. Moi, lorsque j'ai rencontré le mouvement, j'ai senti éclater les barrières dans lesquelles je m'enfermais. J'étais au séminaire alors et je souffrais. Nous vivions tous ensemble mais chacun ne pensait qu'à sa vie individuelle. J'étais scandalisé. J'allais même jusqu'à penser que la messe était une comédie. Nous étions tous ensemble à ce moment-là, nous recevions la communion ensemble mais tout le reste de la journée, chacun vivait dans son propre monde. Cela me désespérait au point qu'une fois diacre, j'ai refusé d'aller plus loin et de recevoir le sacerdoce. Et puis un jour, un focolarino est arrivé au séminaire. Il y avait une telle joie en lui! J'ai voulu à tout prix vivre ce qu'il vivait et, par-dessus tout, l'unité. Je suis parti sept ans comme vicaire en Argentine et puis je suis rentré. Je suis ici depuis deux ans aux côtés de Don Gio. C'est un vrai privilège que d'être ici. Chiara est notre inspiratrice à tous. Chaque fois que je l'ai rencontrée, cela a été un moment décisif dans ma vie.

Don Gio : Oui, oui, je peux dire la même chose. C'est extraordinaire de voir comment une femme peut tenir ensemble, dans une même réalité, des personnes si différentes par la vocation, la culture, l'expérience. Elle a vraiment le don de réaliser l'unité entre tous. Dans toutes les situations, avec tous les groupes possibles et imaginables. Au sein du mouvement, elle est comme Marie : la mère de tous. Pas seulement au sein de l'Église, car il n'y a pas ici que des prêtres catholiques mais aussi des pasteurs réformés ou luthériens. C'est extraordinaire les découvertes qu'on peut faire en s'aimant tout simplement les uns les autres!

« Là est toute la spiritualité des focolari : l'important, c'est d'aimer. Si je m'agenouille devant un frère, c'est devant Dieu que je le fais parce que chaque frère est le temple vivant de Dieu. Si vous êtes un peu rationnel, vous allez vous moquer de mon enthousiasme mais c'est que j'ai le sentiment de revivre les débuts du christianisme. Et ça, c'est enthousiasmant. Vivre sur la terre, mais avec l'âme sans cesse tendue vers Dieu. Là se trouve la plénitude de la joie.

La plénitude de la joie! Il rit, Don Gio, il ne se prend pas au sérieux. Il est tout simplement heureux et il ne craint pas de le manifester. En redescendant l'escalier, il nous présente l'un après l'autre les séminaristes et les prêtres qui travaillent, les mains couvertes de plâtre, de ciment ou de peinture. Certains viennent d'Afrique, d'autres du Liban, d'autres encore d'Extrême-Orient ou d'Amérique latine. Et nous imaginons en les quittant ces quinze mille prêtres formés dans de telles écoles et qui portent, aux quatre coins de l'horizon, cette spiritualité dénuée de tout fanatisme et cette passion pour l'unité qui les habite tous.

Nous étions si bien avec Don Gio que nous sommes restés avec lui beaucoup plus longtemps que nous ne l'avions prévu et qu'il ne nous reste que peu de temps, ce jour-là, pour rendre visite, dans le village même de Loppiano, à la maison des religieux, une antique demeure toscane elle aussi en pleine rénovation.

C'est le Père Michel qui nous reçoit, un dominicain de Rennes. Il est responsable de la maison et il enseigne la théologie et l'histoire de l'Église à tous les habitants du village. A ses yeux, Loppiano est avant tout un laboratoire. Il s'agit de prouver que l'unité voulue par le Christ est possible et qu'elle peut être vécue. Si elle peut l'être dans le cadre d'un village, surtout d'un village habité par des gens si différents, pourquoi ne le serait-elle pas dans des cadres beaucoup plus larges?

J'ai envie, d'emblée, de lui poser la question que nous nous posons, Rachel et moi, depuis que nous avons entendu dire que des religieux éprouvaient le besoin de revenir à l'école.

Question : Vous êtes dominicain, vous avez eu une longue formation. On pourrait penser que vous avez trouvé dans votre Ordre tout ce qu'il fallait pour vous contenter. Pourquoi êtes-vous venu ici ?

Père Michel : Je ne suis pas venu ici parce que j'étais malheureux dans mon couvent. J'y étais au contraire très heureux. Simplement, j'ai découvert le mouvement à Chambéry en 1957, lorsqu'il a franchi les Alpes. Dès le départ, j'ai trouvé qu'il y avait là une grâce pour moi. Je l'ai pris comme un supplément d'âme, un don nouveau du Saint-Esprit qui était bon pour l'Église d'aujourd'hui et aussi pour moi. Pour mon enrichissement personnel, ma conversion.

Question : Mais vous étiez déjà converti puisque vous étiez religieux.

Père Michel : Certes mais je ne me suis pas senti le droit de refuser une grâce de renouveau qui m'était ainsi présentée. Dieu se sert de tout. Je n'étais pas en crise mais j'étais fasciné par le thème de l'unité. Car l'unité a été voulue par le Christ.

Question : Pouvons-nous entrer un peu dans le détail de votre itinéraire ?

Père Michel : Il s'est déroulé tout à fait logiquement.

« Quand j'étais jeune, j'avais déjà une petite expérience de Dieu mais j'étais plutôt consommateur de religion. En tout cas, je n'étais pas un témoin. En grandissant, j'ai fait de l'Action catholique et je me suis rendu compte que ce que j'avais reçu de lumière et de présence de Dieu n'était pas simplement pour moi, mais aussi pour les autres. Je suis donc entré au séminaire et là, j'ai compris que je recherchais une communion spirituelle et matérielle encore plus profonde et j'ai décidé d'entrer dans l'Ordre de saint Dominique. J'y ai été très heureux parce que j'y ai trouvé une réponse à mon besoin d'approfondissement doctrinal et aussi une réelle égalité entre nous tous.

« Lorsque j'ai rencontré les focolari, je n'ai certes pas regretté d'être dominicain mais je me suis dit : " Ce que j'ai réalisé avec quelques-uns dans ma famille spirituelle, je peux le réaliser avec tout le monde. " Je me souviens que lors d'une de mes premières rencontres avec le mouvement, à Grenoble, j'ai fait une " communion d'âme " avec une grand-mère. Je me suis dit :

" Tout de même, c'est extraordinaire. Il m'est parfois si difficile de communiquer avec tel ou tel de mes frères qui sont pourtant mes meilleurs amis et voici qu'avec cette vieille femme, nous sommes allés beaucoup plus en profondeur. " J'ai compris que ce don de Dieu n'était pas réservé à quelques-uns mais qu'il était pour tous. J'ai été ébloui de voir l'enthousiasme et la sainteté de tant de laïcs. Sainte Catherine de Sienne parle de l'union des " puissances " en Dieu, c'est-à-dire du spirituel, de l'intellect, de la volonté et de la mémoire. Je trouve tout cela chez Chiara avec une dimension vraiment universelle.

Question : Et si vos supérieurs vous demandaient de rentrer dans votre couvent ?

Père Michel : J'obéirais immédiatement. Ce qui m'intéresse, c'est d'être où Dieu me veut. Autrement, ça n'a pas de sens...

Londres, 6 avril 1977. La salle solennelle du Guildhall était remplie d'une foule enthousiaste venue assister à la remise du prix Templeton. On dit de ce prix qu'il est le « Nobel de la religion » et il est vrai qu'il doit récompenser une personne dont l'action a été spécialement bénéfique pour le développement de la religion dans le monde. Quelle que soit d'ailleurs cette religion car le jury se veut aussi universel que possible. Roger Schutz, Mère Teresa, le Dr Radakrishna ont été parmi les récipiendaires.

Cette année-là, c'est le tour de Chiara Lubich. Elle a plus tard avoué à Michel Pochet que, sur le moment, elle a été « effarée » de recevoir ce prix. « Pourquoi donc un prix pour la religion ? J'avais toujours cru que c'était le paradis qui récompensait notre amour de Dieu et du frère. » Elle qui ne règle ses actions que sur l'Évangile, elle a d'abord décidé de ne pas accepter, se souvenant de cette mise en garde : « Que ta main gauche ignore ce que fait ta main droite. » Un peu plus tard, une autre parole s'est présentée : « Que les hommes voient vos bonnes œuvres et rendent gloire au Père. » « Alors, raconte-t-elle, je me suis dit : Si le prix Templeton sert à glorifier Dieu, qu'on me le donne. Ceci dit, j'ai ressenti une petite joie personnelle, celle d'une écolière qui a reçu une bonne note, contente non pas pour elle-même, mais pour sa mère. »

Le discours qu'elle a prononcé ce jour-là vaut la peine d'être cité un peu longuement tant il manifeste une véritable ouverture d'esprit et illustre ce qu'on entend chez les focolari lorsqu'on parle de l'unité :

« L'expansion si vaste du mouvement nous amène à rencontrer face à face des personnes d'autres croyances. Avec les fidèles du peuple juif, noble et martyrisé, le dialogue est facile. Nous partageons avec eux une bonne part de la révélation. Nous leur sommes reconnaissants de nous avoir donné Jésus juif et les apôtres juifs. Marie aussi était juive.

« Nous admirons l'amour tenace des musulmans pour leur religion. Ils sont un exemple pour nous. Un mystique de tradition islamique, Al-Hallaj, écrivait : " Dans son Essence [l'Essence de Dieu], l'Amour est l'essence de l'essence. "

« En Asie nous rencontrons les bouddhistes. Il est bon de se rappeler cette phrase du Bouddha : " Comme une mère, même au risque de sa vie, veille et protège son fils unique, ainsi faut-il, d'une grande âme... aimer le monde entier... "

« Et elles nous touchent, ces paroles du mystique hindou Ramakrishna : " Seul l'amour compte. Ayez de l'amour envers tous : personne n'est différent de vous-même. Dieu habite en tous et rien n'existe sans Lui. "

« Nous sommes aussi en relation avec des hindouistes et des shintoïstes.

« Le dialogue que les membres du mouvement ouvrent avec des frères d'autres religions que la nôtre n'est pas fait de mots. Nous les aimons tels qu'ils sont, nous nous intéressons à ce qui les concerne et donc aussi à leur vie religieuse. Nous sommes aimés en retour et des rencontres naissent, souvent avec de grands nombres, au cours desquelles la préoccupation commune est de chercher les vérités qui nous unissent le plus pour les vivre ensemble et nous raconter les uns les autres les expériences qui témoignent de notre intérêt toujours plus grand pour Dieu et pour les frères. Les fidèles des grandes religions prennent conscience, au contact du mouvement, d'un nouveau courant d'amour qui parcourt le monde...

« ... Comme souvenir de cette journée, je voudrais vous laisser cette phrase du grand mystique espagnol Jean de la Croix : " Là où tu ne trouves pas l'amour, mets l'amour et tu trouveras l'amour. " »

Ces cinquante mille livres sterling qu'elle vient de recevoir, Chiara entend qu'elles servent à manifester l'amour des focolari pour les déshérités : « J'utiliserai cet argent pour ajouter une aile à la maternité de notre hôpital dans la petite ville de Fontem au Cameroun; pour construire deux maisons dans un bidonville de Recife au Brésil et pour terminer un centre d'enseignement religieux et social à Tagaytay, aux Philippines. Je garderai enfin une partie du prix pour la " Ville de charité " que le diocèse de Rome est en train de construire à l'intention des handicapés. »

A peine fut-elle descendue du podium que Chiara Lubich vit s'avancer vers elle un envoyé du Dalaï-Lama, puis quatre Israélites qui lui expliquèrent que la Bible était le cep sur lequel est greffé l'Évangile. « Ils étaient si amicaux, dira-t-elle, qu'on aurait pu croire l'unité déjà réalisée. » Vint le tour des Sikhs. Ils lui décrivirent leurs efforts pour aider les musulmans et les Hindous à mieux se comprendre.

Ces rencontres sont pour Chiara une joie immense. Elle sait qu'elle est en train de vivre une heure très importante de sa vie. « Cette rencontre immédiate avec des frères d'autres religions m'a bouleversée, écrira-t-elle, et m'a indiqué la volonté de Dieu. Désormais nous devions non seulement porter cet esprit, cet amour, cette vie, dans les Églises et les communautés ecclésiales chrétiennes, mais nous orienter franchement vers nos frères des autres religions pour voir le plan du Seigneur. »

Il n'y a pas en elle, comme cela arrive encore malheureusement chez beaucoup de chrétiens, la moindre idée de conversion. Elle ne va pas chez les autres pour en faire des chrétiens, elle ne cesse de le répéter : « Il n'y a qu'un seul chemin : l'amour. Mais l'amour ne doit jamais être intéressé, sous peine de cesser d'être amour. Si l'on aime pour conquérir Dieu, on n'arrive à rien. Si nous avons par exemple des amis musulmans, le moment viendra un jour, parmi tous les points de notre spiritualité, de présenter aussi la Parole de vie... Eux aussi voudront vivre quelque chose d'équivalent et ils iront chercher dans le Coran une parole analogue à la nôtre, et ils la vivront entre eux. Ils étudieront plus profondément le Coran. Ils le vivront et ils connaîtront en même temps notre parole de vie. Il s'établira un dialogue d'expérience et de vie. Ils raconteront leurs expériences et nous les nôtres. Nous irons ensemble de l'avant, nous dans le christianisme, eux dans leur religion. Plus on avance et plus on s'unit à Dieu, plus Dieu certainement bénit et éclaire. »

Comme elle a eu raison, Chiara, d'accepter le prix Templeton! Déjà, elle s'intéressait aux autres religions mais les rencontres qu'elle a faites ce jour-là l'ont confirmée dans son désir de faire l'unité au-delà de toutes les différences, de chercher ce que tous les adorateurs de Dieu ont en commun. Car ce qu'ils ont en commun, sans aucun doute, c'est bien l'essentiel.

A partir de ce jour mémorable, elle va tout mettre en œuvre pour communiquer aux autres sa passion de l'unité. Les rencontres vont succéder aux rencontres. Avec les chrétiens d'abord. Déjà en 1960, à Darmstadt en Allemagne, alors qu'elle faisait une conférence devant des religieuses luthériennes, elle avait été violemment interpellée par cette réflexion d'un pasteur : « Comment! Les catholiques vivent l'Évangile? » Elle a senti ce jour-là le gouffre qui existait entre chrétiens et elle a, depuis, travaillé de toutes ses forces pour le combler. Au point qu'aujourd'hui, il y a des focolari luthériens. Et aussi des réformés, des anglicans, des orthodoxes...

Parmi ses plus beaux souvenirs, elle le répète souvent, il y a ses rencontres avec le patriarche Athénagoras. Il l'a accueillie comme si elle était sa fille et elle avoue avoir trouvé près de lui des leçons d'œcuménisme. Pour l'avoir plus près de lui, il est allé jusqu'à lui donner une petite chambre dans sa résidence du Phanar qui était pourtant un monastère d'hommes. Elle ajoute, en éclatant de rire : « Et comme la règle imposait de nombreux jours de jeûne et d'abstinence, pour que je n'en souffre pas, il avait la délicatesse de commander du caviar. »

Infatigable, elle a rencontré l'archevêque de Cantorbéry, le Père Schutz, prieur de Taizé, Mère Teresa dont elle est devenue l'amie, tant et tant d'autes.

Pour aider à l'avènement de cette unité, elle est prête à aller jusqu'au bout du monde. Sans se lasser, elle a rencontré des musulmans, des shintoïstes, des bouddhistes, des hindouistes et même des animistes. Tel, au Cameroun, le chef des Bangwas, une tribu menacée d'extinction. Ayant appris que les focolari étaient répandus dans le monde entier et qu'elle en était la fondatrice, il lui dit en l'accueillant : « Vous êtes une femme et donc vous ne valez rien. Dites-moi comment tout cela s'est passé? » Aujourd'hui, il y a chez les Bangwas une cité permanente des focolari avec un hôpital, un collège, une centrale électrique, des maisons en dur et un lieu où les chrétiens et les animistes peuvent prier ensemble.

D'autres communautés existent en Amérique latine et en Inde où certains membres du mouvement travaillent aux côtés de Mère Teresa. Au Japon, les contacts sont très étroits entre les focolari et la Rissho-Kosei-Kai, un mouvement bouddhiste de renouveau spirituel qui compte plus de cinq millions d'adeptes. En 1981, Chiara a parlé à Tokyo devant plus de dix mille membres de la Rissho-Kosei-Kai et les gens qui l'ont accompagnée se souviennent encore du silence qui s'est fait dans la salle lorsqu'elle a ouvert son allocution par ces mots : « C'est un honneur pour moi de vous présenter ma propre expérience spirituelle. Je vous demande de l'accueillir comme un don d'amour de quelqu'un qui se sent votre sœur. »

Elle est ainsi, Chiara Lubich : partout où elle va, elle ne parle que d'amour. D'un amour sans limites, sans préjugés. « Le mouvement a progressé, dit-elle, dans la mesure où il a aimé. »

Lorsqu'on veut raconter un mouvement comme celui des focolari, il y a toujours le risque de rester dans le superficiel. Le sujet est si vaste : un million de membres répartis sur cinq continents, des branches multiples, une foule d'activités, des villages communautaires, des écoles, des journaux, des maisons d'édition... et par-dessus tout, une personnalité aussi riche que celle de Chiara Lubich. On se disperse à vouloir tout raconter. On se perd dans l'anecdote.

Arrivés au milieu de notre enquête, nous avons senti ce danger et nous avons éprouvé le besoin d'aller plus profond, de comprendre le lent cheminement des âmes, de voir agir cette spiritualité que nous étions en train de découvrir. Pour cela, il n'y a que le témoignage. Ceux que nous retenons, parmi les dizaines que nous avons recueillis, ne sont pas forcément les plus spectaculaires. Au moins sommes-nous certains d'avoir vécu une relation toute particulière, un contact intime avec ceux qui nous les ont donnés.

Voici donc maintenant une gerbe de témoignages.

Celui de Marc par exemple, le grand et beau jeune homme qui nous a le premier reçus lors de notre arrivée. Il était responsable de l'accueil et dès le premier jour, il s'est mis totalement à notre disposition. Pour commencer, nous lui avons demandé de nous raconter une de ses journées.

« Pour moi, nous a-t-il dit, le plus important est de partir le matin de la maison avec en moi une phrase de l'Évangile et de vivre cette phrase dans mes relations avec les autres. C'est un rapport personnel avec Dieu qui, ensuite, se concrétise dans le rapport avec les autres. »

Sa maison, c'est un chalet situé à Campo Giallo, dans une sorte de petit village fait de chalets semblables et réservé aux garçons. Il vit là dans un véritable focolare calqué sur celui dans lequel il vivra plus tard, lorsqu'il aura quitté Loppiano. C'est propre, net et, somme toute, assez confortable. Ce qui nous a frappés d'abord, c'est la communauté étroite dans laquelle il vit avec les autres habitants du chalet : Glauco, qui vient d'Udine, Maurizio, de Vérone, Dino l'Argentin et Tarcizo le Brésilien. Chacun d'entre eux, pendant les repas que nous avons partagés avec eux, a accepté de témoigner pour nous. Ce qu'il y a de surprenant, chez les focolari, c'est qu'ils savent parler de leur vie profonde sans réticences ni fausse honte. Comme s'ils avaient le sentiment de rendre gloire à Dieu pour les merveilles qu'Il accomplit en eux. Une telle attitude pourrait irriter, donner l'impression d'une gênante autosatisfaction. Mais ils sont si naturels, j'ai presque envie de dire si naïfs dans leur sincérité, qu'on ne peut pas ne pas se laisser séduire.

Voici Glauco, par exemple, qui nous raconte son arrivée à

Loppiano. Il avait le cœur lourd parce que la famille qu'il quittait était en pleine crise. « Je suis arrivé à Loppiano avec cette situation qui pesait sur moi. Il y avait un orage. C'était à l'extérieur comme ce qui se passait en moi. Je ne suis resté qu'un jour et demi mais j'ai senti une lumière tellement forte que j'ai tout de suite retrouvé l'espoir et que j'ai compris ce que je devais faire. »

Maurizio, lui, était décorateur et réussissait très bien dans son métier. « Après mon service militaire, nous raconte-t-il, j'ai ressenti en moi un grand vide. Je voulais avoir des amis et je ne trouvais pas, dans ma vie quotidienne, cette chaleur dans les relations humaines à laquelle j'aspirais. C'est alors, à l'occasion d'une rencontre de jeunes, que j'ai connu le mouvement. J'ai vu des personnes qui s'aimaient. C'était ce à quoi j'aspirais depuis toujours. » Quand il aura fini son séjour à Loppiano, Maurizio ira faire des études supérieures à Rome. Les responsables se sont réunis et ont décidé que ce serait bien pour lui. La communauté paiera donc ses études.

Dino nous a dit que le jour le plus riche de la semaine était pour lui celui de la communion de vie. « C'est le moment où, à l'intérieur du focolare, nous essayons d'aller en profondeur. Plus nous avançons et plus le rapport de confiance et d'amour réciproque grandit en nous. Nous pouvons tout nous dire, même des choses qui seraient désagréables s'il n'y avait pas l'amour. L'amour des autres me fait découvrir en moi des choses que je ne connaissais pas. »

Quant à Tarcizo, le Brésilien, il est si beau, si charmant, que Rachel ne peut s'empêcher de lui poser quelques questions embarrassantes, de lui demander en particulier ce qui arriverait, puisqu'il a décidé de vivre dans la chasteté, s'il tombait amoureux. Il a répondu en éclatant de rire :

« C'est une bonne question mais croyez-moi, lorsque j'ai fait ce choix, j'avais déjà été plusieurs fois amoureux. S'il m'arrivait de le redevenir, je mettrais ma difficulté en commun avec les autres et je ferais tout pour rester fidèle à mon choix principal. Un focolare est composé de personnes qui ont décidé de se donner à Dieu à cent pour cent. Je réponds à un appel et je ne m'engage pas à la légère : lorsque quelqu'un décide d'entrer dans un focolare, il doit laisser passer une bonne douzaine d'années avant de prononcer ses vœux définitifs. »

Tels sont les compagnons avec lesquels Marc doit vivre au moins deux ans de sa vie. Une vie dont le moins qu'on puisse dire est qu'elle est bien remplie. Dès le lever, chacun fait une prière personnelle, puis, après le petit déjeuner, tous se retrouvent pour une méditation, généralement sur une courte phrase de l'Évangile.

Le travail remplit toute la matinée. Les uns vont à l'usine de compteurs électriques, d'autres dans les vignes, Marc, lui, fait partie de l'équipe chargée de l'accueil. Les mercredis, jeudis et vendredis après-midi sont consacrés à l'étude car Loppiano est aussi un centre de formation. Le programme est ambitieux : catéchisme et histoire mais aussi histoire de l'Église, exegèse, œcuménisme, théologie dogmatique, théologie morale, théologie spirituelle, éthique sociale... Les professeurs sont des focolari qui se sont préparés tout spécialement pour cette tâche ou des maîtres venus de l'extérieur pour travailler un sujet bien précis, l'étude de telle ou telle religion par exemple.

A midi, tous les habitants du village se retrouvent pour la messe, les garçons d'un côté et les filles de l'autre. Chacun retourne déjeuner dans son focolare et le travail reprend de 15 h 15 jusqu'à 19 h 15. Les soirées sont plus ou moins libres. Il y a parfois des concerts, des conférences ou des vidéos. Il y a cinq ou six télévisions dans tout le village mais personne ne regarde les programmes ordinaires. Chaque semaine, un film en vidéo est proposé mais à la belle saison, beaucoup préfèrent profiter de ce temps libre et du samedi après-midi pour faire du sport. Les Brésiliens et les Italiens sont passionnés de foot mais on fait aussi du volley, du tennis, du karaté coréen... Le dimanche n'est pas forcément le jour le plus reposant car tous les habitants sont mobilisés pour s'occuper des visiteurs qui, nous l'avons vu, viennent nombreux.

Notre ami Marc ne trouve pas austère cette vie qui rebuterait bon nombre de garçons de son âge. Car il n'a que vingt-sept ans. Il accepte sans aucune gêne de nous parler de lui tout en affirmant que son histoire est la plus banale du monde. Il est né à Genève dans une famille catholique qu'il qualifie de « traditionnelle ». Son père travaille dans une maison de commerce de vin et il a deux sœurs qui ont dix et treize ans de plus que lui. A partir de là, nous allons reproduire son témoignage tel qu'il nous l'a donné :

« Le fait d'être le petit dernier a conditionné toute ma vie. Est-ce parce que j'ai été choyé? Mais j'ai d'abord été un enfant modèle, toujours premier en classe. Mes yeux bleus et mes cheveux blonds bouclés m'ont valu pendant des années de tenir le rôle de l'archange Gabriel dans la crèche animée de mon école. Il était prévisible dans ces conditions que vers quatorze ou quinze ans, je me sois trouvé en pleine révolte. A la maison, à cause de moi, la vie est devenue un enfer. A peine me disait-on quelque chose que j'explosais. Moi qui étais responsable des enfants de chœur de la basilique Notre-Dame, l'église catholique principale de Genève, je ne voulais même plus aller à la messe. D'un coup, je suis devenu mauvais élève. Je dis toujours, lorsque je raconte ma petite histoire, que Dieu s'est servi de moyens pesants pour m'indiquer le chemin.

« Je me souviens que mes parents étaient désespérés. Ils avaient beau faire, tout dialogue était devenu impossible entre nous. Tout cela, je le sais bien, est d'une affligeante banalité, ce qui ne m'empêche pas de garder un épouvantable souvenir de cette période.

« J'en étais là lorsque j'ai reçu le premier grand choc de ma vie. Une de mes amies de classe m'a invité un jour à assister à un concert de rock. Je n'avais aucune envie d'y aller et j'ai refusé. Il faut dire que j'étais de moins en moins sociable. Ce même jour, une amie de ma mère nous a invités à un concert de jeunes en disant qu'ils chantaient des chants d'église. Bien sûr, cela m'ennuyait encore plus que le rock mais les billets étant déjà pris, je n'ai pas voulu faire de scandale et j'ai fini par accepter. A l'entrée de la salle, j'ai rencontré ma copine d'école. J'ai fini par comprendre qu'il s'agissait d'un seul et même concert donné par les Gen rosso, le groupe masculin des focolari qui chantent en effet Dieu mais sur des rythmes tout ce qu'il y a de plus modernes.

« Je n'avais jamais entendu parler des focolari mais je me souviens que dès les premières mesures, j'ai été traversé par un flash. Je me suis dit : “ Cette vie-là est faite pour moi ! ” Un vrai coup de massue. C'était en 1976 et j'avais quatorze ans. Si on m'avait alors demandé de l'expliquer, j'aurais été incapable de dire ce qui se passait en moi. Au fond, derrière ma hargne d'adolescent mal dans sa peau, j'avais soif de rapports vrais avec les autres et j'ai eu soudain l'intuition qu'ils existaient entre les vingt jeunes que je voyais sur la scène. Je les enviais parce que j'étais complètement bloqué. Je n'arrivais même pas à regarder quelqu'un dans les yeux ou à téléphoner. A la fin, les Gen rosso ont demandé aux spectateurs de faire part de leurs impressions. Hyper timide comme je l'étais, il n'était pas question que je parle en public mais j'étais si enthousiasmé qu'une fois rentré chez moi, j'ai envoyé une lettre à l'adresse qu'ils nous avaient communiquée. J'ai dit simplement que j'avais besoin de contacts.

« Quelques semaines plus tard, un jeune du focolare de Genève a téléphoné et comme je ne voulais jamais prendre l'appareil, c'est ma mère qui a répondu. Elle a pris rendez-vous pour moi et j'étais furieux qu'elle l'ait fait à ma place mais le jeudi suivant, j'ai pris mon vélomoteur et je suis tout de même allé au focolare. J'étais tellement intimidé que je suis monté jusqu'au deuxième étage et que je suis redescendu sans oser sonner. J'ai fait cela deux ou trois fois. Entrer ainsi chez des inconnus, cela me paraissait impossible. J'ai tout de même fini par me décider et ce qui est fantastique, ce que je n'arrive pas à comprendre encore aujourd'hui, c'est qu'à peine avais-je franchi le seuil que j'ai retrouvé l'atmosphère même qui m'avait tellement enthousiasmé lors du concert. Je n'ai su l'exprimer qu'après mais en fait, je sentais la présence du Christ au milieu de ces jeunes. Ils étaient quatre et ils m'ont accueilli avec tant d'amour que j'ai continué à les voir et qu'il est même arrivé un moment où j'y allais tous les soirs. J'ai vécu ainsi pendant quatre ans, jusqu'au jour où j'ai reçu ce que j'appelle mon second coup de massue sur la tête.

« J'avais dix-huit ans et, malgré un reste de timidité, j'étais devenu un garçon tout à fait comme les autres. J'avais des amies comme on en a à cet âge. Ce que je vais vous raconter maintenant est un épisode très personnel. Il faut le prendre comme il vient. Une nuit, je me suis réveillé en sursaut, habité par je ne savais quelle présence. J'avais le sentiment que Dieu me demandait de tout laisser pour lui. C'était si fort que j'ai fait sur-le-champ une poésie. Je ne sais pas ce qui m'a pris : je ne suis pas un type à écrire des vers. D'ailleurs je n'en ai jamais écrit depuis et même cette poésie dont je vous parle, je ne l'ai pas gardée. Je ne sais même pas ce qu'elle est devenue et je serais incapable d'en réciter une ligne. Tout ce que je sais, c'est qu'après cette nuit-là, je n'ai plus jamais été le même.

« Le lendemain, je me suis précipité à la communauté et j'ai demandé si je pouvais y habiter. Il m'a fallu tout expliquer à mes parents. Ils ne comprenaient pas du tout et ils avaient peur. D'autant plus que trois mois plus tard, je devais passer mon bac. Ils ont tout fait pour me retenir mais je suis parti trois jours plus tard, ce qui ne m'a pas empêché de passer mon bac haut la main. J'ai fait mon service militaire, je suis entré à l'université. Je n'avais aucune envie de devenir prêtre ou religieux mais de plus en plus, je sentais qu'il m'était demandé de donner toute ma vie à Dieu, de renoncer à tout ce qui n'était pas Lui, même au mariage. Là-dessus, je n'ai jamais eu de doutes. De toute façon, quand j'avais un problème, il me suffisait de me souvenir de ma fameuse nuit. Tout alors devenait lumière.

« Tout en vivant en communauté, j'ai passé mon diplôme de sciences politiques à l'université. J'étais un étudiant comme un autre et pourtant ma vie était transformée. Cela se concrétisait dans les petits faits de la vie de tous les jours. Je peux vous donner des exemples, même si, vus de l'extérieur, ils semblent un peu puérils. Une semaine, on nous a donné cette phrase de l'Évangile à mettre en pratique : " Aimez vos ennemis. " J'ai d'abord eu l'impression que cette parole n'était pas pour moi parce que je n'avais pas d'ennemis. Et puis je me suis souvenu de mon professeur d'allemand. Personne ne l'aimait dans la classe. Il avait une manière d'être qui nous glaçait. Chaque examen passé avec lui était un petit drame : chaque faute entraînait une note en moins et nous arrivions vite à zéro. Une fois, je suis resté huit jours à la maison parce que j'avais eu la grippe. Pendant ce temps, les autres avaient passé un examen. Le matin de mon retour, le prof m'a dit : " Prenez une feuille. Maintenant, vous allez passer votre examen. " Et il m'a donné six phrases et six mots à traduire. L'injustice m'a toujours révolté. Je me suis levé, j'ai pris la feuille, l'ai déchirée et la lui ai lancée à la figure. Puis je suis sorti en claquant la porte. Une fois calmé, j'ai repensé à cette phrase : " Aimez vos ennemis. " Je me suis dit : " Si cette parole marche, elle doit marcher aussi avec mon prof d'allemand. Je dois l'aimer tel qu'il est, voir en lui un être nouveau, un fils de Dieu. " Quelque temps plus tard, nous étions les meilleurs amis du monde et nous allions souvent ensemble à la cafeteria.

« J'étais encore à l'université lorsque je suis devenu journaliste, d'abord à *la Suisse*, puis au *Courrier de Genève*. Les deux premières années, j'ai assuré la chronique judiciaire. C'étaient mes premières armes. Les premières semaines, j'allais au tribunal comme au théâtre. Il y avait les juges, les avocats, les jurés et même l'accusé qui jouaient leur rôle et les journalistes qui s'en fichaient. Très vite, j'ai été révolté par ce que je voyais et cela m'a causé un cas de conscience. Je ne savais plus comment écrire les articles. J'ai fini par comprendre que si je voulais être cohérent avec ma vie, je devais avant tout insister sur le positif.

« Un jour par exemple, j'ai assisté au procès d'une femme qui avait noyé son enfant dans sa baignoire parce qu'elle ne pouvait pas lui assurer une vie décente. J'ai essayé de voir cette femme comme Dieu la voyait et dans mon article, j'ai expliqué sa détresse, sans autrement la juger. Cela m'a valu pas mal de lettres : les gens se disaient contents d'avoir trouvé un commentaire humain sur un fait si tragique et moi j'ai compris que, sans rien dissimuler de l'abomination, je pouvais vraiment montrer le côté positif de chaque personne.

« Je me souviens aussi d'un grand procès qui a défrayé la chronique pendant quelques mois : celui de quatre ou cinq squatters punks qui avaient violé deux filles, deux prostituées. Au cours des débats qui ont duré plusieurs jours, la salle avait été envahie par les copains des accusés, des squatters et des punks. J'ai tout particulièrement remarqué un jeune typique. Il devait avoir quatorze ans, il avait une crête et, en pleine révolte, il hurlait si fort qu'il s'est fait éjecter par les flics. Je ne sais pas ce qui m'a pris mais, laissant là le procès, je suis sorti avec lui.

J'avais le sentiment que je devais l'aimer en premier parce qu'il était le plus perdu de tous. Nous avons pris une bière ensemble et il a été si dérouté par mon attitude qu'il m'a raconté toute sa vie. Quand il a eu fini, il a éclaté en sanglots et il m'a dit : " Tu vois, tu es la première personne qui m'écoute depuis des années. " Par la suite, j'ai gardé le contact avec lui. J'étais un peu gêné en retournant dans la salle du tribunal. Après tout, je venais de faire une faute professionnelle en plantant là un procès important. Heureusement ma voisine, la doyenne des journalistes présents, a tout compris et m'a passé ses notes. »

Question : Tout de même, vous avez dit que vous êtes allé vers le punk parce qu'il était le plus paumé de tous, mais on pourrait vous répondre que les plus paumées étaient quand même les filles violées.

Marc : Tout à fait mais j'ai parlé aussi avec elles. Elles avaient moins besoin de moi car elles étaient animées par une haine violente qui les soutenait. Tandis que mon petit punk était complètement désarmé.

« Je vous raconte tout ça pour vous faire mieux comprendre comment je m'y suis pris pour donner une dimension humaine à mes articles. Ce n'était pas du journalisme très orthodoxe mais mon directeur était content et les lecteurs aussi si l'on en juge par leurs lettres.

« C'était un métier dur. Je me sentais immergé dans un monde inhumain mais le soir, heureusement, en rentrant au focolare, je pouvais partager les problèmes de ma journée avec mes trois compagnons. Plus tard, j'ai été chargé pendant deux ans de la chronique religieuse, ce qui m'a donné l'occasion de rencontrer des gens passionnants. Jusqu'au moment où l'occasion m'a été offerte de venir ici.

« J'ai dû quitter mon travail et cela a été une expérience difficile. Un pas important et aussi un acte de foi.

Question : Vous allez quitter Loppiano dans six mois. Pour aller où et pour faire quoi?

Marc : Je ne sais pas. Peut-être retournerai-je à Genève pour acquérir un peu plus d'expérience, peut-être irai-je à l'autre bout du monde. Je dois vous dire que cela m'est complètement égal. A partir du moment où vous avez Dieu avec vous, où vous vivez avec Lui, vous pouvez aller n'importe où et faire n'importe quoi. C'est aussi simple que cela. L'important n'est pas de faire telle ou telle chose mais d'essayer d'être un canal pour laisser passer l'amour de Dieu.

Question : Vous n'avez pas de moments de découragement, jamais d'échecs?

Marc : Des échecs, j'en ai mille par jour. Mais j'ai aussi découvert qu'il ne faut pas s'appesantir dessus. Il suffit de recommencer à chaque instant et Dieu nous donne la grâce. Concentrer toute son attention sur le moment présent. Que cela soit possible, c'est une des grandes découvertes que j'ai faites à Loppiano. Les erreurs d'hier ou d'il y a une heure ne comptent plus. Pardonner aux autres, c'est bien mais il faut aussi se pardonner à soi-même. Jusqu'à soixante-dix-sept fois sept fois.

Le soir même de notre arrivée, nous avons eu un long entretien avec Maria-Antonietta. Elle est une des responsables de Loppiano, une femme énergique, volubile et élégante. J'insiste sur ce dernier terme car les focolarine ne se croient pas obligées, parce qu'elles vivent en communauté, de revêtir une sorte d'uniforme sans grâce et sans style. Bien au contraire, elles sont habillées simplement mais avec une certaine recherche. Elles ne font que suivre l'exemple de Chiara Lubich qui, loin de mépriser la mode, a écrit un jour : « L'élégance et la mode que nous voulons ne se confondent pas avec l'extravagance ni le luxe, mais cherchent à atteindre la perfection d'une ligne originale correspondant à la personnalité profonde de chacun... Si nous actualisons l'Évangile, la mode sera le moyen de rejoindre la beauté de la nature. »

Ce qu'il y a de bien chez Maria-Antonietta, c'est qu'elle se livre sans timidité ni fausse modestie. Nous avons eu le sentiment, dès le premier instant de notre rencontre, de nous trouver avec une amie à qui on peut tout dire et de qui on peut tout entendre. Avec quelqu'un aussi qui possède le don de la parole. Aussi livrerons-nous son témoignage tel qu'elle nous l'a donné.

« De ma petite enfance à l'âge de trente et un ans, j'ai le sentiment d'avoir vécu dans une sorte de mal-être. Une vie de recherche et de crises constantes. Toute petite, j'ai été placée dans un collège de religieuses et je ne m'y sentais pas à l'aise. Je refusais le Dieu qu'elles me présentaient et déjà, les structures catholiques me pesaient.

« Quand j'ai eu onze ans, mon père est parti pour la guerre en Russie. Cela m'a été très dur parce qu'il était l'idéal de ma vie. Je ne comprenais pas ce Dieu qui arrachait son père à une petite fille aimante. Il a été décidé que je ferais ma première communion juste avant son départ. J'étais perdue, je n'y comprenais rien. Je me suis même révoltée lorsqu'on m'a dit que je devais, avant de recevoir l'eucharistie, demander pardon à mon père pour toutes mes erreurs. Je ne comprenais pas ce langage mais je me suis mise à genoux devant mon père. Il m'a serrée dans ses bras.

« Ce jour-là, je crois bien que j'ai rompu dans mon cœur avec l'Église catholique. Qu'est-ce que cela pouvait bien vouloir dire de demander pardon à mon père alors qu'il allait en Russie pour y mourir? C'est ainsi que je me suis engagée dans une interminable période de recherche. Je me souviens des cours de religion comme des moments les plus tourmentés. Je m'éloignais de plus en plus des personnes qui me présentaient un Dieu que je ne pouvais pas accepter. C'était terrible et vraiment, je ne savais quoi faire de ma vie.

« A vingt ans, j'ai décidé de me faire assistante sociale mais mon père, qui était rentré de Russie, s'y est opposé. A ses yeux, ce n'était pas une profession pour une femme. Heureusement, ma mère me soutenait en secret, si bien que je me suis inscrite à l'école à l'insu de mon père. J'étais exaltée, je voulais aller en Afrique pour me donner aux peuples en voie de développement. En attendant, j'ai voulu m'engager, comme on disait alors. A Florence, je suis entrée dans le mouvement universitaire catholique mais je n'y ai entendu que de beaux discours. J'ai essayé le mouvement français des auxiliaires catholiques laïques. Je suis même allée visiter leur maison de Rome mais je n'ai pas été convaincue.

« Au fond, je ne savais pas encore ce que je voulais. Je me suis fiancée une fois, deux fois, trois fois mais ça n'allait jamais bien.

Ou c'était le visage du garçon qui ne me plaisait pas, ou sa forme d'intelligence, ou sa façon de faire... J'ai dit un jour à ma mère : " Je veux bien me marier mais à condition que mon mari ait l'intelligence de untel, la personnalité du second et le physique du troisième. " Ma mère m'a répondu : " Va dans une usine et construis l'homme que tu veux. " Quant à mon père, il se désespérait et répétait sans cesse : " Celle-ci, nous ne la marierons jamais. " Il ne croyait pas si bien dire.

« J'étais bien pourtant avec mon troisième prétendant. Nous avions un rapport très profond. J'aimais son intelligence et nous avions de nombreuses activités culturelles. Et puis un jour, je suis entrée dans une librairie et, sans même savoir pourquoi, j'ai acheté un Évangile. Rentrée à la maison, j'ai fermé la porte à clé et je me suis mise à le lire. C'était étrange : je trouvais ça beau mais je ne comprenais pas. Je ne voyais pas comment on pouvait mettre en action ces paroles magnifiques. Quelques jours plus tard, de la même façon, j'ai acheté les Actes des apôtres et, plus tard encore, comme j'aimais beaucoup le latin, je me suis mise à traduire les épîtres de saint Paul. C'était merveilleux. Un soir, j'ai montré mon travail à mon fiancé et il m'a dit : " Tu n'es vraiment pas faite pour le mariage et moi, jamais je ne pourrai satisfaire l'exigence que je sens en toi. Tu devrais te mettre en contact avec ma sœur qui vit dans un focolare à Florence. " J'y suis allée. Je suis arrivée en pleine crise, noyée dans mes contradictions et tout de suite, j'ai été frappée par l'atmosphère de l'appartement, comme s'il était habité par une invisible présence. La responsable m'a demandé ce que je voulais faire et j'ai répondu : " De la politique ! " Je me sentais bien en face de cette femme. C'était comme si elle entrait en moi et clarifiait tout.

« Elle n'a pas essayé de me faire changer d'avis et je suis retournée à Pistoia où j'ai pris un poste d'assistante sociale et où je me suis inscrite au parti démocratique. J'étais active aussi dans les syndicats chrétiens.

« Je retournais de temps en temps au focolare et j'ai annoncé un jour à mon amie que j'allais entrer au conseil municipal. Elle m'a dit : " Fais-le, mais n'oublie pas que tu dois voir Jésus dans tous ceux que tu rencontreras. " Si elle m'avait dit cela à un autre moment ou dans d'autres circonstances, ce n'aurait sans doute été qu'une phrase comme les autres, mais ce jour-là, sans savoir pourquoi, j'ai été frappée au cœur. Cela a été *la grande découverte*. Voir Jésus en tout homme. Si vous réfléchissez, il y a dans ces cinq mots de quoi bouleverser la vie de fond en comble. Je me suis dit : " Alors, Jésus se trouve aussi dans ce garçon que j'ai quitté. " Cela me paraissait incroyable. Il m'arrivait parfois de le rencontrer dans le train et je n'osais pas lui parler. Je l'ai rencontré ce même soir et je me suis dit : " Aime Jésus en lui. " Je me sentais incroyablement libre. Je lui ai parlé et j'ai compris que nous ne devions pas nous marier. Ma vie prenait une autre direction.

« Il m'arrivait souvent d'aller à Rome pour des rencontres politiques. Un jour, dans une réunion, j'ai rencontré une jeune fille de mon âge qui parlait de la " politique nouvelle ". Je n'ai pas très bien compris ce qu'elle voulait dire mais je me suis sentie attirée vers elle. J'ai eu le sentiment qu'à travers elle, je pouvais enfin rencontrer ce Dieu qui me fuyait depuis si longtemps. J'ai demandé à cette jeune fille où elle habitait et comment elle s'appelait. C'était Chiara. Une espèce de certitude incroyable s'est emparée de moi. Je me suis dit : " Je ne peux pas la laisser, je dois aller où elle habite. Si je la perds, je perds Dieu. " Ce n'était qu'une simple rencontre mais ce jour même, je suis devenue focolarina de cœur.

« Peu de temps après, j'ai annoncé à mes parents que j'avais trouvé un travail d'assistante sociale à Trieste et que là-bas, j'allais vivre dans un focolare. Ma mère est entrée en révolution. Elle ne comprenait pas, elle a essayé de combattre ma résolution, mais mon père a été formidable. Il m'a dit : " Si tu t'étais mariée, je t'aurais accompagnée à l'autel. Eh bien, même si ta mère n'est pas d'accord, je tiens à t'accompagner sur les lieux de ta nouvelle vie. " J'ai pleuré tout le long du voyage.

« J'ai eu du mal à m'adapter. J'étais une personne du monde, très libre, je lisais beaucoup et, surtout, je ne supportais pas un contact prolongé avec les autres. C'est arrivé à un point que les responsables m'ont dit au bout d'un mois que je ne pouvais pas rester. Je suis allée m'installer dans une pension de famille. A Trieste, j'étais assistante sociale dans une fabrique de papier.

J'étais très proche des ouvriers. Je les aimais. Tous les matins, en allant travailler, je m'arrêtais devant chaque arbre que je rencontrais et je demandais la force d'aimer par-dessus tout Jésus crucifié et abandonné. Très vite, j'ai compris qu'aussi longtemps qu'Il était avec moi, je pouvais être sereine, quelles que soient les circonstances.

« J'avais trente-deux ans et j'ai pensé qu'il était temps de me décider. J'ai demandé à entrer à l'école de formation qui se trouvait alors à Rome. C'est là que j'ai fait la grande découverte qui illumine toute ma vie : si je veux être épouse du Christ, il ne peut y avoir pour moi qu'une seule loi, aimer la croix dans les petites et les grandes choses.

« Une fois terminée ma formation, j'ai été envoyée au focolare du Luxembourg, puis à celui de Bruxelles. Je suis devenue responsable pour la Belgique et, à partir de ce moment-là, mes relations avec Chiara sont devenues plus fréquentes. A force de la rencontrer, j'ai compris qu'avant tout, elle était mère. J'ai des souvenirs extraordinaires de mes entretiens avec elle à cette époque mais il m'est presque impossible de les raconter. Si tu prends le thé avec elle, par exemple, même si tu parles de choses banales, à un moment ou à un autre, tu sens la présence de Dieu. C'est si fort que tu pourrais faire des folies pour Lui. C'est cela, Chiara. Rencontre après rencontre, elle te porte, elle te pousse à avoir un cœur large, à pardonner, à chercher sans cesse la présence de Dieu, à tout faire pour Lui, même les petites choses, même ta toilette, à aller toujours de l'avant. Toujours plus, toujours plus... C'est une fantastique école de vie. »

Question : Nous sentons qu'aujourd'hui, les laïcs ont des exigences qui étaient autrefois réservées aux religieux. Ils aspirent à la sainteté. J'ai l'impression, en vous entendant, que votre spiritualité correspond tout à fait à ce besoin.

Maria-Antonietta : C'est vrai. Il y a déjà longtemps que Chiara a déclaré : " La sainteté doit fleurir aussi en dehors des couvents. " Elle dit souvent que tout doit être religieux, même les plus petites choses de la vie quotidienne.

« C'est pour cela que Chiara insiste tellement sur la vie de Nazareth. Dans la maisonnette de la Sainte Famille, la vie était si simple! Personne ne savait que Marie était Marie et que Jésus était le fils de Dieu. Il ne s'est pas formé dans un séminaire mais dans une famille. Voilà pourquoi la famille est si importante dans notre mouvement.

Des familles, en voici. Elles font cercle autour de nous : Liliana et Ignacio qui viennent de Colombie, Dieudonné et Emert du Burundi, Teresa et Jose, Bianca et Francesco, du Mexique, Sergio et Iñes, de l'Uruguay... Tous sont ici pour étudier. Pour les encadrer, vingt-trois familles font des séjours beaucoup plus prolongés. Éric et sa femme, par exemple, qui viennent de Belgique. Il est néerlandophone et elle francophone, ce qui ne les empêche pas de bien s'entendre. C'est Éric qui parle au nom du couple :

« Nous avons tous les deux connu le mouvement lorsque nous avions quatorze et quinze ans. Nous nous sommes mariés quelques années plus tard et, pendant trois ans, nous n'avons eu avec le focolare voisin que des relations épisodiques. Il nous fallait d'abord construire notre couple. Après ces trois années, nous sommes venus ici pour une visite et nous avons redécouvert, d'une façon très nette, la puissance de cette spiritualité. Nous étions tellement enthousiasmés qu'un mois après notre retour en Belgique, nous avons écrit à Chiara pour lui dire que nous étions disponibles pour aller où elle voudrait nous envoyer.

« Les responsables de Rome nous ont proposé trois destinations possibles : le Cameroun, le Bénin et les îles Wallis et Futuna où une communauté s'était formée mais où il n'y avait pas encore de focolare. Mais Chiara n'envoie pas comme cela des gens au bout du monde sur une simple demande. Elle nous a fait attendre cinq ans. Ce fut une période difficile parce que nous avions le sentiment de vivre dans le provisoire. Si notre machine à laver tombait en panne, nous nous disions que ça ne valait pas la peine de la changer... Finalement, ne voyant rien venir, nous avons décidé de faire construire une maison. Elle était presque terminée lorsque les responsables de Rome nous ont annoncé que le temps était venu pour nous de partir. Mais la situation n'était plus du tout la même : nous avions cinq enfants. Il n'était plus question d'aller aussi loin. Alors, on nous a proposé de venir ici pour une durée de cinq ans. Nous étions à la veille d'entrer dans notre nouvelle maison que nous avions vue grandir jour après jour. C'était une belle maison mais nous l'avons laissée sans regrets. Nous sommes tombés d'accord tous les deux pour être détachés des biens matériels et avoir nos racines en Dieu.

« Ce que nous faisons ici est passionnant. Nous recevons des familles qui viennent du monde entier pour passer quelques mois. Il n'y a pas de durée fixe car les familles ne font pas ce qu'elles veulent aussi facilement que les célibataires. Nous pouvons même recevoir des gens qui viennent pour une semaine ou quinze jours.

« Les couples vivent dans leur propre maison car, même au sein de la communauté, il faut sauvegarder leur intimité. »

Nous n'avons pas envie d'insister sur ce qu'on apprend dans cette école de vie. Le programme est un peu le même que celui des célibataires à ceci près que, bien entendu, les problèmes de la vie familiale tiennent une place essentielle. Il s'agit moins de faire de la psychologie que de trouver, selon le mot d'un responsable, « la présence de Jésus au sein du couple ». Car aux yeux des focolari, toute famille est une petite église. Ils se basent, pour affirmer cela, sur une des phrases-clé de leur spiritualité : « Là où deux ou trois sont rassemblés en mon nom, je suis au milieu d'eux. »

C'est beau, peut-être trop pour être vrai. Le meilleur moyen d'en avoir le cœur net est encore de faire parler les couples qui nous entourent.

Pepe et Violetta ont trouvé dans la spiritualité des focolari le moyen de surmonter leurs crises conjugales tout en en sortant grandis. « Ce qui est fabuleux, explique Pepe, c'est de comprendre que l'amour que nous avons l'un pour l'autre s'identifie à l'amour qui anime l'univers tout entier. Il n'y a pas si longtemps, tout ce que je voulais, c'était avoir le plus d'argent possible. J'en ai eu beaucoup et je n'étais encore pas satisfait. Je ne savais pas où j'allais et puis un jour, j'ai commencé à prier. J'ai pleuré, pleuré... Je croyais que j'étais indigne d'être aimé par Dieu. J'étais exilé. Maintenant, Violetta et moi, nous savons que nous avons choisi Dieu et qu'Il est notre seule raison de vivre. »

Dieudonné est médecin. Il vient du Burundi et il s'est marié il y a sept mois. Depuis son arrivée, il travaille à la construction d'une maison avec Ignacio qui est médecin lui aussi et Vilasio qui est directeur de société. « Cette école de vie n'a qu'un but, nous dit-il : nous apprendre à aimer. Notre épouse, notre famille mais aussi tous ceux qui nous entourent. Lorsque je travaille avec mes deux amis sur le chantier, c'est extraordinaire parce que nous arrivons à une union... Quand l'un d'entre nous a besoin de quelque chose, les autres le voient avant même qu'il en ait pris conscience. Si je suis fatigué, ils me proposent un temps de repos. C'est un véritable apprentissage et tout ce que nous avons vécu dans la journée, nous continuons le soir à le vivre avec notre épouse... C'est cela pour moi, les focolari. On entend partout dire que la famille est en danger. C'est vrai sans doute mais ici, nous apprenons à vivre l'un pour l'autre et, ensemble, la spiritualité de l'unité qui est l'idée force de Chiara Lubich. »

Nous nous tournons maintenant vers Liliana, une petite femme très brune avec un visage tout rond et un ventre qui ne l'est pas moins car elle est visiblement enceinte. Au moment de se mettre à parler, elle éclate en sanglots. Elle commence enfin son récit, la gorge serrée, la voix tremblante d'émotion :

« Je viens de Colombie. J'ai été élevée dans un collège de religieuses mais ma famille n'était pas vraiment chrétienne. J'étais infirmière lorsqu'en 1986, j'ai rencontré Ignacio qui venait de terminer ses études de médecin. Tout de suite, nous nous sommes sentis très fortement attirés l'un vers l'autre. Nous avons vécu quatre mois ensemble sans nous marier. Je n'étais pas à l'aise dans cette situation. Aussi j'ai décidé d'aller poursuivre mes études en Angleterre. J'ai tout préparé pour le voyage et je me suis aperçue que j'étais enceinte. C'était une catastrophe épouvantable. Dans mon pays, une maman non mariée est un véritable problème social. Bien sûr, j'aurais pu tout dire à Ignacio mais je savais que cet enfant allait être un obstacle pour lui dans sa carrière. Et puis je ne voulais pas qu'il se croie obligé de m'épouser. On ne se marie pas parce qu'on y est obligé.

« J'étais vraiment désemparée [de nouveau, elle pleure]. Je ne savais que faire. Deux mois après la naissance d'Alessandro, j'ai eu le sentiment que je n'agissais pas bien. J'ai prié comme je ne l'avais pas fait depuis longtemps et j'ai compris que je devais appeler Ignacio : il avait le droit de savoir qu'il avait un enfant. Il vivait dans une autre ville et il est venu nous voir. Il a été merveilleux. Il m'aurait épousée tout de suite mais je ne voulais pas. J'avais tellement peur de lui forcer la main, d'être un obstacle dans sa vie que je lui ai imposé un délai de six mois en lui demandant de ne pas me téléphoner une seule fois. »

Elle pleure avec tant de cœur maintenant qu'Ignacio doit prendre le relais :

« C'est étrange mais cette conversation avec Liliana a été un tournant dans ma vie : je ne sais comment l'expliquer. Ce que je sais, c'est que j'ai fait l'expérience de la miséricorde de Dieu. Je me suis reconnu pécheur. Ce n'étaient pas des mots, pas non plus une culpabilité destructrice. J'ai senti au contraire que Dieu avait permis cela pour notre sanctification. Ces six mois imposés par Liliana ont été très durs. Souvent, je regardais le téléphone. Je savais que je la trouverais au bout du fil mais je savais aussi que j'avais promis de ne pas l'appeler. J'avais tout de même de ses nouvelles et de celles du bébé parce qu'elle écrivait à ma mère. Je crois que jamais fiançailles n'ont été aussi interminables.

« Je sais maintenant que Liliana avait raison. C'est Dieu qui a voulu cette épreuve pour tremper notre amour. D'ailleurs, une fois passés ces six mois, j'ai vraiment fait l'expérience du paradis sur terre. J'ai reçu le centuple de l'Évangile et j'ai compris que Dieu travaille aussi dans la douleur. »

Liliana a suivi les paroles d'Ignacio avec une telle intensité qu'elle éclate de rire alors qu'elle a encore les yeux pleins de larmes. C'est elle qui va conclure :

« Je suis heureuse parce que nous vivons comme la famille de Nazareth. Et depuis que je suis de nouveau enceinte, j'ai l'impression d'être pleine de l'amour de Dieu. »

Elle s'appelle Renata, elle est l'une des toutes premières compagnes de Chiara, une petite femme très fine avec un regard de lumière. Elle est un peu essoufflée et nous apprendrons plus tard qu'elle était, ce jour-là, très fatiguée et qu'elle n'a pas voulu remettre notre rencontre pour ne pas nous faire de peine.

« Je suis née, nous dit-elle, dans une famille non croyante et je ne connaissais pas Jésus. C'est Chiara qui m'a fait connaître, quand j'ai eu dix-neuf ans, cette présence qui était en moi sans même que je le sache. C'était en 1949, l'année même où Chiara était en train de quitter Trente pour venir s'installer à Rome. Il n'y avait pas encore de focolare. Elle vivait simplement chez une amie avec quatre compagnes. Dès notre première rencontre, je me suis sentie irrésistiblement attirée vers elle. Plus je la rencontrais et plus je désirais suivre la même voie qu'elle tout en sachant que ce chemin était sans doute trop élevé pour moi.

« A cette époque, malgré mon jeune âge et mon inexpérience, j'étais amoureuse de la science et j'aurais voulu y consacrer toute ma vie. Physique, chimie, mathématiques étaient pour moi des mots magiques. J'avais le sentiment que ce Dieu que je ne connaissais pas et que je ne pouvais pas connaître avec des moyens ordinaires, j'arriverais peut-être enfin à le découvrir en pénétrant les secrets de la nature. C'était ma passion, la seule aventure qui valait d'être vécue. Et puis j'ai rencontré Chiara et tout d'un coup, comme si mes yeux s'ouvraient, j'ai compris que son langage dépassait la science parce qu'il était celui de la sagesse de Dieu.

« Dit de cette façon, cela paraît un peu simpliste et pourtant, c'est bien ce que j'ai vécu. Une lumière est venue en moi qui se faisait de plus en plus claire, la certitude que même si j'avais pu par la science pénétrer les mystères de la vie et de l'univers, je ne pourrais atteindre la profondeur de la connaissance que me donnait Chiara avec sa sagesse. Il y avait décidément quelque chose qui transcendait la connaissance humaine. Et je pressentais qu'une société nouvelle, une humanité nouvelle pouvaient naître de l'Évangile.

« Je me sentais petite, incapable et pourtant, je voulais suivre Chiara, je le voulais de toutes mes forces. A plusieurs reprises, elle m'a mise en garde. " Viens si tu veux, me disait-elle, mais si tu viens tout de suite, tu ne pourras pas poursuivre tes études car nous sommes pauvres. Il te faudra travailler pour contribuer à l'existence de ta nouvelle famille. " C'était une aventure. Le mouvement n'existait pas encore, il n'était pas reconnu par l'Église et peut-être ne le serait-il jamais. Il me fallait sauter à pieds joints dans l'insécurité. Pour rien au monde, je n'aurais abandonné ma passion pour la science, quitté mes études. Pas même pour un fiancé. Mais pour suivre Chiara, je n'ai pas hésité une seconde. Je me disais : " Enfin, je vais comprendre ce que la sagesse des hommes, laissée à elle-même, ne comprend pas. " »

Question : Vous vous êtes donc trouvée tout à fait au début du mouvement. Est-ce que, déjà, Chiara prévoyait qu'il allait couvrir la terre entière?

Renata : Bien sûr que non! D'autant moins que Chiara répétait toujours qu'il ne fallait pas faire d'apostolat, que Jésus n'en avait jamais fait. Notre idéal ne s'est pas diffusé à grand renfort de publicité mais comme une tache d'huile qui s'étend. Des gens venaient, voyaient et repartaient enthousiastes. D'ailleurs au début, nous n'avions pas d'idées toutes faites. Chiara allait tout naturellement vers l'unité et les choses se faisaient d'elles-mêmes. Vous ne pouvez pas vous imaginer la force de cette phrase de Jésus qui, alors comme aujourd'hui, était notre devise : « Père, que tous soient un comme toi et moi nous sommes un. »

Question : Appuyé ainsi sur une parole du Christ, le mouvement a dû être très vite reconnu par l'Église?

Renata : Justement pas! Il nous a fallu faire notre route. La spiritualité, le charisme de Chiara n'ont pas été acceptés tout de suite. Combien d'incompréhensions! Combien de douleurs! Cela peut paraître incroyable mais c'est justement cette passion pour l'unité qui posait des problèmes. Il y avait d'un côté Chiara avec en elle la certitude que le mouvement naissant devait avant tout être l'instrument de cette unité voulue par Jésus et de l'autre la hiérarchie qui répondait : « L'unité entre les catholiques existe déjà, que pouvons-nous demander de plus ? » Cela nous paraît incroyable aujourd'hui mais souvenez-vous : avant le concile, le mot unité n'était prononcé que par les communistes. Chez les catholiques, il sonnait comme un scandale. Aux yeux de certains, nous étions dangereusement près des protestants. C'est pour cela qu'on nous a fait attendre plusieurs années notre reconnaissance officielle. Cette douleur de l'attente, Chiara l'a acceptée sans réticence.

Question : Et si elle avait été désavouée?

Renata : Elle aurait immédiatement renoncé à tout.

Question : Tout de même, elle a dû beaucoup souffrir?

Renata : Bien sûr mais peut-on progresser sans souffrir? Elle nous demandait d'avoir toujours les yeux fixés sur Jésus, et de le prier ainsi : « Je suis faible et pauvre mais si tu me donnes ta grâce, je veux donner ma vie pour toi. Et je veux pour cela être prête à souffrir parce que donner ma vie, il se peut que tu ne me le demandes pas mais souffrir chaque jour, chaque heure, chaque minute pour les autres, tu me le demandes. » La vie de Chiara a toujours été comme cela, une acceptation voulue, consciente de la douleur d'où qu'elle vienne, pour les autres, pour la vie du corps mystique, des hommes nés et à naître. S'unir à la souffrance de Jésus...

J'ai regardé Rachel et j'ai eu le sentiment qu'elle allait exploser. Ce langage n'est pas le sien. Elle a toujours détesté ce qu'elle appelle le dolorisme chrétien et, en voyant le tour qu'était en train de prendre la conversation, je m'attendais à une réaction de sa part. J'avais raison car elle s'est écriée avec beaucoup de véhémence :

Rachel : Mais ne peut-on se donner aux autres sans être vraiment obligé de souffrir, sans vouloir la souffrance? J'ai tellement souffert, déjà, depuis que je suis née. Maintenant, je découvre que Dieu est vivant en moi et je me sens dans la joie. Pourquoi alors continuer à souffrir? Vous me faites peur avec votre idéalisation de la souffrance.

Renata sent qu'il y a là un vrai problème. Elle sourit et dit :

Renata : Je m'excuse de t'avoir donné cette petite épouvante. Peut-être que je ne me suis pas bien expliquée. Je vais essayer de faire mieux.

« Tu étais à la grande réunion de dimanche et tu as senti la joie qui nous habitait tous, visiteurs et focolari. Cette joie n'est pas une joie superficielle. Elle naît souvent de la souffrance, ça nous pouvons te le dire. Elle est surtout au-delà de la souffrance. Réfléchis : si la joie en nous s'éteint avec la souffrance, elle est sans racines. Crois-moi, le mouvement ne s'est pas diffusé avec le sourire mais parce que beaucoup de personnes ont su souffrir par amour car souffrir par amour donne la joie. Tu peux faire fructifier la souffrance. C'est quelque chose de précieux.

Rachel : Alors la joie par l'acceptation?

Renata : Tu as compris. Cette joie-là, elle ne finit pas, elle est toujours à notre disposition. On peut la trouver même dans les petites choses de la vie quotidienne et c'est pourquoi Jésus a dit : « Soyez fidèles dans les petites choses et vous le serez aussi dans les grandes. »

Je sens que Rachel n'est pas encore convaincue. Ce langage n'est pas le sien. Elle demande :

Rachel : Alors vous voulez dire que si l'on veut aimer, il faut aller chercher la souffrance? Moi je trouve que ce n'est pas la peine : elle vient bien assez toute seule.

Renata semble horrifiée d'avoir été si mal comprise :

Renata : Mais que dis-tu là? Qui te parle d'aller chercher la souffrance? Absolument pas. Chiara ne nous a jamais demandé d'aller chercher la douleur mais d'accepter celle qui nous vient au moment où elle vient. Il est même arrivé que des jeunes trop enthousiastes lui disent dans les débuts : « Chiara, nous voulons souffrir par amour » et elle a toujours répondu : « Ne demandez jamais cela. Demandez seulement d'avoir la force d'aller au-devant de la douleur lorsqu'elle se présente. Et soyez tranquilles : elle se présente toujours à un tournant ou à un autre de la vie. Dites-vous alors que c'est Jésus qui vient à votre rencontre. »

Gino vient nous retrouver, un homme un peu rond, solide et qui cache, derrière la simplicité d'un sourire épanoui, une tête remarquablement organisée. Il a dit ce matin la messe chez les garçons et il a trouvé quelques mots chaleureux pour nous accueillir.

Nous avons retenu le bref témoignage de Gino pour bien montrer l'impact que peut avoir, sur un garçon déjà solide et formé, la rencontre avec Chiara Lubich.

Son père n'était pas pratiquant et on ne parlait pas de Dieu dans la famille. Il a tout de même été élevé dans un collège religieux. Il y a rencontré l'Évangile et, du même coup, la révolte.

« Dès mon entrée à la faculté de médecine, raconte-t-il, j'ai beaucoup vécu près d'amis communistes. Ils parlaient beaucoup mais ils vivaient ce qu'ils disaient. Nous qui nous disions chrétiens, nous parlions au moins autant qu'eux mais c'étaient des mots pour ne rien dire parce que notre vie n'était pas conforme à nos idées. J'ai vraiment vécu une période de crise. Je voyais mon père qui ne parlait jamais de Dieu et qui était plus juste que tous ceux qui faisaient de grands sermons. Un jour, alors que je lisais l'Évangile, j'ai dit à un ami : " Ce livre est absolument fantastique. Pourquoi ne pouvons-nous pas vivre comme ça? " Mon ami m'a répondu : " Mais on peut vivre comme ça. Si tu veux, je peux te présenter des amis qui le font. " Il m'a fait connaître les focolari et j'ai eu tout de suite l'impression de trouver ma vraie famille.

« Peu de temps après, j'ai rencontré Chiara. C'était le 30 août 1953. Je faisais mon service militaire et lors d'une permission, je suis allé dans le petit coin de montagne où elle passe ses vacances. Je suis entré. Il y avait là une jeune femme qui m'a demandé : " Qui es-tu? " Je me suis présenté et je lui ai demandé à mon tour : " Et toi, qui es-tu? " Elle m'a répondu : " Chiara. " Deux jours plus tard, j'ai pu lui expliquer ce que je cherchais et je me suis dit qu'elle était l'instrument dont Dieu se servait pour me faire comprendre ce qu'il avait voulu dire par cette parole : " Soyez un... "

« D'un coup, ma vie s'est trouvée transformée de fond en comble. Avant, les malades étaient pour moi des cas, des numéros, des fiches cliniques et ils sont devenus soudain des frères en Jésus-Christ. Il faut l'avoir vécu pour comprendre ce que cela représente. A l'hôpital, mes amis ne me reconnaissaient pas. L'amour me faisait vivre d'une tout autre façon. Je n'avais plus d'horaires et dans tout ce qui m'arrivait, je voyais la volonté de Dieu. Dans chaque homme, il y avait quelque chose qui me rappelait Jésus. La vie, dans les grands et les petits événements, prenait une saveur nouvelle.

« En 1979, alors que j'étais responsable de la ville de Trente, Chiara m'a posé une question toute simple : " Est-ce que tu ne penses pas au sacerdoce ? " Je n'y pensais pas mais cette idée a travaillé en moi et j'ai trouvé un peu plus tard un évêque qui a accepté de m'ordonner.

« Voilà comment, en deux phrases, Chiara a bouleversé ma vie de fond en comble. »

Les esprits chagrins vont s'émouvoir. Je crois déjà les entendre : « Ces Cartier ne seraient-ils pas un peu naïfs ? A les en croire, tout est beau, chaleureux... Ils parlent de Loppiano et de ses habitants comme s'ils parlaient du paradis. » Il me faut reconnaître que nous avons été séduits et que, tout au long de notre visite, nous avons eu le sentiment de vivre dans un autre monde. Dans cette utopie dont nous parlions au début de ce chapitre. Après tout, c'est bien ce que voulait Chiara Lubich : montrer au monde qu'il est possible de vivre en société une vie où règne l'Évangile. Nous croyons que cet audacieux pari a été tenu et nous avons envie de le dire, de raconter ce que nous avons vu et ressenti. C'est tout et nous invitons ceux qui ne nous croient pas à venir se rendre compte par eux-mêmes.

Pour notre dernière soirée à Loppiano, nos amis nous ont offert un bouquet de joie. Des sourires, encore des sourires, toujours des sourires, ceux des vingt-deux filles des Gen verde, le groupe féminin qui, comme celui des garçons, les Gen rosso, va chanter Dieu dans le monde entier, devant des foules impressionnantes et sur des rythmes « rock-folk » qui leur sont bien particuliers. Comme le dit la couverture d'un de ses disques, ce groupe « offre au public une harmonie sonore et chorégraphique née de leur expérience commune d'unité. Rythmer un rock sur gamme orientale, l'enrichir de percussions latino-américaines et, pourquoi pas, mettre en accord la gestuelle orientale et le jeu d'expression occidentale... » C'est beau, c'est moderne et c'est chargé d'une rare intensité spirituelle.

Nous voici donc avec ces vingt-deux jeunes filles dans leur salle de travail. Nous commençons par faire connaissance et, d'emblée, nous avons l'impression que le monde entier s'est donné rendez-vous ici au premier étage de ce qui a dû être autrefois une grange ou quelque chose comme ça. Partout des projecteurs et un matériel sophistiqué comme on en trouve dans les studios d'enregistrement. Voici Saba qui vient d'Allemagne et qui a connu les focolari par l'intermédiaire d'une de ses amies luthérienne; voici Anne l'Italienne qui fait partie du mouvement depuis l'âge de quatorze ans; voici Véronique qui arrive de Hong Kong et qui nous dit avoir reçu « un coup de foudre » le jour de sa première rencontre avec les Gen verde; voici Paola, italienne elle aussi qui est passée à Loppiano par hasard pendant ses vacances et qui y est restée; Geneviève la Française qui a vu le groupe à la télévision et qui a dû mener une véritable enquête policière pour le retrouver. Et une jeune Écossaise dont nous n'avons pas noté le nom et qui, la première fois, est venue par erreur à un concert du groupe : elle avait confondu « focolari » et « folklore ». Ce qui nous frappe c'est que toutes, qu'elles viennent d'Afrique, d'Asie, d'Amérique ou d'Europe racontent à peu près de la même façon l'expérience qui a bouleversé leur vie : une rencontre foudroyante qui ne leur a pas laissé le choix. Rencontre avec Loppiano, avec les Gen verde ou avec Chiara. « Dès que Chiara a eu fini de parler, nous a dit l'une d'entre elles, j'ai voulu être comme elle. Ce jour-là, elle nous avait parlé du soleil unique d'où partent des milliards de rayons, un rayon pour chacun de nous si nous voulons bien l'accueillir. J'ai réalisé que Dieu avait un plan merveilleux pour chacun et pour moi en particulier. »

Je suis loin d'être un spécialiste en musique mais je suis bien persuadé qu'aucun groupe au monde ne travaille comme les Gen verde. Il n'y a pas chez elles de chef ou de spécialiste, pas de musicien, de parolier, de chorégraphe attitrés et il ne peut pas y en avoir parce qu'elles font tout ensemble. Les idées jaillissent et sont reprises, retravaillées par le groupe jusqu'au moment où tout le monde est d'accord. « Nous voulons que notre travail exprime l'unité de tous », nous a dit Geneviève. Encore l'unité. Décidément, c'est bien le mot-clé des focolari.

Nous sommes vraiment privilégiés ce soir-là : ce spectacle qu'elles donnent dans le monde entier, les Gen verde vont nous le donner pour nous seuls. Elles vont beaucoup chanter et aussi nous montrer le montage diapo qu'elles projettent pour se faire connaître et ouvrir le dialogue avec leurs spectateurs du monde entier :

« ...De tous les coins de la terre, de la Colombie aux Philippines, de l'Espagne à l'Ouganda et à l'Italie, nous avons répondu à ce grand idéal qui nous interpellait, un idéal évangélique et universel : l'unité entre les hommes. Nous avons découvert autour de nous des milliers de personnes de races, de cultures, d'âges et de fois diverses qui ont fait de cette unité le pourquoi de leur existence.

« En 1966, cette vie vécue ensemble a eu spontanément pour nous recours à la musique. A Loppiano, nous avons reçu en cadeau une batterie verte qui nous a donné notre nom : les Gen verde. A partir de là, le développement du groupe a été foudroyant : plus d'un millier de spectacles et de concerts dans toute l'Europe et en Amérique du Nord, dans des théâtres, sur des stades, des places... Une production de disques et de cassettes en plusieurs langues, des reprises télévisées par diverses chaînes nationales... Une recherche musicale et expressive toujours en évolution, nourrie d'une communion profonde et dynamique dans laquelle chacune met tout ce qu'elle a, prête à accepter les opinions et les propositions des autres, à les faire siennes jusqu'à ce que naisse l'étincelle, l'idée qui n'est plus ni de l'une ni de l'autre...

« Essayer de fondre les sonorités de nos terres d'origine avec les rythmes folk et rock et faire naître ainsi le " folk-rock " international... La musique, le chant, la danse deviennent ainsi un langage universel, le moyen de contribuer à une culture de paix dans un monde uni. »

Ce ne sont pas seulement des phrases. Les Gen verde ont conscience d'œuvrer pour la paix un peu partout dans le monde. En 1986, elles ont été invitées à Strasbourg par un groupe de députés du Parlement européen. En septembre de cette même année, elles sont parties pour New York, invitées par l'ONU.

« Le matin du 16 septembre, racontent-elles dans leur montage vidéo, se crée entre tous un climat d'amour. Alors que les Indiens de diverses tribus commencent le rituel du feu, un chœur de cinq cents enfants russes et américains chantent l'hymne de la journée accompagnés par l'orchestre des Nations unies...

« Et dans le décor unique des gratte-ciel et des drapeaux de toutes les nations, nous aussi, nous fêtons la paix avec les rythmes et les couleurs de nos pays. En ce moment, nous ne sommes plus vingt-deux, nous sommes tous ceux qui, dans le monde, ont déjà allumé la flamme... Nous repartons d'ici avec un engagement renouvelé d'accorder nos instruments, nos voix et notre vie à l'unité, l'idéal qui nous fait vivre. Nous allons maintenant continuer notre tour du monde afin de dire à tous ceux qui viendront nous entendre : " Non, l'unité n'est pas un rêve impossible. " »

Il est vrai qu'elles ne cessent pas de le faire, ce tour du monde. L'année suivante, elles ont visité l'Autriche, puis la France de Marseille à Dunkerque et l'année suivante encore la Corée, Hong Kong, Taïwan et les Philippines. Elles ont tellement d'enthousiasme qu'elles iraient jusqu'au bout du monde pour chanter l'unité. « Lorsqu'au lendemain d'un spectacle, nous a dit l'une d'entre elles, nous lisons les impressions des personnes qui y ont assisté et que nous découvrons qu'elles ont senti la présence de Dieu, alors nous sommes heureuses, même si nous savons que ça ne vient pas de nous. Chaque geste, chaque parole, chaque chanson peut devenir source d'énergie. Pour moi, chanter, c'est ça. »

En quittant Loppiano, nous avions des ailes. Nous étions arrivés sur la colline dans notre état ordinaire, c'est-à-dire que nous étions pleins des petits problèmes de la vie quotidienne, un peu lourds et voilà que nous repartions libérés, optimistes, heureux, comme si une subtile alchimie avait transformé en nous le plomb en or. On a raison de dire que le bonheur est contagieux : nous avions rencontré tellement de garçons et de filles heureux qu'une fois passés les premiers doutes dont nous avons parlé au début de ce chapitre, nous avions succombé à l'ambiance, déposant notre fardeau, vivant sur un étrange nuage rose.

Cela n'a pas duré. Quelques heures après notre retour dans le « monde », nos doutes ont fait un retour en force. Ne venions-nous pas de vivre des journées entre parenthèses, hors du temps, au pays du sourire perpétuel? Tous ces gens venus des quatre coins du monde n'étaient-ils pas victimes d'une ambiance artificielle? Qu'allait-il se passer pour eux, après un si long séjour, lors de leur retour dans leur pays, dans leurs familles, le travail quotidien? Ils allaient vivre en communauté mais comment allaient-ils résister à l'ambiance générale des grandes villes qui peut être parfois si démoralisante?

C'est parce que nous nous posions toutes ces questions que nous avons décidé d'aller voir un focolare. Non pas plusieurs mais un seul de façon à pouvoir aller un peu en profondeur. Avant de faire cette démarche, nous avons laissé passer quelques mois, de façon à n'être plus influencés par ce sentiment de bonheur que nous avions vécu à Loppiano.

Nous qui avons l'habitude au cours de nos enquêtes d'aller voir des gens dans les décors les plus invraisemblables, les monastères tibétains avec les stupas et les drapeaux de prière qui claquent au vent, dans des ermitages perdus dans la montagne, des ashrams austères, des paysages la plupart du temps grandioses, une nature sauvage, nous avons eu au premier abord, en arrivant au focolare parisien, une impression de quotidien. L'appartement était tout à fait convenable, situé au septième étage d'un immeuble bourgeois du XVe arrondissement, un immeuble, comme on dit « bien habité », confortable pour ne pas dire cossu et tout à fait banal. Rien de particulier non plus dans l'appartement lui-même, une vraie sobriété, des meubles simples, une grande propreté.

Et pourtant... A peine nous étions-nous assis dans le salon, attendant l'arrivée de la responsable, que nous avons reconnu une atmosphère subtile, comme un reflet du climat de Loppiano. Le charme recommençait à agir, la magie du sourire. De nouveau, nous étions « ailleurs », nous déposions notre fardeau.

Christiane est venue et sans que nous ayons besoin de lui expliquer ce que nous voulions, d'une façon toute naturelle, comme si elle n'avait jamais fait que cela, elle a commencé à se raconter, à raconter surtout la rencontre qui a fait basculer sa vie.

Jusqu'à vingt-cinq ans, elle a été une jeune fille comme les autres, chrétienne de tradition, heureuse de vivre dans une famille vendéenne bien soudée, attendant le mariage comme le grand événement et le grand bonheur de sa vie. Et tout à coup le drame : elle a vu mourir un ami. Peu après, elle est tombée gravement malade. « J'ai réalisé tout à coup, nous dit-elle, que le monde pouvait continuer à tourner sans moi. » Et la grande question qu'on se pose lorsqu'on est dans le malheur a fait irruption dans sa vie : à quoi bon vivre?

Elle a survécu tant bien que mal et l'année suivante, elle s'est trouvée par hasard dans une rencontre de jeunes. C'est là que, soudain, elle a eu l'impression d'entrer dans un autre monde.

« J'ai eu le sentiment, raconte-t-elle, qu'ils rencontraient chaque personne dans sa profondeur et qu'ils l'aimaient. Alors que pour moi, il y avait des gens qui m'étaient sympathiques et d'autres qui ne l'étaient pas. Ils ne me connaissaient pas et pourtant j'ai senti qu'ils avaient tout de suite avec moi un rapport très profond. Cela me dérangeait d'ailleurs et j'ai essayé de les faire enrager pendant les dix jours passés avec eux. Je les ai suivis pour une autre rencontre à Saint-Laurent-sur-Sèvre et mon étonnement s'est transformé en stupéfaction. Je voyais des gens de tous âges, de tous les milieux, des cadres très bien sapés, des patrons et des ouvriers et tous avaient l'air de se reconnaître comme frères. Je me souviens que je me suis dit : " Si c'est cela le peuple de Dieu dont parle la Bible, alors c'est le paradis terrestre. "

« J'ai eu envie de parler, de dire des choses que je n'avais jamais dites à personne et l'un des garçons m'a dit avec un sourire : " Tu ne penses pas que tu manges ton riz toute seule? " Le matin, il y avait eu une fête où les jeunes avaient mimé l'histoire du paradis et de l'enfer. C'est un vieux conte chinois : dans l'enfer, les personnes ont des baguettes de deux mètres de long et, comme elles ne peuvent pas s'en servir pour manger, elles se tapent dessus alors qu'au paradis, elles font un cercle et se donnent à manger les unes aux autres. J'ai compris soudain que je n'avais jamais vécu que pour moi et j'ai eu envie d'aimer.

« Ce fut une expérience extraordinaire : en moi et autour de moi, j'ai vu l'amour se mettre en route. Sans très bien savoir ce que je faisais, j'ai recommencé à aller à la messe et puis je suis partie pour un voyage à Grenoble, un voyage de travail tout au long duquel j'ai eu le sentiment que Dieu me poursuivait. Partout où j'allais, je rencontrais des focolari, si bien que j'ai échoué au focolare de Grenoble. Je me revois dans un autocar qui descendait sur la ville. Il y avait un fantastique coucher de soleil et une voix en moi me disait : " Tu vois bien que Dieu existe ! " Mais aussitôt après, une autre voix me murmurait : " Qu'est-ce que ça peut bien te faire ? " Je sentais que je pouvais dire oui et que je pouvais dire non. Une vraie torture. Arrivée en bas, j'ai téléphoné à un prêtre que je connaissais et, laissant tout, il est venu aussitôt. J'ai éclaté en sanglots. Il y avait des années que je n'avais pas pleuré.

« Le lendemain, je suis descendue vers Marseille avec une focolarine qui " par hasard " se trouvait là. Nous nous sommes trompées de train et nous avons échoué à Briançon en pleine tempête de neige. Elle ne cessait de répéter, avec sa naïveté de focolarine : " Je ne comprends pas ce que Dieu veut " et moi, je répliquais : " Nous avons pris le mauvais train, c'est tout. " Nous avons couché sur place et, dans le noir, elle m'a parlé de ce qui la faisait vivre, de l'âme, du corps mystique. Je ne me souviens plus très bien de ce qu'elle m'a dit mais j'ai compris qu'il y avait un monde que je ne connaissais pas, des réalités auxquelles je n'avais pas accès et j'ai pleuré, pleuré... Le lendemain, nous sommes redescendues vers Marseille et elle m'a invitée à une grande réunion qui devait se tenir à Monaco. Là, j'ai découvert que Dieu m'aimait. Ce fut une fantastique révélation. Un moment de pure lumière qui a définitivement orienté ma vie. Encore aujourd'hui, si je me retrouve dans le noir, je n'ai qu'à me souvenir de ce moment pour que tout s'éclaire.

« A partir de ce moment-là, ma voie était toute tracée. J'ai écrit à Chiara, je suis entrée au focolare, ai fait mon séjour à Loppiano et maintenant, me voici à Paris. »

Question : Le focolare existait déjà lorsque vous êtes arrivée?

Christiane : Oui.

Question : Comment se constitue un focolare?

Christiane : A la demande d'une communauté, de familles qui vivent cette vie et qui ressentent le besoin d'être appuyées pour mieux faire l'unité.

Question : Cela fonctionne comment?

Christiane : La base, c'est l'amour réciproque entre ceux qui y vivent. Là où deux ou trois sont réunis en son nom, la présence du Christ est assurée. C'est lui qui nous l'a promis. Chiara nous donne souvent cette image du feu : pour qu'il puisse brûler, il faut que les bûches s'entrecroisent. Il y a le focolare qui est composé de célibataires consacrés et tout autour des familles ou des êtres en recherche.

Question : Que faites-vous pour gagner votre vie?

Christiane : Je suis psychologue de formation et je travaille à mi-temps dans une école qui forme des éducateurs spécialisés pour des enfants ou des adolescents inadaptés. Le reste du temps, j'assure les traductions des textes italiens en français.

Question : Qu'est-ce que c'est pour vous êtes responsable?

Christiane : Chiara le dit souvent : le responsable est à la fois celui qui a un petit peu plus d'expérience et aussi celui qui sert le plus.

Question : Puisque vous travaillez toutes, vous avez de l'argent. Qu'en faites-vous?

Christiane : Nous mettons tout en commun et dans un premier temps, nous plaçons de côté ce qu'il nous faut pour vivre. Ce qui nous reste en début de mois est envoyé à Rome pour y être distribué. Dans le monde entier, tous les focolare procèdent de même et il s'établit une sorte d'équilibre : ceux qui ont trop envoient à ceux qui n'ont pas assez. Les riches aident les pauvres, c'est une chaîne d'amour.

Question : En arrivant chez vous, nous avons eu l'impression de pénétrer dans une maison bourgeoise. Vous ne mettez pas l'accent sur la pauvreté?

Christiane : Pour nous, la règle d'or, c'est de se faire un avec le milieu dans lequel on se trouve. La pauvreté pour la pauvreté n'est pas nécessairement charité. Nous aimons les pauvres mais nous ne méprisons pas les riches. Si je suis mal habillée, peut-être n'aurai-je pas la possibilité d'atteindre telle ou telle personne. J'ai rencontré à Loppiano une femme qui venait d'Argentine et qui était d'un milieu très aristocrate. Son mari ne partageait pas ses idées et elle m'a dit : « Il veut toujours que j'aille dans des soirées avec lui et il me faut souvent pour cela mettre des robes très chères. Cela me fait mal parfois alors que je sais qu'il y a des gens pauvres autour de moi mais mon mari est mon premier prochain et c'est par amour pour lui que j'accepte d'être ainsi habillée. Pour moi, c'est comme si je me mettais un sac sur le dos. »

Question : Donc il n'y a pas chez vous cette condamnation automatique de l'argent qui devient si souvent une idéologie. Comment interprétez-vous le « Malheur aux riches ! » ?

Christiane : Relisez le *Magnificat* : « Il renvoie les riches les mains vides. » On veut en faire une malédiction alors que c'est la découverte progressive de Dieu qui amène les riches à se dépouiller de ce qu'ils ont et à se retrouver les mains vides. Se vider de soi-même, de ce que l'on possède dans tous les domaines... Au début, personne ne m'a dit que je devais mettre en commun ce que j'avais mais à partir du moment où j'ai commencé à vivre cette vie, je me suis dit : « Ma voiture, je ne peux pas la garder pour moi. » Et puis j'ai commencé à partager mes disques, etc. Dieu nous laisse libre.

« Il y a quinze jours, une personne est venue nous voir. Elle s'était mise d'accord avec sa famille pour nous apporter tous les bijoux qu'ils avaient. Elle m'a dit : " Nous avons compris que nous ne pouvions pas garder ça alors qu'il y a tant de gens qui manquent de tout au Liban ou ailleurs. " C'est impressionnant. Personne ne leur a rien demandé. C'est le travail de Dieu en eux. Il renvoie les riches les mains vides parce qu'il les comble. Si je suis comblée, le reste tombe de moi.

Une jeune fille vient nous annoncer que le dîner est prêt et nous nous retrouvons autour de la table avec les membres du focolare qui viennent de rentrer du travail. Chacune se présente.

Il y a Anne qui a découvert les focolari sur un bateau à voile. Elle avait dix-sept ans et elle était en vacances en Bretagne où deux garçons qu'elle ne connaissait pas lui ont proposé de les accompagner pour une croisière de trois jours autour des îles. Elle aimait bien le voilier mais elle n'était pas très habile et elle avait l'habitude, lorsqu'elle partait avec sa famille, de se faire rabrouer chaque fois qu'elle commettait une faute. Bien sûr, dès les premières heures, elle a fait des bêtises et le chef de bord, loin de se mettre en colère, lui a expliqué très calmement pourquoi elle s'était trompée, ce qui ne l'a pas empêchée de recommencer à la prochaine occasion. Elle s'attendait au pire mais le garçon lui a dit : « J'ai dû mal m'expliquer. Viens que je te fasse comprendre. »

« J'étais habituée, raconte-t-elle, à des rapports entre garçons et filles qui n'étaient pas toujours faciles mais j'ai senti de leur part un tel respect, une telle profondeur, une telle vérité que le soir, à l'heure du dîner, je n'ai pu m'empêcher de leur demander pourquoi ils n'étaient pas comme les autres. L'un d'entre eux m'a répondu : " Peut-être est-ce parce que nous essayons de vivre l'Évangile, de mettre Dieu à la première place. " Je suis restée bouche bée et pendant tout le reste des vacances, je n'ai pas quitté ces deux garçons d'une semelle. L'année suivante, ils m'ont invitée à une Mariapoli. Et voilà, c'était lancé. J'ai suivi le parcours habituel : Loppiano, Montet en Suisse et maintenant je suis ici et je découvre de jour en jour davantage que l'amour est toujours nouveau. »

C'est Christine maintenant qui se présente. Elle n'appartient pas au focolare mais elle y vient souvent. Elle a rencontré le mouvement alors qu'elle avait dix-huit ans et elle a été très fortement tentée de s'y engager. « C'était fantastique, dit-elle, j'avais envie d'aimer. Dans le métro, j'avais envie de saluer tout le monde. Je voyais chacun comme un frère ou une sœur. »

Très vite, la vie quotidienne a repris le dessus. Christine s'est laissé absorber par ses études et puis elle a renoué à la suite d'une grande déception sentimentale. « J'ai cherché un sens à cette souffrance, se souvient-elle, et j'ai eu envie d'aimer au sens universel. »

Elle suit son chemin tout en exerçant son métier d'architecte d'intérieur. Chaque fois, dit-elle, qu'elle vient au focolare, elle sent que son cœur se dilate et qu'elle a envie d'aimer, d'aimer, d'aimer.

Marie-Christine est mariée. Elle a cinq enfants de vingt-trois à trente et un ans. Elle et son mari sont des « chrétiens engagés » dans la paroisse ou l'action sociale. Ce qui l'a poussée à aller plus profond encore, c'est une insatisfaction qu'elle ne parvenait pas à s'expliquer et une révolte par rapport à la souffrance. Grâce à sa rencontre avec les focolari, elle a compris, selon ses propres termes, que Jésus était au cœur de la souffrance et que, par conséquent, elle ne pouvait lui dire non.

Elle a commencé à venir régulièrement. Ce qu'elle trouve extraordinaire, c'est de pouvoir entrer dans une vie de consécration totale tout en vivant pleinement son mariage.

De Monique, assistante sociale travaillant dans un centre pour adultes handicapés mentaux, nous retiendrons ce témoignage : elle faisait un stage à Tlemcen en Algérie. C'est là qu'elle a rencontré les focolari. Elle était encore dans l'enthousiasme de la découverte lorsqu'elle est devenue amie avec une éducatrice musulmane. Un jour, elle n'a pu s'empêcher de lui dire : « Tu sais, j'ai découvert des amis qui ne se contentent pas de lire la parole de Dieu mais qui la vivent. Qu'en penses-tu ? Tu pourrais trouver dans le Coran une parole qui t'aiderait à vivre. Moi j'en trouverais une dans l'Évangile et nous pourrions partager nos découvertes. » Monique se souvient d'avoir vécu à partir de ce jour une aventure extraordinaire. Cette jeune musulmane était la fille d'un imam et elle avait une foi très profonde. Au début elle était un peu fermée parce que sa famille avait beaucoup souffert de la guerre d'Algérie. Un jour enfin, Monique l'a vue s'ouvrir et elle l'a entendue lui dire, après quelques jours de partage : « Tu es la première Française à qui je commence à pardonner. »

Voilà ce qui nous a séduits chez les focolari : à l'inverse de trop nombreux chrétiens, ils refusent de mettre l'accent sur l'apostolat. Ce qui compte, c'est l'union intime avec Dieu. On peut être aujourd'hui focolari et musulman.

Un tout dernier témoignage, celui de Sola, une jeune Libanaise délicate avec de grands yeux tendres. Elle est née dans une famille maronite pratiquante et elle se souvient que sa mère lui répétait souvent qu'il faut tout faire, même les plus petites actions, pour la gloire de Dieu.

« Très jeune, dit-elle, je voulais faire de grandes choses. J'étais encore adolescente lorsque nous avons commencé à étudier le communisme et le capitalisme. Profitant d'un charter, mon père m'a offert un voyage à Moscou. J'ai vu une grande ville, une belle architecture, des rues propres mais j'ai réalisé que les gens n'y étaient pas heureux et cela a été pour moi un grand choc. Ce n'était pas la société nouvelle à laquelle je rêvais, celle au sein de laquelle les hommes pouvaient mettre l'amour à la première place.

« Je suis retournée à l'école avec tous mes idéaux en miettes. C'était un grand collège qui rassemblait toutes les écoles secondaires de la région. Un jour, nous avons vu arriver un groupe de jeunes filles qui n'étaient pas comme les autres. Elles rayonnaient quelque chose que je ne comprenais pas. J'ai appris qu'elles appartenaient à une classe dirigée par une focolarine mariée. Elle leur enseignait la littérature et elle leur proposait une heure de réflexion par semaine. J'ai lié amitié avec ces filles et elles m'ont invitée au focolare. J'ai eu tout de suite le sentiment d'avoir trouvé ce que je cherchais profondément depuis longtemps. Il y avait une telle harmonie!

« J'étais si émerveillée que, dès la semaine suivante, j'ai voulu retourner au focolare. C'était dans un quartier que je ne connaissais pas et j'ai eu toutes les peines du monde à le retrouver mais je me suis acharnée. Petit à petit, j'ai partagé de plus en plus de choses avec mes nouvelles amies. C'était mon secret, je n'en parlais même pas à ma mère mais très vite, elle m'a vue si changée qu'elle s'est doutée de quelque chose. Je me sentais si attirée par cette nouvelle vie que j'ai eu un moment de recul. Je me souviens m'être dit : “ Ça y est! je suis tombée dans le filet! ”

« La guerre a éclaté et le focolare, qui était en grande partie constitué de personnes étrangères, a dû se disperser. Nous nous sommes retrouvées un petit groupe de jeunes et l'une d'entre nous s'est écriée : “ Nous devons faire revivre le focolare. ” Pour moi, ça a été une parole très forte. Il était d'autant plus important pour nous de tenir bon, de vivre l'amour que la haine était en train de submerger le Liban.

« Le plus difficile était de nous retrouver. Il y avait des frontières à franchir et Chiara elle-même nous a fait dire d'être prudentes. Je tenais par-dessus tout à aller à la messe tous les jours et mon père n'était pas d'accord. C'était dangereux, il est vrai, mais je croyais en mon ange gardien et, de fait, il ne m'est jamais rien arrivé malgré les bombes et les obus qui tombaient un peu partout. Un jour mon père a fermé la porte à clé et il a caché mes chaussures. J'ai trouvé la clé et je suis partie à pieds nus. C'était plus fort que moi. Il fallait que je sois reliée à ma source.

« Ce fut une période folle. Des nuits entières, nous passions notre temps à écouter les nouvelles à la radio. Cela me paraît incroyable quand j'y repense mais malgré la guerre, malgré les nuits blanches et la peur, j'ai tout de même pu faire mes sept années d'études de médecine. J'ai même fait un stage dans un hôpital musulman où j'étais la seule chrétienne. C'était très beau car il y avait l'amour entre nous. Lorsque le bombardement se faisait trop violent, mes amis musulmans insistaient pour me garder. Il y avait un interne qui travaillait avec moi, un homme qui vivait vraiment son islam. Par sa vie, il témoignait de ce qu'il croyait. Il avait ses cinq moments de prière et quand il était de garde, il s'éclipsait et me demandait de le remplacer. En échange, il me remplaçait tous les matins lorsque j'allais à la messe. Rien ni personne n'aurait pu nous obliger à nous haïr et pas une seconde l'un d'entre nous n'a eu l'idée de convertir l'autre.

« A l'occasion de l'Année sainte, j'ai fait un séjour à Loppiano. Là j'ai compris qu'on pouvait vivre vraiment cette parole : " Aimez-vous les uns les autres... "

« Je suis rentrée avec, au cœur, ce brûlant désir : vivre l'unité 24 heures sur 24. J'ai tellement de souvenirs de cette époque. Par exemple il y avait dans mon quartier une personne qui était très malade mais qui n'avait pas les moyens de se faire soigner. Au Liban, il n'y a pas de sécurité sociale : si tu ne peux pas payer ton traitement, tu meurs. Avec un groupe de jeunes, nous nous sommes dit que ce n'était pas possible. Nous nous sentions poussés du dedans à faire quelque chose pour cette personne. J'ai appris qu'un focolarino marié travaillait dans les ambulances de la Croix-Rouge. Nous nous sommes organisés : tous les jours, nous conduisions cette personne pour ses séances de radiothérapie et j'ai souvent admiré la manière dont le chauffeur savait éviter les trous d'obus de la chaussée. Le médecin chef de l'hôpital nous a demandé pourquoi nous nous occupions tout spécialement de cette dame qui n'était pas notre parente. Il a été touché par notre réponse et il a trouvé le moyen de la soigner gratuitement.

« Mes études terminées, je n'avais plus qu'un seul désir : revenir à Loppiano. Il faut comprendre : le séjour là-bas, c'est un moment de lumière qui nous reste pour toute la vie. Ma mère a accepté mon départ. Elle a simplement dit : " Jésus m'a pris ma plus belle fleur " mais mon père n'a pas été d'accord et je le comprends. J'étais sa fille aînée et il avait fait de gros sacrifices pour me payer mes études. Déjà, il avait rêvé mon avenir et il voyait ses rêves tomber à l'eau. Au focolare on m'a demandé d'attendre un peu, jusqu'à ce que le calme soit revenu chez moi. J'ai été patiente et mon père a fini par réaliser que ma vie était là.

« J'ai vécu un an à Loppiano et à Montet, en Suisse. J'y ai fait de la céramique. Je suis venue à Paris pour faire une spécialité de rééducation fonctionnelle.

« Je sais, vous allez me demander ce que je vais faire maintenant. On me pose toujours cette question et je réponds toujours la même chose : Je suis un oiseau libre sur un arbre. J'irai où on m'enverra, au bout du monde s'il le faut. »

Un oiseau libre sur un arbre... Cela nous rappelle quelque chose : les oiseaux du ciel, les lys des champs... Tout notre reportage chez les focolari a été placé sous le signe des grandes paraboles.

C'est encore avec une parabole – moderne celle-ci – que nous allons clore ce chapitre. Chiara Lubich elle-même nous l'offre. Dans *La vie est un voyage*, elle a écrit ces lignes qui résument bien sa vie et son enseignement :

« Un jour, en avion, une hôtesse m'a proposé, pour me distraire, de me faire visiter la cabine de pilotage. Là, j'ai été tout de suite impressionnée par le magnifique panorama qu'on pouvait admirer : large, complètement découvert grâce à la carlingue vitrée.

« Mais ce n'est pas le panorama qui m'a le plus frappée. Ce fut plutôt une explication sommaire du pilote sur le pilotage automatique d'un avion. Il m'a dit que pour effectuer un voyage direct et sûr, il fallait, à l'aide de la boussole, mettre le cap sur le point d'arrivée. Puis, tout au long du vol, on devait veiller à ce que l'avion ne dévie jamais de la direction prévue.

« J'ai fait tout de suite le parallèle entre un voyage en avion et le voyage de la vie.

« Il m'a semblé comprendre que là aussi, il s'agissait, dès le départ, de fixer le cap avec précision, la route de notre vie qui est Jésus abandonné. Puis, tout au long du trajet, ne faire qu'une seule chose : lui rester fidèle. »

3

MAGUY LEBRUN OU LE BONHEUR D'AIMER

Le silence, ce soir-là, n'était pas seulement une absence de bruit mais un silence vibrant, contagieux, habité par l'amour. Ils étaient plus de quatre cents debout dans une banale salle de théâtre et se tenant tous par la main. L'ambiance était si prenante que nous avions le sentiment d'être immergés dans une immense et rayonnante méditation.

Il m'a tout de même fallu un moment pour parvenir à cet état car il m'est difficile, lorsqu'il me faut rendre compte d'un événement, de me trouver tout de suite à l'unisson. Avec cette prescience instinctive du sacré qu'elle a et que j'admire, Rachel y parvient presque aussitôt tandis qu'il y a en moi quelque chose qui toujours veille. Il me faut voir, sentir, analyser et comprendre ce qui se passe. C'est nécessaire mais c'est souvent gênant.

Donc ils étaient quatre cents et dès les premières secondes, j'ai été frappé par l'intériorité qui se manifestait en eux. Je sentais les mains de mes voisins et j'avais le sentiment de faire partie d'une chaîne dans laquelle passait un courant qui se prolongeait bien au-delà du groupe.

Au bout d'une minute ou deux, mes résistances s'évanouirent enfin. L'aurais-je voulu que je n'aurais d'ailleurs pas pu, à ce moment-là, ignorer ce courant qui m'entraînait. Je fermai les yeux mais, très vite, la conscience professionnelle me poussa à les rouvrir. Sur l'avant-scène, des malades défilaient pour être accueillis par des magnétiseurs au nombre desquels je reconnus un ami médecin. Je n'étais pas au premier rang et je ne voyais pas exactement ce qui se passait. Les soignants, me semblait-il, posaient les mains sur la tête des malades. Je regardai ces derniers au moment où, « traités », ils regagnaient leur place et je fus frappé par le recueillement qui les habitait. Comme s'ils venaient de découvrir un trésor sur lequel il leur fallait veiller avec amour.

Les enfants surtout m'étonnaient. Ils étaient une bonne trentaine au premier rang, certains très jeunes, se tenant eux aussi par la main et reliés à la chaîne. Il y avait sur leur visage un sérieux, une gravité qui faisaient mon admiration.

Il y avait déjà pourtant un bon moment qu'ils se taisaient et qu'ils se tenaient immobiles. Il leur avait fallu entendre la musique, très douce, qui aide l'assemblée à se mettre dans l'ambiance au début de chaque réunion. Maguy Lebrun avait ensuite dit quelques mots pour ouvrir la soirée et présenter l'homme qui, ce soir, allait donner son témoignage.

Il est monté sur la scène comme un boxeur monte sur le ring. Il s'est saisi du micro avec le geste assuré de quelqu'un qui se sent bien dans sa peau. « J'ai déjà entendu plusieurs fois son témoignage, nous murmura à l'oreille l'amie qui nous accompagnait, mais je ne m'en lasse pas. D'ailleurs ce n'est jamais tout à fait le même parce qu'il évolue. »

« Je me sens moralement obligé de porter mon témoignage, commença l'homme. Je m'appelle Jacques, je suis marié, j'ai deux enfants et je suis dentiste. J'aime mon métier mais comme tant d'hommes de notre temps, j'ai connu le stress, le travail qui devient de plus en plus intense, les traites à payer, les impôts... J'avais vingt-huit ans et mes deux enfants avaient cinq et deux ans lorsque j'ai été atteint d'un cancer. Mes conditions de vie ont fait que j'ai réagi comme ça. C'était cela qui m'était destiné et que je souhaitais inconsciemment, je m'en aperçois aujourd'hui. J'ai été opéré et j'ai connu le cycle des radiothérapies, de la chimiothérapie. Je n'ai pas pour autant cessé de travailler. A 7 h 30 je me faisais faire mes rayons et une heure après, j'étais dans mon cabinet. Mes clients ne se sont aperçus de rien.

« Les médecins m'ont affirmé que 90 % de malades atteints

de ce type de cancer guérissaient définitivement. Tout est donc rentré dans l'ordre. J'ai repris mon travail, retrouvé le stress qui, si l'on n'y prend pas garde, est en train de devenir le fléau de la vie moderne.

« Deux ans plus tard, tandis que je brouettais de la terre, j'ai été pris d'une violente douleur dans la poitrine. Un peu après, au cours d'un match de tennis, cette douleur est revenue, à l'épaule cette fois-ci. Je devais justement, dans quelques jours, me présenter à l'examen annuel de contrôle. Les spécialistes ont découvert deux grosses métastases au niveau pulmonaire. J'ai replongé : opération, radio et chimiothérapie mais cette fois-ci, il m'a fallu abandonner mon travail. Je savais que j'allais mourir et j'avais décidé de suspendre tout traitement et de faire appel aux médecines douces.

« A cette époque, une amie de ma femme que beaucoup d'entre vous connaissent venait souvent me voir. Elle m'apportait des livres dont certains parlaient de la réincarnation. J'ai découvert ainsi un nouveau monde, des réponses aux questions lancinantes que l'on se pose dans l'état qui était le mien. Je me disais que je n'avais pas eu le temps de faire grand-chose dans ma vie mais que j'aurais l'occasion de revenir et de terminer le travail. C'était immensément réconfortant.

« Cette amie appartenait au groupe de Maguy Lebrun. Nous avons pris rendez-vous avec elle. Des médecins qui se trouvaient là ont commencé par me dire que je ne devais en aucun cas cesser mon traitement.

« C'est ainsi que j'ai fait partie des groupes de prière. J'ai vu apparaître l'amitié. J'ai complètement basculé dans une autre dimension. J'étais sûr de guérir. Plus une minute, plus une seconde, je n'ai pensé à la mort. »

Le fait est que Jacques est aujourd'hui guéri. Il l'a annoncé un jour à son ancien médecin traitant et celui-ci, sceptique, lui a rétorqué : « Comment pouvez-vous le savoir si vous n'avez pas fait un bilan complet ? » Ce bilan, il l'a fait et le médecin a bien dû se rendre à l'évidence : tous les examens concordaient. Il était guéri et il s'agissait bel et bien d'une guérison spirituelle.

Des applaudissements ont salué ce témoignage. On sentait que la plupart des gens qui étaient ici connaissaient Jacques. Il a été le premier « guéri » du groupe, le premier d'une longue série. Et tous ceux qui maintenant allaient venir se faire soigner sur l'avant-scène savaient que c'était possible, qu'ils pouvaient, eux aussi, guérir et que de toute façon, quoi qu'il arrive, ils ne seraient plus jamais seuls. Ils se savaient entourés d'une amitié ardente et attentive et la plupart d'entre eux sont maintenant habités par une extraordinaire certitude : leur souffrance même a un sens, une raison d'être. Tout dépend de la façon qu'on a de la vivre. Elle peut être un effondrement mais elle peut aussi être un aiguillon sur le chemin spirituel.

C'est encore Jacques qui, lors d'un autre témoignage, expliquera ainsi, comme Pascal l'a fait avant lui, le bon usage qu'on peut tirer des maladies :

« Tout le monde aujourd'hui réclame une année sabbatique et moi, j'ai eu la chance d'en avoir deux. Deux années de ma vie qui m'ont permis de faire le point et qui, finalement, ont été une bénédiction. Bien sûr, je ne souhaite à personne de suivre le chemin qu'il m'a fallu suivre mais j'ai compris que face à l'épreuve, on peut avoir deux attitudes. On peut se laisser écraser ou essayer de s'en sortir avec quelque chose en plus. Si on en sort comme on y est entré, on ne peut que retomber. C'est ce qui m'est arrivé la première fois. Mais on peut profiter de l'épreuve pour avancer sur le chemin spirituel.

« Vous me direz que je peux parler ainsi parce que je pense être sorti d'affaire. C'est vrai sans doute. Mais aussi, j'ai découvert la prière du groupe et l'énorme réconfort qu'on peut puiser dans l'amitié et l'amour de tous ceux qui nous entourent. C'est ainsi qu'on rejoint la force cosmique dont parle Maguy, force qu'on peut appeler Dieu ou d'un autre nom si on veut. »

Il est 8 h 30. L'heure solennelle. Dans tous les pays où il y a des groupes, c'est-à-dire sur les cinq continents, c'est le grand rendez-vous de la prière. Il n'y a pas de formules toutes faites. Tous, ils arrêtent leurs occupations pour quelques minutes et du fond de leur cœur, en silence, ils prient pour la paix dans le monde, bien persuadés qu'une telle montée de prières, un tel rassemblement d'énergies positives ne peuvent être sans effet. « Plus nous serons nombreux à créer des forces de paix, affirme Maguy, et plus nous aurons de chances, peut-être, de combattre les forces de violence. »

Les enfants participent eux aussi en sachant très bien ce qu'ils font. « S'il nous arrive d'oublier, nous ont dit plusieurs parents, ce sont eux qui nous rappellent à l'ordre. » « Pour les Français, ajoute un familier, 8 h 30, c'est la bonne heure. L'heure de la publicité à la télévision. »

Cette chaîne de prières qui, d'année en année, se fait plus ardente et plus dense ; cet élan d'amitié, cette chaleur qui aident et consolent des milliers de malades, tout cela est dû à une femme, à cette Maguy Lebrun que nous n'avons fait qu'apercevoir un instant sur la scène et que nous retrouvons maintenant à la sortie.

Nous avons du mal à l'approcher car elle plonge littéralement dans la foule de ses amis. Elle parle à dix personnes à la fois tout en en serrant une onzième dans les bras, elle embrasse un enfant, se penche sur une jeune fille dans un fauteuil roulant... Surtout, elle éclate de joie. Elle rit, plaisante, raconte une histoire. Je m'attendais à trouver une femme un peu austère et peut-être imbue d'elle-même car l'expérience nous a appris que la célébrité parvient souvent à gâcher les caractères les mieux trempés. Il m'a suffi de la voir une seconde pour que, d'un coup, toutes ces craintes s'évanouissent. S'il est une chose qu'on peut dire de Maguy, c'est qu'elle a su rester elle-même, c'est-à-dire naturelle, bonne vivante, joyeuse, impulsive et, avant tout, débordante de générosité.

Nous accrochons enfin son regard. Elle vient vers nous, nous demande comment nous avons vécu cette première réunion avec son groupe et nous propose de la retrouver dans quelques instants dans un bistro voisin pour un verre de l'amitié.

En la voyant si spontanée et si joyeuse, je n'ai pu m'empêcher de penser à ce que nous avaient dit d'elle, peu auparavant, des amis que nous aimons beaucoup et dont l'opinion, pour nous, compte.

A ce prêtre orthodoxe, par exemple, ami de longue date, qui nous a péremptoirement déclaré : « Si vous parlez de Maguy Lebrun, nous serons obligés de dire que votre livre n'est pas un livre sérieux. Elle est un danger à nos yeux parce qu'elle se dit chrétienne tout en prêchant la réincarnation. Elle pollue la doctrine. »

Peu après, nous avons rencontré des amis charismatiques que nous aimons beaucoup même s'ils ne brillent pas toujours par la tolérance et ils ont été plus catégoriques encore : « Cette fois-ci, nous ne pourrons recommander votre livre parce que Maguy Lebrun, c'est du spiritisme et que le spiritisme est condamné par la Bible. »

J'avoue à ma grande honte que nous avons été un moment ébranlés. Allions-nous donc faire tout un chapitre sur une femme accusée de polluer la doctrine chrétienne? Quant au spiritisme, Rachel et moi, nous cherchons avant tout la lumière et nous avons horreur de l'occulte, de ce fatras de doctrines et de cultes basés sur l'évocation des morts. Si Maguy Lebrun n'était qu'une spirite qui a réussi, elle n'était certes pas pour nous.

Un point cependant nous gênait : aucun de ceux qui nous avaient parlé de Maguy d'une façon négative n'avait pris la peine de la rencontrer. Parlant par ouï-dire, ils n'étaient pas à nos yeux des témoins tout à fait dignes de foi.

Nous avons donc décidé de rester fidèles à notre habituelle ligne de conduite : aller voir avant de porter le moindre jugement. Faire notre opinion nous-mêmes. Une façon d'agir qui nous prend du temps et de l'argent mais nous ne savons pas travailler autrement. Pendant la préparation de ce livre, il nous est arrivé au moins cinq ou six fois d'entamer une enquête sur tel ou tel groupe rassemblé autour d'une femme dite remarquable et de la laisser tomber, soit que nous n'ayons pas été convaincus, soit que les circonstances ne nous aient pas permis de continuer. Il y a pour nous des signes qui ne trompent pas.

C'est donc sur la pointe des pieds que nous nous sommes engagés dans cette enquête sur Maguy Lebrun et ses groupes mais je dois dire que, très vite, toutes nos réticences ont été balayées par le grand rire si clair de Maguy et par l'honnêteté de sa démarche. Il suffit de les connaître, elle et son mari, pour savoir qu'ils sont vrais et qu'on peut leur faire confiance. Bien sûr la question restait tout de même posée : est-elle vraiment spirite et pollue-t-elle la doctrine chrétienne en y introduisant l'idée de réincarnation? Avant d'aller plus loin, je crois qu'il nous faut profiter de cette petite halte avec Maguy dans un café pour clarifier tout cela, nous débarrasser de ces problèmes, répondre à ces deux questions qui, en réalité, n'en font qu'une. Après cela et après seulement, nous pourrons, en toute tranquillité d'esprit, partir à la découverte de Maguy, de sa vie et de son action.

Il est vrai que face au problème si crucial du mal, de la souffrance et de la mort, elle fait appel à des notions de réincarnation. Vrai aussi que la hiérarchie s'inquiète de la fulgurante percée des religions orientales dans les terres de chrétienté. Vrai enfin que des enquêtes sérieuses montrent qu'un tiers des chrétiens interrogés se disent prêts à admettre l'idée de la réincarnation.

Est-ce vraiment si scandaleux? Devrons-nous donc toujours nous enfermer dans des dogmes ou des certitudes absolues? N'est-il pas possible, lorsqu'on fait partie de traditions différentes, de se rencontrer et de s'aimer, de se découvrir les uns les autres dans la tolérance?

Rachel et moi, nous nous souvenons avec émotion de ce prêtre dont nous avons fait la connaissance lors de l'inauguration d'un temple bouddhiste, un homme très savant et qui avait d'importantes responsabilités dans son diocèse. A ses yeux, tous ces débats, toutes ces luttes pour et contre la réincarnation n'étaient que des faux problèmes.

« Avec un vocabulaire différent, nous a-t-il dit, tout le monde est d'accord sur un point : pour rencontrer Dieu, se fondre en lui, tout homme a besoin d'être purifié. Nous, les chrétiens, nous parlons du purgatoire tandis que les Orientaux croient à la réincarnation. Deux explications qui sont certes différentes mais qui vont dans le même sens. L'important, c'est le but à atteindre, non le moyen par lequel on y parvient. Purgatoire? Réincarnation? La différence ne vaut certainement pas la peine qu'une moitié de l'humanité passe son temps à jeter l'anathème contre l'autre moitié. »

Rachel et moi, nous sommes cent pour cent d'accord avec ce prêtre courageux et lucide. Comme lui, nous nous refusons à perdre notre temps en vaines polémiques. D'ailleurs Maguy Lebrun ne prêche pas la réincarnation à tout prix. Elle passe au contraire son temps à répéter aux gens que le mieux pour eux est de rester dans la tradition qui les a vus naître à condition d'approfondir cette tradition encore et sans cesse.

Plus même : elle est, selon ses propres termes, « férocement contre la remontée des vies antérieures », exercice qui est en ce moment tellement à la mode dans les cercles branchés. Sur ce sujet, Maguy est intarissable, nous aurons souvent l'occasion de nous en apercevoir. « Je n'aime pas qu'on enfonce les portes, affirme-t-elle avec énergie. Je pense que si le Bon Dieu, dans sa sagesse, nous a dénié la connaissance de nos vies antérieures, c'est qu'Il avait pour cela de bonnes raisons. C'est l'avenir que nous devons contempler, non le passé. Personnellement, je n'ai jamais essayé de savoir ce que j'avais été dans une vie antérieure. Il me suffit de porter le poids des bêtises que j'ai faites dans cette vie. Le passé est le passé, on tourne la page. Ce qui me gêne par-dessus tout, c'est d'entendre des gens dire, à propos de quelqu'un qui est dans le malheur : " C'est son karma. Il l'a mérité. " Cela, c'est épouvantable. C'est nier toute notion d'amour et se donner bonne conscience pour ne rien faire. Je crois profondément que l'amour et la prière peuvent modifier le mieux établi des karmas.

« Pour moi, la réincarnation, c'est un purgatoire qu'on fait quelque part. Qu'on le fasse sur une planète inconnue, sur la Terre, ou où vous voudrez, cela m'importe peu. Je ne suis ni prêtre, ni théologien, ni maître-à-penser, ni gourou. J'ai écrit l'histoire de ma vie avec peut-être beaucoup de naïveté mais dans une totale sincérité. Pour moi, la réincarnation n'est pas quelque chose de figé et elle ne s'oppose en rien au christianisme. Je suis très universelle dans ma pensée. Je crois que Jésus nous a apporté un beau message d'amour et d'espérance, le plus beau que la Terre ait jamais reçu. Je me refuse à entrer dans les polémiques. Je connais beaucoup de gens qui sont prêts à ergoter pendant des heures sur la réincarnation mais demandez-leur d'aller dans un hôpital tenir la main de quelqu'un qui va mourir et là, il n'y a plus personne.

« Finalement, cette querelle de la réincarnation est une fausse querelle. Ce problème est un faux problème et je ne suis pas la seule à le penser. Je reçois souvent des lettres de prêtres qui me soutiennent et me disent : " Bravo Maguy ! Nous prions pour vous et pour votre mission. " D'autres me demandent : " Parlez-nous de la réincarnation, parce qu'on ne nous l'a jamais enseignée. Nous savons que des millions d'hommes y croient et qu'ils ne sont pas tous des imbéciles. "

« L'autre jour, lors d'une conférence dans les environs de Paris, j'ai eu avec un monsieur d'un certain âge ce dialogue animé. Il m'a demandé :

– Madame, comment vous situez-vous par rapport à l'Église catholique?

– Monsieur, quand vous faites votre gymnastique le matin, comment vous situez-vous par rapport à l'Église catholique?

– Cela n'a rien à voir.

– Mais si. Moi je fais l'accompagnement des malades et des mourants. Cela n'a rien à voir avec l'Église catholique ou toute autre Église. Je n'enseigne rien. Tout le monde peut venir chez moi, quelle que soit sa religion.

« Ce monsieur m'a tourné le dos. Je l'ai rattrapé et je lui ai dit : " Moi aussi, je vais vous poser une question : si Jésus-Christ revenait aujourd'hui sur la Terre, comment son Église le recevrait-elle? " Il était suffoqué. Il n'a pas répondu et il s'est perdu dans la foule.

« Il y a en tout cas une chose certaine : même si je crois à la réincarnation, je ne l'impose pas. J'ai trop le sens de la liberté pour cela. La seule chose qui m'intéresse, c'est d'aider ceux qui souffrent. »

Sur ce problème de la réincarnation, les oppositions sont loin d'être aussi violentes que certains voudraient le laisser croire. L'Église catholique ne parle pas d'une seule voix. De nombreux prêtres travaillent avec Maguy et sont frappés de son charisme et de sa générosité. La haute hiérarchie elle-même n'est pas unanime. Celle de France est plutôt réservée dans son ensemble mais, tout récemment, c'est le clergé espagnol qui a organisé les conférences que Maguy a faites à Barcelone et à Madrid dans des salles archipleines. Ce qui lui a fait dire, une lueur malicieuse dans les yeux : « Je ne savais pas qu'il y avait deux Églises. »

Reste le spiritisme. Maguy Lebrun est-elle spirite? Il est vrai qu'un jour, ou plutôt une nuit, alors qu'il ne s'y attendait pas et qu'il n'avait rien fait pour cela, son mari s'est révélé médium, qu'il est entré en contact avec un guide spirituel et que cet événement a complètement bouleversé leur vie. Il est vrai aussi que, depuis ce jour-là, des médecins du ciel les aident à pratiquer ce qu'ils appellent la guérison spirituelle et que ça marche, que des centaines de malades ont été guéris, des centaines de mourants accompagnés dans la paix.

Est-ce cela le spiritisme? Pour en avoir le cœur net, j'ai cherché le mot « spiritisme » dans le petit Larousse et j'ai trouvé cette définition : « Spiritisme. Doctrine des spirites consistant à *provoquer* la manifestation d'êtres immatériels, ou " esprits ", en particulier celle des âmes des personnes défuntes, et à entrer en communication avec eux. »

J'ai souligné le verbe « provoquer » parce qu'il est la clé du débat. Dans les sectes spirites, chez ceux qui font tourner les tables, on provoque les esprits, c'est-à-dire qu'on les appelle et même, à la limite, qu'on les oblige à revenir. Rien de tel chez Maguy, bien au contraire. Le premier guide spirituel qui s'est exprimé au travers de Daniel a bien insisté sur ce point : « Il nous avait interdit, raconte Maguy dans son livre, d'essayer d'entrer en communication avec lui, nous expliquant qu'il savait mieux que nous quand, comment et pourquoi il devait se manifester à nous. »

Cette réserve est essentielle car elle fait disparaître tout ce qui peut sembler malsain dans les cercles spirites. On n'appelle pas les morts, on ne les contraint pas à venir, on ne fait pas appel à des rites mystérieux et douteux. On constate simplement qu'il y a dans l'au-delà des êtres qui veulent aider, soulager, guérir. Il s'agit seulement de les laisser s'exprimer.

« Je n'ai jamais fait tourner une table de ma vie, affirme Maguy. Je sais que cela peut être dangereux. Ça n'empêche pas certains cercles religieux, les charismatiques par exemple, de dire que je suis spirite ou même, certains sont allés jusque-là, de dire que nous guérissons par l'intercession du diable. Je ne réponds jamais à ces attaques. Je me contente de prier pour ceux qui les font. Mais ce sont parfois les malades qui paient les pots cassés. Je pourrais raconter des histoires à ce sujet mais je ne le ferai pas pour ne pas envenimer encore les polémiques.

Quand on est au contact de la misère, on n'a pas envie de polémiquer. C'est pourquoi je me sens bien avec les gens de l'abbé Pierre ou avec sœur Emmanuelle que j'ai rencontrée au Caire. Nous nous comprenons.

« Je vois Dieu comme un bloc d'amour sur lequel nous devons nous brancher et je n'ai ni le temps ni le goût d'intellectualiser, de me poser des questions compliquées. La religion, pour moi, est universelle. Tous les hommes ont le même Dieu et ils doivent pouvoir se tenir par la main, quelle que soit leur tradition, se regarder dans les yeux et s'aimer. »

Il se fait tard maintenant. Nous faisons le point, Rachel et moi, après cette petite conversation. En Maguy et Daniel, nous avons rencontré des gens sincères et d'une folle générosité. Nous avons envie d'en savoir davantage et nous pressentons déjà que nous allons vivre des heures très riches.

Maguy nous avait promis la veille de passer avec nous un long moment tranquille. Ce fut en fait un moment tranquille à la façon Maguy. Certes, l'appartement était calme et confortable, au second étage d'une résidence bourgeoise, avec une belle terrasse d'où l'on apercevait dans le lointain les montagnes enneigées. Mais à peine avions-nous eu le temps de brancher notre magnétophone que le téléphone a sonné. « Elle ne peut pas ne pas répondre, nous a dit Daniel à mi-voix tandis que Maguy décrochait le combiné. Ce peut être un appel urgent et important. » Urgents et importants, ils l'étaient tous et ils n'ont pas cessé de se succéder pendant toute la matinée. Malades à la recherche d'un moment de réconfort, médecins demandant un conseil, groupes réclamant une conférence dans leurs villes... nous avons même eu droit à la visite impromptue de trois jeunes filles désireuses de fonder un groupe dans leur région. Elles ont été reçues longuement, comme si Maguy n'attendait qu'elles.

« C'est toujours comme ça, nous a-t-elle dit, mais comment faire autrement? Il y a tant de misères, tant de besoins. » C'est donc un peu plus tard, au restaurant, que nous avons pu vraiment commencer à parler sérieusement de Maguy et de son enfance.

Elle est née dans une ferme des terres froides de l'Isère mais très vite, elle a eu le sentiment de n'être pas une petite paysanne tout à fait comme les autres. Sa mère en effet appartenait à une famille bourgeoise de Lyon qui ne lui a jamais vraiment pardonné ce qu'elle considérait comme une mésalliance. Elle se souvient avec émotion de la maison familiale dans le petit hameau des « Effeuillées », à la lisière d'une forêt.

« J'allais garder les chèvres mais je me rends compte que, toute petite, j'avais déjà, sans m'en apercevoir, une notion de la proximité de Dieu. J'étais habitée par la compassion. A l'école, je ne pouvais supporter qu'on se moque d'un camarade plus défavorisé que moi. J'avais envie de l'aimer et j'aimais aussi les animaux qui souffraient, les arbres, la nature. J'étais une enfant solitaire et sauvage, sans doute parce que je me sentais en porte-à-faux par rapport à mon environnement. Fille d'un paysan et d'une bourgeoise, j'appartenais à deux cultures qui, alors, ne se mélangeaient pas.

« J'aimais aller seule dans la forêt, parler aux oiseaux, embrasser les arbres dans lesquels je grimpais et où je me faisais un nid. Je jouais plus souvent avec les garçons qu'avec les filles et ma mère en était épouvantée, tout comme elle a été choquée par ma première révolte. Je suis rentrée un jour folle de colère à la maison parce que le curé nous avait déclaré que seuls les baptisés entreraient au paradis. C'était trop injuste et cela me semblait incompatible avec le message d'amour du Christ. Car je me faisais une haute figure du Christ.

« Des amis me demandent souvent pourquoi je n'ai pas parlé de Jésus dans mon livre mais pourquoi en aurais-je parlé? Je me sens indigne, moi Maguy Lebrun, de parler du Christ. J'ai trop d'amour pour Lui. Et puis ce n'est pas mon rôle mais celui des prêtres. Je préfère l'aimer dans le secret de mon cœur. Il m'arrive de pleurer en lisant l'Évangile, tout comme je pleure en recevant des lettres pleines d'insupportables détresses. Il faut savoir pleurer, ne pas avoir honte de sangloter.

« Je ne peux pas dire que j'ai souffert dans mon enfance mais j'ai eu une peine immense le jour où j'ai dû quitter l'école. A cette époque, les petits paysans, les filles surtout, n'allaient jamais plus loin que le certificat d'études. Mon instituteur a eu beau insister auprès de mes parents pour que je continue et proposer même de payer mes études, il n'y a rien eu à faire, si bien que je suis allée à l'usine du village où l'on fabriquait des bobines. Il m'a fallu, grâce à l'aide d'une vieille demoiselle, continuer à étudier en secret le dimanche. Grâce à elle, au médecin et au curé du village, j'ai pu enfin entrer dans une clinique voisine comme aide-soignante avec la possibilité de préparer un diplôme d'infirmière. Il m'a fallu beaucoup d'obstination mais ce diplôme, j'ai fini par l'obtenir. »

C'est à la clinique qu'elle a découvert ce qui était pour elle le scandale des scandales : la souffrance des enfants. Pourquoi ce perpétuel massacre des innocents ? A partir de ce jour, son chemin lui semblait tracé : elle allait s'occuper des enfants et tout spécialement des plus malheureux, de ceux qui n'ont pas de famille.

Cela lui paraît si naturel qu'il est difficile de la faire parler sur ce sujet. Elle n'a pas le sentiment d'avoir fait quelque chose d'extraordinaire. Si on insiste un peu, elle se contente de répondre : « Lorsque j'ai été infirmière, je me suis occupée d'une maison d'enfants. »

De son premier mariage non plus elle ne parle pas volontiers. Elle était très jeune. « Ce fut un échec, raconte-t-elle dans son livre. Déçue et culpabilisée, j'avais décidé de ne pas me remarier. J'étais malheureuse d'avoir fait souffrir un honnête homme qui n'était pas pour moi et je n'avais pas envie de commettre à nouveau une erreur si lourde de conséquences. »

Elle va pourtant bientôt épouser Daniel. « Merveilleux Daniel, écrit-elle, humble parmi les humbles, instrument anonyme des voies divines... »

Il devient d'un coup le père d'une dizaine d'enfants car déjà, Maguy s'est engagée dans sa grande aventure. Cette maison d'enfants dont elle parle avec tant de retenue, c'est sa propre maison où elle accueille tous les petits qui traversent sa route. Pour eux, elle n'est pas une directrice : elle se veut une mère.

Comme cela nous arrive souvent, Rachel pose la question que je m'apprêtais à poser :

Question : Comment vous est venue cette idée d'avoir tant d'enfants ?

Maguy : Je ne l'ai pas fait exprès. C'est arrivé tout seul. A cette époque, il n'y avait ni pilule, ni IVG et par conséquent, il y avait des multitudes d'enfants abandonnés. Un certain nombre d'entre eux sont venus jusqu'à moi et je les ai gardés.

Question : Y a-t-il donc moins d'enfants abandonnés maintenant ?

Maguy : Il n'y en a plus ! Alors qu'elles ont la pilule et l'avortement, les femmes n'ont plus d'enfants non désirés. Elles n'ont aucune raison de les mettre au monde si c'est pour les abandonner.

Question : C'est donc un grand progrès ?

Maguy : Sans doute mais, étant croyante, je ne suis pas pour l'avortement. Je ne veux ni juger, ni condamner et je pense qu'il y a des circonstances extrêmes où il faut y avoir recours, mais je suis contre le principe, même si je ne suis pas à la mode. Ce qui ne m'empêche pas, aussi paradoxal que cela puisse paraître, d'être cent pour cent pour la loi. Je n'oublie pas qu'autrefois, des femmes mouraient par milliers avec une aiguille à tricoter dans le ventre. Cela n'a plus aucune raison de se produire aujourd'hui et c'est un progrès.

Question : C'est un progrès aussi qu'il n'y ait plus d'enfants abandonnés.

Maguy : Sans doute mais ne vous faites pas d'illusions : il n'y a jamais eu autant d'enfants malheureux. Je pourrais vous citer des exemples par dizaines. C'est curieux mais les lois les plus généreuses ne donnent pas toujours les meilleurs fruits. Aujourd'hui, lorsqu'une maman célibataire reconnaît son enfant, elle reçoit pendant trois ans une somme versée par la DDASS. Elle le garde pendant ces trois ans et après, elle s'en désintéresse et le place dans un foyer d'enfants assistés. Pour l'enfant, c'est tragique parce qu'ayant été reconnu, il n'est plus adoptable. Je connais une fille qui fabrique ainsi un enfant tous les trois ans. Elle en est au sixième et elle n'est pas la seule à agir ainsi. J'ai été frappée par la détresse de ces petits.

Question : Jusqu'à les prendre chez vous ?

Maguy : Ceux-là et d'autres. Il y en a aussi qui m'ont été donnés directement ou qui m'ont été confiés par des juges. Pendant trente-cinq ans, Daniel et moi, nous en avons élevé une bonne quarantaine. Maintenant, je ne pourrais plus, je n'aurais plus la patience. Il y a un âge...

Question : Daniel et vous, vous avez toujours été d'accord?

Maguy : Toujours. Mon mari a un cœur immense, il est bon, généreux. C'est pour cela que nous avons réussi. Aux yeux des enfants qui n'avaient pas eu de parents, nous représentions le couple uni dont ils avaient besoin.

Ce qui nous émeut et ne cessera de nous émouvoir tout au long de ce reportage, c'est la modestie de Maguy. Elle dit tout cela de la façon la plus naturelle du monde, sans la moindre trace d'affectation. Elle a vraiment le sentiment de n'avoir rien fait d'extraordinaire, comme s'il était normal d'avoir élevé, dans sa propre maison, une bonne quarantaine d'enfants. Et bien élevés sans doute puisque aucun d'entre eux ne tombera dans la drogue ou la délinquance. Nous avons interrogé avec passion des témoins de cette époque et tous s'accordent pour dire que la grande maison de Corenc, dans la banlieue de Grenoble, était avant tout une maison joyeuse où les rires fusaient de partout.

La vie n'y était pourtant pas facile et l'on y mangeait plus souvent des pommes de terre et des nouilles que du gigot. Certains jours, les problèmes d'argent se faisaient lancinants. « Il n'y avait jamais, nous dit une amie de Maguy, moins de vingt ou vingt-cinq personnes à table. C'est Daniel qui se chargeait de l'intendance et il ne se plaignait jamais pour ne pas charger Maguy de ses soucis. Il lui est même arrivé un jour d'acheter des pommes de terre à crédit parce qu'il n'y avait plus un sou dans la caisse. »

C'était d'autant plus difficile qu'ils ne savaient jamais combien ils allaient être à table. La cave de la maison était toujours ouverte et elle était transformée en chambre de secours pour les jeunes en difficulté ou en fugue. Tous devaient se sentir chez eux, des enfants comme les autres et Maguy en était si consciente qu'elle ne se permettait pas de donner aux plus grands des habits usagés, même s'ils avaient été donnés. Elle les emmenait elle-même dans les magasins et les laissait choisir. Ainsi, ils avaient l'impression d'avoir quelque chose qui était vraiment à eux. Cela leur redonnait confiance. Il fallait y penser.

Souvent, des jeunes envoyés par l'éducation surveillée arrivaient avec, comme ils disaient entre eux, l'intention de « se faire la malle » le plus vite possible mais, très vite, ils étaient pris dans l'engrenage de l'amitié et ils restaient.

Méfiants au début, les gens du village ont été entraînés à leur tour par la vague de la générosité. Maguy parle souvent de l'hiver 1956. Il avait fait si froid que toutes les canalisations d'eau avaient éclaté. Avec une maison pleine, c'était la catastrophe. La population s'est mobilisée pour aider, amener de l'eau et le maire a même fait, les jours suivants, faire une canalisation spéciale.

« Nous avons eu du mal, se souvient Maguy, mais nous avons bien ri et, finalement, nous n'avons jamais manqué de rien. Savez-vous ce que je faisais le samedi ou le dimanche, quand il nous arrivait de ne plus avoir un sou? Eh bien je faisais toutes les poches, tous les tiroirs et j'ai toujours, entendez-moi bien, toujours trouvé le billet qui m'était nécessaire. »

Si la période de gêne se prolongeait un peu plus que de coutume, Maguy en arrivait aux grands moyens : elle organisait un spectacle. En avons-nous assez entendu parler de ces spectacles! A Grenoble, à la Mure et jusqu'à Lyon. Toutes les bonnes volontés se trouvaient mobilisées. Les jeunes préparaient les costumes et toute la famille Lebrun s'entassait dans un car et chantait jusqu'à l'arrivée. Sur place, les bonnes volontés, les chorales, les écoles de danse étaient mises à contribution. Le cirque Lebrun était passé et la caisse se trouvait un peu requinquée. Jusqu'à la prochaine fois.

C'est un vrai bonheur que d'entendre Maguy raconter cette époque et de voir Daniel l'approuver benoîtement. Il y a entre ces deux-là une complicité rare. D'ailleurs les « enfants » que nous avons interrogés ne les séparent jamais dans leurs souvenirs.

Car la grande famille reste unie malgré la séparation. « Nous avons des enfants partout, répète Maguy. Jusqu'en Italie, en Suisse ou en Espagne. Pour la Pentecôte 1971, nous avons voulu tous les réunir avec leurs conjoints et leurs enfants : nous nous sommes retrouvés cent soixante et nous avons vécu une des journées les plus joyeuses de notre vie. Même si nous restons quelques années sans les voir, lorsque nous nous retrouvons, c'est toujours magnifique. » Et comme nous lui demandons un exemple, elle enchaîne aussitôt :

« Je pense à une petite Maghrébine. Elle était très révoltée et elle avait beaucoup de problèmes à l'école. Nous l'avons prise et nous l'avons gardée plusieurs années. La vie a passé, elle s'est mariée et, pendant longtemps, nous n'avons plus entendu parler d'elle. C'est normal. Quand un enfant se marie, après avoir eu tant de problèmes, il tourne la page. Il veut se créer une vie nouvelle. Même si cela nous est dur parfois, nous respectons cette démarche et nous nous gardons bien de nous imposer. Et voici qu'un jour, il y a quelques années, je me retrouve sur un trottoir face à cette petite Maghrébine. Elle a mis son sac devant son nez. Je lui ai demandé : " Pourquoi fais-tu ça ? " " J'ai honte, m'a-t-elle dit, parce que je ne te donne jamais de mes nouvelles. " Puis elle m'a prise par le cou, s'est serrée contre moi et m'a dit, les yeux pleins de larmes et en me regardant bien fort : " Tu sais, je ne te donne jamais de mes nouvelles mais si tu me demandais ma vie, je te la donnerais. "

« C'est ainsi : après les périodes de silence, les retrouvailles sont toujours magnifiques. Lorsque M. Badinter m'a remis la médaille de l'éducation surveillée, des amis ont suggéré que nous invitions tous les enfants à la petite cérémonie. Daniel et moi, nous nous y sommes refusés. Je savais que pour beaucoup d'entre eux, un retour au passé pouvait être pénible. Eh bien, le lendemain, le téléphone n'a pas cessé de sonner. Ils avaient appris la remise de décoration par les journaux et ils voulaient se manifester. »

Ces enfants dont Maguy nous parle avec tant de bonheur, nous aurions voulu les rencontrer tous. Peut-être aurons-nous un jour l'occasion d'assister à une fête où ils viendront nombreux. En attendant, nous avons décidé d'aller plus loin avec deux d'entre eux.

Voici Thibaut, un grand garçon ouvert et réfléchi qui accepte, sans réticences, de replonger pour nous dans un passé douloureux. Il a trente-cinq ans, il est marié et a deux petites filles de six et cinq ans toutes les deux adoptées.

« Ma mère naturelle, raconte-t-il, m'a eu très tard. Elle aurait pu être ma grand-mère. C'est sans doute pour cela qu'elle m'a confié à Maguy alors que je n'avais qu'un mois. Pour moi, mes vrais parents, ce sont Maguy et Dada. »

Devant notre air surpris, il nous explique : « Dada ou Dad, c'est ainsi que tous les enfants ont surnommé Daniel. Pas seulement les enfants d'ailleurs mais tous les membres du groupe ou les familiers. Ma mère naturelle a tout de même continué à venir voir celui qu'elle appelait son " merdeux ". Dans sa bouche, c'était un terme d'affection mais je ne le sentais pas du tout comme ça. A Pâques, elle m'apportait des chocolats mais, je ne sais pas pourquoi, elle me faisait un peu peur. Elle a dû le sentir parce que, lorsque j'ai eu dix ans, elle a cessé de venir. C'était mieux comme ça parce que je me sentais vraiment le fils de Maguy et de Dad. Je sentais leur amour.

« Il ne faut pas vous figurer que Maguy était pour nous une mère poule. Elle était trop occupée pour cela. Il y avait toujours dix ou quinze personnes à la maison, souvent même des jeunes qui sortaient de prison. Je me posais des questions. Et puis un jour, lorsque j'ai eu douze ou treize ans, j'ai commencé à comprendre ce que faisaient Maguy et Daniel. Elle nous demandait d'aider ceux qui passaient et j'ai commencé à donner un peu de moi. »

Question : N'étiez-vous pas un peu jaloux?

Thibaut : Je ne crois pas. Bien sûr, par moments, j'aurais bien aimé avoir des parents comme ceux de mes copains mais Maguy s'arrangeait toujours pour que nous puissions lui parler si nous en éprouvions le besoin.

« Vous savez, elle et Daniel, ils sont vraiment extraordinaires, chacun à sa manière. Ils nous ont élevés d'une telle façon que nous n'étions pas tout à fait comme les autres enfants. Nous ressentions tous naturellement le besoin d'aider, même à l'école. Je me souviens qu'un jour, un de mes copains, qui était de l'assistance, s'est écrié : " Que tu as de la chance d'avoir des parents! " J'en ai été bouleversé. C'est vrai que j'avais de la chance d'avoir tout cet amour. »

Question : Est-ce que vous allez au groupe?

Thibaut : J'ai commencé à l'âge de dix ans. Mes filles adoptives y vont déjà. Elles qui sont plutôt exubérantes, elles peuvent rester pendant une heure sans bouger. Et ce sont elles, souvent, qui nous rappellent la prière de 8 h 30. Elles prient pour les enfants malades.

« Nous leur avons expliqué qu'elles sont déjà venues sur la terre et qu'elles ont choisi de revenir dans cette famille. Je suis persuadé que c'est excellent pour leur équilibre. Comme il est excellent que, déjà, elles ne soient pas entièrement centrées sur elles-mêmes mais commencent à s'occuper des autres. Je souhaite aussi qu'elles pensent, comme je l'ai fait avant elles, qu'elles n'ont pas des parents adoptifs mais des parents tout court. C'est très important. J'ai le sentiment d'avoir une vraie famille même si, lorsque nous nous réunissons, tous les frères et les sœurs, nous n'avons pas le même sang.

« Regardez Hugo. Nous sommes entrés en même temps chez Maguy, nous avons grandi ensemble, nous travaillons ensemble en ce moment et il arrive souvent que les gens nous prennent pour des jumeaux. Nous ne sommes pas du même sang mais nous sommes vraiment frères. »

Hugo, depuis le début de cette enquête, nous n'arrêtons pas d'entendre parler de lui. A plusieurs reprises, tandis que nous parlions chez elle à Maguy, nous avons été interrompus par un coup de téléphone de Hugo car il ne peut pas laisser passer une journée sans appeler ses parents. Nous voici enfin en face de lui, dans son bureau directorial, car il dirige une école privée qu'il a fondée. Dès les premières secondes, nous avons aimé son assurance, une assurance d'homme d'affaires tempérée par de la tendresse. Comme Thibaut, il se livre en toute confiance.

« Je suis le dernier enfant adopté de la famille, nous dit-il d'emblée. J'avais entre quinze jours et trois semaines lorsque j'y suis entré. Il y a eu pour moi un petit problème juridique parce que ma génitrice m'avait reconnu. Elle aurait mieux fait de ne pas le faire car il a fallu dix-sept ans de bagarres judiciaires pour que je puisse enfin porter le nom de Lebrun.

« Vous savez, ce n'est pas rien que d'être entré dans cette famille, d'avoir l'exemple que j'ai eu pendant vingt ans devant moi, une table de vingt à vingt-cinq personnes tous les jours et l'extraordinaire disponibilité de mes parents. Prenez mon père par exemple. Il avait une bonne situation qu'il a sacrifiée pour ses gosses, pour ses " loupiots " comme il disait. Il a toujours été là avec le sourire, une abnégation, une charité, une générosité extraordinaires. Très humble, il ne fait jamais parler de lui. Vous pouvez le voir par vous-même : pendant les conférences de ma mère, il est toujours dans la salle et souvent au dernier rang.

« Ils s'aiment, mes parents et je peux même dire qu'avant d'être des parents, ils sont un couple, un vrai, c'est-à-dire un frère et une sœur, un amant et une maîtresse. Jamais ils n'ont fait passer les enfants avant leur amour. Pour nous, dans notre vie de couple, ils sont une sacrée référence. »

Question : Dès le début, ils vous ont dit que vous étiez adopté ?

Hugo : Bien sûr. Je peux même dire que ça m'énervait parfois. Je n'ai pas tellement bien vécu mon abandon. J'ai compris depuis qu'il fallait que je passe par ces étapes, que ma génitrice n'avait été qu'un instrument. J'ai souffert mais je crois que ma crise la plus dure, je l'ai faite lors de la naissance de ma première fille. En la voyant si fragile encore, je me suis dit qu'il était terrible d'abandonner un être innocent et tellement sans défense.

« Je me suis senti très mal à l'aise et surtout très culpabilisé envers mes parents. Je ne cessais de me répéter : " Tout de même, je suis leur fils, j'ai été aimé. Comment puis-je souffrir alors que j'ai tant reçu ? " J'ai été pris d'une envie folle d'entreprendre des recherches pour retrouver ma génitrice. Après beaucoup d'hésitations, j'ai fini par en parler à maman. Elle a été formidable. Elle m'a dit : " Pourquoi ne m'en as-tu pas parlé plus tôt ? Bien sûr, ça me fait de la peine parce que, pour moi, tu es mon fils et que ceux qui t'ont fabriqué ne sont pas tes vrais parents. Mais tu as le droit de savoir, si c'est ton désir. " Elle m'a donné tous les éléments qu'elle possédait mais cela ne m'a mené nulle part. Tout de même, je me suis senti mieux. Le fait de savoir que maman adhérait à ma recherche, ça m'a complètement apaisé.

« J'avais renoncé lorsque maman a publié son livre. On en a beaucoup parlé. Ma génitrice voyage beaucoup et un jour, dans un avion, elle est tombée sur un article de *Paris-Match*. Elle a eu envie de me revoir et elle a contacté ses parents qui vivaient sur la Côte d'Azur et qui sont venus cette année-là à la fête de l'amitié. Trente-sept ans après, cela n'a pas été facile. J'ai été troublé parce que je ressemblais beaucoup physiquement à mon grand-père génétique. D'autant plus troublé que, dans la tête, je ne lui ressemble pas du tout. Il a été amiral et il a gardé l'esprit militaire. Ils ont vécu en Afrique noire, à Madagascar, ils sont colons jusqu'au bout des ongles, ça ne me correspond pas du tout. Je me suis dit : " Il n'est pas possible que j'aie été élevé dans un milieu pareil ! Alors si j'avais vécu avec eux, j'aurais été comme eux ! L'horreur ! " Je leur ai dit : " Nous sommes des étrangers les uns pour les autres, même si soi-disant, nous avons le même sang. " »

Question : Comment ont-ils réagi ?

Hugo : Avec beaucoup d'émotion mais je leur ai demandé d'être pudiques. Je leur ai dit qu'il n'y avait pas d'émotion à avoir après trente-sept ans, qu'il fallait y penser avant. J'ai été dur mais je le sentais comme ça. Mon grand-père est un monsieur âgé et malade et j'ai eu l'impression qu'il voulait se donner bonne conscience avant de partir. Je lui ai dit : « Ayez bonne conscience. Je suis un être heureux. Merci de m'avoir abandonné. C'est la plus belle chose que vous pouviez faire pour moi. J'adore mes parents, ma femme et mes deux petites filles. Je ne suis plus de votre famille. Tournez la page. »

« Peu de temps après, ma génitrice m'a téléphoné. Elle était de passage à Marseille en route vers l'Afrique du Sud où elle habite. Elle s'attendait à ce que je saute de joie. J'ai été d'une indifférence... »

Question : Vous avez été comme vous vous sentiez...

Hugo : Voilà. Je lui ai dit : « Vous êtes une étrangère pour moi. Je vous en ai voulu beaucoup mais je me rends compte que vous n'avez été qu'un instrument et je ne vous en veux plus. Tournez la page. » Elle a insisté, m'a dit qu'elle voulait à tout prix me rencontrer et j'ai répondu que je n'étais pas prêt. Elle m'a dit qu'elle allait prendre le premier train pour Grenoble.

J'ai répondu : « Grenoble, surtout pas. C'est ma ville. J'ai fait ma vie ici. »

Question : Ça vous ennuyait qu'elle vienne dans votre ville?

Hugo : Ah oui! C'est la ville de mes parents, de ma famille. J'ai balancé un moment, j'ai même envisagé d'aller à Marseille puis je l'ai rappelée pour lui dire : « Je crois que nous allons couper court à nos relations. Je ne viendrai pas à Marseille. Faites comme si je n'existais pas. »

« C'est mieux ainsi. J'ai une mère et je suis incapable de vous dire ce que je ressens pour elle. Il m'est facile de dire qu'elle est plus qu'une mère parce que je sais ce que les autres enfants éprouvent pour leur mère. Je pense avoir une relation privilégiée avec maman. En un clin d'œil, nous nous comprenons. Nous nous téléphonons tous les jours. C'est un besoin. Si je n'appelle pas, c'est elle qui le fait. J'ai du mal à la voir partir en tournée de conférences. Comme si j'éprouvais un sentiment d'insécurité. »

Question : Cela s'explique peut-être par votre enfance?

Hugo : Je ne sais pas. J'ai adoré la maison de Corenc où j'ai vécu jusqu'à l'âge de douze ans. Encore aujourd'hui, lorsque j'ai une grave décision à prendre, moi qui suis un urbain, je vais me ressourcer là-bas. J'ai besoin d'oublier un peu la charge qui pèse sur moi. J'ai trois cents étudiants et ce n'est pas rien mais le plus difficile, c'est encore de diriger une cinquantaine de professeurs. D'autant plus que je veux faire passer quelques idées et que parfois, ça coince.

« J'ai donc besoin, pour me ressourcer, de retrouver l'époque heureuse de Corenc. J'étais un enfant plus cérébral que manuel. Je n'aimais pas les jeux violents. Je restais beaucoup dans ma chambre. J'aimais la peinture, la musique, les fringues et mes parents ont toujours respecté cela. J'ai attendu quinze ans pour apprendre à monter à vélo. J'étais le petit dernier et j'étais souvent traité en enfant gâté par mes parents et mes frères et sœurs. Je me souviens de fantastiques parties de cache-cache et de Monopoly. Mon enfance, c'était le jeu. On ne venait jamais à la maison sans un copain et le garage était aménagé en dortoir pour ceux qui passaient. Nous étions toujours en train de rire. Mes parents n'avaient pas d'argent mais je n'en ai pas souffert. Je ne me souviens même pas d'avoir mangé tellement de pommes de terre et de pâtes.

« Le plus dur pour moi a été de quitter Corenc. Je savais qu'il le fallait, que la maison était devenue trop petite mais j'ai été malheureux. Heureusement, à cette époque, j'ai beaucoup eu mes parents pour moi tout seul. »

Question : Ne vous êtes-vous pas révolté lors de votre adolescence ?

Hugo : Bien sûr que si ! Je trouvais mon père un peu trop rigide avec son insistance sur l'exactitude aux repas. Et puis le magnétisme de ma mère me faisait sourire. Je me demandais ce que c'était que ces sornettes. Au début, le groupe n'avait pas tellement d'importance pour moi. Avec mon esprit possessif, j'en voulais à tous ces gens qui me prenaient ma mère. Par la suite, j'ai vu de mes propres yeux des guérisons, des bébés par exemple qui étaient couverts d'eczéma et qui en étaient débarrassés par ma mère en quelques séances. J'ai alors compris que le groupe, c'est la « prière-force ». J'y ai adhéré et j'y suis encore.

« J'admire cette façon qu'a ma mère de laisser les autres groupes complètement indépendants. Je puis en témoigner. J'assiste souvent à des coups de téléphone au cours desquels on lui demande des conseils et où je l'entends répondre : “Mais vous êtes libres. Vous faites ce que vous voulez, je n'ai rien à dire.” »

Question : Parlez-nous de votre école.

Hugo : C'est une école privée dirigée vers les arts appliqués. Je suis enseignant de l'Éducation nationale et je me suis très vite rendu compte que les enfants dotés de ce que j'appelle un sixième sens sont souvent relégués au fond de la classe. Ce sont ceux qui sont doués d'une sensibilité différente, qui aiment par-dessus tout le dessin, la musique, la danse... Ce sont ceux-là que je veux ici. Je voudrais que chaque étudiant qui passe par mon école en sorte avec un regard différent. Qu'il sache regarder l'autre avec un autre œil. Qu'il sorte aussi avec un métier s'accordant avec ses goûts profonds.

Nous avons parlé encore pendant des heures avec Hugo, de sa femme, de ses filles, de son amour pour la Pologne, de son action en faveur des réfugiés du Sud-Est asiatique, de ses guides spirituels, de son attitude devant la vie... Avec lui, nous avons touché du doigt les souffrances des enfants abandonnés, même s'ils ont été adoptés dans les meilleures conditions, cette plaie qui ne se referme jamais tout à fait. En parlant par la suite, avec les uns et les autres, nous nous sommes rendu compte qu'on pourrait écrire un livre passionnant sur cette famille pas comme les autres mais il nous a fallu en rester là car tel n'est pas notre sujet.

Il nous faut rendre compte maintenant de ce qu'on appelle un peu partout « le phénomène Maguy Lebrun ». Car tandis que Daniel et Maguy vivaient cette vie de parents d'une famille plus que nombreuse, une autre vocation naissait en eux qui allait, peu à peu, se révéler, s'épanouir pour prendre bientôt toute la place.

Il y a donc au début la révolte. « J'ai toujours, ne cesse de répéter Maguy, été révoltée par la souffrance d'un enfant. Je ne pouvais comprendre pourquoi certains venaient au monde sans la moindre chance. Je les ai tant aimés que je les ai collectionnés. J'ai eu tellement envie de soulager les enfants qui souffraient que c'est à travers eux que m'est venu le don de guérir. »

Elle se souvient qu'instinctivement, elle imposait les mains aux petits malades et que, souvent, ils allaient mieux. « Je me rendais compte, dit-elle, que je n'étais pas tout à fait normale mais cela me terrifiait. Ce sont des médecins amis qui ont insisté pour que j'utilise ce don qui semblait m'être donné. Je m'y refusais : j'étais jeune, j'avais une bonne situation et je n'avais aucune envie de me lancer dans le magnétisme.

« Un jour à Paris, j'ai rencontré Mességué, le célèbre guérisseur. Il a vu tout de suite que j'avais le don et comme il a son franc-parler, il m'a un peu houspillée, me reprochant de ne rien faire pour les autres alors que j'en avais le pouvoir. J'ai été choquée au point d'en perdre momentanément le sommeil. Cela a été ma première prise de conscience.

« Je suis rentrée chez moi. La guerre d'Algérie faisait rage et on m'a confié le fils de la secrétaire du général Salan en attendant de lui trouver une place dans une pouponnière militaire. Il était couvert d'eczéma et je l'ai traité. Au bout de quelques jours, il n'avait plus rien. Moi, comme par hasard, j'ai eu un coup de pompe. Chaque fois que je soignais à cette époque, j'étais fatiguée. Je ne savais pas encore travailler comme il faut. L'enfant est parti pour la pouponnière mais quelques jours plus tard, on me l'a ramené parce que l'eczéma était revenu. J'ai compris que je ne l'avais pas traité assez longtemps et je l'ai repris pour trois ou quatre jours. Il a été guéri définitivement. Cela a été ma seconde prise de conscience. Avais-je vraiment le droit de laisser sous le boisseau ce don qui m'avait été donné?

« Je sais maintenant que le magnétisme est un don de Dieu. Certains êtres en sont doués comme d'autres sont doués pour la peinture, la musique ou l'écriture... »

C'est ainsi qu'elle a ouvert un cabinet et pénétré avec émerveillement dans l'univers du magnétisme. Déjà, parce qu'elle est d'une grande modestie, elle appliquait instinctivement la règle d'or qui sera celle de toute sa vie : ne traiter que des patients qui acceptent, en même temps, de continuer leur traitement médical. Cela lui a valu la confiance des médecins qui, de plus en plus nombreux, lui envoyèrent des malades. Surtout, elle apprit à faire la différence entre le magnétisme physique et le magnétisme spirituel. Elle savait que ce n'était pas elle qui guérissait et elle n'imposait jamais les mains sans demander à Dieu de guérir le malade. Elle n'était et ne voulait être qu'un canal, un instrument docile.

Pour elle, le magnétisme est avant tout un acte d'amour. Sur ce thème, elle a des tas d'histoires à raconter. Celle par exemple de ce pédiatre de Grenoble dont le fils était en train de mourir à l'hôpital. Désespéré, il l'a ramené à la maison pour être aussi proche de lui que possible pendant ses derniers moments et il a dit à sa femme : « Nous n'avons plus qu'une chose à faire : prier. » Ils se sont mis à genoux de part et d'autre du lit et sans savoir très bien ce qu'ils faisaient, ils lui ont imposé les mains. Jamais auparavant, ils n'avaient fait de magnétisme. Ils l'ont fait cette fois-ci instinctivement, par amour. Eh bien! leur enfant a guéri. Il a aujourd'hui vingt-cinq ans et il se porte à merveille.

« Je vous raconte ceci, conclut Maguy, pour que vous compreniez bien : tout acte d'amour spontané est aussi une forme de magnétisme. On ne peut expliquer rationnellement pourquoi un malade guérit par l'imposition des mains. Certains me disent que c'est une affaire de psychisme mais je ne le crois pas. Un petit bébé asthmatique qui guérit, on ne peut pas dire qu'il ait participé à sa guérison. Il y a autre chose qui joue, une autre force.

« Je ne peux jamais dire à un patient que je vais le guérir mais je peux l'aider, dédramatiser sa peur, sa souffrance et, s'il faut en arriver là, l'aider à mourir. Une amie est venue me voir un jour et elle m'a dit : " J'ai un cancer généralisé et je sais que je vais mourir. Mon père, ma mère, mon frère sont morts à l'hôpital dans des machines. Moi je veux choisir ma mort et je te demande de m'aider à mourir dans la montagne et au soleil. " J'ai accepté à condition que le médecin puisse venir tous les jours et mon amie a acheté une caravane qu'elle a installée dans notre jardin. Elle a vécu trois semaines. Le dernier matin, elle a eu une piqûre calmante et elle s'est endormie à six heures de l'après-midi, paisible et sereine.

« Tenir la main d'un mourant, lui expliquer que rien ne s'arrête à la mort, que sa vie va continuer sur un autre plan, je trouve que c'est aussi important que de guérir. »

Elle est comme ça, Maguy. Toujours prête à accueillir ceux qui souffrent sans se demander si sa vie va oui ou non en être perturbée.

« Vous savez, nous a dit Malou, l'une de ses plus anciennes amies, Maguy, c'est l'amour. J'étais asthmatique depuis ma toute petite enfance. J'ai fait des cures, des traitements à la cortisone mais il est arrivé un moment où je n'en pouvais plus. Mon mari ne pouvait plus dormir parce que, une ou deux fois par nuit, il lui fallait aller chercher quelqu'un pour me faire une piqûre. Un jour, il a entendu parler de Maguy et il m'a amenée chez elle en lui demandant de me garder au moins le temps du traitement. Elle a accepté sans hésiter, elle m'a soignée et ça a été très vite. J'avais trente-sept ans et pour moi, tout a basculé. C'était curieux, cette maison de Corenc. Il y avait des gosses partout. Je ne comprenais pas comment Maguy faisait. Il y avait pourtant des gosses difficiles envoyés par l'éducation surveillée. Heureusement, il y avait un accord total entre Maguy et Daniel. Ils sont aussi généreux l'un que l'autre... »

Comment faisaient-ils? Malou n'était pas seule à se poser la question. La vie des Lebrun, à cette époque, était une vie riche, généreuse mais pleine à ras bord. Ancien comptable, Daniel s'occupait de la gestion et Maguy avait sur les bras tous ces enfants, ces gens qui venaient s'installer chez elle et la charge d'un cabinet de magnétiseuse qui, de mois en mois, se faisait plus lourd. Mais il est bien connu que lorsqu'on est engagé sur un chemin comme le leur, plus on en fait et plus il est demandé. A toutes ces charges, une autre allait maintenant s'ajouter et leur vie, du jour au lendemain, allait se trouver bouleversée de fond en comble.

Ce soir-là, Maguy et Daniel s'étaient couchés aussitôt après avoir mis les enfants au lit. Daniel, qui se plaignait de fatigue depuis quelques jours, avait sombré dans le sommeil dès 9 heures et Maguy lisait à ses côtés. Il s'est mis soudain à s'agiter et à gémir et au moment même où elle se tournait vers lui, il s'est mis à prononcer d'une voix étrange, une voix de femme, ces paroles affolantes qui allaient leur ouvrir à tous les deux un nouveau et stupéfiant destin :

« N'aie pas peur Maguy. Ce n'est pas ton mari qui te parle mais un guide spirituel qui a choisi ce moyen pour communiquer, par son truchement, avec toi. Ton mari est un puissant médium et, dorénavant, je recourrai à lui pour te parler.

« Je vous propose de remplir une mission, que vous êtes libres d'accepter ou de refuser. Si vous l'acceptez, ton mari et toi rejoindrez à votre mort ce que vous appelez le " royaume des cieux ". Si vous la refusez, ça ne fait rien, ce sera pour une prochaine vie, car chacun, ici-bas, a son libre arbitre. Toi, Maguy, tu as reçu le don de soigner et de guérir par magnétisme. Par l'intermédiaire de Daniel, nous t'apprendrons à t'en servir. Tu ne guériras les corps qu'en guérissant les âmes car c'est le but que nous poursuivons : élever le niveau spirituel de ceux qui viennent vers toi et amener des âmes à Dieu. »

Pendant trois heures, l'être mystérieux a continué à parler, expliquant à Maguy la vie qu'elle allait désormais avoir et lui faisant un véritable cours sur les forces spirituelles et la réincarnation. Elle était d'autant plus stupéfaite qu'elle n'avait jamais entendu parler de tout cela et qu'elle ne se sentait pas appelée dans cette direction, elle qui, catholique par son baptême, avait cessé depuis longtemps de pratiquer sa religion. La voix donna enfin ses dernières recommandations :

« Quand Daniel se réveillera, tu lui feras part de ce que je viens de t'apprendre et ensuite, ensemble, vous en discuterez. Vous prendrez alors librement votre décision et, sous quelques jours, je reviendrai et tu me la communiqueras. Daniel ne gardera aucune trace, pas le moindre souvenir, de ce qui vient de se passer. A son réveil, il faudra prendre des précautions pour l'en informer. Maintenant, écoute : demain, allez à Versailles chez vos amis Anselme, car un malheur les menace que tu pourras peut-être, par ta présence, écarter. Cela vous servira de témoignage en ce qui concerne la réalité de ma présence et la véracité de ce que je dis. »

Pour qui connaît un tant soit peu Maguy Lebrun, il n'est pas difficile d'imaginer sa réaction. C'est une femme bien plantée dans la vie, proche des réalités matérielles. Pas du tout une de ces mystiques évanescentes qui communiquent avec les anges. Elle aime la vie et ses plaisirs, la joie, le rire et l'action. Elle a regardé Daniel. Pâle et crispé pendant tout le temps de la « communication », il retrouvait peu à peu son teint habituel. Enfin il s'est étiré, a ouvert un œil, s'est dressé sur son séant et s'est écrié : « Mais enfin, Maguy, tu as vu l'heure! Tu ne dors pas? Qu'est-ce qu'il y a? Tu n'es pas malade? » Il n'avait aucun souvenir de ce qui s'était passé et Maguy a passé le reste de la nuit à le lui raconter avec tous les ménagements possibles.

Bouleversés, ne sachant plus où ils en étaient, ils se sont raccrochés à ce que l'esprit leur avait dit à propos de leurs amis Anselme. Ils ont pris le train dès le lendemain pour se rendre à Versailles. Étrange voyage! « J'étais dans un état épouvantable, se souvient Maguy. J'en arrivais à penser que j'avais rêvé toute cette histoire, que j'avais été victime d'hallucinations, que j'entendais des voix, comme Jeanne d'Arc! Daniel, qui est la bonté incarnée, jetait sur moi des regards mi-anxieux, mi-apitoyés... »

Chez les Anselme, tout semblait aller bien et Maguy regrettait déjà d'être venue lorsque son amie, la prenant à part, fondit en larmes et lui révéla qu'elle était sur le point de quitter son mari et ses deux enfants pour partir avec un autre homme, marié lui aussi et père de trois enfants. Stupéfaite, Maguy lui fit part du message reçu la nuit précédente et l'amie y vit un signe du ciel. Elle est restée dans son foyer et y a retrouvé la paix et le bonheur.

Ainsi l'esprit avait dit vrai! Il reviendra quelques mois plus tard pour recevoir l'accord des Lebrun et leur demander d'abandonner toutes leurs activités pour se consacrer entièrement à la guérison des malades sans rien leur demander mais en acceptant ce qu'ils voudraient bien donner, qu'il s'agisse « des dix francs du pauvre ou des cent francs du riche ».

Ce fut le temps du secret, une longue période d'initiation qui devait durer dix ans. Le guide spirituel qui les avait pris en charge se fit connaître sous le nom de Mammy. Dès le départ, elle avait beaucoup insisté sur le fait que, jamais, Maguy et Daniel ne devaient l'appeler. C'est elle qui choisirait le temps le plus favorable. Quand elle voulait se manifester, raconte Maguy dans son livre, « Trois coups retentissaient dans le meuble-bibliothèque de notre chambre et, aussitôt, nous nous mettions en prière. Peu après, Daniel entrait en " transe " – pour employer une terminologie ésotérique que nous n'aimons guère, mais, faute de meilleur mot, j'utiliserai celui-là. Alors, toujours à travers Daniel, notre guide nous parlait. »

Ainsi, du jour au lendemain, ils ont tout quitté, Daniel son poste de comptable et Maguy sa pouponnière sans savoir le moins du monde comment ils allaient vivre et faire vivre tous leurs enfants. Lorsqu'ils lui posaient la question, Mammy leur répondait : « Regardez les oiseaux du ciel! Vous ne serez jamais riches, mais vous n'aurez jamais faim. »

Les oiseaux du ciel... C'est beau mais il ne faudrait pas croire que ce bouleversement de toute leur vie a été facile pour les Lebrun. Longuement, Maguy nous a parlé de cette période :

« Je crois qu'à ce moment-là, j'ai douté de moi, de mon équilibre parce que je n'étais pas préparée à ça. Je ne l'avais ni voulu, ni désiré, ni cherché. C'est la seule crise de doute que j'aie eu dans ma vie. Cela a été horrible parce que ça m'est tombé dessus comme un seau glacé qu'on prend en passant sous une fenêtre. Il y a pire : ce domaine de la spiritualité profonde, pour moi, c'était de l'utopie. C'est terrible à dire mais ça ne m'intéressait pas. J'avais bien entendu parler de gens qui entraient en contact avec l'invisible mais je n'étais pas passionnée. C'était très loin de moi.

« Je suis une femme de terrain. Ce qui m'intéresse, ce sont ceux qui souffrent à côté de moi, les enfants par exemple. A l'époque où cette aventure m'est arrivée, j'avais au moins dix-huit enfants à charge. Il me fallait penser, jour après jour, à leur donner à manger. Quand on ne sait pas ce que les enfants mangeront demain, on ne peut avoir de préoccupations métaphysiques ou spirituelles. J'étais donc très loin de tout ça. C'est sans doute pourquoi j'ai connu ce doute si douloureux dans les jours qui ont suivi ce premier contact avec l'invisible. C'était quelque chose, je dirais presque, d'inacceptable. Cela faisait basculer ma logique et ma façon de vivre, transformait ma vision de la vie. J'ai toujours eu la foi, même dans les épreuves mais cette fois-ci, j'ai bien failli la perdre. »

Question : Vous n'étiez pas seule : il y avait Daniel.

Maguy : Mais lui, il ne se souvient de rien. Au début, il me regardait d'un drôle d'air, comme si je déraillais et puis, très vite, il est entré dans le jeu. Il faut dire que nous avons vécu une période extraordinaire. Vous vous rendez compte : cet être de lumière qui nous parlait pendant deux ou trois heures à peu près chaque nuit. Jamais nous n'avons si peu dormi et pourtant, nous étions en pleine forme. Nous attendions le soir avec impatience. C'était pour nous comme de l'eau vive. Peut-être n'aurais-je pas été aussi enthousiaste si j'avais su que cette « initiation » allait durer dix ans.

Question : Avez-vous noté tout ce qui vous a été dit pendant cette période?

Maguy : Deux ou trois heures par jour, comment aurions-nous fait?

Question : Vous auriez pu utiliser un magnétophone.

Maguy : A cette époque, croyez-le ou non, nous n'avions pas assez d'argent pour en acheter un.

Question : Comment se passaient ces séances?

Maguy : Très simplement. Mon mari entrait dans une espèce de sommeil. Il s'asseyait et, au bout de quelques minutes, son corps s'affaissait comme s'il était mort. Il avait le visage complètement changé, comme s'il n'avait plus d'âme ou plutôt comme si une autre âme prenait la place de la sienne.

Question : Parlait-il toujours avec une voix féminine?

Maguy : Seulement la première fois. Sans doute pour bien me faire entrer dans le crâne que ce n'était pas lui qui parlait. Il lui est arrivé aussi de parler dans des langues que, conscient, il ne connaissait pas.

« Imaginez à quel point notre vie s'est trouvée bouleversée! Je pénétrais dans un monde inconnu auquel j'aurais tout naturellement refusé de croire si je n'avais pas eu des preuves aussi évidentes. »

Question : Vous parlez d'initiation, d'enseignement. Quelles en ont été les étapes?

Maguy : D'abord la révélation de la puissance de la prière. Mammy nous l'a souvent répété : un homme qui prie seul, c'est une petite bougie allumée, vingt hommes, vingt bougies, etc. Des centaines d'hommes c'est une immense flamme, une pyramide de lumière. Il fallait donc rassembler des hommes et des femmes ardents et désireux de prier ensemble.

« J'ai appris aussi les lois de la guérison spirituelle et d'abord que l'homme possède plusieurs corps : le corps physique que tout le monde connaît mais aussi le corps éthérique qu'on peut aussi appeler l'âme. La maladie s'installe lorsqu'une dysfonction existe entre les deux corps. C'est ce qui se passe par exemple quand il y a stress, fatigue excessive, oubli des relations qui nous unissent au cosmos, solitude, peur de la mort, que sais-je encore. Je pourrais vous donner des centaines d'exemples tirés de mon expérience. J'ai vu un cancer se déclarer chez un homme dont la fille avait fait un petit vol dans une boutique. Ou chez une femme qui venait d'être abandonnée par son mari. »

Question : Comment est né le groupe?

Maguy : Le plus simplement du monde. Au début, nous étions cinq, puis dix et depuis, cela n'a cessé de croître. Sans publicité, sans tapage, Mammy ne cessait d'insister sur ce point. En fait, si quelqu'un demandait à entrer dans le groupe, il devait jurer de se taire, de garder un secret absolu sur ce qui se passait.

« C'est que nous vivions des événements peu ordinaires. Comment expliquer à des gens non préparés que nous étions en contact avec des médecins qui, de l'au-delà, nous expliquaient ce qu'il fallait faire pour tel ou tel malade? Pourtant, nous ne pouvions en douter : c'était bien ainsi que les choses se passaient.

« Vous avez vu comment se passent nos réunions. Je peux vous assurer – et tous les soignants sont d'accord avec moi – que les soins donnés à travers nous par ceux que j'appelle les " médecins du ciel " sont d'une puissance extraordinaire. A ce point que le traitement peut être très bref. J'en suis même parfois gênée : il m'arrive de ne pas enlever mes mains tout de suite pour que le malade n'ait pas l'impression que je le traite trop rapidement.

« Vous devez bien comprendre que nous ne sommes que des instruments, des canaux. Nous ne devons en aucun cas nous attribuer les guérisons qui peuvent survenir. C'est le cas où jamais de répéter cette phrase merveilleuse d'Ambroise Paré : " Je le soignai, Dieu le guérit. " Je suis persuadé que de nombreux magnétiseurs ont perdu leur pouvoir parce qu'ils ont buté à un moment ou à un autre sur l'un de ces deux obstacles ou sur les deux à la fois : la soif du pouvoir et la soif de l'argent. »

Cette période des débuts du premier groupe nous passionne, Rachel et moi. Nous en avons longuement parlé avec Maguy et Daniel mais nous sommes restés sur notre faim. Afin d'en savoir davantage, nous avons interrogé les tout premiers membres.

Commençons par la doyenne. Elle s'appelle Yvette et elle est fière de nous dire qu'elle est dans le groupe depuis trente-quatre ans.

« Nous avons commencé à trois : Dada, Maguy et moi. Au départ, j'habitais Paris et je vivais un drame épouvantable : ma petite, Christine, était anorexique. Elle refusait absolument de s'alimenter, ce qui veut dire qu'elle était toujours malade. Elle n'a jamais fait une dent normalement et elle faisait otite sur toxicose, toxicose sur otite. C'était l'enfer. La plupart du temps, il fallait l'alimenter au goutte à goutte. A la suite d'une broncho-pneumonie, je l'ai envoyée à Arcachon et elle en est revenue moribonde. J'étais désespérée et le médecin qui s'occupait d'elle commençait à baisser les bras : " Elle a pris tellement d'antibiotiques, me disait-il, qu'ils ne lui font plus rien. Nous, les médecins, nous sommes impuissants. "

« C'est alors que ma voisine m'a parlé d'une certaine Maguy Lebrun qui avait une maison d'enfants près de Grenoble. J'aurais essayé n'importe quoi. Justement, Maguy montait à Paris au moment où je l'ai contactée. Elle a accepté de se charger de Christine. Elle en a bavé elle aussi. Heureusement, elle avait ses parents avec elle et le pépé, à l'heure des repas, emmenait la petite dans les bois. Il lui racontait des histoires et parvenait à lui donner la becquée. Elle s'est retapée un peu et ses crises d'acétone sont devenues moins fréquentes. Maguy m'a proposé de la garder encore un peu et j'ai accepté d'autant plus facilement que mon père était en train de mourir d'un cancer généralisé.

« Plus tard, j'ai réalisé que ma fille était heureuse chez Maguy, au milieu de tous ces enfants. Elle nous aimait bien, elle était contente quand nous allions la voir mais sa famille, c'était Maguy, Dada, ses frères et ses sœurs. Jamais je ne me suis sentie frustrée parce que, pour moi, Maguy était comme ma sœur. Elle parlait beaucoup à Christine et quand nous venions, elle s'effaçait. Je savais que si ma fille était encore vivante, c'était grâce à elle. Et puis j'avais de gros ennuis de santé, je faisais des dépressions nerveuses et, tout compte fait, mieux valait laisser Christine où elle était.

« A la suite d'une opération, Maguy m'a prise chez elle pour ma convalescence. Un jour, alors que j'étais au lit, je l'aie vue arriver, bouleversée. " Yvette, m'a-t-elle dit, je crois que nous sommes en train de devenir fous ! " Et elle m'a raconté ce qui venait d'arriver à Dada. Moi, j'avais une telle confiance en eux que j'ai trouvé cela normal. Je connaissais leur honnêteté et je savais qu'ils étaient des gens solides et équilibrés.

« Je suis rentrée à Paris mais j'ai fait peu après une telle dépression que mon mari a appelé au secours et que finalement, nous avons décidé de repartir à zéro et de venir nous installer à Grenoble, près des Lebrun. C'est ainsi que le groupe a commencé. Et puis mes frères sont venus nous rejoindre. »

Question : Ils ont fait partie du groupe?

Yvette : Oui et leurs femmes aussi.

Question : Pouvez-vous nous dire ce que le groupe vous a apporté?

Yvette : Vous savez, quand Maguy m'a récupérée, je n'étais pas brillante. Au point que j'ai eu une rechute qui a duré presque un an. Mais depuis, je n'ai plus jamais été malade. J'ai pourtant eu mon lot d'épreuves mais lorsqu'on est au groupe, on ne voit plus les choses de la même façon. On apprend à accepter les souffrances parce qu'on sait qu'elles ne viennent pas pour rien. On les offre à Dieu pour les malades. Mammy disait toujours que c'était comme s'il y avait une corbeille là-haut pour recueillir nos souffrances afin que les guides puissent y puiser pour soulager les autres. Je sais, c'est difficile à comprendre. Il faut le vivre.

Question : C'était le temps du silence?

Yvette : Oui, le temps de l'initiation. Mammy insistait beaucoup là-dessus. Nous nous sommes formés en même temps qu'elle.

Monique et son mari sont venus les rejoindre. Eux aussi, un peu après Yvette, ils ont connu ces temps héroïques. C'est parce qu'ils connaissaient Claude, un des frères d'Yvette, qu'ils sont venus au groupe. Ils avaient un bébé de six mois qui pleurait jour et nuit. Cela n'a l'air de rien mais ils n'en pouvaient plus. Un bébé qui pleure, on ne peut pas l'assommer à coups de calmants. Monique n'oubliera jamais sa première visite chez Maguy.

« Elle avait son cabinet de magnétiseuse rue des Bergers à Grenoble. Dès que Claude nous en a eu parlé, nous n'avons pas cherché midi à quatorze heures : le premier samedi, nous avons pris la poussette et nous y sommes allés. Je crois que nous aurions essayé n'importe quoi. Maguy a traité l'enfant et, dès les premiers jours, nous avons constaté un petit mieux. La semaine suivante, j'y suis retournée sans mon mari et nous avons eu, Maguy et moi, une longue conversation. Je me sentais bien avec elle. Elle m'a demandé si Claude nous avait parlé du groupe. J'ai répondu que oui et que je désirais beaucoup assister à une réunion de prières.

« C'est ainsi que tout a commencé pour Vincent et pour moi. Je ne me suis pas sentie dépaysée parce que j'ai toujours prié. J'ai toujours eu le sentiment d'avoir un contact avec Dieu. C'est dans le groupe que j'ai trouvé la force de supporter les épreuves et elles ne m'ont pas manqué à moi non plus, ne serait-ce que le handicap léger de mon second enfant. Lui aussi, il fait partie du groupe et il est heureux. D'ailleurs les enfants, en général, sont fidèles au groupe. Ils ont ce qu'ils appellent dans leur langage un bon " feeling " avec Maguy. Ils sentent qu'elle les aime. »

Pierre et Hughette ont de bonnes raisons de se souvenir du groupe dans ses débuts. Il a été l'un des premiers médecins à suivre Maguy, le premier d'une longue série. Lorsqu'ils sont arrivés, les séances ne rassemblaient pas plus d'une vingtaine de personnes. Ils étaient là depuis peu lorsque leur petite-fille, Sandrine, a fait une méningite. Elle a été hospitalisée à Clermont-Ferrand et son état est très vite devenu critique. Ils ont aussitôt contacté Maguy qui leur a dit : « Venez tout de suite avec un témoin de la petite, une photo par exemple. Nous passerons par Daniel et nous demanderons conseil aux guides. »

« Dada s'est donc mis en état de réceptivité, raconte Pierre, et j'ai été bouleversé de constater qu'il prenait sur lui le mal de la petite. Il était sur le lit, en arc de cercle. C'était très impressionnant : il reposait uniquement sur les pieds et la tête. A la fin, il a dit : " Les chevaux ! les chevaux ! " De fait, les parents de Sandrine à cette époque avaient des chevaux et nous nous sommes toujours demandé si elle n'avait pas attrapé le microbe par leur intermédiaire.

« A cette époque – c'était tout à fait au début –, il arrivait que, pendant les séances, nous recevions des messages de l'au-delà, venant de personnages connus ou inconnus, du curé d'Ars par exemple. C'est sans doute ce qui fait dire aux ennemis de Maguy qu'elle fait du spiritisme mais cela n'a eu qu'un temps. Très vite, Maguy a redressé la barre, séparé ce qui était important de ce qui ne l'était pas. Beaucoup de gens sont partis à ce moment-là, ceux qui étaient venus pour les messages. Les seules activités du groupe sont maintenant des activités de guérison. »

Hughette : Et de solidarité. Il y a une grande entraide sur le plan humain et c'est très important. Si des gens ont un coup dur, si des jeunes mariés ont besoin d'un coup de main, ils peuvent compter sur le groupe. Je suis toujours étonnée de voir à quel point les gens donnent facilement, aussi bien de l'argent que du temps. Lorsque Pierre a été opéré, cinq ou six personnes du groupe venaient tous les lundis pour le soigner. Certains venaient de loin mais jamais ils n'ont manqué.

Pierre : Les jeunes, en particulier, sont d'une folle générosité. D'ailleurs ce n'est pas un hasard si les groupes de Maguy Lebrun se multiplient un peu partout en ce moment. Il y a un grand plaisir d'aider, de soigner...

Un dernier témoignage sur cette période héroïque des débuts, celui de Danièle, une femme qui exerce d'importantes responsabilités dans le domaine de l'action sociale.

« J'avais vingt ans, nous dit-elle, lorsque j'ai rencontré Maguy et j'étais encore à l'école d'infirmières. J'y étais entrée sûre de moi, désireuse d'aider mais ne sachant pas encore si je n'allais pas, plus tard, m'orienter vers le théâtre. J'ai tout de suite été placée dans un service d'enfants et j'ai connu une crise à laquelle j'étais loin de m'attendre : je n'ai pu accepter de voir souffrir des enfants. Je me souviens qu'un soir l'un d'entre eux est mort entre mes bras.

« Quel sens donner à cela ? D'un seul coup, se sont écroulées toutes mes certitudes issues de mon héritage culturel. J'ai commencé à déprimer, à perdre l'appétit, le sommeil et cet équilibre dont j'étais si fière. Un jour que j'étais en train de pleurer sur les marches de l'école, une des filles s'est penchée sur moi. Elle s'appelait Éliane et elle était superdynamique. Elle m'a demandé ce que j'avais et je n'ai d'abord pas su quoi lui répondre, puis finalement, j'ai vidé mon sac. Elle m'a dit : " Tu ne peux pas rester comme ça, il faut que tu viennes voir ma mère. " Elle était une des filles adoptives de Maguy.

« Je me suis révoltée. A mes yeux, tous les guérisseurs étaient des charlatans. Tout de même, j'ai raconté cela à mon père et, voyant ma détresse, lui qui avait toujours été un être rationnel, il a proposé de m'emmener chez cette femme. De cette première rencontre et sachant aujourd'hui ce que je sais, je garde un souvenir amusé. Maguy était à l'époque plus forte qu'elle ne l'est aujourd'hui, rousse, habillée d'une manière criarde, pleine d'assurance. Je fus complètement affolée et son mari n'arrangeait pas les choses. Il me mettait mal à l'aise avec ses gros yeux bleus et cette manière qu'il avait de dire sans arrêt des blagues.

« Je me suis tout de même laissé soigner mais je n'y croyais pas et il y avait quelque chose en moi qui résistait. En me soignant, Maguy m'a dit : “ Qu'est-ce que tu es malheureuse ! ” J'en ai été touchée parce que je ne lui avais rien dit. Je suis de tout de même repartie en me disant : “ Ce n'est pas cette illuminée qui va répondre à mon interrogation profonde. ”

« Le lendemain pourtant, je me suis rendu compte vers onze heures du matin que je n'avais pas encore eu envie de pleurer. D'habitude, ça me prenait dès le lever. Cela m'a donné envie de continuer un peu cet étrange traitement. »

Question : Au point de vue santé, vous avez récupéré?

Danièle : Très vite, en quelques semaines. Surtout, Maguy et moi, nous avons commencé à parler. Tout ce qu'elle me disait m'a tellement troublée que je m'en suis ouverte à des prêtres amis. Ils m'ont dit qu'il y avait de l'orgueil à vouloir comprendre ce problème de la souffrance et que le Grand Innocent lui-même était mort sur la croix. C'est bien beau de dire cela en général mais lorsqu'on voit chaque jour souffrir et mourir des enfants, cela ne tient pas. Comme élément de réponse, Maguy proposait la réincarnation qui, il est vrai, permet, en théorie, de mieux comprendre ce mystère de la souffrance.

« Je n'étais tout de même pas convaincue mais un jour, Maguy m'a permis de me joindre aux premières réunions de prière. Nous étions huit dans la salle à manger de Corenc. Là, soudain, dès la première fois, j'ai eu le sentiment que j'avais trouvé ma demeure spirituelle, que je pouvais enfin développer une vraie relation avec le Divin. C'était d'une telle simplicité :

nous nous donnions la main, nous priions ensemble et il n'y avait rien d'autre, pas de cierges, pas de rites, pas de doctrines, pas de paroles indéfiniment répétées. Le silence.

« Depuis, je suis toujours restée fidèle au groupe. C'est ce qui m'a gardé la tête hors de l'eau lors des périodes de détresse, quand il m'a fallu quitter le père de mes enfants, par exemple. Ma mère m'a tout de suite suivie dans le groupe de prière mais, pendant longtemps, mon père n'a rien dit. Il nous emmenait chaque fois aux réunions mais il restait à la porte. Un soir, il est entré avec nous et il a demandé à Maguy s'il pouvait rester.

« Peu après, il a été atteint d'un mélanosarcome. C'était l'époque où on ne disait pas la vérité aux malades et j'ai été porteuse de ce secret. Ma mère elle-même n'était pas au courant. Le médecin donnait à mon père de trois semaines à trois mois de survie et il a vécu deux ans, allant à la pêche et faisant du bateau et puis un soir, ma mère m'a téléphoné du Midi pour me dire qu'il faisait sans doute une occlusion intestinale. Daniel a pris l'avion et les a ramenés en voiture tandis que je prévenais le médecin et remettais le chauffage en route. Mon père était gai, heureux de me voir et nous avons pris rendez-vous pour le lendemain avec le spécialiste mais à minuit, ce même soir, ma mère m'a téléphoné de venir très vite. Très calmement, mon père m'a dit : " Je suis en train de mourir. Ta sœur n'aura pas le temps de venir mais appelle Maguy. " Elle est venue avec Daniel à deux heures du matin. Mon père a dit : " Aidez-moi, je souffre ! " Il a pris la main de Maguy d'un côté et la mienne de l'autre. Nous avons commencé à prier et, très vite, son visage s'est détendu, éclairé. Il a eu un merveilleux sourire, a poussé un gros soupir et il est mort.

« Je ne vous dis pas cela pour raconter ma vie mais pour vous faire comprendre quelque chose d'important : Jusqu'ici, j'avais été très marquée par les morts vécues à l'hôpital, par la peur des gens, les gémissements, le fameux paravent. La mort de mon père m'a donné une admirable leçon. Elle m'a fait comprendre qu'il était possible d'aider les gens à mourir autrement. C'est pourquoi nous insistons tellement dans le groupe sur l'accompagnement des mourants. On fait tout, dans notre société, pour aider les enfants à naître mais rien pour aider les mourants à mourir. »

Question : Puisque vous connaissez Maguy depuis bientôt trente ans, voyez-vous une grande différence entre ce qu'elle était alors et ce qu'elle est aujourd'hui ?

Danièle : Elle était tout entière en puissance ce qu'elle est aujourd'hui mais sa personnalité a changé. Jeune guérisseuse, elle était une paysanne et elle dissimulait un certain complexe d'infériorité sous des manières assez péremptoires. Elle voyait les médecins comme des êtres tellement supérieurs. Elle était spontanée, naïve. Elle savait qu'elle avait une sorte de technique entre les mains mais elle restait d'une humilité... Je puis affirmer que ce pouvoir de guérir ne lui est jamais monté à la cervelle.

« Peu a peu, elle s'est éduquée. Elle est très bonne élève parce qu'elle est humble. A cette époque, je fréquentais beaucoup d'étudiants en médecine et d'internes. J'ai servi un peu de passerelle. Ce qui était certain et qui fascinait mes amis, c'est qu'à son contact, des maladies guérissaient et souvent des maladies très rebelles. On ne savait pas pourquoi mais ça marchait. Bien sûr, ça ne plaisait pas à tout le monde. Maguy n'était évidemment pas reconnue par le ministère de la Santé, mais, foncièrement honnête, elle s'était déclarée et payait son forfait. Un beau jour, l'ordre des médecins lui a fait un procès pour exercice illégal de la médecine. C'était d'autant plus cocasse qu'elle soignait des familles d'avocats et de magistrats. Moi, j'ai fait le tour des médecins que je connaissais. J'en ai trouvé treize qui ont courageusement accepté de se déclarer garants de l'intégrité morale et financière de Maguy. Il y avait parmi eux deux professeurs hospitaliers. Le procès n'a duré que quelques minutes et il a été très drôle. Elle a été condamnée au franc symbolique mais elle a bénéficié d'une publicité fantastique car tous les journaux en ont parlé. »

Question : Qu'est devenue la petite jeune fille que vous étiez et qui souffrait à en mourir de voir des enfants malades ?

Danièle : Ce serait de l'orgueil de dire que j'ai vraiment compris mais j'ai appris à souffrir avec ceux qui souffrent, à partager avec eux. Je souffre encore mais je sais que ma souffrance, je puis l'offrir pour qu'elle devienne féconde.

Nous sommes arrivés à la grotte de la Luire, Rachel et moi, au début d'un après-midi de printemps. Tout au long de l'étroit chemin qui grimpait, des milliers d'oiseaux chantaient le bonheur. Était-ce parce que nous savions mais, en pénétrant sous l'immense voûte, toute cette joie s'est volatilisée et nous avons eu soudain le cœur serré d'une angoisse presque insupportable. Il est ainsi des lieux qui, malgré le temps, conservent la mémoire des événements tragiques.

La grotte s'enfonce dans les profondeurs de la montagne mais le 22 juillet 1944, l'entrée seule en était occupée par un hôpital de campagne hâtivement installé après la reprise par les Allemands de la petite ville de Die. Le maquis du Vercors était en train d'agoniser. Encerclés par deux divisions allemandes, combattant à dix contre un sans armes et à bout de munitions, les patriotes sont maintenant aux abois.

Dans la grotte, trois médecins et neuf infirmières s'affairent autour des trente blessés parmi lesquels il y a quatre prisonniers allemands. La situation est désespérée. Vivres, médicaments, tout manque, même le pain. Tout le monde, ce matin-là, se pose la même angoissante question : les Allemands vont-ils ou non découvrir la grotte ? Il est vrai que le chemin est malaisé et dissimulé par des broussailles mais toute la vallée connaît l'existence de l'hôpital et les Allemands s'y entendent pour délier les langues. Tout le monde sait ici que la grande croix rouge placée sous le surplomb ne sera qu'une protection dérisoire.

En fait, les patriotes seront trahis et les Allemands se comporteront avec une incroyable sauvagerie. Les malades seront achevés, les médecins fusillés et les sept infirmières envoyées à Ravensbrück. Parmi elles, il y a Etty, une grande et belle jeune fille qui a décidé de consacrer sa vie à ceux qui souffrent et, tout particulièrement, aux enfants en difficulté.

Cette jeune fille inconnue, fauchée à la fleur de l'âge par la barbarie, est aujourd'hui l'inspiratrice de tous les groupes de Maguy Lebrun à travers le monde.

Elle est arrivée au moment où Maguy connaissait une grande épreuve. Mammy, le « guide » qui l'avait conduite à travers dix années d'initiation, venait de lui annoncer que son rôle était terminé auprès d'elle et qu'elle allait disparaître. Mammy! Celle qui lui avait tout appris, nuit après nuit avec beaucoup d'humour et une patience infinie. Pour Maguy ce fut un effondrement.

Elle qui avait vécu de près les combats du Vercors, qui avait connu des résistants, elle avait coutume d'aller, de temps en temps, se recueillir à la grotte de la Luire. Elle en revenait justement un soir lorsque Daniel est entré en transe et qu'un nouveau personnage s'est révélé à travers lui. Maguy a raconté dans son livre l'étrange dialogue qui s'est ensuivi :

« Tu es allée à la grotte de la Luire cet après-midi et tu as pleuré. Avec la mission qui t'est confiée, tu dois dominer tes émotions et tes regrets. Le sang a séché, les fleurs ont refleuri, les oiseaux chantent, le passé est le passé. Tu dois pardonner.

– Comment peux-tu dire cela? Tu n'as pas connu...

– Tu crois? Eh bien, je vais te dévoiler ma dernière incarnation. Je suis Etty. Un de ceux qui ont fait le sacrifice de leur vie pour la paix sur la terre. »

« Mon émotion a été si violente, raconte Maguy, que je me suis mise à sangloter. Je savais parfaitement qui était Etty ; une plaque lui est dédiée à la grotte en tant qu'héroïne de la Résistance. Devant mon chagrin, Etty me dit : " Tais-toi et écoute! " Alors j'ai entendu le Chant des partisans sifflé par de nombreuses voix d'hommes et je me suis endormie comme une masse. »

Tel a été le début d'un long compagnonnage qui dure encore aujourd'hui. Etty est sans cesse présente dans le groupe. Elle est, dit Maguy, « le plus grand et le plus efficace de nos médecins de l'espace ».

Je sais bien qu'on peut traiter tout cela de fantaisie et que les esprits rationnels ne s'en priveront pas. Moi-même, au début de notre enquête, j'ai eu du mal à accepter tout ce « merveilleux ». Mais il est un fait indéniable, c'est que Maguy a eu l'occasion de vérifier que tout ce que lui avait raconté Etty sur son enfance était vrai.

Elle a reçu un jour la visite d'une personne qui lui a appris que la maman d'Etty vivait encore et qu'elle se trouvait dans une maison de retraite dans le Midi. Elle est allée la trouver, a parlé avec elle toute une journée et lui a raconté des souvenirs d'enfance qu'Etty lui avait révélés lors de leurs « entretiens ». La vieille dame ne cessait de s'exclamer : « Comment pouvez-vous savoir cela ! Seules Etty et moi le savions ! » Mais elle restait amère et triste : elle ne pouvait pardonner aux bourreaux de sa fille et cette haine empoisonnait sa vie.

Par la suite, Maguy est retournée la voir et un soir, bien plus tard, la mère et la fille ont pu se parler par l'intermédiaire de Daniel. « Cette soirée, se souvient Maguy, a été l'une des plus belles, des plus bouleversantes de ma vie. Hélène a reconnu formellement sa fille et n'a plus jamais, plus jamais douté. De ce jour, la foi de son enfance lui est revenue ; elle a participé à nos réunions de prières, ayant retrouvé le bonheur, la sérénité, la paix intérieure, totalement libérée de la peur de la mort. »

Agée de quatre-vingt-dix-sept ans, elle s'est fracturé le genou et elle est venue finir ses jours chez Maguy.

Une question nous brûlait les lèvres : en général, les « guides » ne prennent pas la peine de faire connaître leur identité. Pourquoi Etty a-t-elle échappé à cette règle? Maguy avait une réponse toute prête :

« Je pense qu'Etty m'a dévoilé son identité dernière parce qu'elle voulait insister sur le pardon aux bourreaux. Elle ne cesse d'expliquer à quel point il est important, essentiel de pardonner. A ses yeux la rancune, la haine sont comme des maladies qui empêchent l'être de s'épanouir et peuvent même aller jusqu'à provoquer des maladies. » Maguy lui pose très rarement des questions mais elle n'a pu s'empêcher de lui demander ce qu'elle pensait du procès de Barbie. « Je suis contente pour l'Histoire, a-t-elle répondu, pour que les jeunes sachent et que ça ne recommence jamais. Mais tu dois prier pour lui car il faut pardonner. C'est en marchant main dans la main avec le pardon et l'amour dans nos cœurs que nous bâtirons le monde de demain dans la lumière de Dieu. »

L'arrivée d'Etty a été pour le groupe un événement essentiel. La période du secret, de l'initiation était finie et, de fait, très vite, les frontières du groupe ont éclaté. La prière s'est faite plus intense et d'autant plus intense que le nombre des participants ne cessait de croître. Cette force vibratoire, de plus en plus forte, est une force de guérison, tous les membres en sont de plus en plus conscients. C'est pourquoi ils sont d'une fidélité exemplaire. Maguy ne cesse d'insister là-dessus.

« Nous devons, a-t-elle écrit dans son livre, être capables de faire le sacrifice de notre présence régulière deux fois par mois, d'une union de pensée, de présence totale. Nous laissons à la porte notre personnalité, nos soucis de façon à nous " brancher " tous sur la même longueur d'onde. Il faut créer l'harmonie, l'osmose parfaites, de façon à ce que, tous réunis, nous ne fassions plus qu'un, afin que la colonne de lumière qui s'élève permette à nos médecins de l'espace de puiser cette force de prière, d'opérer la transmutation nécessaire pour qu'elle retombe en manne céleste sur celui qui est là, souffrant et qui peut ainsi être soulagé. »

Cette intensité, nous avons pu le constater et nous l'avons déjà dit, elle se fait palpable tant elle est forte. C'est d'ailleurs pour cela que les réunions n'ont pas besoin de durer longtemps. « Nos médecins, affirme Maguy, préfèrent une très forte concentration et une intensité totale à des discours qui s'éternisent. »

Des exemples de guérison, après avoir interrogé Maguy et un certain nombre des membres de son groupe, nous pourrions en citer des dizaines, tous appuyés sur des dossiers médicaux puisqu'en aucun cas – c'est une règle absolue – les traitements ne doivent être interrompus. Maguy aime insister sur le cas de Fernand et il est vrai qu'il peut laisser perplexes même les esprits les plus réfractaires à l'irrationnel.

Fernand a eu un accident de voiture et à partir de là, il est entré sur un chemin de misère qui semblait ne jamais devoir finir. Il lui a fallu porter une minerve pendant trois mois, subir traitement sur traitement jusqu'au moment où son médecin lui a annoncé qu'il souffrait d'un rétrécissement du canal rachidien et qu'il devait subir une délicate intervention sous peine de se retrouver bientôt dans un fauteuil roulant. Son état n'a fait qu'empirer et il en était là lorsque sa sœur a été tuée dans un accident de la route. Lorsqu'il est venu voir Maguy pour la première fois, il avait le sentiment de n'être plus qu'une épave.

Elle-même, elle a hésité à se charger de lui et elle n'a accepté de le faire qu'après avoir reçu du médecin hospitalier l'assurance que l'intervention pouvait, sans inconvénient, être différée de trois mois.

« A la première séance de magnétisme, se souvient Maguy, j'ai eu le sentiment de toucher du bois mort, un organisme privé de vie. Le cas semblait désespéré et pourtant, peu à peu, la vie a recommencé à bourgeonner. Fernand a retrouvé l'espoir, il a pu se remettre au travail et il est même tombé amoureux d'une jeune fille du groupe, et lui qui avait les muscles " définitivement " noués, il a pu danser toute la nuit de son mariage. »

Le hasard fait bien les choses : quelque temps après, au cours d'un dîner, Maguy s'est trouvée placée à côté du médecin qui s'était occupé de Fernand. Il affirma très fort qu'il ne croyait pas au magnétisme et Maguy lui a parlé de Fernand qu'il avait perdu de vue. « Il est impossible qu'il soit guéri ! » s'est écrié le médecin. En fait, il l'a révélé plus tard, Fernand souffrait d'une myélite évolutive inguérissable.

Toutes ces merveilles vécues dans les groupes, il fallait bien un jour les raconter. Pendant les dix premières années, cela n'a pas été possible. Mammy imposait un silence absolu puis le temps d'Etty est venu. Le groupe prenait de l'essor, d'autres naissaient, les médecins amis étaient de plus en plus nombreux. Maguy sentait que le temps venait d'écrire son premier livre mais il lui a fallu une lente maturation. Quinze années au moins au cours desquelles, se souvient Yvette, les uns ou les autres enregistraient des cassettes pour permettre à Maguy de commencer à écrire avec une bonne base de témoignages.

« Je ne suis pas un écrivain, répète Maguy, et je n'ai jamais rêvé d'en être un. Je n'ai jamais pris le temps d'apprendre à taper à la machine. D'ailleurs, nous n'avons même pas de machine à la maison. Et puis Etty a commencé à insister, à expliquer qu'il fallait écrire ce livre pour ceux qui ne croyaient plus à rien, qui étaient trop enfoncés dans le désespoir pour aller même écouter une conférence.

« Quand le temps est venu, raconte Maguy, je me suis mise au travail et ça s'est fait tout seul. Je me levais, je prenais mon café, j'allais m'asseoir sous mon arbre et j'écrivais jusqu'à ce que la main me fasse mal. Quand elle me faisait mal, en général au bout de quatre heures ou quatre heures et demie, j'arrêtais et c'était fini pour la journée. Au bout d'un mois et demi, je me suis arrêtée parce que je n'avais plus rien à dire. Il y a des gens qui prétendent que je n'ai pas pu écrire mon livre toute seule. Demandez à Yvette comment ça s'est passé. »

Yvette raconte : « Un jour Maguy m'a dit : " Ça y est ! Je fais mon livre. " Elle a toujours obéi à ses guides avec une confiance aveugle et sans se poser de questions. Elle m'a demandé si je pouvais taper son manuscrit et elle m'a donné une cinquantaine de feuillets en me disant : " Prends ton temps parce qu'avec ça, tu as déjà de quoi faire. " Connaissant Maguy comme je la connais, je m'y suis mis dare-dare et j'ai bien fait parce que le lendemain, elle m'a appelée pour me dire : " Où en es-tu ? J'en ai d'autres à te donner. " Et c'était tous les jours comme ça. Elle a écrit à une vitesse incroyable. D'un seul jet. Et finalement, ce n'était pas du tout le livre qu'elle avait eu l'intention de faire. D'ailleurs, elle avait décidé d'écrire à la troisième personne mais elle n'a pas pu. Sans doute parce que cela ne lui semblait pas naturel. »

« Quand elle m'a apporté les premiers feuillets, confirme un hôtelier ami, c'était dingue : il n'y avait pas une rature. C'étaient des tranches de vie vraiment prises sur le vif, quasiment de l'écriture automatique. Par la suite, il a fallu remettre un peu d'ordre pour l'éditeur mais cela n'a pas été un gros travail. »

Encore fallait-il le trouver, cet éditeur. En dehors de Grenoble, Maguy était encore peu connue mais quand les choses doivent se faire, tout s'organise et tout s'arrange. C'est Joëlle de Gravelaine maintenant qui prend le relais et son témoignage nous est d'autant plus précieux qu'elle est loin d'être une femme crédule. Écrivain elle-même, elle dirige chez Robert Laffont une collection consacrée à la psychologie et elle a la réputation d'exercer un contrôle sérieux des sujets qui lui sont proposés. Nous reviendrons d'ailleurs sur son témoignage. Elle raconte :

« J'ai une amie qui habite Uriage, près de Grenoble. Elle m'a téléphoné un jour pour me dire : “ Écoute, je connais une femme qui fait des choses formidables. Il faut absolument que tu la rencontres et que tu t'occupes du livre qu'elle va écrire. ” J'aime beaucoup mon amie mais je sais qu'elle s'emballe facilement. Je ne me suis donc pas précipitée et comme elle insistait, j'ai dit : “ Qu'elle vienne me voir. ”

« Maguy est arrivée et ça a accroché tout de suite entre nous. Elle pensait faire écrire son livre par le juge Masse-Navette qui est un être tout à fait exquis et charmant. Je lui ai dit : “ Il n'en est pas question, c'est votre livre. ” Elle m'a dit qu'elle n'était pas écrivain et j'ai répondu : “ Mais vous êtes conteuse ! Vous m'avez raconté des choses avec un véritable talent. ” Je lui ai fait rencontrer Robert Laffont et il m'a donné raison : il ne fallait absolument pas récrire le livre, tout juste, si nécessaire, arranger ici ou là quelques petites choses. Maguy m'a envoyé son livre par petits bouts, comme des tranches de saucisson. »

Question : Elle n'a mis qu'un mois et demi pour l'écrire.

Joëlle de Gravelaine : Elle a été inspirée. Je suis certaine qu'Etty était à ses côtés... D'ailleurs l'histoire de la photo est extraordinaire. Maguy ne vous l'a pas racontée ? Lorsque le livre a été terminé, j'ai demandé à Maguy de m'envoyer un choix de photos pour la quatrième de couverture. J'en ai choisi une, le livre est sorti et un jour, un ami dentiste m'a téléphoné :

– Cette photo, c'est fabuleux !

– Fabuleux ? Pourquoi ?

– Tu n'as pas remarqué ?

– Remarqué quoi ?

– Le visage qui est derrière celui de Maguy.

« J'ai bien regardé cette photo et effectivement, derrière le visage de Maguy, il y en avait un autre. J'ai fait faire des agrandissements et c'était tout à fait évident. Ça sautait aux yeux. Justement, Maguy venait me voir. Je lui ai demandé :

– Tu as vu ta photo ?

– Qu'est-ce qu'elle a, ma photo ? C'est toi qui l'as choisie. Ce sont toutes les mêmes, faites au même endroit, le même jour.

– Regarde bien.

« J'ai vu alors Maguy se décomposer. Elle s'est mise à sangloter et elle s'est écriée : “ Mais c'est Etty ! ” »

Question : Elle n'était pas sur les autres photos?

Joëlle : Pas le moins du monde. Je pense que je ne l'ai pas choisie par hasard. J'ai été guidée. Plus tard, Maguy a posé la question à Etty et celle-ci lui a répondu en riant : « Ah! C'est une petite coquetterie de ma part. Je n'ai pas résisté à la tentation de figurer avec toi sur notre livre. »

« Regardez cette figure avec attention. Si vous avez vu d'autres photos d'Etty, c'est évident : pendant la guerre, les femmes portaient les cheveux en rouleaux et on les voit très bien. Et aussi ce visage un peu carré qui était celui d'Etty et ces sourcils très droits, ces yeux légèrement enfoncés dans les orbites, le contour général du visage... Sur les photos agrandies, il n'y a pas le moindre doute : Etty est vraiment là. »

Maguy était loin, en écrivant ce livre, d'imaginer que sa parution allait bouleverser sa vie de fond en comble. Car le succès a été fulgurant. Comme si le livre était attendu et comme si une série de « hasards » s'étaient conjugués pour en faire, très vite, un best-seller. Une émission de télévision qui avait été enregistrée a été retardée, si bien qu'elle a été diffusée le jour même de la sortie du livre.

« Cela a été très dur pour moi, commente Maguy. J'aime le silence et je ne suis pas médiatique mais il m'a fallu répondre à de multiples demandes. Je savais que cela m'était demandé et Etty ne cessait de me le confirmer. »

Question : Vous avez dû faire des découvertes?

Maguy : Ah oui alors! J'ai d'abord été bouleversée par des milliers de lettres qui reflétaient une solitude immense. Je savais que ça existait mais à ce point-là... J'ai répondu aussi vite que je le pouvais mais j'ai été submergée. Encore aujourd'hui, j'ouvre mon courrier avec trois semaines de retard.

« J'ai aussi découvert l'intolérance. J'étais naïve : je ne savais pas que des croyants pouvaient être intolérants. Moi, jamais je n'aurais l'idée d'accuser quelqu'un et d'essayer de lui faire du mal parce qu'il ne pense pas exactement comme moi. Si vous saviez tout ce qu'on a raconté sur moi! Certains sont même allés jusqu'à dire que je guérissais par l'intermédiaire du diable. J'ai été vraiment chagrinée. Non pas pour moi mais pour eux.

« Ce qui m'a touchée par-dessus tout, jusqu'à me faire pleurer, ce sont les milliers de lettres qui disaient : “ Merci Maguy! Nous avions perdu Dieu et, grâce à votre livre, nous L'avons retrouvé. ” Ou bien : “ Nous avons lu votre livre et nous sommes retournés à la messe où nous n'allions plus depuis vingt ans. ” Je peux vous montrer ces lettres, c'est fantastique! Fantastique aussi l'attitude des médecins. Des centaines d'entre eux, je n'exagère pas, se sont proposés pour nous aider. Comme s'ils prenaient conscience de la dimension spirituelle de l'homme et comprenaient qu'il ne suffit pas de soigner le corps.

« Le livre commence à être déjà ancien mais les lettres continuent à arriver. Tenez : en voici une que j'ai ouverte ce matin. Je vous en parle parce que, d'une certaine façon, elle est exemplaire. Elle montre à quel point les charlatans que je ne cesse de dénoncer sont aux aguets de la faiblesse humaine. C'est une jeune femme qui m'écrit : “ Je suis très heureuse, j'ai deux enfants, le bonheur parfait. Un jour, ma mère est allée voir une voyante qui lui a annoncé une grosse somme d'argent. J'ai eu envie d'y aller aussi et cette femme m'a affirmé que mon mari allait mourir au mois d'août d'une crise cardiaque. J'en ai été d'autant plus bouleversée qu'il y a dans notre famille plusieurs personnes qui sont mortes de cette façon. La voyante a téléphoné à son ‘ grand maître ’ de Paris pour lui demander conseil et il lui a dit que mon mari obtiendrait trois ans de sursis si j'offrais une somme de cinq mille francs... ”

« Vous vous rendez compte! explose Maguy. Cette pauvre femme! Elle a emprunté l'argent en cachette de son mari et, comme si ce n'était pas assez, elle doit aller tous les mois voir la voyante. Elle vit dans une terreur sans nom. »

Question : Qu'allez-vous lui répondre?

Maguy : Qu'elle devait immédiatement porter plainte pour escroquerie. Mais je ne me fais pas d'illusions : la voyante a sûrement exigé d'être payée en argent liquide, si bien qu'on ne pourra rien prouver. Des gens comme cette femme ont absolument besoin d'être aidés.

« Vous le voyez, écrire un livre, ça mène à tout. Même à rencontrer le prêtre catholique qui est chargé de dire ce qui est secte et ce qui ne l'est pas. C'est que les intolérants dont je vous parlais tout à l'heure n'ont pas hésité à dire que nous étions une secte. Nous avons eu une longue conversation avec ce prêtre et je l'ai trouvé sincère et très droit. Il m'a dit en quoi l'Église pouvait être d'accord avec nous et en quoi elle ne l'était pas mais il a reconnu notre sincérité et il nous a complètement lavés de l'accusation d'être une secte. D'ailleurs, comme je vous l'ai dit, de nombreux prêtres sont avec nous. »

Un prêtre, en voici un. Nous sommes heureux de lui donner la parole parce que c'est un ami que nous connaissons depuis longtemps, et que nous apprécions sa sincérité, sa science et sa totale ouverture d'esprit. Le Père Biondi connaît Maguy depuis longtemps. Il dirige lui aussi des groupes de prières et il lui arrive, lorsqu'il se rend à Grenoble, de célébrer la messe dans la grotte de la Luire. « La première fois que j'y suis venu, se souvient-il, alors que je venais de commencer la messe, j'ai été pris d'une angoisse fabuleuse. Je suis devenu blanc. Je vivais l'angoisse de ceux qui avaient vécu ici et toute la souffrance dans les villages voisins, celle de la petite fille dont on venait de raconter l'histoire qui avait été écrasée sous une poutre et qui avait crié pendant des heures... »

Question : Vous êtes prêtre catholique et vous êtes cependant l'un des plus fougueux défenseurs de Maguy Lebrun...

Père Biondi : Pourquoi pas? Un jour, quelqu'un en qui j'ai confiance a dit à Maguy qui passait par Paris : « Je me rends aujourd'hui à la conférence d'un certain Père Biondi sur la survivance au-delà de la mort. Vous devriez venir. » Maguy était réticente mais mon ami a insisté et je crois bien qu'elle n'est venue que pour lui faire plaisir. Elle s'est d'ailleurs installée dans le fond de la salle avec l'idée que si elle se barbait, elle pourrait toujours s'éclipser discrètement. Au bout de trois phrases, elle a dit à Daniel : « Il nous faut ce type-là. » Elle est venue me trouver à la fin et elle m'a demandé : « Êtes-vous capable de faire exactement la même conférence chez moi? » J'y suis allé, je suis resté plusieurs jours avec eux et nous n'avons pas arrêté de parler ce qui fait qu'à la fin, nous étions tous les trois aphones. Depuis, nous avons une confiance totale les uns dans les autres.

« Il n'y a qu'un point sur lequel nous ne sommes pas tout à fait d'accord et cela ne vous étonnera pas : je ne crois pas à la réincarnation, au moins comme elle l'entend. Je pense personnellement qu'il s'agit plutôt de l'accompagnement d'une personne par une ou plusieurs autres déjà mortes. Ce que j'appelle association de destins, voire parasitage s'il s'agit de gens du bas astral. Que nous soyons accompagnés par des esprits, c'est vrai. Ils peuvent nous aider. Si l'association de destin se fait à la naissance ou après la naissance, on ne peut tout de même pas appeler cela réincarnation au sens où les gens imaginent que c'est l'âme qui réanime tout depuis la conception. C'est une incarnation supplémentaire, une double incarnation si vous voulez mais ce n'est pas une réincarnation. »

Question : L'argument des réincarnationnistes, c'est qu'au cours d'une seule vie, nous ne pouvons apprendre tout ce que nous avons à apprendre.

Père Biondi : Une seule vie dans sa phase terrestre mais que savons-nous des métamorphoses de l'au-delà ? Ces phases ne sont d'ailleurs pas nécessairement toutes mystiques. Dieu nous veut Dieu, c'est sûr. Nous sommes partis de Lui et nous retournons vers Lui. Mais il n'y a pas deux itinéraires semblables. Il y a des êtres dont le seul désir, à un certain moment de leur évolution, est un désir spirituel. Pourquoi ? Parce qu'ils sont accompagnés d'un tas d'êtres qui réalisent en eux et avec eux les derniers stades de leur évolution. Les « accompagnateurs » profitent eux-mêmes de ce qu'ils font. Ils le font aussi pour leur évolution, un peu comme les boddhisatvas. Je crois beaucoup à cet accompagnement. Dans ma vie, ça se passe comme ça.

« De tout cela, Maguy, Daniel et moi, nous avons parlé, je vous l'ai dit, jusqu'à devenir aphones. Mais nous nous aimons au-delà de nos différences d'opinion. Cela ne nous empêche pas d'être dans une communion totale sur l'essentiel. J'admire sa générosité et j'affirme que ce qu'elle fait n'est en rien du spiritisme. Elle ne va pas déranger les esprits. Elle accepte simplement, dans sa grande humilité, d'être guidée. Elle fait un bien immense à beaucoup de gens, aussi bien au physique qu'au spirituel. »

Cher Père Biondi ! Pour nous parler de Maguy, il nous a reçus dans son carphanaüm parisien si encombré de livres et de papiers qu'il nous a fallu d'abord dégager les chaises pour nous asseoir. Il nous a parlé pendant des heures et nous regrettons vraiment de n'avoir pas la place de raconter ici tout ce qu'il nous a dit parce que c'était passionnant de bout en bout.

« Vous ne le savez peut-être pas mais Maguy est capable d'avoir le trac. » C'est Daniel qui parle, avec deux plis malicieux au coin des yeux. Il aime bien s'amuser Daniel, et nous avons passé de bons moments avec lui. Il n'a pas son pareil pour détendre, par une plaisanterie, une situation un peu délicate. On ne peut pas ne pas l'aimer, ne serait-ce que parce qu'il ne se prend pas au sérieux. Il poursuit son histoire :

« Maguy devait faire ce jour-là sa première conférence à la Sorbonne. Nous étions en avance parce qu'elle est toujours un peu soucieuse. Elle n'est pas Parisienne pour un sou et elle a toujours peur de se perdre et d'être en retard. Nous sommes allés reconnaître les lieux. Il y avait des CRS qui gardaient la rue. Maguy s'est inquiétée et elle a demandé à un gros monsieur qui semblait sur le point d'entrer :

– Que se passe-t-il? Une manifestation?

– Non, madame, on attend Maguy Lebrun.

« Pauvre Maguy! Elle en a eu le souffle coupé. Je l'ai vite entraînée dans un petit bistro et je l'ai remontée comme j'ai pu. Je lui ai commandé deux œufs sur le plat car elle mange très peu avant les conférences. J'ai bien vu qu'elle avait peur en pénétrant dans la salle. Plus de mille personnes, c'est une foule. »

« C'est vrai que c'est difficile, enchaîne Maguy. Je ne suis pas faite pour cela et j'ai eu l'impression de vivre un véritable cataclysme lorsque Etty m'a demandé, comme elle dit, de " porter le message ". La toute première fois – c'était à Lyon – j'ai senti ma gorge se nouer et j'ai eu le sentiment que je n'allais pas pouvoir dire un mot. Et puis Daniel s'est approché et il a murmuré à mon oreille, de la part d'Etty : " Je suis là, ne crains rien. " Toutes mes craintes se sont évanouies d'un coup. »

Depuis, Maguy a pris de l'assurance, nous avons pu le constater récemment dans cette même Sorbonne. Elle est si chaleureuse, si naturelle et si tolérante que même les gens venus pour la contredire ne peuvent résister au charme spontané qui se dégage d'elle. Tous, quelles que soient leurs races ou leurs religions, peuvent se reconnaître en elle. « Pour moi, répète-t-elle sans se lasser, la religion universelle, c'est que chacun garde précieusement sa source mais que tous puissent se donner la main au nom d'un Dieu qui est le même pour tous. » Ce message passe bien car il répond aux aspirations de millions de croyants.

Ainsi va Maguy, de conférence en conférence et à l'inverse de tant de conférenciers, elle ne se contente pas de parler. Partout où elle va, des groupes surgissent après son départ. Les bonnes volontés se rassemblent, des médecins, des magnétiseurs, des infirmières, des kinés s'offrent pour animer les réunions et pour soigner, les malades affluent à condition qu'ils s'engagent à ne pas ralentir ou abandonner leur traitement médical.

Inutile de dire que depuis qu'ils ont pris leur bâton de pèlerin, les vies de Maguy et de Daniel se sont transformées du tout au tout. Il n'est pas facile, lorsqu'on a dépassé soixante ans, de tout remettre en question et de se faire nomades mais dès qu'elle a entendu l'appel, Maguy a accepté.

« La demande était telle, explique-t-elle, que j'ai dû cesser de m'occuper directement des malades pour créer des associations partout où on me le demandait. Grenoble n'est pas Lourdes et nous ne sommes pas équipés pour y accueillir des milliers de malades. Il faut aller sur place. »

Question : Mais il ne doit pas être facile de trouver partout des magnétiseurs.

Maguy : Ce n'est pas nécessaire. Tout est basé sur la force de la prière et le petit peu de magnétisme que chacun peut avoir passe dans la grande chaîne des mains jointes. Cette force vibratoire, transformée par la force divine, peut aider les malades qui s'y exposent.

« Il y aura bientôt des groupes dans toutes les villes. Alors je pourrai m'arrêter et revenir à mon silence. »

Question : Mais ne vous faudra-t-il pas continuer à tourner de ville en ville pour soutenir les groupes?

Maguy : Certainement pas. Je tiens par-dessus tout à ce que ces groupes soient indépendants. Je ne veux même pas qu'ils se réclament de moi. Ce n'est pas « mon » œuvre que j'accomplis. Je ne veux surtout pas que les groupes soient reliés entre eux, qu'il y ait même le moindre semblant d'organisation.

Question : Pourquoi ?

Maguy : Parce que je pense à l'avenir. Je ne vais pas vivre éternellement et s'il y avait après moi une grande organisation, il se pourrait qu'un petit malin s'en empare et en fasse une secte. Je ne veux pas prendre ce risque. J'ai horreur des sectes parce qu'elles placent les gens sous leur domination. Je suis pour la liberté et je sais à quel point la volonté de puissance peut faire de ravages.

« Les groupes ne sont que des associations d'entraide et ils ne doivent être en aucun cas une nouvelle idéologie ou une nouvelle religion. Nous n'enseignons rien. Ce que je souhaite, c'est que chacun reste dans sa propre religion et c'est très important parce que là est sa source. Si vous parvenez à réconcilier les grands malades avec eux-mêmes et avec leur source, vous faites un travail fantastique, je l'ai constaté si souvent.

« Laissez-moi vous raconter une anecdote. J'ai vu un jour arriver dans mon cabinet une femme en pleine dépression. Elle avait connu avec son mari des années de très grand bonheur mais il est mort après quelques jours d'une maladie très douloureuse. Elle en avait été complètement désespérée. Sur ces entrefaites, les membres d'une secte sont arrivés dans le pays pour faire de la retape. Elle était vulnérable et elle s'est laissé embobiner. Ils lui ont expliqué que le Dieu des catholiques ne valait rien puisqu'il avait permis un tel malheur. Ils ont monté la garde auprès d'elle, lui ont rendu beaucoup de services, donné de l'amitié et, considérant qu'elle n'avait pas été baptisée puisqu'elle l'avait été par l'Église catholique, ils l'ont trempée, en plein mois de décembre, dans un baquet d'eau froide. Elle en a fait une broncho-pneumonie et s'est retrouvée à l'hôpital. Une fois sortie, elle est venue me trouver, désemparée. Elle se sentait coupable, m'affirmait que Dieu l'avait punie. Je lui ai répliqué : " Le Bon Dieu est un bloc d'amour, Il ne punit pas. Vous avez été défaillante et ces gens-là en ont profité. C'est tout. Puisque vous êtes catholique, allez voir votre prêtre, revenez à votre source, c'est encore là que vous vous trouverez le mieux. » C'est ce qu'elle a fait et elle est aujourd'hui guérie. Si elle avait été bouddhiste, je l'aurais envoyée trouver un bonze ou un lama.

« Ce que j'appelle la religion universelle, c'est le respect des sources. C'est à cause des gens intolérants qu'encore aujourd'hui, après des siècles de massacres, il y a l'Iran, l'Irlande ou le Liban.

« Voilà pourquoi, vous pouvez le dire et le répéter, il n'y aura jamais une secte Maguy Lebrun. »

Elle est frêle et, derrière son sourire, elle a le regard de ceux qui ont beaucoup souffert. Elle s'appelle Annick, elle est en sixième année de médecine mais elle dit, avec une moue désolée, qu'elle n'ira peut-être pas jusqu'au bout. Nous avons demandé à la rencontrer parce que, parvenus à ce stade de notre reportage, nous avons éprouvé le besoin de parler en profondeur avec un malade pris en charge par le groupe.

De cette rencontre, nous gardons un souvenir ému. Sans doute parce qu'Annick a accepté de descendre en elle et de tout dire sans réticences, même des choses difficiles, de raconter à la fois sa souffrance et les merveilles qui, de jour en jour davantage, s'accomplissent en elle. C'est pourquoi nous avons décidé de reproduire son témoignage tel qu'elle nous l'a donné avec ce ton direct et simple que nous avons tant aimé.

« Depuis cinq ans, nous dit-elle, j'ai une maladie peu commune et pas marrante qui s'appelle angio-dysplasie du grêle. C'est une maladie qui développe un peu partout des angiomes qui se mettent à saigner. On ne sait ni comment ni pourquoi et il n'y a pas de traitement, si ce n'est d'enlever les morceaux chaque fois que ça saigne. Il y a déjà toute une partie de mon tube digestif qui est partie comme ça. Pour tout arranger, j'ai eu coup sur coup deux tuberculoses.

« J'ai fini par en avoir assez et lorsque les médecins ont parlé de me réopérer, j'ai refusé tout net. J'en avais ras-le-bol, je voulais qu'on me fiche la paix et qu'on me laisse partir tranquillement. Je savais que l'issue fatale était proche. J'avais une hémoglobine très basse, j'étais un véritable squelette et je ne donnais pas cher de ma peau. Le patron du service hospitalier où j'étais m'a téléphoné trois fois pour me supplier de revenir. La dernière fois, il est resté une heure à l'appareil mais moi, j'étais au lit et je ne voulais plus en sortir. Heureusement, le généraliste qui me suivait ne m'a pas laissée tomber. Il connaissait Maguy Lebrun et il m'a mise dans sa voiture pour m'emmener chez elle. Il prenait un risque énorme car j'aurais aussi bien pu mourir en route. »

Question : Vous aviez entendu parler de Maguy?

Annick : Pas le moins du monde mais je voulais faire plaisir à ce médecin. Maguy m'a soignée dès mon arrivée mais elle a tout de suite compris que cela ne suffirait pas et qu'il lui fallait réunir son « état-major » comme elle dit. Heureusement, je me sentais un peu mieux et le lendemain, j'ai trouvé un peu de force pour retourner chez elle à huit heures et demie du soir. J'y ai trouvé une vingtaine de personnes dont beaucoup de médecins. Je ne pouvais croire que tous ces gens s'étaient dérangés pour moi. Ils se sont donné la main et ils ont prié pour moi. Ça me faisait une belle jambe : j'étais athée à l'époque. Athée et triste de l'être. J'aurais bien voulu avoir la foi mais il n'y avait pas moyen. Cela ne se raisonne pas. Quand ils ont eu fini, je suis rentrée chez moi.

Question : Quelle impression vous a faite Maguy?

Annick : Je ne me suis pas posé la question. J'étais complètement à plat. Quand vous avez une grosse anémie, vous ne savez pas très bien où vous êtes. Je flottais un peu et je me laissais porter par la vague.

Question : Est-ce que vous vous êtes tout de suite sentie mieux?

Annick : Je ne sais pas. J'étais toujours dans le brouillard mais le lendemain, le médecin est venu me voir. Il m'a fait un garrot et il a essayé de me trouver une veine pour savoir s'il serait possible de me transfuser. Depuis un bon moment, c'était absolument impossible. Eh bien, ce jour-là, il a trouvé la veine du premier coup. Il n'en revenait pas et moi non plus. J'ai donc été transfusée et cela m'a donné un petit coup de fouet. Comme si j'avais eu de nouveau envie de vivre. Le médecin en a profité. Il m'a mise entre les mains d'une nouvelle équipe avec laquelle je me suis sentie tout de suite beaucoup mieux. J'avais affaire à des gens qui ne voyaient pas seulement en moi un tube digestif qui saignait mais une personne. Certains faisaient partie du groupe de Maguy.

« Avec eux, j'ai fini par accepter l'opération. Sans doute parce que, grâce aux prières de mes nouveaux amis, je me sentais un peu plus vigoureuse. Ce n'était pas gagné pour autant. J'ai dû subir plusieurs interventions et j'ai fait une septicémie à cause des transfusions mais ce qui est extraordinaire, c'est que je vivais la maladie d'une façon tout à fait différente. Je me suis rendu compte que j'avais découvert la foi. Ça m'est tombé dessus je ne sais comment. »

Question : Après la première intervention de Maguy?

Annick : Je ne saurais le dater. C'est venu comme ça. Une sorte de paix que je n'avais jamais connue. J'avais envie de vivre et même de me battre pour cela mais pas à n'importe quel prix. En tout cas pas au prix qu'on me proposait car on voulait m'enlever tout l'intestin et me faire vivre avec une nutrition parentérale. C'était fou. J'ai refusé net mais au fond de moi, il y avait comme un espoir. En tout cas, une grande tranquillité. Je voulais vivre mais je n'avais pas peur de partir.

Question : Diriez-vous que votre vie est plus passionnante maintenant?

Annick : Oh oui! Tout a changé du tout au tout. Vous vous doutez bien que ce n'est pas marrant tous les jours. Il ne me reste qu'un petit bout d'intestin grêle et quant à mon estomac, il a fallu me l'enlever par petits morceaux. Je dois manger très souvent et très peu et j'ai des problèmes digestifs embêtants mais je parviens à vivre à peu près comme tout le monde.

« Je vais même vous dire une chose que je m'étonne moi-même de dire : il m'arrive de penser que j'ai eu de la chance d'avoir cette maladie. C'est fou, hein? Mais je n'aurais jamais fait tout ce chemin si je n'avais pas vécu toutes ces souffrances. Elles m'ont permis d'acquérir une dimension que je n'aurais pas acquise autrement. J'étais embourbée dans des tas de besoins et il m'a fallu aller vers un dépouillement complet, repartir à zéro. Je ne souhaite à personne de prendre ce chemin-là mais je me dis que pour moi, il a été une chance. »

Question : Maguy vous a aidée?

Annick : Elle a eu une place fondamentale. J'ai très vite senti près d'elle la présence de quelqu'un d'aimant. Quand elle me prenait par les épaules, j'avais l'impression de plonger dans un bain d'amour. C'était fabuleux. Je n'avais jamais été aimée comme ça. Elle m'a surtout appris à m'aimer moi-même, à découvrir qu'il y avait en moi de belles pierres avec lesquelles je pouvais construire. Avant, je ne pouvais pas donner grand-chose aux autres parce que je ne m'aimais pas.

« Maguy m'a fait comprendre que cette maladie était un message que je devais apprendre à lire. J'ai revu toute ma vie à cette lumière. »

Question : Par exemple?

Annick : Il y aura bientôt dix ans que je suis malade. Jusque-là, j'avais travaillé dur. J'avais commencé ma médecine, puis j'ai eu besoin de travailler et j'ai passé mon diplôme d'infirmière. Après, j'ai recommencé la médecine et je suis arrivée jusqu'en sixième année. J'ai essayé de m'accrocher malgré tout. Rendez-vous compte : cela fait cinq ans que je suis en sixième année. Il me reste deux années d'internat. Je ne pouvais pas me faire à l'idée que, peut-être, je n'irais pas plus loin. Maguy m'a aidée à lâcher, à comprendre que ce n'était pas l'essentiel.

Question : Vous vous sentez guérie?

Annick : Je ne sais pas pourquoi mais au fond de moi, j'ai la conviction que c'est fini, que j'ai appris tout ce que j'avais à apprendre de cette maladie, que je peux tourner la page et aller vers autre chose. Le fait est que je ne saigne plus alors qu'avant, je saignais toujours un petit peu, même dans les meilleurs moments.

Question : Comment envisagez-vous les jours qui viennent?

Annick : Avec gourmandise.

Question : Vous êtes célibataire?

Annick : Heureusement, parce que je n'aurais voulu emmener personne dans cette galère. Même pour moi, cela aurait ajouté à mes soucis d'avoir un mari et des enfants. Mais si tout va bien, mon rêve n'est pas de finir mes jours toute seule. Je rêve d'avoir une famille et si je ne peux avoir d'enfants, je peux toujours en adopter.

Question : Vous allez souvent aux réunions du groupe?

Annick : Chaque fois que je le peux. Au début, quand j'ai commencé à aller mieux, j'ai tout laissé tomber et puis quand ça a recommencé, je suis revenue. J'ai pris un savon pas possible. Maguy et Daniel s'y sont mis tous les deux. Ils avaient bien raison. Je n'avais pas vraiment mesuré la portée de ce qu'ils faisaient. Maintenant, je fais partie du groupe. Non plus comme malade. Je suis un membre comme les autres. Ce que j'apprécie par-dessus tout, c'est la discrétion. Par exemple, nous allons voir les malades à l'hôpital mais seulement s'ils le demandent. Quand j'étais à l'hôpital, les visites étaient toujours légères. Les gens restaient s'ils voyaient que j'avais envie de discuter, sinon, ils partaient aussitôt. Jamais on ne m'a dit de faire ceci ou cela. On m'a offert l'amour et je le prenais si je voulais. On ne m'a jamais rien demandé, ni financièrement, ni moralement, ni intellectuellement. J'ai trouvé cela formidable. Et aussi le fait qu'il n'y ait pas d'apostolat. Le premier jour, Maguy m'a demandé si je croyais en Dieu. J'ai répondu que non et nous n'en avons plus reparlé.

« Plus tard, je lui ai dit que j'avais trouvé la foi et elle n'a fait aucun commentaire. J'ai eu l'impression d'être accueillie comme l'enfant de la maison. Personne ne m'a demandé ce que j'avais fait avant. C'est fabuleux. Je suis sûre que c'est cet amour qui m'a guérie. Un amour tout à fait gratuit. »

Question : Vous dites que vous étiez athée et que vous avez trouvé la foi. Qu'est-ce que c'est pour vous, la foi?

Annick : C'est la conviction qu'il y a une puissance qui est autour de nous sous plein de formes mais avec une unité... C'est comme si j'étais entourée par une pyramide. Il y a Dieu en haut et plein, plein de choses, d'êtres et d'énergies que je ne connais pas et qui sont autour de moi, en moi, qui sont moi. C'est imbriqué.

Question : Une énergie d'amour?

Annick : Si je devais la qualifier en deux mots, c'est ce que je dirais.

Question : Avez-vous éprouvé le besoin d'entrer dans une Église?

Annick : Non, mais les Églises ne me gênent pas dans la mesure où on ne me demande pas d'y entrer. Je ne veux pas qu'il y ait des limites. Je ne veux pas dire un jour : « C'est moi qui possède la vérité et pas ceux qui ne croient pas comme moi. »

Question : Dans la vie pratique, est-ce que la foi a changé quelque chose en vous?

Annick : Elle m'a rendue plus proche des hommes. C'en est même gênant quelquefois. Par exemple, je ne supporte plus les informations télévisées. Avant, j'étais capable de les regarder comme tout le monde en buvant mon café et en me disant que c'était triste. Je versais ma larme, je me sentais concernée, j'avais une envie fugitive de partir pour le Bangladesh et, très vite, je pensais à autre chose. Maintenant, je ne supporte plus. Quand je vois des morts par terre, j'ai l'impression qu'ils sont devant ma porte. Je me tiens tout de même au courant mais c'est douloureux et je ne me résigne pas. J'ai le sentiment d'être la sœur de tous ceux qui souffrent et ce n'est pas épidermique. C'est en moi, au plus profond.

« En même temps, je découvre la joie dans les petites choses de la vie. La dernière fois que je suis allée à l'hôpital, c'était vraiment tangent. Je ne savais plus très bien où j'étais. Malgré tout, des infirmières venaient pour être soi-disant près de moi, pour me tenir la main mais ce sont elles qui me racontaient leurs problèmes et me demandaient des conseils alors que je planais entre 40 et 41. J'étais tout juste assez lucide pour les écouter mais certaines m'ont avoué plus tard qu'elles avaient trouvé un réconfort auprès de moi. C'est cela la foi et c'est époustouflant.

« Je n'y suis pour rien, vous savez. Il y avait cette énergie en moi qui veillait en dépit de tout. Finalement, tout ce qui nous est demandé, c'est de nous faire transparents pour que " ça " passe. Tout le travail est là. »

Nous sommes restés ensemble en silence et il est vrai que nous nous sentions bien près d'Annick, comme réconfortés par son courage si simple et un peu honteux de nos petits problèmes et de nos petites préoccupations. Elle qui a tant souffert, lorsqu'elle rend grâce à Maguy, c'est plus de lui avoir fait découvrir la foi que de l'avoir guérie.

Nous avons rencontré d'autres malades, nous avons parlé avec eux et découvert en eux des merveilles mais nous avons le sentiment, puissent-ils nous en excuser, que ce bouleversant témoignage de la si frêle Annick les contient tous et que nous pouvons maintenant partir à la rencontre des médecins.

Ils sont si nombreux, leur enthousiasme est tellement contagieux que nous avons eu un problème : fallait-il rassembler une gerbe de témoignages brefs et percutants; obtenir ainsi un effet de masse ou demander de longs entretiens à quelques-uns d'entre eux? Il nous a été d'autant plus difficile de choisir que nous en avons rencontré beaucoup. Ils sont dans les groupes et ils suivent Maguy dans ses conférences, toujours prêts à témoigner. Beaucoup se sont exprimés dans le livre de Maguy. Ils sont généralistes, spécialistes, médecins des hôpitaux. Il y a même parmi eux des professeurs et s'ils ont un point commun, c'est l'enthousiasme.

Tout bien considéré, outre notre ami Pierre dont nous avons déjà parlé, nous avons choisi, tout en reconnaissant que ce choix est arbitraire, de faire un bout de chemin avec deux d'entre eux.

Elle est vertébro-thérapeute et elle travaille beaucoup avec des enfants et des handicapés mentaux. Sa curiosité d'esprit la pousse à explorer de nombreux domaines et son esprit scientifique la garde de se laisser entraîner dans des impasses. Elle veut être à la fois rigoureuse dans sa recherche et ouverte au souffle de l'Esprit. En l'entendant parler, nous avons eu souvent le sentiment – qu'elle nous pardonne si elle n'est pas d'accord – de nous trouver devant un de ces médecins du Nouvel Âge qui sont à nos yeux un grand espoir pour l'humanité souffrante.

Étant ainsi et habitant près de Grenoble, elle ne pouvait pas ne pas renconter Maguy Lebrun. Un jour, des parents affolés lui ont amené à son cabinet un petit garçon de deux ans prénommé Frédéric. Il était en vacances chez sa grand-mère à Fréjus lorsqu'un soir d'août, alors qu'il faisait une chaleur étouffante, il est devenu livide et s'est mis à hurler de douleur. Rien ne pouvait le calmer. Le médecin du lieu lui a donné un traitement qui est resté sans effet et les parents, aussitôt prévenus, sont descendus le chercher pour le ramener à Grenoble. Dans les jours qui suivent, son état ne cesse d'empirer, il vomit tout ce qu'il mange, hurle... Les parents l'amènent chez le docteur Barnola. Entre-temps, comme ils font partie du groupe de Grenoble, ils téléphonent à Maguy Lebrun qui se trouve justement en vacances dans le Midi et celle-ci promet d'aider. En fait, elle réunit tous les gens qu'elle peut trouver et ce même jour à 5 heures, ils se mettent en prière. 5 heures, le « hasard » fait bien les choses, c'est justement l'heure à laquelle le docteur Barnola est en train d'essayer de comprendre ce qui arrive au petit Frédéric. Il est toujours aussi mal lorsque subitement, sans que rien ne l'ait laissé prévoir, il se calme, cesse de hurler, de vomir et demande à manger. La mère comprend aussitôt. Elle sait que le groupe de Fréjus est en train de prier. Elle explique cela au médecin.

« Le véritable esprit scientifique, explique celle-ci, ne consiste pas à refuser ce qu'on ne comprend pas mais à essayer de le comprendre. » Elle demande à rencontrer Maguy et se passionne aussitôt pour ce qui se vit dans les groupes. « Il y a longtemps qu'on le sait, explique-t-elle, que la prière peut guérir. Deux mille ans au moins et sans doute beaucoup plus. Les groupes sont des groupes de prière comme tant d'autres mais à l'inverse de beaucoup, ils ne prétendent pas à l'exclusivité. »

Nous avons passé de bons moments avec cette petite femme énergique et souriante, nous prenant à souhaiter que beaucoup de médecins soient comme elle, à la fois capables d'utiliser toutes les ressources de la science et de voir quand même audelà. Elle est persuadée que la médecine va dans ce sens. Il lui arrive de prendre des colères lorsque les malades s'obstinent à lui réclamer des pages entières sur les ordonnances. « Savezvous qu'il faut du courage, dit-elle, pour dire à quelqu'un de boire de l'eau chaude et de rester tranquille. Pourtant, un grand verre d'eau bien chaude fait souvent plus de bien que des produits chimiques. Je me souviens aussi de cette femme qui est venue me trouver parce qu'elle souffrait terriblement du dos. J'ai vu qu'elle marchait avec des souliers très pointus et comme je lui disais d'en mettre désormais des plats, elle a refusé net. C'était pourtant la seule solution pour elle. J'étais si en colère que je ne l'ai pas fait payer. »

Elle qui se donne tant de mal pour soigner ses malades, elle est persuadée que certaines guérisons peuvent venir d'en haut et, pour nous le prouver, elle nous raconte ce qui est arrivé dans sa propre famille :

« En coupant du bois, mon fils, un jour, s'est sectionné un tendon et ouvert l'articulation de l'index. C'était vraiment une vilaine plaie et ça n'a été que de mal en pis. Il filait un mauvais coton. Le chirurgien de l'hôpital a fait tout ce qu'il fallait mais le petit ne guérissait pas. Au contraire, j'ai vite constaté que l'os commençait à se bouffer. Il en manquait gros comme un petit pois. Ça se nécrosait. Le chirurgien était si inquiet qu'il nous a fait comprendre, sans trop oser le dire ouvertement, qu'il serait soulagé si nous allions consulter un de ses confrères. On a toujours peur d'avoir des ennuis avec un fils de médecin. Nous sommes donc allés voir un spécialiste de la main. Au bout de dix jours, la situation était devenue si grave qu'il nous a dit : " Cela prend mauvaise tournure. S'il n'y a pas d'amélioration, dans huit jours je lui coupe le doigt. Mieux vaut pas de doigt qu'un doigt raide qui ne sert à rien. "

« A ce stade, je suis allée voir Maguy et nous avons décidé de consulter un médecin de l'espace. Il m'a parlé à moi par l'intermédiaire de Daniel. Il a été très discret, très délicat. Comme mon fils était là, il a parlé à mots couverts. Il a dit que ce n'était pas si grave et que, puisqu'il n'y avait pas de fièvre, point n'était besoin de chirurgie. " Continuez de l'emmener à l'hôpital, a-t-il ajouté, mais en même temps, faites-le magnétiser par Maguy. Vous-même, tous les jours, magnétisez-le et faites-lui des bains de main. Pas de la main malade, ce n'est pas le moment car il y a encore des plaies. Il ne s'agit pas de créer une infection. Faites-lui donc tremper la main droite dans une tisane que vous allez faire avec des pétales de rose. Ajoutez du tilleul parce que ce gamin, même s'il n'en a pas l'air, c'est une vraie bombe, une grenade dégoupillée. Et puis votre jardin est plein de bonnes herbes. Vous n'aurez qu'à vous promener et je vous indiquerai les plantes qu'il vous faudra cueillir. Avec tout cela, vous ferez une tisane bien concentrée dans laquelle vous lui ferez tremper la main droite deux fois par jour. Vous verrez : tout ira bien. "

« Maguy est intervenue et lui a demandé si ça n'allait pas le gêner plus tard et elle ajouté qu'elle avait le sentiment que cette histoire-là était une leçon. " Bien sûr que c'est une leçon, a-t-il répondu. Tout ce qui arrive est une leçon. Il y a des gens, il suffit pour qu'ils comprennent qu'un cheveu bouge sur leur tête. D'autres, il faut les couper en rondelles et s'ils ne comprennent pas à la première rondelle, on continue jusqu'à ce qu'ils aient compris. Mais un avertissement, c'est comme une lettre cachetée : elle ne peut être lue que par celui à qui elle s'adresse. Avez-vous compris, jeune homme? " a-t-il ajouté en s'adressant à mon fils qui écoutait bouche bée.

« C'était un jeudi. Le lundi suivant, quand il est retourné à l'hôpital, l'infirmière a ouvert son pansement et elle n'en a pas cru ses yeux. Elle a appelé le kiné, qui a appelé l'interne, qui a appelé le patron, lequel s'est exclamé : " Mais ça a changé du tout au tout, ça commence à cicatriser, ça prend meilleure mine. " Il n'était pas au bout de ses surprises car en huit jours, tout était guéri. Lors de sa dernière visite, mon fils lui a fait remarquer qu'il était guéri et que pourtant, son tendon n'avait pas été recousu. " J'avoue ne pas savoir ce qui s'est passé, a répondu le chirurgien. Cela tient du miracle et je ne veux pas tenter le diable en réouvrant pour recoudre le tendon. De toute façon, ce sont les extenseurs qui sont concernés et puisque vous avez vos fléchisseurs, vous avez une préhension normale. Si vous faites travailler votre doigt, tout ira bien. "

« Mon fils a failli lui expliquer toute l'histoire mais il n'a pas osé. »

Question : Vous avez dit tout à l'heure que le médecin du ciel devait vous indiquer quelles herbes ramasser dans votre jardin. Comment s'y prenait-il?

Dr Barnola : Je me promenais dans le jardin et tout d'un coup, une plante avait à mes yeux une tête différente.

Question : Comme si elle vous faisait signe?

Dr Barnola : Exactement. Tout d'un coup, par exemple, il y avait un pied de sauge qui me sautait aux yeux alors que d'habitude, il était banal comme tous les jours. Un autre jour, ce pouvait être un pied d'orties.

Question : Cela montre à quel point il faut être à l'écoute.

Dr Barnola : Être vigilant. Il s'en faut souvent d'un cheveu.

Question : Il y a déjà quelque temps de cela. Est-ce que les médecins de l'espace continuent à venir?

Dr Barnola : Ils continuent mais Maguy en parle moins. Ils nous ont souvent dit : « Sans nous, vous ne pourriez rien mais sans vous, nous ne pourrions rien. Pour pouvoir jouer sur la matière, nous avons besoin du capital d'énergie matérielle que vous nous fournissez. »

Question : Qui sont-ils, ces médecins de l'espace?

Dr Barnola : Un peu ce que les bouddhistes appellent des boddhisatvas. Un peu des bergers de l'espace, des guides qui nous viennent en fonction du travail que nous avons à accomplir.

Question : Pour votre travail, c'est une aide importante?

Dr Barnola : Essentiel. Il est capital de se savoir aidé en permanence.

Question : Comment s'établit le contact?

Dr Barnola : Pour qu'il coule, il suffit d'être ouvert, de se faire canal. Moi, j'ai la photo d'Etty sur mon bureau et lorsqu'il le faut, je lui demande de m'envoyer quelqu'un. Quand elle sourit, cela veut dire que je suis prête.

Question : Vous vous recueillez devant le malade?

Dr Barnola : Pas vraiment. Mon malade, il est allongé à plat ventre . Il ne me voit pas. Quand j'entre dans mon cabinet, je sais qu'Etty est là et elle me dit souvent : « Nous sommes à votre disposition et vous n'en profitez pas assez. Vous allez souvent embêter Maguy et Dad alors que vous pourriez très bien faire appel à nous directement. »

« Moi, chaque fois que je vais contre mon intuition, même en me basant sur des raisonnements intellectuels, je fais des bêtises. Cela ne veut pas dire qu'il ne faut pas étayer son intuition mais qu'il ne faut jamais aller contre. En vertébrothérapie, chaque fois que c'est nécessaire, j'utilise les anti-inflammatoires et tout l'arsenal mais le moins longtemps possible. On peut jouer sur d'autres plans. Sur le plan énergétique, sur les chakras. Souvent, je vois des dos tristes, bloqués, malheureux et après les avoir traités, ils redeviennent vivants. L'énergie circule à nouveau. C'est extraordinaire.

« Ce qui est essentiel, c'est que je ne me sens jamais seule devant mon malade. S'il guérit, je n'ai aucune raison de m'en attribuer le mérite. Je ne puis que répéter, en paraphrasant la célèbre phrase d'Ambroise Paré : " Je l'ai soigné, ' ils ' l'ont guéri. " »

Changement de décor. Chez le Dr Barnola, nous étions dans un petit cabinet de province dont la fenêtre s'ouvrait sur un jardin plein d'herbes folles. Nous voici aujourd'hui dans un des hauts lieux de la médecine officielle, là où la machine est reine. Nous avons rendez-vous avec le Pr Relier, chef du service de néo-natalogie à la maternité de Port-Royal. Il nous a fallu montrer patte blanche pour arriver jusqu'à lui. « Vous savez que je suis un homme très occupé, nous a-t-il dit au téléphone, mais si c'est pour Maguy Lebrun que vous voulez me voir, je suis prêt à vous donner du temps car cela en vaut vraiment la peine. »

Des ascenseurs, des couloirs interminables, des salles pleines de couveuses autour desquelles s'affairent des infirmières et tout au bout, un petit bureau dont la baie vitrée s'ouvre sur le dôme du Val-de-Grâce.

Ce qui nous a tout de suite mis à l'aise devant le Pr Relier, c'est la chaleur de son accueil. C'est aussi la simplicité avec laquelle il a accepté de nous parler sans la moindre réticence de Maguy, ce qui, pour un « mandarin », n'est pas sans courage.

« Je m'intéresse beaucoup, nous dit-il d'emblée, à tous les aspects de la médecine. J'estime que nous sommes tous médecins, tous soignants. Le soin est la manifestation physique de l'amour cosmique. Il faut oser dire que nous sommes tous soignants. Quelle est la manifestation principale de l'univers, du cosmos ? C'est l'amour. Dans toutes les religions de valeur, le maître-mot, c'est l'amour. A nous qui sommes occidentaux, il nous a été dit : “ Soyez parfaits comme votre Père céleste est parfait. ” »

Question : C'est l'amour qui vous a amené à être médecin?

Pr Relier : Je n'en sais rien. A dix-huit ans, les critères sont imprécis mais mon choix date sans doute de plus longtemps : notre vie actuelle n'est pas l'aspect unique de notre évolution. Sans ça ce serait la catastrophe.

Question : Comment avez-vous rencontré Maguy?

Pr Relier : A cause de ma femme. Comme toutes les femmes, elle est très « orientante » et c'est merveilleux. Elle m'a dit un jour de mai 1987 : « Tiens! Je t'ai amené ce bouquin. » C'était *Médecins du ciel, médecins de la terre.* Je l'ai ouvert et je me suis dit : « Encore un médium! » et je l'ai laissé tomber. Je l'ai emmené avec moi dans le train en allant voir mon père et dès mon retour, le lundi matin, j'ai pris mon minitel, j'ai tapé Lebrun à Grenoble et je suis tombé sur Daniel qui m'a dit qu'ils étaient en plein déménagement et qu'ils ne pouvaient recevoir personne. J'ai entendu Maguy demander qui c'était et Daniel répondre que c'était un médecin. Elle a pris l'appareil et m'a demandé de venir le surlendemain. C'était en août et nous avons passé toute une journée ensemble à Saint-Nazaire-les-Eymes. Elle m'a tout de suite tutoyé et nous nous sommes trouvés au même niveau de pensée, y compris sur la réincarnation.

« J'aime beaucoup cette femme, je la trouve fantastique, je suis allé plusieurs fois à Grenoble et j'y ai assisté à une réunion de son groupe. Ma femme et moi, nous avons créé un groupe à Meudon. Il s'appelle : “ 20 h 30. Canal nouveau. ” Au début, nous étions huit et nous sommes maintenant une quarantaine.

« Ce que je trouve le plus merveilleux, c'est que lors des réunions, il faut laisser sa personnalité à l'entrée. Maguy insiste beaucoup là-dessus et elle a raison. Nous ne sommes que des canaux et nous ne sommes là que pour les malades. A 20 h 30, il y a une telle intensité d'énergie née de toutes ces personnes qui prient ensemble. Il ne faut jamais oublier cette phrase d'Etty : “ Votre amour, votre pensée sont notre pain quotidien, notre réconfort. Nous avons besoin de votre pensée positive pour agir, pour vous aider. ”

« Lisez Böhm, Capra ou *La Source noire* de Patrice Van Erseel. Tous les témoignages concordent : avec la physique quantique, on peut tout expliquer. Tout est quantique dans notre univers, c'est-à-dire que tout est particules. Entre la matière brute et la pensée la plus fine et la plus lumineuse, il n'y a pas de discontinuité. Finalement, l'âme quantique, si je peux dire, sort au moment de la mort du corps physique. Elle va avoir son cheminement et, pendant ce cheminement, elle est capable de perceptions. La vie du monde invisible n'est pas la même que celle du monde visible mais elle est comparable. On s'informe aussi dans le monde invisible.

« Dans les groupes, nous n'avons pas besoin de faire des efforts fantastiques. Nous sommes des canaux et l'amour cosmique passe à travers nous pour le ou les individus qui ont besoin d'aide. Pas forcément de guérir. En un an et demi, nous avons eu deux malades graves qui sont morts mais dans une grande paix. La guérison du corps physique ne doit pas être toujours considérée comme une finalité. Si elle arrive, tant mieux. Je m'en réjouis et je fais tout pour ça mais j'ai le sentiment que le but des groupes doit être avant tout de faire prendre conscience aux malades et à nous tous que la mort n'est qu'un passage. Pourtant, si vous saviez comme je suis heureux lorsque j'ai pu guérir un malade! »

Question : Tout de même, vous êtes un professeur de médecine, un être rationnel. N'avez-vous pas été gêné au début de tout ce qu'il peut y avoir d'irrationnel dans la démarche de Maguy?

Pr Relier : Quand vous êtes dans un centre de néo-natalogie et que vous voyez souffrir et mourir des enfants, vous ne pouvez pas ne pas vous poser des tas de questions. Je me suis toujours intéressé à tout ce qui est complémentaire, les homéopathes, les ostéopathes, les acupuncteurs, les guérisseurs, les magnétiseurs. J'ai rencontré des tas de gens comme ça.

« Il y a vingt-trois ans que je suis dans ce service et j'ai beaucoup évolué au contact des nouveau-nés. Je l'avoue, je ne sais pas comment leur appliquer les idées de Maguy. Je lui ai demandé de consulter Etty pour savoir si j'avais raison d'intervenir de façon aussi active vis-à-vis de l'enfant qui va très mal.

A-t-on le droit de continuer à le réanimer lorsqu'il est en pleine détresse et que son cerveau est perdu ? Je n'ai pas le droit de faire une médecine expérimentale, d'imposer des souffrances inutiles et sans cesse je me demande quel est mon devoir face à cette âme, car c'est au niveau de l'âme qu'il faut se situer, non au niveau du corps physique. C'est ce que tant de médecins n'arrivent pas à comprendre. Pour eux, le corps physique est la totalité de l'être. »

Question : Quelle a été la réponse de Etty ?

Pr Relier : De continuer à faire ce que je fais et de ne pas insister lorsque l'enfant est dans une détresse épouvantable, avec des malformations catastrophiques et un cerveau en capilotade. Là où je ne suis pas encore à la hauteur, c'est que je n'arrive pas à accompagner ces enfants dans la mort comme je le souhaiterais. Je dis souvent, mais je n'ose pas le dire à tout le monde : « Il faut prévenir l'enfant qu'on va arrêter la machine. » Ma pensée va toujours vers lui en ces moments-là. Ce qui est important, c'est l'affectivité que vous mettez dans vos paroles. L'enfant ne comprend pas mais il sent. Sa perception est totalement différente de la nôtre parce que la nôtre a été totalement modifiée par notre éducation, notre environnement et notre expérience.

« Cet accompagnement des nouveau-nés mourants, les infirmières le font souvent intuitivement. Si vous voyiez l'amour qu'elles donnent, la douceur de leurs gestes avant et après la mort. Si les enfants restent un peu longtemps, elles s'attachent à eux et c'est pour elles un vrai désespoir de les voir mourir. »

Question : Je voudrais savoir si vous êtes d'accord avec l'idée de notre livre. Si vous pensez, vous aussi, que les valeurs féminines sont enfin en train de prendre leur vraie place.

Pr Relier : Chaque fois qu'on me demande de parler sur ce sujet, je termine sur cette phrase de Bourbon-Busset : « Le jour où la femme prendra conscience véritablement de son rôle de femme créatrice, le monde prendra un autre aspect. » Il se passe tellement de choses pendant la grossesse. Lorsque la femme a une pensée positive, elle est vraiment créatrice de son enfant. Pas simplement au plan physique mais aussi dans sa construction psychologique. Si elle donne beaucoup d'amour, elle donnera naissance à un être fantastique. Elle doit à tout prix prendre conscience de son rôle pendant la conception et la grossesse. Alors la face de l'humanité pourra changer assez rapidement.

« Un ami homéopathe m'a récemment raconté cette histoire : il suivait pendant sa grossesse une femme qui était très bien, très heureuse. Elle arrivait à sa trente-neuvième semaine lorsqu'elle a appris que son mari la trompait. Elle s'est effondrée et le gamin est né dans la foulée. Il s'est mis à faire de la diarrhée, à vomir et il a fallu l'hospitaliser, le perfuser sans pour autant découvrir la cause du mal. L'homéopathe a donné à l'enfant une dose qui donne généralement de bons résultats dans les cas de détresse psychologique graves et il a été guéri. Cela prouve qu'il a vécu in utero l'agression psychologique subie par la mère et qu'il en a fait les frais. »

Question : Que diriez-vous si nous vous demandions de résumer notre entretien en quelques mots.

Pr Relier : Un seul mot suffirait : l'amour. L'amour cosmique. Car le cosmos est amour. Nous devons faire constamment appel à cet amour de façon à le donner. Plus on en donne et plus on en reçoit.

En quittant la maternité de Port-Royal, Rachel et moi, nous nous sommes dit que nous avions beaucoup de chance d'être amenés à rencontrer pour notre travail des êtres d'une telle qualité.

Une chance qui ne nous a d'ailleurs pas quittés puisque, au lendemain de notre rencontre avec le Pr Relier, nous avions rendez-vous avec Joëlle de Gravelaine et que nous avons passé avec elle un des meilleurs moments de notre reportage.

Elle a cet esprit ouvert que nous aimons, elle écrit des livres sur l'astrologie et sur des problèmes sociaux et psychologiques tels que l'adoption, elle dirige chez Robert Laffont la collection « Réponses », elle s'intéresse aussi bien aux grandes religions qu'à l'ésotérisme mais ce qui nous plaît en elle, c'est qu'elle conserve dans tous ces domaines un équilibre rassurant.

Elle a trouvé, pour nous parler de Maguy, de tels accents qu'après avoir recueilli son témoignage, nous avons simultanément pensé, Rachel et moi, que nous ne pouvions trouver une meilleure conclusion pour ce chapitre.

« En rencontrant Maguy Lebrun, nous dit-elle, j'ai tout d'abord été frappée par son humilité face au phénomène qu'elle représente. J'ai rencontré beaucoup de gens qui prétendent être des maîtres spirituels et je me suis bien souvent rétractée devant le manque d'humilité de certains d'entre eux, devant l'enflure du moi allant parfois jusqu'à la mégalomanie et aussi devant une volonté de puissance sur les autres que je trouve terrifiante.

« Il n'y a rien de cela chez Maguy. C'est une femme qui a de l'autorité, mais une autorité naturelle parce qu'il lui en fallait pour mettre en mouvement tout ce qu'elle a réalisé.

« Je crois que son étrange mélange sur le plan des origines explique beaucoup de choses. Par son père, Maguy est une paysanne de l'Isère et ça lui donne ce côté dru, robuste, solide, non complaisant. Elle ne caresse pas les gens dans le sens du poil pour avoir l'air gentille mais elle les secoue. Elle dit ce qu'elle pense d'une façon un peu rude et elle n'hésite pas, comme on dit dans la région, à donner une bonne " avoinée " à ceux qui vont de travers. En même temps, par sa mère, elle est une bourgeoise lyonnaise. Cette parfaite mésalliance explique que tout en étant une femme simple, je dirais une femme du peuple, elle ait en même temps une espèce de comportement aristocratique au sens le plus étymologique du terme. »

Question : Vous connaissez son signe astrologique?

Joëlle de Gravelaine : Elle est capricorne, ce qui veut dire qu'elle a les pieds sur terre, qu'elle ne se laisse pas prendre aux propos fumeux d'une certaine « spiritualité ». Je suis comme elle : quand j'entends ce mot, j'ai envie de sortir mon revolver. Je préfère parler de sens du sacré, de rapport à la transcendance, de tout ce qu'on voudra mais pour moi, le mot « spiritualité » est chargé de guimauve.

« Son bon sens paysan est pour elle un formidable garde-fou. Elle dit parfois qu'Etty lui dit en riant : " Ce qu'il y a de bien avec toi, c'est que tu ne t'es pas laissé faire une grosse tête. "

C'est tout à fait vrai. Elle ne veut pas qu'on la prenne pour une sainte. C'est pourtant extraordinaire ce qu'elle a fait avec tous ses enfants. Et aussi cette capacité qu'elle a eue de changer complètement de vie à l'heure où tant d'autres prennent leur retraite, d'être toujours sur les routes, de faire partout des conférences, elle qui n'en avait jamais fait.

« Il y a quelque chose qui ne trompe pas, deux ou trois tests sur le plan de la spiritualité. Il y a d'abord la gaieté. Je me méfie horriblement des gens qui ont la spiritualité triste, sentencieuse et pontifiante. J'aime le rire des Tibétains. Je vous assure que les réunions de Maguy avec les enfants et les amis sont des fous rires permanents. Les enfants adoptés par Maguy et Daniel sont des enfants gais. Ils sont aussi extraordinairement solidaires. »

Question : Elle est bonne vivante.

Joëlle de Gravelaine : Tout à fait. Elle aime bien manger et elle ne refuse pas son petit coup de rouge. J'aime sa joie de vivre et son bon sens. Elle n'est tombée dans aucun des travers qui la guettaient sournoisement. Combien de maîtres spirituels acceptent qu'on dépose des fleurs blanches à côté d'eux, qu'on brûle de l'encens. Nous en connaissons tous et pour moi c'est suspect. Il n'y a rien de cela chez Maguy. Elle reste simple et naturelle en toutes circonstances. Qu'elle ait respecté pendant trente-cinq ans le silence qui lui a été imposé, je trouve cela extraordinaire. Si quelqu'un du groupe parlait, il était immédiatement exclu. Et voici que maintenant, il faut parler. Je ne suis pas du tout sûre que ça l'amuse de prendre son bâton de pèlerin mais il faut le faire et elle le fait.

« Quelquefois, je lui dis : “ Tes conférences sont quand même bizarres. ” C'est très étonnant ce qui s'y passe. Je me souviens particulièrement d'une à la Sorbonne où la salle était si pleine que les gens étaient sur les genoux les uns des autres. Moi qui suis un chameau, je m'amusais à décoder un peu sa conférence et je me disais : “ Mais ce n'en est pas une, ce n'est même pas un texte. ” Pourtant, les gens étaient sous le charme, conquis par le côté spontané et tout à fait naturel. A un moment, on lui a fait passer un petit papier lui demandant si on pouvait voir son mari. Bien sûr, il était caché dans le fond de la salle. Elle est allée le chercher. Il est monté sur la scène, il n'a même pas regardé la salle mais il s'est tourné vers Maguy, il l'a embrassée et il est reparti. Ça a été un tabac. J'ai dit à Dad : " Tu es la seule personne que je connaisse qui ait soulevé l'enthousiasme d'une salle en lui tournant le dos. " Les gens aiment ce naturel.

« Mais Dad est un personnage! Il a toujours été le conciliateur et aussi un éducateur épatant. Il a l'air d'un père tranquille mais il y a des frontières qu'il ne laisse pas dépasser. Il a la rigueur d'un sagittaire. Pour moi, c'est un couple qui a trouvé sa complémentarité d'une façon fantastique. Les chiffres, elle était incapable de s'en occuper et quant à lui, tout seul, il n'aurait rien fait non plus. Il m'a dit un jour : " Je sais bien que mes plaisanteries sont parfois douteuses mais si on ne riait pas on craquerait parce que c'est souvent trop dur. " »

Question : Ça pleure en lui.

Joëlle de Gravelaine : Complètement, car c'est un tendre. Il est vrai qu'il y a des moments d'une grande intensité, quand on prie par exemple pour des enfants en détresse. « Lorsque Maguy demande à six cents ou deux mille personnes de se tenir par la main à la fin de la minute de silence, ça marche d'une façon extraordinaire. On n'entend plus une mouche voler, même avec les gosses. C'est comme si elle ouvrait les cœurs. Elle fait tomber les réticences, les résistances. Quand je l'ai rencontrée, je n'ai pas mis une seconde sa sincérité en doute et pourtant, je suis une vieille sceptique.

Question : Dans certains milieux, on lui reproche beaucoup de faire du spiritisme.

Joëlle de Gravelaine : Ça ne tient pas debout. Elle n'invoque pas les morts. C'est Etty qui, d'un seul coup, traverse... Je l'ai bien vu puisque j'ai eu le privilège d'être en contact avec elle. Je devais me faire opérer et Maguy a consulté Etty à ce sujet. Elle a dit qu'il fallait retarder l'opération d'un mois. Elle a été extrêmement ferme et comme je demandai ce que je devais faire si le chirurgien refusait, elle a répondu qu'il y en avait d'autres. Par la suite, plusieurs amis médecins m'ont dit que j'avais eu raison d'agir ainsi mais qu'ils ne pouvaient pas me le dire pour ne pas avoir l'air d'aller contre l'avis d'un éminent collègue. Maguy m'avait dit ce jour-là : « Tu n'as pas intérêt à lui désobéir parce qu'en trente-cinq ans, elle ne s'est jamais trompée. » Je n'appelle pas ça faire du spiritisme.

« Je suis d'ailleurs assez perverse pour avoir posé un ou deux petits pièges tout en me disant que si c'était l'inconscient de Maguy qui parlait, je le saurais tout de suite. La réponse a toujours été celle que je pouvais attendre. »

Question : Dans les faits, ça s'est passé comment?

Joëlle de Gravelaine : Au début du mois de juillet, Maguy m'a appelée et m'a dit : « Nous avons eu Etty et elle m'a dit qu'elle avait quelque chose à te dire. Viens, nous allons nous occuper de toi, te magnétiser un peu et nous ferons la séance quand Etty le décidera. » J'y suis allée et ça s'est passé avec une grande simplicité. Dad transmet le message d'Etty et au moment où c'est terminé, il est sur le point de tomber. Maguy le retient. Il n'a absolument aucun souvenir. Il vacille un peu et c'est terminé. Ce n'est pas plus mystérieux que ça. Il n'y a pas d'incantations, pas de rituel. Ils disent une prière que Etty leur a enseignée et c'est terminé.

Question : Fallait-il vraiment faire cette opération? D'après ce que vous dites, Etty n'en semblait pas très sûre.

Joëlle de Gravelaine : Elle ne me poussait pas vraiment mais Maguy m'a affirmé que je serais plus tranquille. Vous savez, elle est très pour les médecins.

Question : Un dernier mot?

Joëlle de Gravelaine : Si on m'avait parlé de Maguy sans que je la rencontre, je me serais peut-être méfiée. Mais il se trouve que je l'ai rencontrée avant même que le livre ne se fasse. Je me suis dit tout de suite : cette femme est sincère, elle est vraie. Il lui est tombé un truc sur la figure qu'elle était loin de demander et elle l'a assumé avec un grand courage alors que ce n'était pas évident. Ce n'est pas rien par exemple que de faire l'accompagnement des mourants. Elle le fait bien. Je l'ai même vue redonner la foi à un curé. Tout cela plaide pour elle.

« Et puis il y a l'humour que tant de gens, aujourd'hui, ne supportent pas parce que cela, pensent-ils, les fragilise alors que c'est une extraordinaire arme libératrice, une arme contre les forces destructrices, l'orgueil, la prétention, le sectarisme. C'est quelque chose qui existe vraiment chez Dad et Maguy. Si je me suis trouvée si bien avec Maguy, c'est que, dès les premiers instants, nous avons ri ensemble. »

Le bouquet final de nos rencontres avec Maguy et ses amis, nous l'avons vu éclater et s'épanouir, un dernier dimanche de juin, dans le cadre le plus anonyme et le plus banal qui soit, dans un hall d'exposition. Ce jour-là, les machines sophistiquées, les grands lancements publicitaires étaient remplacés par des milliers de sourires. Il y avait tout au fond un podium surmonté par un immense dessin représentant des mains entrelacées, le plus beau symbole des groupes Maguy Lebrun à travers le monde.

Combien étaient-ils ces hommes, ces femmes et ces enfants, ces malades et ces bien-portants venus de toute la France et de plusieurs pays d'Europe? Six mille et peut-être plus. Tous venus pour se retrouver en cette journée de l'amitié et pour se rassembler autour de celle qui était leur inspiratrice. Sur le podium, Maguy, radieuse, s'amusait à lire tout haut les pancartes défilant sous ses yeux : Castres, Saint-Étienne, Rouen, Nice, Laval, Namur, Charleroi, Genève, Bordeaux, Cannes, Carcassonne, Montpellier, Nîmes, Toulon, Barcelone, Fougères, Le Mans, Digne, Angers, Saint-Nazaire, Agen, Cholet, Nantes, Villeneuve-sur-Lot, Dijon, Évreux, Saint-André-de-l'Eure, Toulouse, Villefontaine, Clermont-Ferrand, Montpellier, Louviers, Aix-en-Provence, Marseille, Paris, Lyon, Valence, Amiens, Lille, Saint-Maximin, Bruxelles, Albi, Perpignan, Biarritz, Lausanne, Orange, La Rochelle, Stuttgart, Châteauroux, Orléans, Guéret...

Il nous a fallu cette journée, à Rachel et à moi, pour mesurer l'ampleur de ce mouvement et l'enthousiasme qu'il suscite. Dans chacune de ces villes, un ou plusieurs groupes se consacrent à la guérison des malades et à l'accompagnement des mourants et le soir, à 8 h 30, tous les membres, même ceux qui se disent athées, se retrouvent dans une prière pour la paix. Je demande pardon à Maguy d'avoir employé le mot mouvement que, je le sais, elle ne cautionnerait pas mais comment définir un rassemblement qui, de par son ampleur, est en train de devenir un phénomène social? Car les six mille qui se trouvaient dans le hall n'étaient que les représentants de milliers et de milliers de membres et de sympathisants. Tout cela parce qu'une jeune infirmière a un jour découvert, au point d'en être frappée au cœur, la misère des enfants et les angoisses des malades.

Il y a trente ans, les premières journées de l'amitié ne réunissaient pas plus d'une dizaine de personnes. Elles n'ont cessé de grandir et nul ne sait ce qu'elles seront demain, ni même où elles se dérouleront.

Je me rends compte, en écrivant, qu'il est impossible de raconter une telle journée car l'essentiel se passe dans le cœur. Bien sûr, Maguy a parlé, bien sûr il y a eu des témoignages dont certains étaient bouleversants et, à midi, un pique-nique géant où la bonne humeur a pu s'épanouir malgré le ciment et l'aspect tristement fonctionnel du hall.

Aussitôt après, à 14 heures, sont arrivés les malades dont certains étaient en phase finale. Un grand courant d'émotion est passé dans la salle. Certains avaient voyagé toute la nuit simplement pour être là, souvent accompagnés par leurs infirmières ou leurs médecins.

Des paroles de Maguy, nous ne retiendrons que ces quelques mots parce qu'ils expriment bien ce qu'à ses yeux doit être un groupe :

« Chaque association est basée sur la tolérance, sur le respect de l'autre, de ce qu'il croit, de ce qu'il pense. C'est pour cela que le travail se fait dans le silence. Chacun doit s'y soumettre, ne serait-ce que pour respecter la pensée ou la croyance du malade présent. Nous n'avons rien à enseigner à personne : il y a suffisamment de religions pour cela. Il n'y a pas de technique et personne n'a le droit d'imposer la sienne. Il n'y a pas non plus de gestes, ni de rites. En donnant des soins dans le silence, tout le monde respecte tout le monde. Tous se donnent la main en toute simplicité et prient avec tout leur amour. Ceux qui ne sont pas croyants peuvent visualiser le malade guéri, l'inonder de pensées d'amour. Car chaque association est basée sur la confiance, sur le respect et, avant tout, sur l'amour. »

Les témoignages ont succédé aux témoignages et Maguy a appelé sur le podium, simplement pour les remercier d'être là, des gens qui ne s'y attendaient pas. Un professeur de philosophie, par exemple, qui, après avoir lu le livre, est intervenu auprès des directeurs de toutes les prisons de France pour qu'il soit mis à la disposition des détenus. C'est lui-même qui a payé les livres et réglé les frais d'expédition et son initiative a valu à Maguy des lettres bouleversantes de prisonniers. Pilar Baste est venue tout de suite après. Elle a créé une maison d'édition à Barcelone dans le seul but de faire connaître à l'Espagne des livres tels que ceux de Maguy et du docteur Kübler-Ross. Robert Laffont a donné à son tour ce bref témoignage : « Quand j'ai lu avec Joëlle de Gravelaine le livre de Maguy, il m'a été impossible de résister à l'envie de l'éditer tant il contenait d'amour et de foi... C'est une très grande fierté pour moi d'être son éditeur. »

L'heure est venue enfin pour laquelle tous étaient venus.

« Notre moment de silence, a rappelé Maguy, s'adresse à la sagesse des hommes, à la puissance des forces terrestres et célestes. Il est pour tous ceux qui ont tout perdu : leurs biens, leurs amis, leur patrie, leur liberté. Pour les mères qui ont perdu leurs enfants, pour les enfants qui ont perdu leur mère, pour tous les enfants aux yeux tristes bercés depuis leur naissance par le son des mitraillettes. Pour les hommes torturés sans qu'ils sachent pourquoi. Pour les martyrs des camps de concentration qui existent encore de nos jours. Pour la liberté de tous les hommes sur la terre. Pour tous les pays malheureux. »

Les mains de tous les assistants se sont unies et le silence, un silence habité et vibrant, a soudain enveloppé l'assemblée. Tous, nous avons vécu quelques minutes d'une intensité singulière, un moment d'une telle plénitude qu'il m'arrive encore d'y repenser avec une étrange nostalgie.

4

MARGUERITE HOPPENOT : L'AVENTURE DU MOUVEMENT « SÈVE »

Dans le flamboiement de l'été, l'île de Noirmoutier semble frappée de congestion : sur toutes les routes, des files de voitures s'écoulent dans les deux sens et le moindre incident provoque aussitôt des embouteillages. Les rues de Noirmoutier-en-l'Ile sont envahies par une foule de touristes bariolés et, tout au long des côtes, les campings affichent complet.

Il nous faut couper une file de voitures pour nous engager dans un petit chemin raboteux et soudain, quittant le brouhaha de ce radieux mois d'août, nous entrons dans un univers de silence et de paix. Nous roulons un moment sous la voûte des arbres, dans un clair-obscur mystérieux et voici que la maison se dresse, j'ai envie de dire irréelle, tant nous étions loin de nous attendre à trouver une telle demeure dans un pays où les maisons sont basses et crépies de blanc. On croirait un de ces manoirs écossais en pierres grises qu'aimaient les graveurs romantiques et où Walter Scott ne se serait pas senti dépaysé. Dans le parc qui l'entoure de toutes parts poussent de gigantesques chênes verts dont la légende affirme qu'ils ont été plantés par la fée Mélusine.

Tel est le domaine d'été de Marguerite Hoppenot.

Il y avait plusieurs mois déjà que son nom nous poursuivait. A plusieurs reprises, nous avions entendu parler d'une femme qui, tout en se voulant strictement fidèle à l'Église catholique, était en train de donner un nouvel éclairage à l'antique doctrine. Une amie nous avait prêté un de ses livres et nous y avions senti un souffle de renouveau. Nous savions aussi qu'elle était la fondatrice du mouvement « Sève ». C'était un peu mince pour nous décider d'emblée à écrire un chapitre sur Marguerite Hoppenot mais assez intéressant, assez intriguant pour nous inciter à venir la voir.

On nous avait dit qu'elle avait quatre-vingt-huit ans et la grande surprise de la journée a été pour nous de la trouver si jeune de corps et d'esprit. Ce qui prouve bien que quatre-vingt-huit années n'empêchent pas une femme de rester séduisante, de rechercher une discrète élégance et d'avoir des yeux à la fois vifs et incroyablement attentifs. Encore aujourd'hui, lorsque je pense à elle, c'est le mot « Présence » qui, aussitôt, s'impose.

A peine installés dans le petit salon par les fenêtres duquel nous apercevions les chênes de Mélusine bruissant dans le vent d'ouest, nous avons eu la sensation de vivre une déroutante aventure : sans transition, sans même s'être informée de ce que nous voulions d'elle, Marguerite Hoppenot s'est mise à parler, plongeant aussitôt dans l'Essentiel avec une surprenante vivacité. Si surprenante en vérité que cela nous a donné envie de partager cette expérience avec nos lecteurs en retranscrivant fidèlement ses premières paroles telles qu'elles nous ont été transmises par notre magnétophone :

« Une lumière, un message, il n'y a que cela qui soit capable de faire l'unité de tous. Que cela ! Autrement, nous allons étirer la tradition. Le cœur de l'homme est habité par un germe. Comment n'aurait-il pas des aspirations ? Il n'est pas un cheval, un perroquet ou un chat. J'aime beaucoup les chevaux, les perroquets et les chats mais ce n'est pas la même chose.

« L'homme a été créé intelligent et responsable. Responsable, cela veut dire : donner sa réponse. Tu es né enfant de Dieu et tu n'as pas choisi de naître. Tes enfants sont nés et ils n'ont pas choisi de naître. A l'âge de l'adolescence, il leur faut choisir de devenir filles et fils de Dieu, car ils doivent renaître. C'est le “ oui ” de Marie. Le “ oui ” inaugural. Et ce “ oui ”, qui a été parfait, nous incite aussi à dire oui. Être chrétien, c'est cela. Dire oui à Jésus-Christ. Oui à l'amour, c'est-à-dire à Dieu.

« Nous sommes tous enracinés dans cette même réalité qui porte un germe de vie divine. Veux-tu dire oui ? Si tu sais le dire, alors même si cela prend des formes différentes pour les uns ou les autres, tu te trouves enraciné dans la même sève. On ne peut demander à un Américain d'avoir exactement la même forme qu'un habitant du Tchad ou de la Thaïlande. C'est comme les fleurs. Regardez-les : une seule sève et toutes sont différentes. Là est l'harmonie.

« L'obstacle sur le chemin, c'est le pouvoir, la volonté de puissance. La Vérité, c'est Dieu et personne ne la possède. C'est à nous de nous laisser posséder par elle. Le message de Jésus-Christ est unique parce qu'il parle de notre relation intime avec Dieu. Il ne parle que de cela. Il n'y a pas en haut Dieu le Père tout-puissant et l'homme en bas.

« Vous êtes-vous demandé qui est capable de vous faire le plus souffrir? C'est évidemment l'être que vous aimez le plus. Jésus a souffert par les hommes parce qu'il les aimait pardessus tout. Il a tout donné et il a été abandonné, persécuté, trahi, crucifié. Il a donné amour pour non-amour. Il a donné le pardon (par le don) de lui-même jusqu'à la mort. Et qu'a-t-il prouvé? Il nous a révélé que Dieu est amour sans limites.

« S'il est amour sans limites, Il ne peut condamner. Souvent des gens me demandent : " Madame, croyez-vous que Dieu va me pardonner? " Je leur réponds : " Mais Il ne fait que ça ! " Si Dieu est amour, Il ne peut être que l'absolu de ce qu'Il est. Pas un petit peu d'amour. C'est nous qui sommes un peu. S'Il est l'absolu de l'amour, Il ne peut reprendre son amour, le limiter. C'est nous qui fermons notre cœur. Le soleil donne sa lumière et sa chaleur mais si tu fermes tes volets, tu ne les reçois pas.

« Nous passons notre temps à nous tromper. Nous le supplions de nous pardonner alors qu'Il ne cesse de nous répéter : " Ouvre ton cœur pour que je te donne la vie. " »

Marguerite Hoppenot nous a parlé ainsi pendant près d'une heure et plus elle allait, plus je sentais un doute s'insinuer en moi : savait-elle vraiment qui nous étions et ce que nous attendions d'elle?

Nous n'avons pas osé l'interrompre et il est vrai que cela eût été dommage tant nous étions pris par ce qu'elle était en train de nous dire. Pas seulement par les paroles mais aussi par l'attention et la tendresse que nous sentions derrière. Un sentiment d'urgence s'est levé en nous : urgence de ne plus vivre que pour la quête, de ne plus s'attarder sur des chemins mille fois parcourus, de partir à la découverte en laissant derrière nous les idées reçues, fussent-elles sacralisées par l'habitude ou la tradition. Faire du neuf à partir de l'ancien, Marguerite Hoppenot ne vit plus que pour cela.

A la fin de la première heure, une de ses amies est venue nous offrir une tasse de thé, ce qui nous a donné l'occasion de nous expliquer et de constater que, ce matin-là, notre hôtesse ne savait pas du tout qui nous étions. Sa secrétaire était absente et avait omis de lui rappeler notre rendez-vous. A ses yeux, nous n'étions que des passants venus sonner à sa porte, sans doute parce que nous étions en vacances à Noirmoutier et que nous avions entendu parler d'elle.

Cette disponibilité, chez une fondatrice de mouvement, habituellement très occupée, nous est allée droit au cœur.

« Vous avez pu constater, nous dira plus tard son amie, la qualité de son accueil. Elle ne vous connaissait pas et elle n'était absolument pas préparée mais elle vous a accueillis comme ça et elle s'est livrée. Elle s'expose ainsi, elle va très loin dans ce qu'elle dit et sa confiance n'a jamais été trahie. »

Il ne nous a pas fallu longtemps pour comprendre que ce chapitre ne serait pas comme les autres en ce sens que l'anecdote et les détails biographiques n'y trouveraient pas beaucoup de place. Marguerite Hoppenot ne peut parler que de ce qui la passionne et ce qui la passionne, c'est et ce ne peut être que l'Essentiel avec un grand « E ».

Nous n'avons pas essayé de forcer ses confidences. Cela n'aurait d'ailleurs servi à rien car, selon ses propres termes, elle est avant tout habitée par Celui qui l'a saisie. Pourtant, afin qu'elle ne soit pas tout à fait une inconnue, nous rassemblons ici quelques éléments biographiques cueillis par bribes au cours de nos conversations.

« Petite fille, raconte-t-elle, je ne pouvais supporter les disputes. J'avais besoin d'harmonie. Le jour de ma première communion, j'ai eu vraiment conscience d'une Présence et, depuis, toute ma vie est placée sous son signe. Il faut devenir Présence, celle d'un autre, si peu que ce soit.

« Mon père était un grand savant et un homme merveilleux. Quand j'ai eu treize ans, il m'a dit : “ Marguerite, il faut que tu choisisses entre ton bachot et ton violon. ” Il devait penser que je ne pouvais faire les deux parfaitement. C'était affreux pour moi mais, à cette époque, on obéissait aux parents. J'ai beaucoup réfléchi et j'ai choisi le violon. Je sais aujourd'hui que j'ai bien fait car, si j'avais choisi les études, j'aurais certainement voulu faire de la théologie. Je serais aujourd'hui une théologienne avec plein d'idées dans la tête alors que, j'en suis persuadée, il faut toujours partir de la vie. »

Le souvenir de Philippe Hoppenot, son mari, revient à tous les détours de la conversation. Elle ne l'appelle d'ailleurs jamais autrement que « mon merveilleux mari ».

« Nous avons vécu soixante ans ensemble, dit-elle, et je sais bien qu'en ce moment même, il est ici avec nous. Nous avons eu une vie très active. Il s'occupait d'une affaire d'électricité et, le dimanche, il jouait au golf. Je m'y suis d'ailleurs mise pour être avec lui. Il a été le quatrième joueur de golf de France. Moi, j'étais bien occupée avec mes cinq enfants et je faisais énormément de musique. Aussi souvent que possible, je réunissais un quatuor à cordes à la maison. Je n'avais pas besoin d'occupations supplémentaires.

« Si je n'avais pas eu mon mari, je n'aurais jamais pu faire ce que j'ai fait. Nous avons vécu une aventure fantastique et approché ensemble cette vérité essentielle : Dieu ne s'apprend pas, Il se découvre.

« C'est extraordinaire de comprendre cela. Il s'agit d'un dévoilement qui n'en finit pas. La révélation de Jésus-Christ, finalement, c'est le croisement du divin et de l'humain. L'horizontal, c'est ta vie, tous les secteurs de ta vie et le vertical, c'est l'esprit de Dieu en toi. Or remarquez bien ceci : le croisement du divin et de l'humain, c'est le signe +. L'homme est plus grand que l'homme. Tu portes en toi un germe de la vie divine, quelqu'un qui est plus grand que toi. Et si tu es fidèle à vivre l'esprit de Dieu, peu à peu, il prendra du poids en toi et alors le signe + va devenir le signe de la multiplication, car c'est l'amour qui multiplie.

« Si tu ouvres ton cœur, tu vas vers l'autre, car tu ne peux rencontrer l'autre qu'en sortant de chez toi. En sortant de ton " moi ", de ton ego. *Eppheta!* Ouvre-toi! L'amour en toi va te pousser au-delà de toi ou, si tu préfères, l'au-delà avec un petit " a ", c'est le chemin de l'Au-delà avec un grand " A ". »

Nous avons déjà compris que, quand Marguerite Hoppenot est lancée, il faut la laisser parler. Ses phrases sont justes et elle est d'une lucidité sans faille. Elle écrit d'ailleurs ses livres comme elle parle. « Ça jaillit de moi », dit-elle. Elle note tous ses « jaillissements » au moment même où ils se produisent et, plus tard, elle se retire pour mettre tout cela en ordre. « Je n'ai jamais cherché un titre, assure-t-elle avec un malin sourire, il m'est toujours donné au moment même où j'en ai besoin... »

L'heure de la détente a sonné. Nous prenons le thé dans le parc, à l'ombre des chênes de Mélusine. Vue d'ici, la maison est encore plus austère et plus impressionnante.

« Il nous fallait une grande maison, dit pensivement Marguerite Hoppenot. J'ai eu seize petits-enfants, dont quinze sont encore vivants et, pour le moment, huit arrière-petits-enfants. Je me sens bien avec eux parce que, malgré mes quatre-vingt-huit ans, je suis encore une enfant. [Elle rit.] En tout cas, je ne suis pas une " grande personne ". Je dis toujours que j'ai douze ans d'âge et l'âge de l'éternité. »

Question : Comment avez-vous eu cette maison?

Marguerite Hoppenot : Par hasard, si vous croyez au hasard. Un été, tout de suite après la guerre, nous avions décidé d'aller passer nos vacances à Val-d'Isère mais au dernier moment, nous avons appris que la maison qui devait nous recevoir n'était pas prête. J'ai confié ma déception à une amie qui nous a proposé d'aller occuper quelques pièces dans la villa de sa tante à Noirmoutier. Comme tous les gens qui viennent dans cette île, nous avons eu le coup de foudre et nous avons eu envie d'y acheter quelque chose. Nous sommes allés voir le notaire. A peine lui avions-nous fait part de notre désir qu'il s'est exclamé : « Quelle chance vous avez! J'ai sur mon bureau un télégramme qui met en vente une des plus belles maisons de l'île. C'est vous qui allez l'avoir. » Aujourd'hui, une telle maison coûterait une fortune mais au lendemain de la guerre, les prix étaient encore raisonnables. Nous avons dit oui tout de suite, sur un coup de cœur, et nous n'avons jamais regretté notre décision.

« Vous savez, à mes yeux, cette maison est un lieu important. Les gens sont heureux de venir ici : on n'entend absolument aucun bruit et nos arbres sont tellement merveilleux. »

Question : Vous recevez donc beaucoup?

Marguerite Hoppenot : Tout l'été. La semaine dernière, par exemple, un groupe de jeunes femmes est venu pour quarante-huit heures et j'attends demain une session d'animatrices. Elles seront une quinzaine.

Question : Que viennent-elles faire?

Marguerite Hoppenot : Ce sont de jeunes animatrices du Mouvement qui viennent vivre trois jours de profonde communion. Il se passe ici des choses très belles. Je crois d'ailleurs que cette terre est porteuse d'une force exceptionnelle. En dehors des sessions, mes vacances sont loin d'être vides. La sonnette n'arrête pas de m'annoncer des visites souvent imprévues. Il y a des jours où j'ai à peine le temps de voir mes enfants et mes petits-enfants avec lesquels j'ai la joie de vivre des heures privilégiées dans cette grande maison.

Nous voici revenus dans le petit salon dont la fenêtre, grande ouverte, laisse entrer le chant des oiseaux. On se croirait vraiment loin du monde alors qu'à quelques centaines de mètres se poursuit la grande fête des vacances. Nous avons beaucoup parlé et pourtant, nous n'avons pas encore dit un mot du mouvement Sève. Nous demandons à Marguerite Hoppenot de nous raconter sa naissance.

« Il y a soixante ans, deux paroles me sont apparues soudain indissociables. J'en suis encore tout éblouie. Ces paroles, les voici : " Dieu est Amour " et " L'être humain est créé à son image. Homme et femme Il le fit. " J'ai compris soudain qu'il y avait une parenté d'être entre l'Être divin et l'être humain.

Jésus-Christ en est la " Révélation " absolue. Il est l'incarnation de l'amour et l'Amour est Dieu. Tout homme est porteur d'un germe de vie divine.

« Ces deux paroles furent pour moi la clé d'or. Elles éclairèrent toute ma quête vitale, ma recherche pour savoir qui est l'homme et qui est Dieu. A cette quête, j'ai consacré toute ma vie, guidée par la conviction intime que le christianisme est une aventure d'Amour et que, je vous l'ai dit, Dieu ne s'apprend pas, mais qu'Il se découvre.

« C'est pourquoi les événements de 1936 ont retenti d'une façon particulière dans ma vie. Sous mes fenêtres, je voyais des manifestants dépaver les rues et je me disais : comment se fait-il que les milieux privilégiés, ceux qui possèdent l'avoir, le savoir et le pouvoir, suscitent tant d'agressivité et de divisions, alors même que ce milieu est précisément le milieu dit chrétien? Le pouvoir est-il donc mauvais en soi?

« Ce jour-là, j'ai compris que tout pouvoir quel qu'il soit, conjugal, parental, social, patronal, politique, voire religieux est un obstacle pour atteindre le Royaume de Dieu, la communion fraternelle entre les hommes s'il n'est pas totalement enraciné dans l'amour et tendu vers la promotion de l'être humain.

« Peu après, quelqu'un vint me dire : " Le cardinal Verdier se préoccupe d'évangéliser les milieux de bourgeoisie et c'est vous qui le ferez! " J'ai pris alors conscience que ces milieux privilégiés faisaient obstacle à la communion fraternelle des hommes en ne vivant pas vraiment leurs privilèges dans l'amour. En plein accord avec mon mari et bien que déjà mère de quatre enfants, j'ai dit oui à cet appel de l'Église qui m'arrivait par l'intermédiaire du cardinal de Paris.

« Ma vocation, je le sentais, passait par cette exigence de la conversion de ces milieux à l'amour en même temps que par ma propre conversion. Je me suis rendu compte par la suite qu'elle allait encore beaucoup plus loin.

« Je ne savais pas dans quelle aventure je m'engageais. En fait, malgré mes trente-cinq ans, j'étais complètement innocente et comme je ne savais comment commencer, on m'a dit à l'archevêché qu'on pouvait me donner quelques adresses de dames susceptibles d'être intéressées. J'ai donc débuté ma tournée des visites et comme il me fallait un aumônier, j'ai choisi un missionnaire diocésain qui était le confesseur de Manuel, le merveilleux petit garçon que nous avons perdu peu après. Il avait dix ans lorsqu'il a été frappé par une méningite. Quelques jours avant sa mort, alors que je lui parlais de notre mouvement qui commençait à bien démarrer, il s'est écrié : " Oh! oui, maman, faites tout pour qu'il y ait un peu plus d'amour dans le monde! " Un peu plus tard, alors que je lui demandai s'il ne souffrait pas trop, il me répondit : " Cela n'a pas d'importance car j'offre tout en pensant aux Juifs dimanche. " Sans doute avait-il entendu dire qu'à partir du dimanche suivant, les Juifs devraient porter l'étoile jaune. Il avait compté les jours et décidé d'offrir sa souffrance pour soulager la leur. Il ne pouvait supporter la douleur des autres. Il était marqué. Vous ne pouvez savoir ce qu'était cet enfant. »

Question : On dit que les êtres qui partent si jeunes sont des êtres de lumière venus pour éclairer la terre.

Marguerite Hoppenot : Absolument. Celui-là était fabuleux.

Question : Cela a dû être pour vous une terrible souffrance.

Marguerite Hoppenot : Bien sûr. Comme celles de tous les hommes, notre vie a été faite de grandes souffrances et de grandes joies. Mais revenons à la fondation du mouvement. A la suite de mes visites, nous avons fait une première réunion avec sept dames et l'aumônier dont je vous ai parlé.

« Parmi les dames, il y en avait une qui agissait comme si elle avait des galons sur la manche. Dans son enthousiasme, elle s'est écriée d'emblée :

– Eh bien, mesdames, dès dimanche prochain, nous allons tambouriner dans toutes les églises pour faire savoir que nous existons.

« Inexpérimentée comme je l'étais, j'ai été prise de court et je n'ai pu que murmurer :

– Mais madame, nous n'existons pas.

– Eh bien! C'est comme cela que nous existerons.

– On existe quand on existe. C'est la vie qui donne la vie.

« Je n'ai pas besoin de vous dire que c'était la panique dans les rangs. Voulant emporter la décision, la dame aux galons s'est exclamée :

– Mon mari a dit que si nous ne démarrions pas comme ça, je m'en irais.

« Cela commençait mal mais, heureusement, l'aumônier a sauvé la situation. Je l'entends encore dire : " Eh bien! mesdames, je ne vois qu'une chose à faire : nous allons voter " et il s'est mis à découper des petits morceaux de papier. Nous avons voté par écrit et c'est mon petit chemin qui l'a emporté. Voyez à quoi tiennent les choses : s'il nous avait fallu nous exprimer à voix haute, personne n'aurait osé s'opposer à celle que j'avais appelée, dans mon for intérieur, la dame aux galons. »

Question : Vous n'avez pas dû vous en faire une amie.

Marguerite Hoppenot : Eh bien si! J'ai été avec elle aussi gentille que possible et, peu après, elle a rejoint le groupe. Je ne laisse jamais de cendres derrière moi. Ce jour-là, je me suis dit : tu vas planter une graine et, un jour, ça fera un arbre.

Question : Votre mouvement s'appelait déjà Sève?

Marguerite Hoppenot : Non car, à cette époque, tout ce qui touchait à l'apostolat des laïcs s'appelait « Action catholique ». Nous avons donc eu droit à un sigle imprononçable : G.D.A.C.F., ce qui signifiait : Groupement Diocésain d'Action Catholique Féminine.

« Notre Mouvement a donc démarré sans tapage mais trois ans plus tard, alors qu'il commençait à bien décoller, est née l'Action catholique indépendante féminine qui s'est tout de suite répandue dans toutes les paroisses. Du coup, nous nous sommes trouvées à l'écart parce que l'Action catholique, soutenue par les évêques, réclamait le monopole dans le domaine de l'apostolat des laïcs. Cela a été pour nous un temps d'épreuves.

« Il est vrai que l'Action catholique était dynamique et que sa devise : " Voir, juger, agir " semblait tout à fait adaptée aux temps modernes. Mais telle n'était pas notre vocation profonde. Vous pouvez en juger vous-mêmes en comparant les deux devises, celle de l'Action catholique et la nôtre qui est, depuis le début : " Être, aimer, servir, unir. " Le " faire " plaisait alors mais je sentais qu'il n'était pas juste de dissocier la contemplation et l'action au sein de la vie chrétienne. L'action certes, mais à condition qu'elle soit enracinée dans une profonde vie intérieure.

« Je me disais souvent à cette époque que ce qui se " défait " en nous nous donne souvent une plus grande efficacité que ce qui se “ fait ” par nous. Je n'étais pas du tout dans la ligne officielle mais je savais qu'il fallait tenir bon.

« Cela n'a pas toujours été facile. Une dame influente de l'Action catholique m'a même un jour accusée de désobéir à “ Nos seigneurs les évêques ”. D'autres ont purement et simplement exigé que nous rejoignions les mouvements officiels. J'ai patienté, patienté, sans jamais revendiquer et sans agressivité, plaçant mon grand espoir dans le concile Vatican II qui s'annonçait. J'ai eu raison d'espérer car, finalement, l'Église a décidé que l'apostolat des laïcs pourrait comporter deux branches : les mouvements d'Action catholique proprement dits et ceux d'apostolat et de spiritualité. Nous avons été classés dans cette dernière catégorie.

« C'est à ce moment-là qu'un jour, alors que dans une réunion de responsables nous cherchions un nom qui nous nomme vraiment, m'est venu tout naturellement à l'esprit le mot “ Sève ”. Cela m'a semblé providentiel. La sève, ça vient des racines, ce qui veut dire que le pouvoir est au pied de l'arbre. Je ne cesse de répéter, même aux hommes d'Église, que la sève ne tombe pas du ciel. Elle tombe de la racine au sommet. Sans faire de bruit. C'est pourquoi nous n'avons jamais fait de propagande. Et puis la sève est universelle, elle est la même pour toutes les plantes, tous les arbres et toutes les fleurs. C'est la sève qui fait qu'un bleuet devient un bleuet, un peuplier un peuplier… »

Question : Donc, c'est l'énergie divine.

Marguerite Hoppenot : Vous avez compris. C'est une énergie d'une autre nature qui épanouit toutes les diversités, qui crée l'harmonie à partir des différences. Une énergie qui devrait nous donner, je l'ai écrit un jour : « La soif inextinguible d'union totale dont toutes les unions humaines ne sont que les approches. »

Depuis quelques instants, l'atmosphère a changé dans le petit salon. Sans nous en rendre compte, imperceptiblement, nous avons quitté le terrain de l'anecdote, fût-elle édifiante, pour pénétrer dans l'Essentiel. En écoutant Marguerite Hoppenot, nous commençons à comprendre ce qui la fait vivre et l'exigence qui l'a poussée, elle qui n'était pas préparée à cela, à se lancer dans l'aventure hasardeuse et difficile qui consiste à fonder un Mouvement d'Église.

Sa motivation profonde, elle l'a exprimée dans *Vers le Royaume :*

« Pour beaucoup d'entre nous, être chrétiens, n'est-ce pas nous conformer à un moralisme individuel ou à un formalisme religieux? Alors qu'être chrétien, c'est, avant tout, refléter l'image de Jésus-Christ qui est amour.

« Tous ceux qui ont fait la découverte de cette exigence ont connu qu'il y a là de quoi bouleverser la vie. Telle fut, telle demeure toujours notre interrogation : notre milieu traduit-il le visage de l'amour? S'il ne le traduit pas, le trahit-il? Défigure-t-il le visage de son Maître?...

« Si les croyants vivaient comme tels, peut-être n'y aurait-il plus d'incroyants. L'action catholique la plus urgente serait donc la conversion des chrétiens, puisqu'elle commande celle de tous les autres...

« La ligne de départ du Mouvement se précisa alors : sauver notre milieu privilégié de son péché d'égoïsme en l'ouvrant à l'amour. Lui faire vivre cet amour dans le service de ses frères, afin que, rendant progressivement notre milieu frère des autres milieux, ils bâtissent tous ensemble la maison du Père, c'est-à-dire le Royaume... »

Notre milieu privilégié... Ce terme revient sans cesse dans la conversation de Marguerite Hoppenot et il est vrai que lorsqu'on pénètre chez elle, que ce soit à Noirmoutier ou à Paris, on a le sentiment de pénétrer dans de riches et belles maisons. On se rend compte, par la suite, que la maison et l'appartement servent à organiser des rencontres mais enfin, la première impression reste la bonne : Marguerite Hoppenot est une privilégiée qui s'adresse en priorité aux privilégiés de ce monde. Elle n'en fait pas mystère et son discours surprend au premier abord tant nous sommes habitués, au nom d'une idéologie longtemps triomphante, à ne voir dans l'Église de Jésus-Christ que l'Église des pauvres.

« Un jour, raconte Marguerite Hoppenot, un garçon est venu me voir de province et, en me quittant, un peu gêné, il m'a dit : " Madame, la prochaine fois que je viendrai, je vous poserai une question. ” Je lui ai dit de la poser tout de suite et j'ai ajouté que c'est toujours la question qu'on garde pour la fin qui se révèle la plus importante. Il a hésité et puis il s'est lancé : “ Madame, je regrette que ce mouvement soit réservé aux milieux bourgeois. ”

« Mais tu es fou! me suis-je écriée. Quand le cardinal Verdier m'a demandé de fonder un mouvement, c'était la fin des grèves de 36 qui m'avaient fortement interpellée. Je me suis une fois de plus demandé : comment est-il possible que le milieu qui possède le pouvoir, l'avoir et le savoir se fasse ainsi détester au point de susciter l'agressivité et la division? Ces gens qui ont du talent seraient-ils donc tous mauvais? Le pouvoir serait-il donc nécessairement destructeur de l'humain et de la communauté fraternelle des hommes? Ne faut-il pas essayer d'arriver à ce que tous ces talents soient mis au service de l'Amour?

« Tel est le pilier de ma vocation.

« J'ai donc répondu à ce garçon que ce mouvement s'adressait en priorité au milieu privilégié parce que ce milieu me paraissait être l'obstacle fondamental au Royaume de Dieu. C'est bien parce qu'il était l'obstacle qu'il devait être purifié de son égoïsme.

« Mais attention! Jésus-Christ n'est pas né dans un porte-monnaie vide, mais dans un cœur de pauvre. Il est faux de dire, comme on le dit souvent, que Jésus-Christ préfère les pauvres. »

Question : Il a pourtant dit qu'il serait aussi difficile à un riche d'entrer dans le Royaume qu'à un chameau de passer par le chas d'une aiguille.

Marguerite Hoppenot : D'accord, mais riche de quoi? Il n'y a pas que les riches qui aient du pouvoir. Il ne s'agit donc pas seulement des riches en argent mais de tous ceux qui sont riches d'eux-mêmes ou qui ont l'appétit du pouvoir ou de la richesse, même s'ils ne peuvent pas les obtenir. Un mari brutal qui terrorise sa femme à longueur de journée exerce sur elle un pouvoir. Il est riche d'un pouvoir et il en abuse.

« Nous sommes riches de tout ce qui nous empêche de préférer Dieu à l'argent, aux honneurs, au savoir, à la beauté, à notre réputation, à notre indépendance, que sais-je encore?

J'ai écrit dans *Vers le Royaume :* " Dieu n'interroge pas les choses, mais le cœur de l'homme devant les choses. " On se trompe souvent en pensant que la pauvreté matérielle est un but en soi. Mais la pauvreté intérieure est la seule voie d'accès à la plénitude de l'amour. Le " Tout " ne peut habiter que le " rien ".

« Qu'on soit pauvre ou riche, le but ultime n'est-il pas de devenir un jour un voyageur sans bagages ?

« Je pourrais parler pendant des heures sur ce sujet tant il me tient à cœur. Je pourrais citer des exemples, raconter des histoires mais le mieux, pour conclure et vous aider à mieux comprendre, serait sans doute de vous citer ce petit extrait de *Midi sur le monde :*

« Le premier regard d'amour qui se pose sur un être humain doit s'attacher à déceler si celui-ci a vraiment la possibilité d'" être ", c'est-à-dire d'exister en tant qu'être humain. En d'autres termes, s'il est capable de liberté et de croissance.

« Les deux catégories humaines qui m'apparaissent les plus éloignées de cette liberté sont celles qui se situent aux confins de l'échelle sociale : d'un côté, les sous-prolétaires, ceux qui manquent de l'essentiel ; de l'autre les nantis en surabondance de biens de tous ordres, ceux qui sont gorgés de superflu.

« Les uns et les autres sont victimes d'une profonde misère : d'une part celle qui vient de l'extrême manque ; d'autre part celle qui naît de l'assouvissement de tous les appétits.

« Certains meurent de faim, d'autres meurent d'absence de faim. Le manque d'eau et l'excès d'eau sont un même fléau pour la culture. Ils arrêtent pareillement la sève. L'excès, dans l'abondance comme dans le besoin, stérilise les sources de la vie. »

Question : Que le pouvoir, quel qu'il soit, soit l'obstacle fondamental à la venue ou non du Royaume, je le crois bien volontiers, mais il faut bien reconnaître qu'il exerce sur nous une fascination. Comment faire pour qu'il perde sur nous son pouvoir de séduction ?

Marguerite Hoppenot : Ne vous étonnez pas si je vous dis qu'il est difficile de répondre en quelques mots à une telle question. A Sève, en partant de l'Évangile, nous suivons pour cela ce que j'ai envie d'appeler « une petite voie », celle des quatre approches.

« La première approche, c'est de prendre l'Évangile et de le lire d'un bout à l'autre. Si ça te dit quelque chose, tu t'arrêtes et tu médites. Si ça ne te dit rien, tu passes. Tu verras : à la deuxième ou à la troisième lecture, tu seras étonné de voir qu'un passage qui ne te disait rien commence à te parler. Tu peux faire cela toute ta vie en passant les quatre évangiles l'un après l'autre et tu iras de découverte en découverte, toujours plus profond.

« La deuxième approche est de prendre un petit texte, une petite parole qui te parle et de la garder dans ton cœur. Indéfiniment. Cette parole est pour toi. Tu peux vivre avec et tu peux aussi échanger ce qu'elle te suggère au cours des réunions d'équipe. Tu verras que si elle te dit cela à toi, elle dira quelque chose d'autre à ta voisine ou rien du tout à une troisième. J'appelle cela le partage de la parole.

« La troisième approche est plus pragmatique : si tu as quelque chose à faire, un problème à résoudre et si tu ne sais pas comment t'y prendre, tu peux chercher la réponse dans l'Évangile. Ce qui est extraordinaire, c'est que tu la trouves presque toujours, tous ceux qui ont fait cette expérience peuvent en témoigner.

« La quatrième approche est plus méditative. Tu peux prendre un thème qui te préoccupe et chercher ce que t'en dit le Christ. Tu demandes par exemple ce qu'Il dit de l'amour, du pardon et tu fouilles les textes. Tu trouveras des merveilles, tant ce petit livre est inépuisable.

« Cela n'a l'air de rien, c'est simple, sans prétention mais si tu fais cela, jour après jour, tu verras ta vie s'approfondir et tu découvriras la Présence en toi, ce qu'il y a en toi de plus grand que toi. Crois-moi, ta vie en sera transformée. Peu à peu, tu apprendras à ne plus être riche de toi-même, ce qui, finalement, est le but de toute vie chrétienne. »

Plus nous avançons dans nos entretiens avec Marguerite

Hoppenot et plus nous sommes saisis par l'enthousiasme de cette femme de quatre-vingt-huit ans qui donne son temps et sa vie pour qu'il y ait un peu plus de chaleur dans le monde.

On dirait qu'elle est poussée par un sentiment d'urgence et je dois avouer que je serais vite fatigué s'il me fallait suivre le rythme de vie qu'elle s'impose. Elle bouillonne d'idées, anime des réunions, reçoit tous les jours des personnes qui viennent chercher auprès d'elle un peu de réconfort ou qui ont simplement besoin de clarifier un peu leurs idées. Elle répond au téléphone, a toujours un livre en chantier et trouve encore le moyen de voyager. Lorsque nous l'avons rencontrée, elle revenait du Canada et de Suisse. Même ses « vacances » à Noirmoutier, nous l'avons dit, sont laborieuses puisqu'elle reçoit et anime des sessions dans sa propre maison. Tout cela avec le sourire et beaucoup d'humour.

Nous lui avons demandé un jour si elle pensait à la mort. « Mais j'y pense tout le temps! s'est-elle écriée. Je n'en ai pas peur, vous le pensez bien, mais je ne suis pas pressée de partir : j'ai encore tant de choses à faire. Lorsque le moment sera arrivé, je voudrais qu'on mette ceci sur ma tombe : Seul le soleil de midi ne laisse pas d'ombre. Il tombe droit sur chaque chose, droit sur chaque être et aucun ne prend ombrage de l'autre. Il n'y a plus de jeux d'ombre et de jeux de lumière. Il n'y a plus qu'un seul soleil sur la création. Il n'y a qu'un seul midi. »

Qu'est-ce donc qui la fait aller ainsi jusqu'à l'extrême limite de ses forces?

A cette question, elle a répondu avec feu : « Je suis habitée par la passion de l'unité sur tous les plans de la vie, depuis le mariage jusqu'à l'unité des chrétiens. »

Cette passion ne date pas d'hier.

En 1952, une de ses amies lui dit que son oncle aimerait bien la rencontrer. Son oncle, c'était le pasteur Boegner qui dirigeait alors la communauté protestante de France.

« Vous vous rendez compte! s'exclame Marguerite Hoppenot : celui qu'on appelait le pape des hérétiques voulait me voir. Nous sommes allés dîner chez sa nièce, mon mari et moi. J'étais intimidée mais après tout, il était sympathique, ce pape des hérétiques. Intelligent et bon. Nous avons eu une longue conversation et je me suis dit en le quittant que nous ne nous reverrions sans doute jamais. Et voici que dès le lendemain, sa nièce m'a appelée pour me dire : " Vous savez, mon oncle a été très heureux de votre rencontre et il voudrait vous revoir seule. " Je n'en revenais pas. Pourquoi ce grand théologien, président de l'Église réformée de France, président des missions protestantes et de la CIMADE éprouvait-il le besoin de rencontrer une petite dame catholique? Je me suis dit qu'il disait cela par gentillesse.

« Tout de suite après, nous sommes partis en vacances et quelle n'a pas été ma surprise, dès mon retour, de recevoir un coup de téléphone du pasteur lui-même. " Madame, m'a-t-il demandé, puis-je solliciter de vous l'honneur d'un entretien? "

« Imaginez ma confusion. Je n'étais rien, je ne représentais rien dans l'Église, je n'étais même pas théologienne. A l'heure dite – 4 heures de l'après-midi – il est entré dans le salon. J'étais remplie de prières. Pour mieux me comprendre, il faut vous souvenir qu'à l'époque, le fossé était béant entre les catholiques et les protestants et qu'on pratiquait beaucoup plus l'anathème que le dialogue.

« Tout de suite, ai-je écrit dans *Pleins pouvoirs à l'Esprit saint*, nous fûmes entraînés, presque malgré nous, vers ces régions éclairées par le mystère du Dieu vivant qui est à mes yeux source de toute vie intérieure. Il m'y suivit avec un respect et une attention tels que je ne pourrai jamais oublier ces heures-là. Un même amour de Jésus-Christ et une même soif d'absolu nous avait fait immédiatement nous rejoindre et nous reconnaître. Quelque chose de grand, me semble-t-il, naquit ce jour-là. »

C'est en effet un dialogue d'amour qui va s'engager et qui va, à la demande du pasteur, se renouveler régulièrement. Plus une prière en commun que de véritables discussions. D'ailleurs Marguerite Hoppenot avait, d'emblée, défini le ton que devaient avoir ces rencontres en disant : « Nous ne parlerons jamais de nos différences. Si nous sommes séparés, protestants et catholiques, c'est que nous ne sommes assez chrétiens ni les uns ni les autres. Nous allons vivre de Jésus-Christ l'un et l'autre. Il nous rapprochera. »

Ce dialogue d'amour a duré des années, jusqu'à la mort du pasteur. Il n'a d'ailleurs pas toujours été facile car, pour deux êtres aussi épris d'absolu, la séparation des Églises pouvait parfois se révéler insupportable. En témoigne par exemple ce véritable cri de souffrance lancé par le pasteur au lendemain d'une rencontre du mouvement Sève à laquelle il avait été invité.

« Oui, j'ai souffert intolérablement, écrivit-il à Marguerite Hoppenot. Vous avez eu raison de dire un jour qu'ici-bas, tout nous séparait. Votre Église me sépare de vous et la mienne vous sépare de moi. Ne pas pouvoir chanter tous vos cantiques, prier toutes vos prières, ne pas pouvoir m'unir à votre adoration du Saint-Sacrement (et même la condamner), me sentir en dehors de la communauté des fidèles réunis dans cette crypte, un hérétique pour eux et eux des hérétiques à mes yeux, et voir ainsi le corps du Christ déchiré, et être déchiré moi-même jusqu'au plus intime de l'être; oui, j'ai vécu des moments affreux. »

Nous savons aujourd'hui que cette souffrance n'a pas été vaine. Depuis ces temps héroïques, l'œcuménisme a fait son chemin. Il y a eu l'appel de Taizé pour des milliers de jeunes, des rencontres de prières en commun chez les charismatiques et, un peu partout, un vaste mouvement de bonnes volontés qui finira bien par emporter un jour sur son passage les réserves des théologiens de l'un et l'autre bord.

« Que les théologiens, écrivit un jour Marguerite Hoppenot, laissent un instant de côté leurs montagnes d'arguments, tous logiques et pertinents, pour entendre d'abord résonner, jusqu'aux entrailles de leur être, le cri du Christ que leur raison semble avoir trop longtemps étouffé : Qu'ils soient un... afin que le monde croie. »

Il est bien vrai, nous le voyons aujourd'hui, que ce ne sont pas les théologiens ou les grands dignitaires qui font avancer les choses. Plus que les grands discours, les petits faits, les humbles initiatives, les actes d'amour qui se multiplient un peu partout sont autant d'actes prophétiques.

Marguerite Hoppenot se souvient avec émotion du jour où le pasteur Boegner lui a demandé ce que la Vierge était pour elle. D'un commun accord, depuis le début de leurs entretiens, ils n'avaient jamais parlé de Marie. Elle s'est trouvée au pied du mur. Il lui fallait répondre. Évitant les longues considérations, elle s'est contentée de dire : « Marie est la porte du mystère de l'Incarnation. Le " oui " de Marie. Veux-tu ? » Elle n'a dit que cela parce qu'à ses yeux, c'est cela l'essentiel. Quelque temps après, le pasteur lui a dit : « Je vais vous annoncer une nouvelle qui vous fera plaisir : j'ai décidé que cette année, pendant mon carême à la radio, j'aurai une conférence sur la Vierge. »

« Ce fut la première depuis la Réforme, conclut Marguerite Hoppenot. Ce sont de belles choses. »

Une autre rencontre, aussi mystérieuse qu'imprévue, selon ses propres termes, lui a laissé un souvenir bouleversant.

C'était en mai 1961. Une des membres de Sève lui dit un jour que sa belle-mère souhaitait la rencontrer. Cette belle-mère n'était autre que la Mère Michéli, protestante et fondatrice du monastère de Grandchamp qui est pour les femmes ce que Taizé est pour les hommes.

« D'emblée, écrira Marguerite Hoppenot, la personnalité de Mère Michéli me frappa : j'étais en présence d'une femme douée d'une intelligence et d'une largeur de vues peu communes. »

Ainsi naissent les amitiés : il suffit souvent d'un seul regard. Elles naissent pour l'éternité, même si elles sont brèves et trop tôt interrompues par la mort. Mère Michéli avait lu *Vers le Royaume*, l'un des premiers livres de Marguerite Hoppenot et elle y avait trouvé sa pâture, au point d'en faire un livre de chevet pour les retraitantes de Grandchamp.

Les deux femmes l'avouèrent chacune de leur côté : au lendemain de cette première rencontre, elles eurent le sentiment de se connaître depuis toujours. Sans doute parce qu'elles étaient habitées par la même passion de l'unité.

Cinq mois plus tard, Mère Michéli fut hospitalisée à Berne. Son état était si grave que les médecins lui avaient interdit les visites mais elle exigea qu'il lui fût permis de faire une exception pour Marguerite Hoppenot. « Elle m'attendait, raconte celle-ci, sans rien avoir perdu de son port altier et de sa " présence ". A peine étions-nous ensemble que l'essentiel, déjà, nous rassemblait. »

Apprenant que son amie venait de terminer *Pleins pouvoirs à l'Esprit saint,* un livre tout entier consacré à l'unité des chrétiens, elle demanda à le lire immédiatement et l'envoya chercher au monastère de Grandchamp, à quarante kilomètres de Berne, où Marguerite Hoppenot avait laissé le manuscrit. C'était un gros livre mais, toute moribonde qu'elle était, elle prit la peine de le lire de la première à la dernière ligne et, par la suite, de donner ses impressions en deux pages écrites d'une main qui ne tremblait pas. « Prophétique, urgent »... tels furent ses commentaires. Et aussi : « Doser la diffusion », car l'œcuménisme, à l'époque, suscitait des remous aussi bien chez les protestants que chez les catholiques.

« Jamais, écrira Marguerite Hoppenot, je n'oublierai cette ultime rencontre, au seuil de l'éternité, avec cet être bouillant d'amour et tendu encore vers de vastes projets, et notre adieu, si grand dans sa simplicité et s'achevant par ces mots, à propos de l'unité des Églises : “ Je peux m'en aller en paix maintenant parce que vous êtes là. ” »

Mère Michéli avait raison d'avoir confiance. Si vous interrogez aujourd'hui les membres de Sève, ils vous répondent que pour eux, l'œcuménisme n'est plus un problème parce qu'il est vécu au quotidien, sans tensions ni déchirements. Il y a des protestants dans les groupes tandis qu'en Suisse, toutes les équipes sont mixtes. Il n'y a pas eu besoin de prendre de grandes décisions et de les annoncer à coups de trompe. Cela s'est fait tout seul, tant il semble normal que les chrétiens puissent prier ensemble le Christ qui, tout au long de sa vie, n'a cessé de leur demander de vivre dans l'unité.

Cela semble simple et c'est bien la simplicité que nous avons sans doute le plus admirée chez Marguerite Hoppenot. Elle n'emploie pas de grands mots, elle se contente d'aimer et d'accorder à tous ceux qu'elle rencontre ce « préjugé favorable » dont elle parle tant. Que pourrait-on trouver de plus simple et de plus vrai que ces quelques phrases prononcées par elle au cours d'une réunion de responsables où nous étions invités : « L'union des croyants dépend absolument de la prise de conscience que tous les hommes naissent enfants de Dieu. Le jour où les grands responsables de nos Églises chrétiennes seront certains de cela et le jour où ils auront le courage de le dire... L'unité n'est pas l'uniformité. Elle implique la diversité car la diversité dans l'amour, c'est le dynamisme d'un dépassement permanent. Personne ne possède la Vérité, car la Vérité, c'est Dieu. Je suis tellement habitée par cette certitude. »

« Si les protestants se sentent bien dans le mouvement Sève, a ajouté une des assistantes, c'est que nous n'essayons pas de les convertir. Nous essayons tous de nous convertir à Jésus-Christ qui est amour. Nous sommes orientés vers le même projet et certaines de nos formatrices sont protestantes. Notre nom de famille, ce n'est pas " catholiques ", mais " chrétiens ". »

Je vois déjà les théologiens dresser l'oreille. Il nous est arrivé, au cours de nos précédentes enquêtes, de rencontrer certains d'entre eux et de constater que s'ils ne sont plus fermés à tout dialogue, s'ils approuvent les rencontres et même les prières en commun, ils se ferment aussitôt lorsqu'on leur parle d'intercommunion. Là se trouve à leurs yeux l'obstacle majeur à l'union des Églises puisque les protestants et les catholiques ne voient pas la même chose lorsqu'ils regardent l'hostie. Les uns croient à la présence réelle, les autres non.

Nous avons posé la question à Marguerite Hoppenot : peut-on aller, dans les équipes de Sève, jusqu'à l'intercommunion ?

Nous l'avons trouvée prudente.

« C'est un grand problème, nous a-t-elle répondu. En Suisse, les deux aumôniers, le catholique et le protestant, ont tous deux suivi un acheminement dans le mouvement. Ils s'entendent comme deux doigts de la main. Un jour, ils sont venus me voir à Paris et ils m'ont dit qu'ils avaient décidé de pratiquer l'intercommunion dans les équipes. Il m'a fallu doucher leur enthousiasme. Je leur ai répondu que même si l'intercommunion était dans leur cœur, il serait prématuré de faire le geste. Je leur ai fait comprendre qu'ils risqueraient alors de défaire d'un coup tout ce que nous avons vécu pendant de si longues années, qu'ils ne pouvaient enfreindre un ordre de la hiérarchie et qu'il leur fallait accepter de souffrir au nom de la fidélité à un projet, pour qu'il puisse un jour aboutir. J'ai aussitôt ajouté que toute souffrance d'amour était aussi une souffrance ressuscitante. »

La hiérarchie... Lorsqu'on parle avec Marguerite Hoppenot, on la sent toujours en filigrane. Elle ne veut à aucun prix la heurter. Elle sait – comme l'ont su avant elle Teilhard de Chardin et tant d'autres – que c'est de l'intérieur et de l'intérieur seulement qu'on peut faire évoluer les structures d'organismes aussi lourds que le sont les Églises. Autant qu'à sa vocation d'unité, elle se veut fidèle à Rome et, quoi qu'il lui en coûte, elle le restera. Elle se contente, chaque fois qu'elle le peut, de poser ici ou là un acte prophétique. Si petit qu'il soit, il est à ses yeux comme une pierre d'attente.

Souffrir d'amour, dit-elle souvent. Comment ne pas souffrir lorsqu'on est passionnée d'unité comme elle l'est et qu'on voit le monde des croyants cloisonné, chacun s'accrochant à ses certitudes en étant bien persuadé d'être le seul à posséder la Vérité? Car elle voit beaucoup plus loin que l'unité des chrétiens et c'est sans doute pour cela que nous nous sommes sentis tellement liés à elle dès notre première rencontre.

Longtemps, nous l'avons écoutée parler, sans nous lasser, de ce qu'est pour elle le Christ universel :

« A l'origine, Dieu était mystérieux. Personne ne l'avait jamais vu et on ne savait où le trouver. C'est pour cela qu'on l'a d'abord placé dans le tonnerre, les éclairs, la tempête... Il était le Dieu terrible qui fendait les arbres, faisait éclater les rochers, qui jugeait et punissait.

« On l'attendait revêtu de sa toute-puissance et c'est sous la forme d'un enfant qu'il s'est présenté. C'est extraordinaire, vous savez.

« Regardez les Mages. On leur avait dit qu'un roi allait naître. Un monarque, vous vous rendez compte. Toujours ce prestige du pouvoir. Ils sont partis, un Blanc, un Jaune et un Noir. Ils ont tout quitté, car il faut toujours tout quitter. Ils ont emporté des cadeaux de rois, de l'or, de la myrrhe, de l'encens et ils ont marché, marché... Ils sont passés voir Hérode et celui-ci, tremblant pour son pouvoir, leur a demandé de revenir lui dire où se trouvait le nouveau-né.

« Ils ont marché encore et ils ont trouvé un enfant dans une crèche. C'est fantastique! Dieu a voulu se révéler sous la forme d'un enfant. Réfléchissez à ce que cela veut dire.

« Pauvres Mages! Sur le coup, ils ont dû se sentir un peu floués. Mettez-vous à leur place. Ils ont dû se dire qu'ils s'étaient dérangés pour pas grand-chose. Sans doute s'apprêtaient-ils à aller dire à Hérode qu'il n'y avait vraiment pas de danger pour son pouvoir lorsqu'une petite voix leur a dit à l'oreille de retourner par un autre chemin. Cette petite voix, je l'imagine parce qu'il faut bien un peu d'humour, elle a bien dû leur dire quelque chose comme ça : " Vous n'avez donc rien vu? Et l'amour? Ça commence grand comme ça dans un cœur de pauvre, dans un cœur accueillant et disponible. Vous allez vivre de ce que vous venez d'apercevoir et vous n'en finirez plus avec le dévoilement. Vous n'en finirez pas de découvrir. Commencez petit. " »

Question : Au départ, il y a donc en tout homme le germe de l'amour?

Marguerite Hoppenot : C'est ça! L'amour, c'est le dépassement de soi. C'est lui qui fait rouler la pierre pour ouvrir le tombeau dans lequel nous sommes enfermés. C'est le commencement de la résurrection, c'est Dieu qui nous aspire, qui nous attire comme l'aimant attire la limaille de fer.

Question : L'aimant...

Marguerite Hoppenot : Oui et, pour qui sait voir, cette attraction est réciproque. C'est extraordinaire! Il y a parenté entre Dieu et l'homme. Entre l'Être divin avec un grand « E » et l'être humain avec un petit « e ». Mais nous pouvons toujours refuser parce que l'amour est libre. Il ne s'impose pas. Si Dieu met en nous le germe de la vie, c'est à nous de le laisser croître. C'est tellement simple et cela s'adresse à tous les hommes.

Question : Qu'ils soient chrétiens ou non?

Marguerite Hoppenot : Mais bien sûr! Comment pourrait-il en être autrement? Le message du Christ est universel.

« Essayez de comprendre : dans l'histoire de l'humanité, il y a d'abord eu les dieux, puis le judaïsme a amené l'image d'un Dieu unique et tout-puissant, du Père qui aime ses enfants, les conduit par la main, leur apprend le bien et le mal et les châtie s'ils font le mal. C'est la loi morale.

« Jésus-Christ est venu faire toutes choses nouvelles, faire passer l'homme de l'obéissance à la liberté de l'amour. Il nous a révélé que Dieu est amour, communion. Tout cela était très simple mais si nouveau que les autorités de son pays n'ont pu le supporter et ont crucifié Jésus. Il a porté atteinte au pouvoir et on l'a condamné au nom de Dieu. C'est toujours comme cela parce que, je le répète, les pouvoirs sont l'obstacle fondamental à l'accomplissement du Royaume.

« N'oubliez jamais cette phrase bouleversante : Jésus le regarda et il l'aima. Cela veut dire qu'il crut en lui. Je vois tellement d'êtres qui sont flottants, qui ont du mal à exister parce que personne n'a jamais cru en eux. Ils ont besoin de grandir et ils ne savent comment faire. Jésus-Christ est venu pour qu'ils se sachent aimés et qu'ils aient enfin confiance en eux-mêmes. »

Question : Donc il est venu pour tous les hommes, quelle que soit leur religion?

Marguerite Hoppenot : Pour tous les hommes. Les plus belles lettres que j'aie jamais reçues m'ont été envoyées par un soufi et je sais bien que Gandhi et Sadate sont morts saints.

« Si vous voulez, Jésus a révélé ce qui était caché mais qui existait depuis le début du monde. Il a révélé la relation vitale Dieu-homme, le visage humain de Dieu et le visage divin de l'homme. En d'autres termes, le Jésus historique, enraciné dans son temps et dans son pays, est venu nous révéler le Christ qui, lui, est universel. Dieu s'est fait homme pour que l'homme soit divinisé par l'esprit de Dieu. Si peu que ce soit. Tout le message est là, mais, malheureusement, il est souvent défiguré par les pouvoirs religieux. Dites-vous bien que si les pouvoirs ne sont pas au service de l'amour, ils deviennent des appétits. »

Étonnante Marguerite Hoppenot! la voici tellement prise par son sujet qu'elle pourrait en parler pendant des heures. Elle est passionnée par l'Éternel et aussi par son temps. Elle affirme souvent que nous sommes en train, sans nous en apercevoir, de vivre de grandes choses. Déjà, elle se passionne pour le troisième millénaire.

« Nous vivons, dit-elle, une époque intéressante et grave parce que nous sommes arrivés à l'universel. Si vous saviez tous les changements que j'ai pu voir en quatre-vingt-huit ans de vie! Jadis, c'est tout juste si on pouvait savoir ce qui se passait à une journée de cheval. Aujourd'hui, nous sommes voisins de tous et la science ne cesse d'accélérer son rythme. Il ne faut pas avoir peur mais savoir que la seule réalité, c'est la découverte de l'homme. Seul l'Essentiel est à la mesure de l'universel. »

Question : Il y a aujourd'hui une recherche tellement intense chez tellement de gens que ça ne peut pas ne pas faire basculer le monde du bon côté.

Marguerite Hoppenot : J'ai donné toute ma vie pour cela. Je ne me contente pas de me dire que ça va s'arranger, j'essaie, si peu que ce soit, de faire ce qu'il faut. Il est vrai que la soif d'absolu est fantastique en ce moment. Nous sommes à un carrefour.

« Mais n'oubliez jamais la simplicité. Plus on simplifie et plus on est dans la vérité. La simplicité est un diamant. »

Elles sont une douzaine autour d'une grande table dans la salle de réunions du quartier général de Sève, douze jeunes femmes souriantes, sans doute parce qu'elles sont heureuses de se trouver rassemblées, à leur tour, autour de leur fondatrice. Elles constituent le « noyau animateur » de la région du Mans et, comme tous les noyaux animateurs, elles viennent périodiquement trouver ici l'inspiration dont elles auront besoin pour mener à bien leur mission.

Rachel et moi, nous nous faisons aussi discrets que possible pour que cette réunion, à laquelle nous sommes exceptionnellement admis, se déroule comme toutes les autres et ce qui nous frappe d'abord, c'est que durant toute la matinée, à l'inverse de ce qui se passe dans tant de groupes dits « de spiritualité », on parlera beaucoup moins de problèmes d'organisation que de vie spirituelle. En femme occupée qui n'aime pas perdre son temps, Marguerite Hoppenot va tout de suite à l'essentiel, à la profondeur. Sans doute parce que, selon ses propres termes : « Si tu es présent, si peu que ce soit à Jésus-Christ, alors tu vas pouvoir être service d'amour. Tu seras une action. Tu vas engendrer quelque chose. »

Nous comprenons que l'équipe est actuellement en train de travailler ou plutôt de méditer sur le dernier livre de sa fondatrice.

« Ce qui me semble important, dit l'une, c'est qu'il ne s'agit pas de grandes idées intellectuelles mais d'une lumière vraiment vécue qui transparaît à chaque ligne. »

« Pour moi, dit une autre, ce qui a été un nouveau dynamisme, c'est cette relation de Dieu et de l'homme. Je ne pouvais pas concevoir de continuer ma vie en mettant Dieu en haut et l'homme en bas. Je devais faire vraiment en moi ce croisement de mes aspirations et de ma vie incarnée... »

« Une petite chose que je n'ai découverte qu'à Sève, dit une troisième, c'est la différence entre l'union et l'unité. Ce qui est la marque du mouvement Sève, c'est l'unité. »

Marguerite Hoppenot s'empare de ce terme pour préciser sa pensée :

« Dans un bon ménage, s'il y a quelque chose qui ne va pas, on va se faire des concessions mutuelles. C'est ce qu'on fait en ce moment dans les Églises : on essaie de s'arranger et cela ne va pas très loin. L'unité, c'est autre chose. Ce sont des accordailles d'amour. Ce devrait être facile puisque nous avons un dénominateur commun qui est Dieu... »

C'est sur ce ton et dans une émouvante confiance que va se dérouler la réunion. En réalité, nous avons l'impression d'assister d'un bout à l'autre à une prière en commun, à un partage de ce qu'il y a d'essentiel chez chacune des participantes.

Je m'aperçois que nous avons été tellement pris par cet approfondissement spirituel, tant auprès de Marguerite Hoppenot que de ses compagnes, que nous n'avons pas beaucoup parlé de ce mouvement pas comme les autres. S'agit-il d'ailleurs vraiment d'un mouvement ? Le mot fait peur. Entrer dans un mouvement, pour beaucoup, c'est prendre le risque d'être embrigadé, récupéré, pris au piège.

Disons tout de suite qu'au sein du mouvement Sève, nous avons eu l'impression d'une grande liberté. D'ailleurs on ne se précipite pas sur les nouveaux venus. On commence même par les mettre en garde, par leur dire : « Venez et voyez. » Toute entrée commence par une réunion dite d'« accueil-information ». Le nouveau venu doit savoir qu'il ne s'agit pas, comme c'est souvent le cas ailleurs, de se lancer à corps perdu dans l'évangélisation, de « faire passer le message »... Car il n'y a pas d'action juste – si généreuse qu'elle puisse apparaître – si elle n'est pas avant tout basée sur un approfondissement spirituel.

« Venez et voyez, leur dit-on, mais que faut-il qu'ils voient? demande Marguerite Hoppenot, qui s'empresse aussitôt de répondre : d'abord qu'ils sont aimés personnellement, regardés personnellement. Qu'ils entrent dans une communauté où l'on s'aime. Voyez comme ils s'aiment, disait-on des premiers chrétiens. Après cela, si les gens veulent venir, ils sont libres. Ils doivent savoir qu'ils sont appelés à devenir, si peu que ce soit, amour et communion. »

Une fois entrés, ils s'intègrent à une équipe. Des équipes, il y en a dans soixante-quinze villes de France et aussi en Angleterre, en Belgique, au Luxembourg, en Suisse, au Burundi, au Brésil, au Canada... Depuis quelques années, sans doute à cause de cette soif d'absolu qui s'empare de tant d'êtres à notre époque, le mouvement connaît une croissance accélérée.

Quatre mille membres de Sève vivent ainsi en équipes d'une dizaine de personnes. A plusieurs reprises, lorsque nous avons parlé de ces équipes à des amis, nous avons soulevé des réactions presque violentes. « Mais que fait-on dans ces équipes? Quelles actions concrètes entreprend-on? Alors qu'il y a tant de besoins dans le monde, peut-on ainsi, avec bonne conscience, consacrer tant de temps à ce qu'on appelle pompeusement sa " vie intérieure "? N'est-ce pas se regarder le nombril pour ne pas voir les misères du monde? » Ce réflexe de tant de chrétiens est devenu presque une manie. En réalité, tout appelle les membres de Sève à agir pour qu'il y ait plus de justice dans le monde. Ils ne s'en privent d'ailleurs pas mais ils ont pris conscience du fait – ne craignons pas de le répéter – qu'une action ne peut être juste si elle ne jaillit des profondeurs. C'est cette profondeur qu'ils viennent chercher à Sève, cette assise qui leur permettra d'être pleinement dans le monde.

« Les deux piliers du mouvement, répète inlassablement Marguerite Hoppenot, sont la lumière essentielle et la pauvreté de soi. La lumière essentielle jaillit de cette découverte dont nous avons déjà beaucoup parlé : l'homme porte en lui quelqu'un qui est plus grand que lui. La pauvreté de soi signifie que l'amour doit nous vider de notre égocentrisme afin que Dieu prenne toute la place. »

Question : Sur un plan concret, comment est organisé le mouvement ?

Marguerite Hoppenot : Il n'y pas, à proprement parler, d'organisation : on ne peut enfermer l'Esprit qui donne vie dans un cadre préfabriqué. La vie vient des racines, nous le constatons tous les jours. Chez nous, le pouvoir n'est pas un pouvoir d'autorité tombant d'en haut, mais une énergie vitale qui vient des racines pour irriguer tout l'arbre. La Sève est donc le mouvement de la vie. N'oublions pas que Jésus-Christ a dit : « Je suis la Vie. »

« Dans mon livre : *Le Temps du feu*, le chapitre " Pyramide renversée " évoque ce principe du pouvoir au pied de l'arbre. Cela vous explique pourquoi je ne suis pas une " présidente " mais une " fondatrice ".

« Le deuxième principe important de la structure vivante de Sève est né de la prise de conscience que Dieu créateur est, dans la Trinité, Communion d'amour. J'ai compris qu'un pouvoir qui donne la vie ne pouvait être le pouvoir d'un seul mais un pouvoir de communion. Personne ne donne la vie seul. C'est ainsi qu'est né dans mon esprit le principe du " noyau animateur " qui a balayé d'emblée l'idée d'installer des chefs d'équipes. Le chef d'équipe enseigne tandis que le noyau animateur donne vie en animant. La structure des noyaux animateurs s'est établie de bas en haut du mouvement, la base étant la communauté fondamentale : les racines de l'arbre. »

Question : La communauté fondamentale ?

Marguerite Hoppenot : C'est le petit groupe des êtres qui sont le plus engagés, « mis en gage » dans la grande aventure de cette vocation évangélique.

« Comme tout corps vivant qui se développe, nous avons commencé par le plus petit, une équipe, pour aller vers le plus grand. C'est ainsi qu'il y a eu des équipes, puis des groupes, des branches, en France et dans un certain nombre de pays étrangers sur plusieurs continents, tous animés par des noyaux animateurs, cet ensemble constituant la structure vivante du mouvement que j'ose appeler la structure de l'Esprit saint. Mais ce développement ne s'est jamais fait par propagande – elle est à tout jamais bannie – mais par la contagion et le rayonnement de ce qui est vécu. »

Question : Pouvez-vous nous préciser les grandes lignes de la pédagogie de Sève?

Marguerite Hoppenot : La pédagogie spirituelle de Sève est essentiellement une pédagogie de révélation, c'est-à-dire de dévoilement de l'être, de découverte intérieure : devenir progressivement fils, l'engendré de l'Esprit d'amour, devenir parole vivante, à notre mesure, si petite soit-elle.

« Elle est enfin une pédagogie de communion, car seuls des fils peuvent devenir frères, apparentés vitalement les uns aux autres et convergeant dans l'Amour au-delà de chacun. Toute la pédagogie de Sève repose sur ces principes fondamentaux. »

Question : Vous nous avez dit que, chaque année, une orientation est donnée pour aider la réflexion des membres de Sève. Comment naît cette orientation?

Marguerite Hoppenot : Pour moi, une orientation d'année est quelque chose de très grave. Vous me demandez comment elle naît. « Naître » est un mot que j'aime beaucoup et en réalité, chaque orientation est une naissance parce que je la porte très longtemps en moi. Elle s'élabore pendant des mois dans le silence intérieur.

« J'ai une conscience profonde de l'importance de ces orientations d'année parce qu'elles mettent en œuvre une responsabilité qui me dépasse. Elles ont pour but de tracer une nouvelle étape sur notre chemin de fidélité à notre vocation et de susciter dans les êtres un dynamisme spirituel, personnel et commun susceptible d'y correspondre. Il faut donc qu'elles soient inspirées par un Autre. Sinon, ce serait bâtir un plan de travail destiné seulement à faire réfléchir sur un certain nombre de problèmes. L'engendrement de ces orientations est affaire d'Esprit et de vie.

« Elles sont le fruit d'un triple et permanent regard contemplatif.

« Le premier regard contemplatif est celui de la révélation de Jésus-Christ, celui de notre vocation : le mystère du Christ vivant, unique vraie réponse à tous les problèmes du monde.

« Le second regard contemplatif est un regard sur le monde : vivre le monde, comprendre le monde, vivre l'histoire du monde. C'est fou ce que l'on voit clair lorsque l'on fait se rejoindre sans arrêt ces deux regards contemplatifs sur le Christ et sur le monde.

« Le troisième regard contemplatif est un regard sur nous-mêmes, sur ce mouvement, ses équipes, ses membres, ses animatrices et ses animateurs. Où en sommes-nous de la réponse que nous donnons par nos vies ? Qu'est-ce qui est encore obscur ? Qu'est-ce qui a été découvert ? Quelle étape a pu être quelque peu franchie ? Il faut tellement d'amour et de lumière pour parvenir à un véritable discernement car ce n'est pas le jugement mais l'intelligence de l'amour qui fait voir clair et parvenir à la connaissance de la vie. »

Question : Vous avez parlé de silence...

Marguerite Hoppenot : Oui, le silence a tenu une grande place dans ma vie. C'est dans le silence, loin des bruits et de l'agitation du monde, que nous pouvons entendre le Seigneur nous parler au cœur.

« Pendant vingt ans, je suis allée régulièrement passer trente-six heures dans le silence d'un couvent de bénédictines à Vanves et, pendant les vingt années suivantes, n'ayant plus d'enfant à la maison et encouragée par mon mari qui en comprenait l'importance, j'ai passé quinze jours par an dans un silence absolu, seule face aux sommets de Crans-sur-Sierre. C'est là qu'ont jailli la plupart de mes écrits.

« J'insiste beaucoup sur le silence auprès de tous les membres de Sève. Les décisions qui engagent l'avenir ne peuvent être prises que dans le silence. Nous avons par exemple une cérémonie propre au mouvement qui est une cérémonie silencieuse. Nous l'appelons l'engagement sur le signe du grain de blé. Le grain de blé, quel symbole ! Il faut que la pellicule qui enveloppe ce grain éclate un jour pour que sa petite farine puisse se mêler à celle des autres. Est-ce que l'amour en toi, ce germe divin, pourra faire éclater la carapace d'égocentrisme qui t'enferme ? C'est la grande question et voici comment nous la symbolisons : à l'occasion d'un rassemblement, d'un anniversaire par exemple, nous plaçons dans la chapelle une coupe remplie de grains de blé. Chacun et chacune d'entre nous, après avoir beaucoup prié dans le silence et seul devant Dieu, quand il sent que le moment est venu pour lui, va prendre un grain de blé et le dépose dans une urne. Déposer le grain, cela veut dire que l'on choisit l'amour et aussi l'universalité, car il n'y a pas de grain de blé catholique, protestant, musulman, français, homme ou femme... Pour notre cinquantième anniversaire, il y a eu dans l'urne 2 139 grains. Nous les avons confiés à un couvent où ils ont été fondus tous ensemble pour obtenir un peu de " farine Sève " avec laquelle on a fait des hosties.

« En fait, vous le comprenez, cet engagement signifie : je choisis l'amour, c'est-à-dire Jésus-Christ, comme chemin de vie. C'est cela Sève et rien d'autre. Si on vivait ainsi, notre monde serait transformé. C'est pourquoi nous sommes parfois un peu tristes qu'on fasse tellement silence sur notre mouvement. »

Marguerite Hoppenot a prononcé ces paroles sur un tel ton que nous sentons en elle une blessure secrète, ce qu'elle appellerait sans doute une souffrance d'amour.

Il est bien vrai qu'il y a de quoi s'étonner. Nous avons découvert, tout au long de cette enquête, un mouvement vivant rassemblé autour d'une femme éclairée, un mouvement qui se veut d'Église, qui compte actuellement, nous l'avons dit, quatre mille membres en équipes et des milliers de sympathisants, qui est implanté en Europe, en Afrique, en Amérique du Nord et du Sud... Un mouvement enfin qui existe depuis cinquante ans et qui ne cesse de croître.

Rachel et moi, depuis des années, nous évoluons, par profession si j'ose dire, dans les milieux dits « de spiritualité » sur lesquels nous avons toutes les raisons d'être bien informés et pourtant, jamais, nous n'avions entendu parler de Sève. Il a fallu enfin qu'une amie nous en parle au hasard d'une conversation et nous prête des livres de Marguerite Hoppenot, livres qui, par parenthèse, à l'exception d'un seul, sont publiés à compte d'auteur alors que les grandes maisons d'édition publient chaque année des centaines de livres « spirituels » dont la plupart sont loin de les valoir.

Pourquoi ce silence? Dire que la sève circule sans faire de bruit ne suffit pas. Il y a comme une tentative d'étouffement. J'imagine que le mouvement Sève est toléré à condition qu'il ne fasse pas trop parler de lui et nous connaissons des diocèses où le moins qu'on puisse dire est que les évêques ne font rien pour le faire connaître.

Marguerite Hoppenot n'aime pas s'étendre sur ce sujet. « Je ne fais pas de bruit, nous a-t-elle répété souvent. Je dois être prudente pour ne pas risquer d'exposer indûment le message que je porte en moi. On me dit que je serais plus libre si j'étais hors de l'Église, mais non! On ne fait rien du dehors. Nous sommes un mouvement d'Église et nous voulons le rester. »

Tout au long de cette enquête, nous avons pensé au Père Teilhard de Chardin qui a eu, lui aussi, l'héroïsme de rester alors que tant de ses amis lui conseillaient de partir. L'avenir lui a donné raison : il a sacrifié sa vie entière pour rester fidèle mais aujourd'hui, son message est devenu une source d'inspiration pour tout ce qui est vivant dans l'Église.

Nous avons le sentiment que Marguerite Hoppenot est en avance sur son temps. Elle apporte aux problèmes qui se posent à l'Église des réponses qui s'imposeront demain mais qui, aujourd'hui, font se cabrer les tenants d'une tradition figée. Ce qui nous frappe par-dessus tout, c'est la fidélité de cette femme à son intuition première. Une intuition qu'on peut qualifier de mystique et qu'elle a ainsi définie dans *Vers le Royaume* :

« Allons-nous nous mettre à aimer vraiment?

« Tout ce qui brûle consomme quelque chose. Notre cœur sera brûlant d'amour à mesure que se consumera notre " moi ". Car il n'y a pas de place en notre cœur pour l'amour et pour un égoïsme. L'un tue nécessairement l'autre. Toute la bataille de notre vie est engagée sur ce front-là.

« Allons-nous accepter qu'un germe d'amour un peu plus authentique vienne nous inquiéter, bousculer notre sécurité spirituelle, notre confort vertueux, et remettre en question peut-être bien des habitudes de vie?

« Allons-nous accueillir la présence en nous d'une graine d'amour envahissante qui fera perpétuellement craquer quelque chose, éclater notre " moi ", cette carapace d'égoïsme qui se referme toujours et nous rend hermétiques...

« Certes, avant d'accepter cela, on y regarde à deux fois : devenir amour, sait-on jusqu'où cela peut nous mener? »

C'est à cette profondeur que se situe la vie chrétienne et toutes les prises de position de Marguerite Hoppenot ne sont que fidélité à cette intuition. Le rôle de l'Église est à ses yeux de conduire les hommes qui lui sont confiés dans ce Royaume intérieur. Elle perd sa saveur et devient infidèle à son message chaque fois qu'elle se laisse gagner par la tentation du pouvoir, par les préoccupations extérieures ou par la politique.

« Lorsque la politique pénètre dans l'Église, écrit-elle dans *Midi sur le monde*, elle y introduit aussitôt le Malin, car la politique, qui est sagesse du monde, et la sagesse du Christ, qui est scandale et folie aux yeux des hommes, sont en contradiction irréductible l'une avec l'autre.

« L'Église est toujours acculée à l'option décisive : être du Christ ou être du monde. "De quel esprit es-tu ?" fut et demeure l'éternel rappel du Christ à ses apôtres. S'efforcer de faire régner le Christ avec les moyens et les armes du monde, alors qu'il nous a confié ses armes de lumière, c'est déjà le trahir... »

On pourrait trouver dans les livres de Marguerite Hoppenot des dizaines de citations de ce genre. Toutes témoignent de la haute idée qu'elle se fait de son Église et de sa souffrance lorsqu'elle la voit infidèle. Pour elle, d'abord et avant tout, l'Église doit être mère.

« Il est permis de se demander, écrit-elle, si les évêques sont assez attentifs à l'essentielle fonction de maternité dont la charge aussi leur incombe. N'est-il pas demandé à l'Église d'être à la fois épouse de Jésus-Christ et visage de la mère? Que sert de s'ingénier à organiser la vie si la vie ne voit pas le jour? »

Toujours, toujours, nous l'avons constaté au cours de nos entretiens, elle revient à l'Essentiel, c'est-à-dire à l'amour et à la vie. Il n'y a rien d'autre et tout découle de là. C'est sans doute pour cela qu'elle a du mal à accepter certaines formules que tant de pratiquants répètent mécaniquement sans se donner la peine d'aller voir ce qu'il y a sous les mots. Il lui arrive de s'indigner de cette passivité et de révéler l'inanité de certaines croyances pourtant solidement établies depuis des siècles.

« L'été dernier, raconte-t-elle, je suis allée à la messe avec ma petite-fille qui a treize ans. Soudain, j'ai entendu le prêtre dire : Jésus-Christ est le sacrifice parfait. Cela m'a fait trembler et je me suis dit : “ Ça y est! Jadis, on sacrifiait des béliers, plus tard des agneaux et maintenant, c'est le Fils de Dieu! Ce n'est pas possible, pas possible! Jésus-Christ est venu faire toutes choses nouvelles, il n'est pas venu sacrifier sa vie à la divinité. Il est venu sanctifier la vie, c'est-à-dire la rendre sacrée. ”

« La croix, je l'ai déjà dit, c'est avant tout le croisement de deux paroles : Jésus est amour et Il créa l'homme à son image. Ces deux paroles sont unies au point de devenir indissolublement une seule parole. Tout homme porte en lui un germe de Dieu et un germe est fait pour germer. Lorsque j'ai découvert cela, tout, pour moi, est devenu lumière. »

Sa parole se fait grave. On sent qu'elle touche à ce qui, pour elle, est ineffable. Ce qu'elle va dire maintenant est si vivant, si naturel et si beau que nous le publions tel qu'elle nous l'a livré dans l'enthousiaste fraîcheur de son cœur :

« Est-ce que nous n'avons que cette puissance énergétique dans le cœur, que cette tendance à nous ouvrir au-delà de nous-mêmes? Nous avons ça et puis nous avons : moi, c'est moi, cette tendance au contraire à nous refermer sur nous-mêmes. Enfer = enfermer. C'est au-delà de toi que tu vas retrouver tous les autres. Si tu fermes tout, tu ne connaîtras personne. Si le grain ne meurt, il reste seul. C'est passionnant, ça! Mais alors voici la condition humaine partagée entre deux tendances. C'est notre combat. Il se passe dans le cœur et le cœur est le lieu de notre grandeur. Tout le reste, nous l'avons reçu. Nous avons tout reçu. Nous sommes nés dans une famille blanche, jaune ou noire que nous n'avons pas choisie, dans une religion que nous n'avons pas choisie et nous avons reçu une éducation que nous n'avons pas choisie. Le seul lieu de notre liberté, de notre choix, c'est notre cœur. C'est le lieu sacré, le lieu de la grandeur humaine...

« Dieu a créé l'homme intelligent, libre et responsable de lui-même. Les gens me demandent parfois pourquoi Dieu a fait le mal et je réponds qu'Il n'a pas fait le mal mais qu'Il a fait la liberté. Dieu a choisi la liberté parce qu'Il est amour et que l'amour ne s'impose pas. Lorsque vous avez aimé votre femme, il a bien fallu qu'elle vous réponde. Vous ne pouvez forcer quelqu'un à vous aimer. L'amour comporte le don et appelle la réponse. Veux-tu?

« C'est parce que j'ai compris que l'amour est communion que je crois avoir compris le mystère de la Trinité.

« Je me suis dit longtemps, comme beaucoup de gens : un seul Dieu en trois personnes distinctes, c'est compliqué. Un en trois, trois en un, cela tient de la prestidigitation. Je vais essayer de comprendre au niveau de la vie. Le Père est amour, mais qu'est-ce que l'amour? C'est le don et puisqu'il s'agit de Dieu, ce ne peut être que l'absolu du don, l'infini du don, un don qui ne peut jamais se limiter, se refuser ou se refermer. Ce don du Père, il fallait bien qu'il soit reçu dans la même mesure. C'est le Fils. L'amour est don et accueil de ce don. Il donne et reçoit. Tu ne sais pas donner si tu ne sais pas recevoir. C'est très important.

« Quand deux fenêtres sont ouvertes, il y a un courant d'air. Quand deux cœurs sont ouverts l'un à l'autre, il y a un courant de communication. C'est l'Esprit Saint. L'Esprit Saint réalise la communion d'amour d'où naît la vie. Voilà ma petite théologie de la Trinité et elle a l'avantage d'être simple. »

Cette simplicité, Marguerite Hoppenot la cultive comme un bon jardinier cultive ses fleurs préférées. Tout ce qu'elle dit en est si imprégné que deviennent simples les problèmes traditionnellement les plus compliqués et que s'éclairent les mystères les plus obscurs. Au fond, si on devait chercher ses maîtres-mots, ce sont les mots amour et vie qui s'imposeraient aussitôt.

Sur le plan humain, elle a vécu l'amour pendant soixante ans avec Philippe Hoppenot, ce qui lui donne une grande autorité lorsqu'elle organise des rencontres avec des fiancés. Car il n'y a pas deux amours : celui qui naît entre le Père et le Fils est le même que celui qui unit les époux. Comme nous n'avons pu assister à l'une de ces sessions, nous lui demandons de nous dire ce qu'elle dit aux fiancés.

Marguerite Hoppenot : C'est très simple : la première chose, c'est de leur révéler la lumière qu'ils portent en eux.

« Après cela je leur demande s'ils sont d'accord sur le fait que l'homme et la femme sont égaux en être. Je leur montre que Dieu les a créés à son image : " Homme et femme Il le fit. " Égaux en être, différents et mutuellement complémentaires. Porteurs d'un germe du Divin.

« A ce moment-là, la question vient et si elle ne vient pas, je la pose : qu'est-ce qu'aimer? C'est une attraction, un attrait. Je leur dis : " J'espère que vous en avez beaucoup, sinon, ne vous mariez pas. Mais dites-vous bien que cet attrait n'est que le vestibule de l'amour. C'est un sentiment, mais ce n'est pas encore l'amour. Que se passe-t-il quand on aime vraiment? Que dit-on à l'autre du plus profond de soi? On lui dit : je t'aime, j'ai foi en toi. Tu portes en toi ton devenir et c'est mon amour qui va t'aider à devenir celui ou celle que tu dois être et non pas celui ou celle que je voudrais que tu sois. " »

Question : C'est-à-dire : je vois en toi ce que toi-même, tu ne vois peut-être pas encore?

Marguerite Hoppenot : Exactement. Le développement de ce que tu es. L'éclosion de ton être. Alors cet amour réciproque devient amour qui fait être, chacun dans sa différence mais tous les deux harmonisés par l'amour parce que l'amour a tout purifié. Cette attraction de l'amour vers la différence de l'autre, c'est le dynamisme existentiel.

Question : Vous écouter, cela fait sortir de moi que l'homme et la femme doivent s'épouser intérieurement pour donner naissance à l'enfant Dieu qui vit en eux.

Marguerite Hoppenot : Vous avez compris.

Question : Même si l'enfant extérieur ne vient pas?

Marguerite Hoppenot : Je dis toujours que le premier but du mariage n'est pas la procréation. La procréation en est la conséquence, mais l'amour des époux a pour but la divinisation de l'être humain. Dieu est foyer et l'amour des époux, c'est la communion. Donc le but est de devenir un foyer. Pas simplement un bon ménage qui parvient à s'entendre à force de concessions. Cela, c'est le mariage à la mairie. Mais si on va au-delà des différences, c'est ce plus-être en chacun des époux qui les apparente l'un à l'autre et qui les apparente à Dieu. Ce sont les accordailles d'amour.

Question : Ne faut-il pas une vigilance de tous les instants?

Marguerite Hoppenot : Je leur dis toujours : « Ne vous endormez pas sous un nuage car quelques jours après, il en viendra un autre et tout cela s'épaissira. Un jour, on se réveille et le soleil ne passe plus. C'est fini. »

« Je leur parle aussi des trois sortes de paix :

– La paix de domination qui peut faire illusion quelque temps mais qui finit toujours par allumer la guerre.

– La paix de conciliation : on se fait des concessions mutuelles mais elles nous restent sur l'estomac et un jour, les rancœurs font surface.

– La paix au-delà des choses, la paix de communion. Lorsqu'elle s'établit, elle fait que les deux montent ensemble. »

Question : Donc un mariage où il n'y a pas d'union intérieure n'est pas un vrai mariage?

Marguerite Hoppenot : C'est un mariage social mais un vrai mariage doit être le signe visible d'une réalité intérieure.

« J'ai écrit dans *le Temps du feu* ces lignes que je vous livre :

« A voir tant de mariages se défaire et tant de chrétiens, parfois inconscients du drame de leur existence, acculés à une vie inhumaine, sous peine d'être rejetés par l'Église ou pour certains même, entraînés à une vie immorale, je pense que l'Église est amenée à se pencher plus gravement encore sur le problème de l'engagement éternel de ses enfants dans le mariage, comme elle se penche avec tant de sollicitude sur les vœux définitifs de ses prêtres et de ses religieux...

« Est-il un sacrement qui comporte aussi peu de préparation et qui puisse être reçu avec tant d'inconscience et de légèreté?

« Dès lors, notre Mère l'Église ne devra-t-elle pas se décider, soit à consacrer plus difficilement un mariage " au nom de Dieu ", soit à reconnaître plus humainement que certains liens contractés n'étaient pas, en vérité, scellés par Dieu. »

« J'ai écrit cela il y a vingt-cinq ans et je n'en changerais pas une ligne aujourd'hui. Le mariage n'est pas un acte magique et ce n'est pas de passer devant le prêtre qui le rend indissoluble. Il est le plus exigeant de tous les sacrements. Si vous saviez le nombre de souffrances que j'ai vues parce que cela n'est pas compris! »

La souffrance... Jour après jour, au fil de ses rencontres, Marguerite Hoppenot se trouve confrontée à ce redoutable problème. Face aux êtres qui viennent lui demander un peu de soulagement, elle ne se contente pas des réponses faciles qui, trop souvent, les renvoient encore plus désespérés. Souffrir, elle sait ce que c'est. Comme tous, elle a eu sa part. Souffrance d'avoir perdu un enfant merveilleux, puis son mari; souffrance d'avoir une si brûlante vocation d'Église et de n'être pas toujours comprise. Elle n'aime pas s'appesantir sur elle-même.

Elle parle beaucoup de l'amour, de la vie, de la lumière mais elle ne vit pas pour autant dans un septième ciel où ne parviendraient pas les souffrances du monde. Ne passe-t-elle pas une bonne partie de son temps à écouter des êtres en détresse? Chaque jour, où qu'elle se trouve, elle s'astreint à écouter au moins une fois les informations pour communier à toutes les peines et à toutes les joies de l'humanité. Il lui arrive même d'en être hantée :

« Je me réveillai à l'aube, écrira-t-elle un jour de 1964, le cœur submergé par la souffrance du monde, cette souffrance qui ruisselle de toutes parts dès qu'on a des yeux pour voir, un cœur pour aimer et qui est d'autant plus poignante pour la majorité des êtres qu'elle reste privée de sens, privée d'espérance et solitaire.

« Lorsque j'évoque la souffrance du monde, je ne pense pas seulement à la souffrance visible, celle des malades ou des multitudes affamées qui, bien que criante, est cependant si faiblement entendue. Je pense autant aux êtres que submerge la marée des secrètes souffrances : à ceux que tenaille le doute, à ceux que détruit la haine, qui vivent et meurent sans que la moindre étincelle ait pu passer leur nuit; à ce plus grand nombre encore, faits pour aimer, qui s'étiolent et se dessèchent dans la prison de leur propre " moi ". »

Il est bien vrai que lorsqu'on se trouve face à la souffrance du monde, ou face à sa propre souffrance, une question se lève aussitôt, insistante et terrible : Pourquoi Dieu a-t-il fait le monde tel qu'il est ? Pourquoi m'envoie-t-il cette souffrance ?

La réponse de Marguerite Hoppenot jaillit aussitôt, véhémente et passionnée : « Mais que dites-vous là ? Dieu n'envoie pas la souffrance ! Comment pourrait-Il faire cela puisqu'Il n'est qu'amour ? »

Question : Mais pourquoi tant d'épreuves ?

Marguerite Hoppenot : Regardez autour de vous : elles viennent des hommes ! L'injustice dans le monde, la pauvreté, la guerre, la violence et la plupart des maladies, tout cela vient des hommes. On me sort toujours les tremblements de terre, mais la terre n'est pas le paradis terrestre. Elle a ses lois et il nous faut bien les subir mais de grâce, cessons de voir Dieu comme le Père tout-puissant qui fait tout, qui envoie le soleil ou la pluie, les raz de marée et les épidémies. C'est une vue primitive des choses. Alors que si nous savons voir : Dieu est et ne peut être qu'amour.

Question : On nous donne pourtant sans arrêt l'exemple de saints qui recherchent la souffrance pour être comme le Christ.

Marguerite Hoppenot : C'est encore un reste de cette imprégnation... Cela ne les empêche pas d'être des saints, mais ce n'est pas cela qui fait la sainteté. D'ailleurs qu'est-ce que la sainteté, sinon la perfection de l'amour ? La fidélité à l'amour. Je le répète parce qu'il est des choses qu'il faut sans cesse répéter : Jésus-Christ est venu faire toutes choses nouvelles. Il n'est pas venu sacrifier la vie, mais la sanctifier. Nous sommes encore imprégnés de l'image du Père tout-puissant mais c'est une image d'un autre âge.

Question : D'accord, il n'est pas nécessaire d'aller chercher les épreuves. Encore faut-il savoir les accueillir quand elles arrivent, car elles arrivent toujours.

Marguerite Hoppenot : L'épreuve est un arrêt et, dans certains cas, elle peut même être un chemin. Il faut que l'amour croise la souffrance pour que celle-ci devienne souffrance ressuscitante. Alors elle devient souffrance d'amour. Elle nous dit : ouvre-toi au-delà de toi. Cela ne t'enlèvera pas ton épreuve, mais au moins, au lieu de te durcir, de te fermer, elle donnera un certain sens à ta vie, elle t'ouvrira au monde.

« Car tu dois savoir que tu n'es pas le seul à vivre cette épreuve. Par exemple, tu as perdu un enfant? Tu n'es pas la seule et tu vas t'accorder avec toutes celles qui ont perdu un enfant. Tu vas être accordée, identifiée à la souffrance du monde. Si tu es humiliée, offensée, ouvre-toi. Tu peux le faire si tu as vraiment l'esprit d'amour dans ton cœur.

« C'est cela le pardon. Ce n'est pas perdre la mémoire car il y a des offenses qui ne peuvent s'oublier, mais aimer au-delà. C'est ce qui fait que la souffrance de Jésus sur la croix a été une souffrance d'amour, sa passion une passion d'amour. Il faut savoir souffrir d'amour car alors, nous devenons des sanctificateurs, c'est-à-dire que nous ajoutons un peu d'amour dans le monde, un peu de lumière. C'est beau, tout ça!

« D'autant plus beau que cet amour peut sauver des êtres du désespoir.

« Tenez, je vais vous raconter une petite histoire : trois jours avant la célébration de notre cinquantenaire, on m'a demandé d'aller parler à Radio Notre-Dame. Parmi les auditeurs qui, après m'avoir entendue, ont souhaité me rencontrer, il y avait un jeune professeur de lycée. Il est venu et nous sommes restés très proches.

« Un jour, il m'a demandé de recevoir un de ses amis. J'ai dit oui et j'ai vu arriver un monsieur qui avait une belle physionomie mais qui était tout à fait désespéré. Il s'est mis à pleurer en me voyant et il ne pouvait que répéter : " Madame, comment ai-je pu faire ça? Comment ai-je pu faire ça?... " Je lui ai laissé le temps de se calmer et lui ai demandé de s'expliquer. Il m'a raconté qu'il était marié, qu'il avait un enfant et qu'il avait été tout à fait heureux jusqu'au jour où il avait perdu son travail. Il en avait été si humilié qu'il n'avait pas osé l'annoncer à sa femme. Puisqu'il fallait bien vivre, il avait trouvé un emploi dans un bar où, poussé par l'ambiance, il s'était mis à boire et à se droguer. Très vite, il était devenu une épave, avait perdu sa femme, son enfant, son logement, son travail et, pire que tout, l'estime de lui-même.

« J'étais étonnée parce que, tout en me racontant cette terrible histoire, il me paraissait tout à fait équilibré. Je le lui ai dit et il m'a répondu qu'il avait cessé de boire et de se droguer. J'ai voulu savoir comment il avait fait et il m'a répondu cette phrase extraordinaire :

« J'ai senti, madame, une force douce qui me poussait presque malgré moi et, peu à peu, je me suis guéri. »

« Alors je lui ai demandé : " Voulez-vous que je vous révèle le nom de cette force douce ? " C'était bouleversant. Je lui ai expliqué qu'il portait en lui quelqu'un de plus grand que lui et j'ai ajouté : " Jésus disait : je te parlerai au cœur et Il vous a parlé au cœur. " Il pleurait. Il y a plus de joie pour un pécheur sauvé que pour une armée de justes qui n'ont pas besoin de faire pénitence.

« Des gens que j'ai envie d'appeler des activistes ne cessent de répéter que nous passons notre temps à prier et que nous ne faisons rien pour lutter contre les injustices ou les malheurs du monde. Nous ne faisons pas de grands discours, c'est vrai, mais nous avons un fonds de solidarité et un réseau d'entraide qui nous permettent d'agir, sans tapage, dans des cas précis. Ce ne sont pas des services organisés mais notre devise étant : Être, aimer, servir, unir, tout notre être est appelé à devenir service fraternel. Cet homme était sorti de l'abîme mais il était encore fragile. Il nous a fallu l'aider à trouver un logement, puis un petit travail. Non pas une vraie situation tout de suite, car il ne pouvait prendre le risque d'avoir un échec. Nous l'avons suivi pendant qu'il remontait la pente et bientôt, il aura retrouvé tout ce qu'il avait perdu : sa femme, son enfant, un logement, du travail et sa dignité.

« C'est une belle histoire mais attention ! Nous avons banni le mot " aide " car il s'y trouve une notion de supériorité. Les mots ne sont pas innocents et celui qui donne ne peut pas ne pas être au-dessus de celui qui reçoit. Nous préférons parler d'entraide. Tu ne sais pas donner si tu ne sais pas recevoir.

« Je fus très amie avec Jeanne Picard, la fondatrice de la JOC et elle m'a dit un jour : " Les gens de votre milieu croient que les pauvres en veulent à leur argent mais ce n'est pas du tout cela. C'est à leur supériorité qu'ils en veulent et comme ils ne peuvent rien contre cette supériorité, ils s'en prennent à l'argent. Quand l'être humain n'est pas reconnu dans son égalité d'être, il n'accepte pas la différence. " Je suis d'accord avec cela. Ce ne sont pas des idées, c'est la vie. »

Cette histoire de l'homme qui avait tout perdu illustre bien un aspect de la vocation de Marguerite Hoppenot que nous aimerions maintenant souligner : elle est avant tout une femme de rencontres et elle pourrait écrire un livre passionnant fait des entretiens qu'elle a eus dans son bureau avec ceux ou celles qui sont venus lui confier leurs souffrances, leurs révoltes, leurs interrogations ou leurs émerveillements. Ce livre, elle ne l'écrira pas, par discrétion, pour éviter que ne se reconnaissent les humbles ou les grands de ce monde qu'il lui faudrait mettre en scène.

Le jour même où nous sommes venus la voir pour la première fois dans son appartement parisien, elle venait de recevoir le sous-directeur d'une des plus grandes prisons de France et, visiblement, elle sortait bouleversée de cet entretien. Comme si elle venait de toucher du doigt toute la misère du monde.

« Je comprends, nous a-t-elle dit, que tant et tant d'hommes et de femmes refusent de croire au Dieu qu'on leur présente. C'est parfois insoutenable : ce Dieu Père qui passe son temps à nous surveiller et à comptabiliser nos péchés pour pouvoir nous punir un jour. C'est tellement archaïque.

« J'ai reçu un jour la visite d'un garçon de vingt-sept ans. Tout naturellement, je lui ai demandé s'il était marié et il m'a répondu avec une pointe d'agressivité : " Qu'est-ce que vous voulez que ça me fasse de passer par l'église? Je suis incroyant. Mes parents étaient très chrétiens et ils m'ont fait baptiser mais à dix ans, j'ai refusé de faire ma première communion. " Je l'ai félicité de sa précocité mais il m'a interrompue pour me dire : " Que voulez-vous madame, quand j'ai appris que Dieu m'avait fait naître avec, sur le dos, un péché que je n'avais pas commis... " »

« C'est vrai quand on y pense, reprend Marguerite Hoppenot. Je vous le demande : est-ce que vous feriez volontairement naître un de vos enfants avec une tache de vin sur la figure? C'est incohérent. »

Elle se passionne, s'emballe. Nous sentons qu'elle voit défiler tous ces visages rencontrés ces derniers mois, des visages qu'elle a aimés parce qu'elle ne sait pas ne pas aimer. C'est d'ailleurs ce qui nous a séduits en elle, Rachel et moi, dès notre première rencontre. En face d'elle, nous a dit un membre de Sève, on a l'impression d'exister. Comment en serait-il autrement puisqu'elle voit en chacun, selon ses propres termes, quelqu'un de plus grand que lui? En tous. Qu'il s'agisse d'un repris de justice venu demander de l'aide, d'un directeur d'usine ou d'un religieux. Cette « égalité d'être » entre tous les hommes est pour elle l'évidence même.

« Tenez, enchaîne-t-elle, je vais vous raconter une autre histoire pour vous montrer que si beaucoup de jeunes se disent déçus du christianisme, c'est parce qu'il ne leur a pas été présenté d'une manière qui rejoigne et éclaire leur vie de façon positive. J'ai reçu, il y a quelque temps, de province, un coup de téléphone d'un jeune qui m'a demandé, sur un ton un peu mystérieux, s'il pouvait venir me voir. Je lui ai donné rendez-vous et j'ai vu arriver un garçon attachant et intelligent qui, d'emblée, m'a asséné cette affirmation : " Madame, je suis athée! "

« J'ai répondu : " Ah bon! Ça m'intéresse beaucoup. Je t'écoute. Tu peux me dire tout ce que tu veux. " Je l'ai entendu pendant vingt minutes et j'ai repris la parole pour lui dire :

– Tout cela est très intéressant. Je t'ai bien écouté. A ton tour maintenant. Ainsi, tu ne crois pas en Dieu?

– Ah non, madame!

– Est-ce que tu crois à l'amour?

– Bien sûr.

– Alors, parlons.

« Nous avons parlé pendant trois heures et le garçon ne cessait de dire que c'était fantastique, que je lui rendais la vie... Je n'oserais vous dire ce qu'il m'a dit. J'ai pensé : pourvu que ce ne soit pas un feu de paille. Je n'aime pas les feux de paille.

« Cinq semaines plus tard, sa sœur, qui fait partie d'une équipe de jeunes femmes de la même ville, vint à une réunion que je faisais et me dit : " Je ne sais pas ce que vous avez fait à mon frère. " Cela m'a réjouie. Un mois plus tard, c'est le garçon lui-même qui m'a téléphoné pour me demander s'il pouvait venir me voir. Il vint et me dit :

« Il faut tout de même que je vous explique comment ça s'est passé. Depuis longtemps, ma mère me conseillait de venir vous voir et je ne voulais rien savoir et puis tout de même, un beau jour, j'ai décidé de venir. Je n'ai rien dit à mes parents, j'ai pris mes petites économies et j'ai fait le voyage. Ma mère m'avait dit que vous étiez d'un certain âge mais tout ce que vous m'avez dit était tellement jeune, tellement jeune... Cela m'a donné la vie. J'ai senti que je changeais et quand je suis sorti dans la rue, madame, je dansais. »

« Je vous ai répété textuellement ses paroles. Non par gloriole mais pour vous montrer qu'il suffit parfois de prendre un peu de son temps, de son amour et de laisser le Seigneur agir à travers nous. »

Question : Parmi ces rencontres, vous devez bien tout de même avoir parfois des déceptions?

Marguerite Hoppenot : Elles ne viennent pas toujours d'où on les attendrait.

Question : Comment les accueillez-vous?

Marguerite Hoppenot : Je me demande comment ça s'est passé pour Jésus-Christ. Aimer, c'est donner et recevoir. Ne pas aimer, c'est prendre. Je pense que le Malin doit souvent nous suggérer : " Est-ce que tu te rends compte du cadeau que Dieu t'a fait? Ce germe de vie qu'il t'a donné, garde-le pour toi et tu vas devenir son égal. " J'ai envie de lui répondre que ce n'est pas ainsi que ça se passe. Si tu prends ce germe et si tu le gardes, tu crois devenir l'égal de Dieu mais si tu le reçois, tu deviens fils de Dieu. Si tu prends, tu fais ton royaume, mais si tu reçois, tu deviens artisan du Royaume. »

Des rencontres encore... On pourrait en raconter des dizaines. Celle d'une amie très âgée par exemple qui avoua un jour craindre le face à face avec Dieu, tout proche maintenant. Quand elle entend de telles confidences, qu'elle voit des êtres plongés ainsi dans la peur, Marguerite Hoppenot se sent envahie par la souffrance.

« Quelle image, s'écrie-t-elle, peut-on se faire de Dieu pour que nous ayons peur de le rencontrer! Toutes ces images du jugement, jugement individuel, jugement général... Et en attendant, ajoute-t-elle avec un malicieux sourire, on se demande dans quelle chambre froide on va nous mettre. Il faut tout de même un peu de miséricorde! Dieu n'est pas un père fouettard ou un papa gâteau. Il est l'amour infini et la vie sans limite. »

Elle est interrompue par le téléphone. Nous l'entendons parler avec animation dans la pièce voisine. « C'était Henri Tisot, dit-elle en reprenant place près de nous. Vous connaissez ce comédien qui s'est rendu célèbre en imitant de Gaulle et qui, maintenant, donne des spectacles spirituels dans des salles archi-combles. Il dit que je suis sa mère spirituelle. » Elle rit et nous raconte leur première rencontre :

« Il avait lu ma petite plaquette : *S'établir dans l'Essentiel* et moi, j'avais déjà vu deux fois son spectacle. Il m'a téléphoné pour prendre rendez-vous et il a débarqué ici avec une gerbe de roses comme ça! Je lui ai dit que j'aimais beaucoup son spectacle mais qu'il faisait à mon avis une certaine confusion entre le judaïsme et le christianisme. Il m'a demandé de lui expliquer ce que je voulais dire et il est resté près de moi pendant trois heures. A la fin, mon fils est entré et il lui a dit : " Ah! Votre mère! J'étais sur une route départementale et je me retrouve sur l'autoroute. " On n'invente pas ces choses-là. »

Elle en aurait des choses à raconter! Une vie si longue et si pleine! Elle passe de rencontre en rencontre, sans transition, au fil des souvenirs et, chaque fois qu'elle pense à un être aimé, son visage s'éclaire. Nous lui demandons, pour finir, de nous raconter la rencontre qui l'a le plus émue.

« J'ai envie de dire, répond-elle, que c'est la plus innocente. Un jour, j'ai reçu une femme de Genève que j'avais connue jeune fille dix ans plus tôt et qui voulait me parler de ses problèmes. Elle est venue avec son petit garçon de sept ans. J'ai demandé qu'on lui donne des jouets afin qu'il puisse attendre sans s'ennuyer dans la pièce voisine mais il a insisté pour entrer. Pendant l'heure qu'a duré l'entretien, nous ne l'avons pas entendu bouger. En sortant, il a dit à sa mère : " Maman, quand j'entends parler Mme Hoppenot, ça me fait une grande chaleur et une grande lumière dans le cœur. "

« J'avoue que j'ai été bouleversée mais je l'ai été bien plus encore un mois plus tard : en faisant le lit de l'enfant, sa mère a trouvé sous son oreiller une petite lettre qu'il m'avait écrite et qu'elle m'a envoyée. Je la garde précieusement. Tenez, la voici :

« Genève, le 11 mai 1989

« Chère madame

« J'ai été très heureux de vous voir à Paris. Je pense souvent à vous. Quand je vous ai vue, j'ai senti une grande Présence dans mon cœur, comme si quelqu'un frappait à mon cœur.

« Un gros baiser d'Aurélien. »

La Présence... Au bout du compte, pour Marguerite Hoppenot, comme pour tant de mystiques, il n'y a que cela. Cette Présence qui emplit ceux qui ne vivent que pour elle au point de les transformer et de faire qu'on se trouve bien auprès d'eux sans savoir pourquoi. C'est cela la sève.

« Avant de faire quoi que ce soit, dit-elle, il faut d'abord se demander si on est ouvert à l'amour. A ce qui, en nous, est plus grand que nous. Alors on va pouvoir être un service d'amour et un lien d'unité partout.

« Le mot " Présence " est quelque chose d'extraordinaire. Car c'est en nous que se lie le lien vital Dieu-homme. Jésus-Christ n'est venu que pour nous révéler cela. Cette Présence est en tout homme, qu'il le veuille ou non, qu'il le sache ou non. Quand je vous vois, je vois Rachel-Christ, Jean-Pierre-Christ. Si peu que ce soit. Je ne peux plus voir rien d'autre. C'est cela être chrétien.

« Ce qu'il y a de merveilleux avec cette Présence, c'est qu'on ne cesse de la découvrir. Jour après jour. Il suffit de s'ouvrir, si peu que ce soit. De dire oui. Je n'arrête pas de m'émerveiller devant le " oui " de Marie. Se perdre en Dieu, être la goutte d'eau dans le fleuve.

« Tenez, puisqu'il faut bien finir, laissez-moi vous lire une petite parabole que j'ai composée pour *Vers le Royaume* :

« La propriété privée au bord du fleuve :

Elle jouit, profite de la vue.

Elle utilise l'eau selon ses besoins pour ce qu'elle désire.

Elle s'embellit indéfiniment grâce à l'eau du fleuve.

Elle est spectatrice... consommatrice.

Le bateau sur le fleuve :
Il se laisse porter par le fleuve.
Il se laisse entraîner par lui dans son aventure.
Mais il sait qu'il peut toujours aborder à la rive et se reprendre.
Il a toujours la tentation de jeter l'ancre.

La goutte d'eau dans le fleuve :
Elle est engagée dans l'aventure du fleuve.
Fondue en " un " avec les autres gouttes, elle crée le fleuve.
Elle est compromise avec lui, perdue en lui.
Elle sait qu'elle ne peut plus se reprendre.
Elle est devenue ce fleuve qui fait tout reverdir autour de lui.
Et qui tend inlassablement vers l'Océan, où convergent tous les autres fleuves.

Pour l'Océan, mieux vaut la plus humble goutte d'eau dans le fleuve
Qu'un palais au bord du fleuve. »

5

AMMATCHI : LA MÈRE DE LA FÉLICITÉ IMMORTELLE

Tout conspire pour faire de cette journée un hymne à la joie de vivre : la splendeur de l'été qui entre dans sa pleine maturité, le chant des cigales, l'odeur du thym et des herbes sauvages qui baigne la montagne et le paysage à vous couper le souffle avec, au premier plan, la vallée du Loup et au loin, la mer qui se déploie de Menton à Cannes. Toute cette vie en bas, ces villes ardentes, cette agitation, cette rumeur qu'on devine mais qu'on ne peut entendre... Par moments, le scintillement d'un pare-brise frappé par le soleil rappelle que là-bas, les routes et les autoroutes sont surchargées de voyageurs étouffant dans leurs voitures surchauffées.

Marchant sur le chemin poudreux, Rachel et moi, nous revenons vers ce domaine des Courmettes où nous découvrons, à chaque séjour, de nouveaux enchantements : à huit cents mètres d'altitude, huit cents hectares d'une montagne aride et vide d'habitants, des kilomètres de chemins où l'on ne rencontre que des chèvres et des brebis, de petits villages, au loin, accrochés comme par miracle aux pentes escarpées, une mystérieuse forêt de chênes verts gigantesques...

Sur la pelouse devant la maison, à l'ombre de quatre marronniers centenaires, cent vingt à cent cinquante personnes attendent, assises sur des tapis ou des coussins et formant un demi-cercle autour d'une sorte de trône inoccupé. Elles parlent à voix basse comme si elles se trouvaient dans une église ou dans un temple.

Nous prenons place à notre tour, un peu impressionnés comme chaque fois que nous nous trouvons au seuil d'une nouvelle rencontre. Il y a quelques mois encore, nous n'avions jamais entendu parler d'Ammatchi mais, curieusement, depuis que nous avons commencé nos enquêtes pour ce livre, nous n'avons cessé de trouver sur notre chemin des gens qui nous ont parlé d'elle avec un enthousiasme qui a fini par susciter notre intérêt, pour ne pas dire notre curiosité. Pour certains, elle était la plus grande sainte des temps modernes, une nouvelle Mâ Anandamayi, une pure mystique, une thaumaturge sous les pas de qui fleurissaient les miracles... Cela nous a d'abord paru trop beau pour être vrai mais le hasard, ce fameux hasard qui, pour nous, a le bras si long, a fait qu'elle venait justement aux Courmettes alors que nous devions y passer à la même date, en route pour Assise et les ermitages de Carlo Carretto.

Elle arrive précédée de quelques disciples vêtus de la traditionnelle robe orange. On a toujours tort d'imaginer à l'avance les personnes qu'on va rencontrer. Nous attendions une femme imposante, irradiée de spiritualité, lointaine comme ces maîtres dont on a toujours plus ou moins l'impression qu'ils marchent sur des nuages et nous vîmes arriver une jeune femme toute simple, souriante, un peu lourde, très sombre de visage, une de ces paysannes laborieuses qu'on imagine vivant dans un village de l'Inde entourée de nombreux enfants. Une mère en un mot, solidement plantée dans les réalités quotidiennes.

Elle resta un moment debout face au demi-cercle des assistants tandis que s'installait un vibrant silence. Elle nous demanda de dire avec elle, trois fois, le Aum sacré, puis, après quelques minutes de méditation centrée sur notre respiration, de répéter après elle une invocation souhaitant que la terre soit heureuse et se terminant par cette prière : « Conduis-nous, de l'obscurité à la lumière, de la mort à l'immortalité. » Il a suffi de quelques minutes pour installer l'assemblée dans une profonde gravité. Certains de mes voisins semblaient déjà partis pour un lointain voyage lorsque soudain, Amma a rompu le rythme. Elle nous a fait lever, nous a demandé de nous prendre par les épaules, et a pris la tête de cet étrange monôme en dansant, chantant et levant les bras au ciel.

Nous étions tous un peu essoufflés lorsqu'elle a brisé la ronde pour venir s'installer dans son fauteuil, au pied d'un des magnifiques marronniers. Les disciples se sont précipités pour placer des coussins dans son dos jusqu'à ce qu'elle soit parfaitement calée tandis que l'un d'entre eux, se tenant à sa droite, a commencé à agiter, d'un geste raide et régulier, un grand éventail. Gêné sur le coup par toutes ces attentions, j'ai compris plus tard qu'elles étaient absolument nécessaires.

Le silence est revenu, plus profond encore et plus habité. Un long moment s'est écoulé et soudain, sans aucun signal, j'ai vu un homme se lever, un vieil homme grand et légèrement voûté qui, malgré la chaleur et les vacances, avait conservé sa cravate et son veston. Il m'a rappelé un peu Maurice Chevalier vers la fin de sa vie. Il s'est incliné et s'est agenouillé sur un petit coussin placé aux pieds d'Amma. J'avoue n'en avoir pas cru mes yeux lorsque je l'ai vue se pencher vers lui, le prendre dans ses bras, le serrer, lui caresser le visage. J'ai vu d'un coup le vieux monsieur redevenir un petit enfant. Il s'est penché sur les genoux d'Amma, a passé ses bras autour de sa taille et s'est abandonné comme un bébé. Amma a continué à le caresser doucement, tendrement. Elle lui a pris la tête dans ses deux mains, lui a murmuré à l'oreille des mots qu'il ne comprenait pas mais qui ne pouvaient être que des mots d'amour puis elle a pris dans une coupelle qu'une assistante lui tendait une pincée de cendre de santal et l'a marqué au front comme le prêtre, autrefois, nous marquait de la cendre bénie le premier jour du carême. J'ai regardé l'homme au moment où il a regagné sa place. Il était bouleversé, comme habité par une vision céleste. Il n'était pourtant pas, bien évidemment, un illuminé prêt à se laisser emporter par une émotion incontrôlée ou capturer par une secte. Nous vérifierons d'ailleurs ce point par la suite et apprendrons qu'il a été toute sa vie un homme équilibré, tout à fait à l'aise dans le monde et qu'il a eu une belle réussite professionnelle. Il y a d'ailleurs sur le parking au moins autant de Mercedes et de BMW que de 4L ou de 205.

Cette scène va continuer pendant des heures. C'est étrange mais plus je la regardai et plus Amma, qui n'en avait pourtant pas l'âge, ressemblait à une bonne grand-mère berçant sur ses genoux ses petits-enfants pris d'un gros chagrin.

Elle va continuer ainsi ce qu'on appelle ici son darshan jusqu'à ce que tous ceux qui le désirent soient venus se faire aimer, caresser, câliner, sans jamais prononcer une parole, sinon quelques mots indistincts. Je ne me lassai pas de regarder son visage. Visiblement, elle se donnait tout entière, intensément présente, prenant son temps, tendre et détendue. C'était tellement beau, tellement prenant, que pas une seconde, malgré la durée et l'inconfort de la position, je n'ai eu le sentiment de m'ennuyer. J'ai vu défiler ainsi des hommes et des femmes de tous âges, des couples qui tenaient à être bénis ensemble et qu'elle serrait longuement dans ses bras, des mamans qui amenaient leurs enfants et même une petite fille qui est venue gravement faire bénir son lapin en peluche. Ammatchi les a pris tous les deux sur ses genoux, le lapin et la petite fille, et a joué avec eux longuement. Un peu plus tard, elle s'est levée pour accueillir une jeune femme dans un fauteuil roulant. Elle est restée avec elle plus de dix minutes, l'entourant de ses bras et lui mettant dans la bouche des médicaments dont nul n'a pu nous donner la composition.

J'étais arrivé en me disant qu'il me fallait rester observateur et que, de toute façon, ce genre de dévotion ne me convenait pas, si admirable soit-il. Pourquoi donc ai-je senti soudain le désir irraisonné de m'avancer moi aussi et de m'agenouiller devant cette femme si rayonnante? Je ne peux presque rien dire de ce qui s'est passé en moi pendant ces quelques instants. Un abandon total, un oubli de tout, l'abolition soudaine du passé, du présent et de l'avenir, comme si l'instant seul existait et, une fois relevé et revenu à ma place, le sentiment d'être soulagé d'un grand poids. Plus tard, en essayant d'analyser cet étrange phénomène, en rationalisant, j'ai compris que toutes mes énergies s'étaient trouvées d'un coup unifiées, ce qui explique sans doute l'extraordinaire plénitude que j'ai alors ressentie.

De son côté, Rachel me dira plus tard : « J'ai eu la sensation que, tout d'un coup, j'avais pris conscience de l'amour de Dieu. »

Le soir, une fois terminé le darshan, nous avons promené notre magnétophone parmi les assistants. « J'y suis allée avec ma fille, nous a dit une jeune femme blonde, et j'ai senti la force qui vient de Dieu. Un amour fou qui est sorti par les larmes. J'ai compris que je me trouvais enfin face à moi-même. Elle nous révèle l'amour qui est en nous. »

« Elle a des gestes de maman, nous a dit une jeune fille aux grands yeux encore éblouis. Je suis venue de Paris pour la voir et j'ai connu un grand moment de simplicité. »

Amour, simplicité, tendresse, ces mots n'ont cessé de revenir lors de ces brèves rencontres. Les yeux de ceux que nous interrogions nous parlaient plus encore que leur bouche et nous, nous ne cessions de nous demander ce qui pouvait bien amener ici ces hommes et ces femmes qui nous entouraient et qui, bien évidemment, n'étaient pas des exaltés ou des marginaux mais des citoyens tout à fait ordinaires, ayant pour la plupart de bons métiers et les exerçant bien. Pourquoi éprouvaient-ils le besoin de se jeter dans les bras de cette femme venue d'ailleurs, de se faire bercer comme des enfants sur les genoux de leurs grands-mères?

J'ai été bouleversé, je l'avoue, en sentant toute la souffrance de ceux qui venaient, pour en être soulagés, se prosterner aux pieds de cette jeune paysanne du Kerala se donnant sans compter pour les libérer, pour les aider à trouver enfin leur équilibre, pour faire de ces enfants attardés, crispés sur leurs frustrations, des êtres épanouis et prêts à se lancer, avant qu'il ne soit trop tard, dans la grande aventure de la libération spirituelle.

« Voici, écrit un de ses dévots, une jeune mystique accessible à tous et à chacun, avec laquelle on peut parler et en la présence de qui on peut sentir Dieu. Elle est humble mais ferme comme la Terre. Elle est simple et pourtant belle comme la pleine lune. Elle est l'Amour, elle est la Vérité, elle est l'incarnation du Renoncement et du sacrifice de soi. Non seulement elle enseigne mais elle agit. Elle est faite pour tout donner et ne rien recevoir. Elle est douce comme une fleur mais dure comme un diamant. Elle est un maître et une mère. Telle est Mata Amritanandamayi. »

Elle est née... mais avant de partir à la découverte de sa vie, Rachel et moi, nous tenons à avertir le lecteur rationnel que nous pénétrons maintenant dans le domaine du merveilleux. Les miracles vont surgir sous nos pas. Ne s'en étonneront que ceux qui ne sont pas familiers avec les grands maîtres de l'hindouisme. Les vies de Ramakrishna, de Râmdas, du Maharshi et de tant d'autres ne sont-elles pas émaillées de faits plus que surprenants, de rencontres pacifiques avec des animaux sauvages, de guérisons extraordinaires dûment attestés par de nombreux témoins? N'avons-nous pas, nous aussi, dans notre florilège chrétien, ne serait-ce que dans la « Légende des saints » des multitudes de récits qui n'entrent pas dans le cadre de la raison cartésienne? Tout cela pour dire qu'avant de pénétrer dans la biographie d'Ammatchi, il nous faut laisser derrière nous la froide raison. Après tout, aux yeux de milliers d'Indiens, Ammatchi est aujourd'hui une grande sainte, une nouvelle Mâ Anandamayi et à ce titre, elle est dispensée de toujours obéir aux lois qui nous régissent, nous autres mortels ordinaires.

Donc elle est née le 27 septembre 1953 à Parayakadavou, un petit village du Kerala, dans l'Inde du Sud. Un village de pêcheurs séparé de la côte par une lagune et couronné de hauts cocotiers. Depuis des générations et des générations, les enfants de Parayakadavou sont bercés par des légendes où reviennent les noms sacrés de Siva, de Parvati et l'histoire du poisson monstrueux qui n'a pu être vaincu que par un petit vieillard débile et bossu. Le père d'Ammatchi, Sugananandan, était un dévot de Krishna et il s'occupait de commercialiser le poisson pêché par les gens du village, ce qui lui donnait une certaine aisance. Sa mère, Damayanti, était connue pour sa piété. Elle a eu treize enfants dont cinq sont morts à la naissance ou en bas âge. Des huit survivants, Ammatchi était le troisième. Elle s'appelait alors Sudhamani. Bien entendu, sa naissance avait été précédée d'événements merveilleux. Sa mère avait rêvé peu avant qu'elle donnait naissance à Krishna, qu'il était sur ses genoux et qu'il tétait avec avidité. Sudhamani est arrivée si vite que sa mère n'a même pas eu le temps de parvenir jusqu'à la maison et qu'elle a dû accoucher dans une hutte. L'enfant n'a pas pleuré et elle était à peine née qu'un grand sourire a illuminé son visage. Un visage qui, d'ailleurs, était beaucoup plus sombre que ceux de ses frères et sœurs au point de paraître presque bleu.

Cette coloration sera d'ailleurs pour Sudhamani la cause de nombreuses souffrances. Ses parents la considéreront en effet comme inférieure à ses frères et sœurs et la traiteront en conséquence plus comme une domestique que comme une fille. Elle ne tarda pourtant pas à manifester une vive intelligence. Ses dévots affirment qu'à quatre ans déjà, elle composait des petits poèmes en l'honneur de Krishna et qu'à six, il lui suffisait de lire une leçon pour la retenir par cœur. Déjà, elle était fascinée par le petit Dieu joueur de flûte dont elle portait, jour et nuit, le portrait sur son cœur.

Elle aurait pu faire des études et aller même jusqu'à l'université comme une de ses sœurs mais sa mère avait une petite santé et, dès l'âge de neuf ans, elle a été obligée de quitter l'école pour s'occuper de la maison. A partir de ce moment-là, son enfance ressemble à un chapitre des *Misérables*.

Non seulement il lui fallait faire le ménage, la cuisine, la vaisselle mais elle devait aussi préparer ses frères pour l'école, traire et nourrir les vaches, laver le linge et aussi aller chercher l'eau à l'unique robinet qui ne coulait que lorsque le vent soufflait parce qu'il était alimenté par une éolienne. Les témoins de cette époque racontent qu'elle se levait à trois heures du matin et qu'elle se couchait bien après la nuit tombée. Jamais elle ne se plaignait et elle trouvait encore, on ne sait comment, le temps de confectionner des objets en fibre de noix de coco. Et comme elle n'avait pas le temps de méditer ou de prier, elle ne cessait, tout en travaillant, de chanter les louanges de son seigneur Krishna. Ce qui avait d'ailleurs le don d'exaspérer son frère aîné, une vraie terreur dont nous aurons l'occasion de reparler.

En entendant un de ses disciples raconter cela, j'ai cru d'abord que ce n'était là qu'un élément d'une légende comme on en tisse si souvent autour des grands saints mais Ammatchi elle-même a confirmé que tout était vrai. Parlant de sa mère, elle écrit :

« Damayanti Amma était, d'une certaine façon, mon maître, mon gourou. Elle m'inculqua la vigilance, la dévotion, la discipline, observant chacune de mes actions avec une extrême précision. S'il restait même une infime saleté dans la cour, après que je l'eus balayée, elle me battait. Alors que toute la vaisselle était lavée, elle la scrutait attentivement et s'il apparaissait une quelconque trace oubliée, elle me réprimandait. Alors que je balayais, s'il se cassait une des tiges du balai, elle ne m'épargnait pas ses reproches. Même s'il ne pénétrait qu'une particule de cendre dans les récipients, lorsque je faisais la cuisine, j'étais punie. Mère, qui s'attendait à ce que ses filles fassent leurs prières tôt le matin, n'hésitait pas à verser de l'eau sur nos visages, et spécialement sur le mien, si nous nous éveillions tard, encore épuisées. Lorsque je ramassais de l'herbe pour les vaches, elle m'observait à distance pour savoir si je bavardais. Elle me battait même avec le pilon de bois destiné à pulvériser le riz. Les gens du voisinage, témoins de brimades aussi sévères, lui demandaient : “ S'il te plaît, ne la punis pas ainsi. Ne faudra-t-il pas la donner en mariage un jour ? ”... Plus tard, je me rendis compte que ces douloureuses expériences avaient été nécessaires. »

Il lui arrivait aussi d'être punie pour avoir volé de la nourriture. Elle ne pouvait en effet supporter de voir autour d'elle des gens qui avaient faim et ils étaient malheureusement nombreux dans le voisinage. Un jour, elle alla même jusqu'à dérober à sa mère un bracelet en or, ce qui lui valut d'être attachée à un arbre par son père et battue jusqu'au sang.

Comme si ce n'était pas assez, il lui fallait aussi respecter une ancienne tradition de la région : il était depuis toujours entendu que les jeunes filles devaient être prêtées à des parents ou à des voisins pour les décharger de leurs tâches domestiques. C'est ainsi que la petite Sudhamani fut souvent envoyée chez sa grand-mère qui habitait un village située à dix kilomètres de Parayakadavou. Encore aujourd'hui, elle parle d'une manière inoubliable du chemin qu'il lui fallait parcourir le long de la plage. Le bleu du ciel et de la mer qui se confondaient, le fracas des vagues, les oiseaux dans le ciel, tout cela s'emparait de ses sens à un point tel qu'il lui arrivait de s'effondrer sur le sable et de rester longtemps dans une sorte d'extase qu'elle ne pouvait pas s'expliquer.

Une fois arrivée chez sa grand-mère, elle se mettait aux tâches ménagères ou, sur une barque, elle faisait traverser la lagune aux écoliers. Ce qu'elle aimait par-dessus tout, c'était d'aller servir d'épouvantail pour protéger des oiseaux le riz fraîchement repiqué. Elle pouvait rester des heures sans bouger, en contemplation. Il lui arriva même un jour de se trouver subitement dans cet état alors qu'elle était dans sa barque et que le ferry-boat fonçait droit sur elle. Elle ne s'en écarta qu'au dernier moment, « réveillée » par les cris des passagers.

Telle était Ammatchi enfant, une petite fille maltraitée, surchargée de besognes, tourmentée jusqu'aux larmes par la vue de la misère et qui, par moments, sombrait irrésistiblement dans ce qui paraissait une rêverie aux spectateurs superficiels. Ce qui est extraordinaire, c'est que jamais elle n'en voudra à ses parents de l'avoir ainsi maltraitée. Il lui fallait, elle le savait, en passer par là et encore aujourd'hui, elle ne cesse de répéter que sa mère a toujours été pour elle un gourou. « Si elle me traitait ainsi, dit-elle, c'est parce que sa vision était limitée. En fait, ce sont toutes ces épreuves qui m'ont conduite sur le bon chemin et cela explique pourquoi je ne peux en vouloir à mes parents. »

Elle a seize ans maintenant. Une photo de l'époque nous la montre comme une jeune fille méditative, repliée sur elle-même avec un visage rond éclairé par des yeux magnifiques. Sans cesse, tout en travaillant, elle chante son bien-aimé Krishna et lorsqu'on veut la forcer à se taire, son chant ne cesse pas mais se transforme en murmure. Elle compose des hymnes éperdus de nostalgie qui sont autant d'appels et qui marquent un désir fou d'être unie enfin à celui qui est plus que sa vie :

« Krishna ! Krishna ! Le but de ma vie ! Quand pourrai-je contempler ta beauté ? Mes efforts pour te voir seront-ils donc toujours vains ?... O Krishna, on dit que tu es plein de compassion pour ceux qui t'aiment. N'ai-je donc pas su toucher ton cœur miséricordieux ? Pendant combien de temps encore mes prières resteront-elles sans réponse ?... M'as-tu donc abandonnée ?... Où es-tu ? Où es-tu ?... »

Il lui arrivait de se sentir déchirée par cette ardente aspiration vers le Divin qui s'emparait d'elle. Alors elle s'effondrait sur le sol, les yeux clos, serrant sur son cœur le petit portrait de Krishna qui ne la quittait jamais. Elle voulait être à lui, rien qu'à lui mais ses parents avaient pour elle d'autres aspirations :

le meilleur moyen de couper court à cette exaltation qui les inquiétait était encore de la marier et le plus tôt serait le mieux.

Très vite, un premier prétendant se présenta. La coutume veut que la future épouse ne soit pas avertie à l'avance de la rencontre qu'on lui prépare. Une voisine la fit donc venir chez elle pour lui demander un petit travail de couture. Tandis qu'elles prenaient le thé, elle lui dit : « Tu sais, Sudhamani, il y a une personne dans la pièce à côté. Va lui porter une tasse de thé. » La jeune fille comprit aussitôt qu'elle était tombée dans un piège et elle s'en dégagea avec détermination : « Je ne suis pas venue, répondit-elle, pour servir le thé mais pour faire de la couture. »

Ce n'était que le début d'une longue persécution qui se fit par la suite si insistante et si cruelle qu'Ammatchi, elle l'avouera plus tard, aurait fini par se suicider si Krishna lui-même n'était venu à son secours.

L'un des devoirs les plus astreignants de Sudhamani était d'aller couper de l'herbe pour les vaches. Elle en revenait, en ce jour de septembre 1975, portant une grosse botte en équilibre sur sa tête et tenant par la main son petit frère Satheesh lorsqu'en arrivant au village, elle entendit chanter dans une maison les derniers vers du Srimad Bhagavatam, un hymne célèbre en l'honneur de Krishna. Elle en resta saisie, comme si la foudre était tombée à ses pieds. Et soudain, ses traits se transformèrent, devenant semblables à ceux de Krishna. Ses gestes mêmes devinrent ceux du divin joueur de flûte. Déjà les villageois, alertés par Satheesh, se rassemblaient autour d'elle. On lui apporta une cruche d'eau qu'elle déversa sur l'assemblée comme s'il s'agissait d'eau bénie.

La scène se prolongeait, la foule se faisait dense et puisqu'il est bien connu que nul n'est prophète en son pays, les esprits forts, d'abord surpris par l'intensité du phénomène, commencèrent à poser des questions : « Pourquoi donc Krishna irait-il se manifester par l'intermédiaire d'une petite paysanne illettrée ? » Certains mêmes lui crièrent : « Si tu es vraiment le seigneur Krishna, tu dois être capable de faire un miracle. Sinon, comment croirions-nous en toi ? »

La réponse jaillit aussitôt, un vrai miracle à elle toute seule, tant elle était loin de la façon dont s'exprimait habituellement la jeune fille :

« Un objet qui n'existe pas déjà ne peut être manifesté. Toute chose n'est réellement que la projection du mental. Vous avez déjà le véritable joyau au-dedans de vous. Pourquoi désirez-vous une imitation ? L'Être pur est en vous et l'ignorance le voile. »

Où allait-elle chercher tout cela ? N'était-elle pas la fille de Sugananandan, un villageois comme les autres ? Les sceptiques insistèrent pour obtenir un miracle et le seigneur Krishna finit par répondre, par la bouche de Sudhamani :

« Cela ne m'intéresse pas de faire un croyant en lui montrant un miracle. Faire des miracles n'est pas dans mes intentions. Mon but est d'inspirer aux hommes le désir d'être libérés par la Réalisation de leur Soi éternel. Les miracles sont illusoires. Pour vous donner un peu de foi, j'en ferai un mais il ne faudra plus jamais m'approcher avec de tels désirs. Que ceux qui doutent se retrouvent demain ici même pour la prochaine célébration du Srimad Baghavatam. »

Ce jour-là, bien sûr, la place était noire de monde. Il y avait des gens jusque sur les arbres et les toits des maisons. Devant tous, Sudhamani redevint le seigneur Krishna. Elle demanda une cruche d'eau, aspergea les spectateurs comme elle l'avait fait la première fois et, remarquant un villageois qu'elle savait particulièrement sceptique, elle lui demanda de s'approcher et de tremper ses doigts dans l'eau qui restait. L'eau se transforma instantanément en lait qu'elle distribua autour d'elle. Ceci fait, elle appela près d'elle un autre sceptique et lui demanda, à lui aussi, de tremper ses doigts dans la cruche. Le lait se transforma en « panchamritam », un breuvage très populaire dans cette région et fait de banane, de sucre, de miel et de beurre. Sudhamani distribua le panchamritam. Tous en eurent un peu et pourtant, la cruche resta pleine à ras bords.

Pendant quelque temps au moins, les sceptiques durent rendre les armes et la renommée de celle qu'on commençait à appeler Amma commença à se répandre dans tous les villages des environs. Nombreux étaient ceux qui se disaient soulagés de leurs soucis après l'avoir rencontrée, ne serait-ce que quelques instants.

Trois fois par semaine des pèlerins, de plus en plus nombreux et venant de plus en plus loin, assistaient ainsi à cette extraordinaire transformation d'une petite jeune fille en Krishna, le Dieu peut-être le plus vénéré de l'Inde.

La jeune sainte semblait régner sur les éléments, sur la pluie en particulier qu'elle empêcha un jour de tomber sur le cercle de ses dévots ou sur la mer qui donna un jour à de pauvres villageois une pêche miraculeuse. « Je contemplais la nature, disait-elle, et pour moi tout était Krishna. Je ne pouvais même pas cueillir une seule fleur sans voir Krishna en elle. Si la brise caressait mon corps, c'était Krishna qui me caressait. Il m'arrivait de ne pas oser marcher parce que je me disais : " Oh! je marche sur Krishna. " Chaque grain de sable était Krishna à mes yeux et moi-même, je me percevais en tant que Krishna. Cela devint pour moi un état naturel. Au point que je ne pouvais plus trouver de différence entre moi-même et le Krishna qui réside à Vrindavan. » Fortes paroles où tous les mystiques pourraient se retrouver mais qui paraissent folles aux hommes ordinaires.

Les parents de Sudhamani étaient justement des gens ordinaires et en entendant parler leur fille, en la voyant agir et attirer de telles foules, ils en arrivèrent à se persuader qu'elle était en train de devenir folle. Le mariage aurait sans doute pu la guérir mais elle s'obstinait à refuser tous les prétendants. Un jour, son père alla assister au darshan qu'elle donnait sous un petit banian, tout près de la plage. Après avoir vu tout le respect dont sa fille était entourée et l'exaltation que sa seule présence provoquait chez les dévots, il la prit à part et lui dit : « Cela me fait de la peine de te voir donner ton darshan sur le bord de la route et il m'est intolérable d'entendre les gens se moquer de toi. Tu es ma petite fille et mon cœur se brise en te voyant entourée par toutes sortes de gens sur une place publique. » Ayant dit cela, il éclata en sanglots. « En ce cas, répondit sa fille, il me faut un lieu pour recevoir les pèlerins. Donne-moi l'étable et cela me suffira. » C'est ainsi que l'étable fut séparée en deux. D'un côté fut installé un petit temple tandis que les vaches durent se serrer un peu. La cloison entre les deux parties était si basse que les assistants virent souvent celle qu'ils venaient vénérer caresser la tête d'une vache familière, tout en leur parlant ou en chantant pour Dieu.

Subhagan, le frère aîné, n'était pas d'accord. Il ne pouvait accepter de voir sa sœur déshonorer la famille en se donnant en spectacle. A peine le petit temple fut-il installé que, pour manifester son désaccord, il enleva toutes les lampes qui devaient brûler là en permanence. Sudhamani ne se démonta pas pour autant. Elle demanda à un dévot d'aller ramasser quelques coquillages au bord de la mer, d'y placer des mèches et de les allumer. Il n'y avait pas la moindre goutte d'huile mais les mèches s'allumèrent et brûlèrent pendant plusieurs heures. Aux assistants qui s'émerveillaient, Ammatchi déclara simplement : « Les mèches brûlèrent ainsi grâce à la détermination et à la foi des dévots. »

Elle avait tellement besoin de solitude à cette époque et de contact direct avec la Nature-Mère qu'elle sortait, une fois la nuit tombée, pour marcher le long de la plage. Hélas ! Dans un petit village, rien ne peut passer inaperçu et des rumeurs commencèrent à courir, ce qui était grave dans ce pays où les filles sont sévèrement surveillées. Comme tous les frères aînés, Subhagan se sentait chargé de veiller sur la vertu et la bonne réputation de sa sœur. Un jour de colère, il lui cria : « Tu ne pourras rentrer à la maison que si tu cesses tes danses et tes chants ! » La jeune fille prit cela pour un ordre divin et décida de dormir en plein air. Peu lui importait d'ailleurs où elle vivait. De plus en plus, elle se détachait de tout pour ne rechercher que l'Essentiel et au cœur de la nuit, on pouvait l'entendre crier des phrases de ce genre : « Ô ma mère, où es-tu donc ? Révèle-toi à moi qui meurs de la langueur de ne pas te voir. » Véritables cris de nostalgie qui jaillissent du cœur de tous les mystiques dans toutes les traditions. Il n'est qu'à se souvenir des chants de Rûmi ou de cette invocation du psalmiste : « Mon âme s'épuise à désirer ta présence, Seigneur. Ma chair et mon cœur sont un cri vers toi, ô Dieu vivant ! »

Elle ne le savait pas mais une grande maturation était en train de se faire en elle. Jusqu'au jour où elle connut enfin l'Expérience suprême. Elle était assise dans une petite chambre, totalement absorbée dans ce que les Hindous nomment le Soi. Elle vit soudain, juste devant elle, un globe de lumière, rouge comme le soleil couchant et en même temps aussi apaisant que la lune. Entre le ciel et la terre, ce globe tournait sur lui-même et en son sein apparut la Mère divine, une couronne sur la tête. Un cri jaillit du cœur de la jeune fille : « Ô Krishna! La Mère est venue. S'il te plaît, emmène-moi vers elle. Je veux l'embrasser! » Elle se sentit alors soulevée, emportée au-delà des nuages, prise du désir fou de s'approcher encore plus près de la Mère qui semblait se dérober devant elle. Vision merveilleuse qui fut pour elle le début d'une vie nouvelle. Jusqu'ici, elle n'avait médité que sur la forme de Krishna et elle ne pensait pas qu'on puisse aller plus loin et voici que, soudain, elle pouvait contempler la Mère divine, l'énergie suprême et s'identifier avec elle.

Il n'est pas à notre portée de comprendre l'état dans lequel elle s'est trouvée après cette révélation. Il lui arrivait de redevenir une petite fille et de marcher à quatre pattes sur le sable en appelant sa mère. « Cette fois-ci, pensèrent les esprits forts, elle est vraiment folle » et, comme tant de mystiques, elle a connu pour un temps une véritable persécution qui, d'ailleurs, ne semblait pas la toucher, tant elle était absorbée, jour et nuit, par son incessante recherche de la Mère divine.

« Ô Mère, s'écriait-elle, mon cœur est déchiré par la souffrance de la séparation! Ton cœur ne fondra-t-il pas en voyant le flot incessant de mes larmes? Ô Mère! Tant de grandes âmes t'ont adorée, ont fini par atteindre ta vision et par être éternellement fondues en toi. Ô Mère chérie, s'il te plaît, ouvre à ton humble servante la porte de ton cœur si plein de compassion... »

Elle racontera plus tard : « Chaque pore de mon corps béait de désir, chaque atome vibrait du mantra divin, mon être tout entier se précipitait vers la Mère divine comme un flot torrentiel... »

Tous ceux qui sont familiers avec les écrits des mystiques, quelle que soit leur tradition, le savent bien : une telle ardeur ne peut demeurer insatisfaite. Il arrive toujours un moment où l'amour divin vient combler l'âme désespérée par le désir. Thérèse, Jean de la Croix, Rûmi, Al Allaj, Milarépa, tant et tant d'autres ont un jour connu, après une longue ascèse, l'inimaginable accomplissement.

Un jour, alors qu'elle était en train de donner son darshan, Amma entendit sa voix intérieure lui dire avec une clarté extraordinaire : « Mon enfant, je demeure dans le cœur de tous les êtres et je ne réside pas dans un lieu particulier. Tu n'es pas née seulement pour jouir de la pure félicité du Soi mais aussi pour réconforter l'humanité souffrante. Adore-moi donc dans le cœur de tous les êtres en les soulageant des peines de ce monde. »

Elle qui, de plus en plus, avait tendance à s'isoler du monde pour jouir de la Présence, voici que cette même Présence la renvoyait dans le monde avec une mission précise. Il en va toujours ainsi chez les mystiques : un jour ou l'autre, il leur faut donner aux hommes un peu de ce qu'ils ont reçu. C'est ainsi qu'en dépit de tout, en dépit des reproches de la famille et des persécutions des « rationalistes », est né dans le petit village de Parayakadavou un « ashram » qui est aujourd'hui devenu un lieu de pèlerinage pour des dévots venus du monde entier.

Il se présenta un beau jour de 1976, comme un mendiant, un jeune homme timide nommé Unni Krishnan et qui portait en lui l'ambition sublime de ne plus vivre que pour l'Essentiel. Il est resté quelques jours à Parayakadavou et a été si ébloui par le rayonnement d'Amma qu'il est revenu l'année suivante et a demandé la permission de rester. Cela n'a pas été facile. Il n'y avait pas de place et les parents d'Amma ne voyaient pas d'un bon œil l'installation d'un étranger si près de chez eux.

Ils ont fini par se rendre compte qu'Unni n'était pas vraiment encombrant : il passait des journées entières dans le petit sanctuaire, composant des poèmes ou récitant sans fin les mille noms de la Mère divine. Pour dormir, il se contentait d'une serviette placée sous la véranda et il savait se faire si petit, si modeste que les visiteurs ne remarquaient même pas sa présence. C'est ainsi qu'il est devenu le premier résident permanent de l'ashram.

Il en va toujours ainsi : quand le temps est venu, les événements se précipitent. En moins d'un mois, en cette année 1978, sept nouveaux membres sont venus demander la permission de vivre auprès d'Amma, des jeunes gens bien éduqués venant de familles aisées. Il n'y avait malheureusement pas assez de place et Amma conseilla à l'un d'entre eux, Chandru, de se rendre sur la montagne sacrée d'Arunachala, là où avait vécu Ramana Maharshi, le plus grand peut-être de tous les saints de notre époque. C'est là-bas que Chandru rencontra Gayatri, une jeune Australienne, et Madhu qui venait de la Réunion et dont nous aurons l'occasion de reparler. Un peu plus tard, alors qu'il accomplissait autour de la montagne le pèlerinage rituel, il eut la surprise de voir, dominant de sa haute taille la foule des dévots, un jeune Blanc qui chantait avec ardeur des poèmes mystiques tamils. C'était un Français qui se faisait alors appeler Ganga et dont nous parlerons sous son nom actuel de Sarvatma.

Tous ces jeunes gens se sont retrouvés peu après autour d'Amma et, surprise des surprises, c'est à ce moment que le père d'Amma, Sugananandan, si réticent jusqu'alors, consentit à donner une petite pièce de terrain pour construire une hutte couverte de palmes de cocotiers. Jamais un ashram n'a eu un début aussi modeste et pourtant, aujourd'hui, des foules ardentes et de plus en plus nombreuses font de ce petit village jusqu'alors inconnu un des lieux de pèlerinage les plus célèbres de l'Inde.

Ces premiers disciples d'Amma, nous en avons rencontré quelques-uns mais nous avons souhaité aller plus au fond avec Sarvatma qui fut l'un des premiers et qui, maintenant, représente Amma en Europe. Il nous a semblé intéressant de comprendre comment un jeune Occidental évolué et compliqué a vu sa vie bouleversée, transformée de fond en comble par sa rencontre avec une jeune paysanne hindoue. Rachel et moi – pourquoi ne pas le dire ? – nous avons été passionnés par nos entretiens avec Sarvatma. Sans doute parce que, sans réticences et avec une liberté et une franchise totales, il a su nous raconter sa vie de façon à ce qu'elle ne soit pas seulement une suite d'anecdotes mais l'histoire d'une âme.

Voici donc son témoignage tel qú'il nous l'a donné :

« Je crois que mon chemin a commencé d'une manière visible alors que j'avais quatorze ans. Je n'étais pas satisfait de ce qu'on me proposait et comme nous étions aux environs de mai 68, je n'étais pas le seul. En troisième et en seconde, j'ai cru me passionner pour la philosophie. Je lisais beaucoup de livres, je prenais des masses de notes et j'en tirais ce que je pouvais. J'en suis arrivé à parler chez moi d'une façon telle que personne ne pouvait me comprendre.

« C'est Karl Jaspers qui m'a écarté de ce chemin sans issue. Dans son autobiographie, il raconte qu'arrivé aux portes de la mort, il était profondément déçu par le témoignage des philosophes occidentaux. Non seulement, ils ne cessaient de se chamailler mais ils mouraient malheureux, ce qui était le comble pour des gens qui avaient pratiqué toute leur vie la philosophie. J'ai été très impressionné et j'ai laissé de côté ce jour-là tous mes livres de philosophie.

« Je ne savais plus à quel saint me vouer lorsqu'un jour, sur les rayons d'une librairie, j'ai vu un livre dont le titre m'a frappé. C'était *Se libérer du connu* de Krishnamurti. Cela a été pour moi la découverte d'un autre monde. Je ne demandais qu'à me libérer de tout ce que j'avais ingurgité mais, du même coup, je me suis trouvé dans l'impossibilité de continuer mes études. J'étais en seconde et, aux yeux de mes parents, cela a pris les proportions d'une catastrophe. Mon père adoptif était directeur de publicité dans une firme importante et, dans un tel milieu, il va de soi que les enfants doivent faire des études poussées. »

Question : Est-ce qu'on parlait de religion dans votre famille ?

Sarvatma : Pas du tout. A la maison, le nom de Dieu pouvait être utilisé comme juron mais c'était tout. J'étais en plein désarroi et les profs étaient d'accord pour me laisser tranquille dans le fond de la classe. Je n'ai même pas pu finir mon année scolaire et je suis parti en stop avec un copain pour la Scandinavie. Ma mère n'était pas d'accord mais elle n'a rien pu faire. J'avais seize ans, trois cents francs en poche, une besace. Dans les communautés où je suis allé et qui bourgeonnaient un peu partout, j'ai trouvé des gens qui étaient encore plus perdus que les bourgeois que j'avais laissés derrière moi. J'ai suivi le cursus habituel : le haschisch qui ne me faisait d'ailleurs aucun effet, le vol dans les magasins ou dans les champs...

« Au bout de six mois de cette vie qui n'en était pas une, j'ai vu un jour mon copain tout heureux parce qu'il venait de piquer une paire de sabots dans un magasin. Cela a été le déclic. Je me suis dit : " Mais qu'est-ce que tu fais ici ? Tu mènes une vie sordide ! " Juste à ce moment-là, j'ai rencontré une Italienne qui était aussi perdue que moi. Elle voulait rentrer à Gênes et je suis parti avec elle. Toujours en stop.

« Une fois à Gênes, j'ai entendu parler d'un garçon qui vivait près de Bari dans un monastère, très à l'écart. J'ai décidé de m'y rendre.

« J'étais désemparé, à bout de course. Je me revois encore une nuit, sur l'autoroute de Pise, assis sur ma besace et en train d'attendre désespérément un stop. Il pleuvait, j'avais froid, j'étais mal. Je me sentais comme un bateau échoué. Les voitures passaient sans s'arrêter. Soudain, j'en ai vu une qui s'arrêtait un peu plus loin et qui faisait marche arrière. Elle était immatriculée en Suisse. J'ai entendu une voix qui me parlait en anglais, me demandant où j'allais. J'ai répondu : " Par là... ", je suis monté et j'ai fait mon baratin habituel, raconté que j'étais étudiant, que je prenais une année sabbatique... J'avais à peine fini que nous sommes tombés en panne. Cela m'a donné l'occasion de mieux faire connaissance avec le conducteur. J'ai trouvé qu'il y avait en lui une certaine fraîcheur et j'ai eu honte de lui avoir menti. Je le lui ai dit et il m'a dit de son côté qu'il ne prenait jamais personne en stop mais qu'en me voyant, il s'était senti inexplicablement poussé à le faire. Il m'a parlé de l'Inde, m'a dit qu'il y connaissait un maître et que, depuis 1951, il allait le voir chaque année. Il m'a parlé de gens dont je n'avais jamais entendu prononcer les noms : Ramana Maharshi, Mâ Anandamayi, Ramakrishna...

« Malgré sa plaque suisse, il était Hollandais et il travaillait à l'île d'Elbe. Puisque je ne savais pas où aller, il m'a proposé de l'y accompagner. C'est ainsi que j'ai pénétré dans un monde étrange : il donnait des leçons de yoga dans son jardin et je me souviens m'être dit : " Tiens, voilà peut-être le moyen d'accéder à une réalité intérieure à laquelle je n'ai pas eu accès jusqu'à présent. " J'ai donc demandé à rester encore un peu. Au bout de trois mois, mon hôte m'a proposé de profiter d'un billet d'avion pour l'Inde qui avait été pris par un de ses amis et qui ne pouvait plus être annulé. C'est ainsi qu'en 1970, j'ai fait mon premier voyage en Inde. »

Fantastique voyage! Poona où il rencontre Mâ Anandamayi, Arunachala et le célébrissime ashram de Ramana Maharshi, Bombay et Swami Muktananda et le Kerala où se trouvait l'ashram de son ami hollandais.

A Poona, Mâ Anandamayi ne faisait que passer. Elle avait fait vœu de silence d'un an parce qu'elle n'était pas satisfaite des progrès de ses disciples. « Nous avons pu avoir un " entretien " avec elle, se souvient Sarvatma, et je lui ai demandé ce que je devais faire. Elle a écrit sur une tablette que je devais rester avec l'architecte hollandais. Plus tard, je suis allé à son " darshan " et j'ai passé mon temps à me répéter en moi-même : " Regarde-moi! Regarde-moi! " Deux ou trois fois, elle a tourné vers moi son regard et c'était inoubliable. Comme si j'avais enfin trouvé un havre de paix. J'ai pensé que je pouvais travailler sur ce regard tout le reste de mon existence.

« Chez Ramana Maharshi, je suis resté près de trois mois. Imaginez mon bonheur! Moi qui étais perdu, je découvrais des merveilles. Pendant huit ans, je suis resté dans le sillage de mon ami hollandais. Nous passions six mois à l'île d'Elbe et six mois en Inde. C'était un être étrange à la fois très spirituel et très immergé dans le monde. Avec moi, il avait fini par devenir trop possessif et je me suis révolté. J'ai quitté l'île d'Elbe et je suis revenu vivre un moment près de ma mère. J'ai travaillé comme aide maçon pour gagner un peu d'argent et je suis reparti, seul cette fois-ci, pour l'Inde avec un visa de tourisme de trois mois. Je suis passé par l'ashram du célèbre Rajneesh mais je n'ai pu y rester parce que je ne m'y suis pas senti accueilli. Je suis donc retourné à Arunachala. Là, je marchais autour de la montagne, je chantais les chants du Maharshi et je les traduisais tout en lisant l'évangile de Ramakrishna qui a été pour moi une révélation de dynamisme, de joie et d'adoration.

« Je me rends compte aujourd'hui que je m'engageais de plus en plus sur la voie de la dévotion, ce qui ne m'a pas empêché de me laisser prendre par un amour ardent pour une femme indienne. J'étais déchiré entre cet amour et le chemin spirituel que je voulais à tout prix suivre. Je ne savais plus où j'en étais jusqu'au jour où je suis allé prier pour la première fois sur la tombe de la mère du Maharshi. J'ai marché trois fois autour de cette tombe et je me suis entendu dire : " Mère de mon Maître, s'il est dans mon destin d'être impliqué avec une femme, fais que ce soit avec la Femme divine. " C'était d'autant plus étrange que je ne savais pas du tout ce que j'entendais par le " Femme divine ". Je n'en avais aucune idée. »

Question : Tout de même, ayant vécu en Inde pendant si longtemps, vous aviez sûrement entendu parler de la Mère divine?

Sarvatma : Un petit peu mais les quelques ashrams que j'avais fréquentés n'étaient pas les adorateurs de la Mère. Plutôt de Siva.

Question : Vous avez donc vécu une période difficile.

Sarvatma : Tout à fait et ce n'est sans doute pas par hasard si j'ai eu une jaunisse et si mon ami hollandais a renoué contact avec moi pour me proposer de m'emmener au Kerala où le climat était plus clément et où j'aurais toutes les facilités de me faire soigner par la médecine ayurvédique. C'est alors qu'il m'a parlé pour la première fois d'une jeune sainte connue sous le nom d'Ammatchi.

Question : Quelle a été votre réaction?

Sarvatma : J'ai commencé par me dire que, décidément, mon ami était un pauvre type. Il avait plus de cinquante ans, il venait en Inde depuis vingt ou trente ans et il continuait à courir après la première mystique venue. Cela me paraissait fou et je le lui ai dit. D'ailleurs tout ce qu'il me disait d'elle ne m'intéressait pas. Pour moi, s'il y avait une grande sainte, c'était Mâ Anandamayi. Point final. Et encore... Elle était tellement entourée et il était si difficile de rompre le cercle de ses dévots pour l'approcher. J'en avais conclu que je n'avais plus besoin de gourou parce que le véritable gourou était en moi-même.

« J'allais de plus en plus mal et ma jaunisse se faisait si mauvaise que je virais au vert, si bien que j'ai fini par me laisser emmener au Kerala. Là-bas, mon ami n'a cessé d'insister pour que j'aille voir sa nouvelle sainte. Je me suis dit qu'après tout, ça ne pouvait pas me faire de mal.

« C'était en 1979, le jour de mon vingt-cinquième anniversaire. J'étais loin de me douter de ce qui m'attendait. La " sainte " habitait dans une île séparée de la terre par une lagune. Devant la véranda d'un minuscule temple, il y avait une dizaine de personnes qui attendaient parmi lesquelles un Américain et une Australienne assis derrière un harmonium. J'étais mal à l'aise, je me disais que ces gens devaient être dingues. Au bout de quelques minutes, j'ai vu arriver une jeune femme très noire de peau et vêtue comme toutes les autres femmes du village. J'ai été étonné de constater qu'elle s'asseyait au milieu des hommes. Mon ami s'est levé, est monté devant la véranda, a déposé quelques fruits aux pieds d'Ammatchi et s'est prosterné. J'ai fait la même chose et je me suis aperçu qu'elle ne me regardait pas. Je n'étais pas content du tout et j'ai décidé d'aller me baigner. Lorsque je suis revenu, le " darshan " était commencé et je dois reconnaître que j'ai été très impressionné par ce qui se dégageait d'elle. Le même rayonnement que j'avais éprouvé avec les plus grands maîtres. Je me suis adossé à un arbre et j'ai commencé à prier et à chanter des hymnes et soudain, sans que je sache pourquoi, j'ai éclaté en sanglots.

« Un peu plus tard, elle m'a regardé et elle m'a fait signe de m'approcher d'elle. J'ai fendu la foule et plus je m'approchais, plus je sentais sa présence. Elle a demandé aux autres de me faire un peu de place et m'a fait asseoir à côté d'elle. Je suis resté ainsi de six heures du soir à sept heures du matin. De temps en temps, elle me regardait. C'était extraordinaire : je la voyais assise sous la forme de la déesse. Quand tout a été fini, elle est redevenue tout à fait naturelle, riant, plaisantant avec les uns et les autres. Je n'en revenais pas. J'allais partir lorsqu'elle s'est tournée vers moi et m'a dit en ouvrant les bras : " Viens fils ! " Il y avait dans sa voix une telle douceur amoureuse que j'ai fondu, éclaté en sanglots. Elle a placé ma tête sur ses genoux et j'ai pleuré pendant dix bonnes minutes. Toutes les larmes de mon corps.

« Une fois dans la voiture, je me suis rendu compte que j'étais obsédé par elle. Impossible de penser à autre chose, si bien que j'ai emprunté une moto pour aller au prochain darshan, ce qui n'était pas prudent car ma jaunisse n'allait pas du tout mieux. En Inde, soixante kilomètres, ça prend bien au moins deux heures et demie de route. Ce jour-là, elle m'a donné sa photo et je ne sais pas comment j'ai fait pour rentrer chez mon ami. Devant moi, je ne voyais qu'elle. J'étais complètement habité par elle et cela a duré les jours suivants, jusqu'à ce que je retourne pour un autre darshan au cours duquel elle m'a fait manger une banane et m'a dit : “ Dans trois jours, tu n'auras plus la moindre trace de jaunisse. ” Je n'y croyais qu'à moitié mais de fait, trois jours plus tard, j'étais guéri.

« Le plus étrange était que malgré tout, je conservais contre elle une espèce de hargne. Comme si je ne voulais pas me “ laisser avoir ”. J'ai décidé de rentrer à l'ashram du Maharshi et, avant de partir, je lui ai demandé : “ Voilà dix jours que je suis avec toi mais je repars avec quoi, au juste? ” Elle s'est retournée vivement et m'a répondu : “ Mais nous n'avons pas fait de marché! La vie spirituelle ne s'achète pas au poids. ” C'est ainsi que nous nous sommes quittés.

« Pas pour longtemps car, une fois à Arunachala, je ne pouvais penser qu'à elle. C'était fabuleux. J'ai plié bagage et je suis parti. C'était en septembre 1979. Une semaine après mon retour, elle m'a initié, ce qu'elle fait très rarement. »

Question : C'est elle qui vous a donné le nom de Sarvatma?

Sarvatma : Oui. Cela veut dire : « Celui qui voit l'atma en tout. » Souvenez-vous que je n'étais venu en Inde que pour trois mois. En fait, je suis resté cinq ans auprès d'Amma.

Douceur et charme des commencements! Lorsqu'on leur demande de parler des premières années de l'ashram, les dévots d'Amma ont toujours dans les yeux une lueur de nostalgie. Elle n'était alors que peu connue et il était possible de passer de longues heures avec elle, de lui parler librement, de se laisser guider par elle jusque dans les moindres détails de la vie quotidienne. La vie était simple alors. En réalité, il n'y avait même pas d'ashram organisé. Les quelques disciples permanents couchaient dehors et Amma vivait encore chez ses parents. Dans le minuscule temple, la vie s'écoulait paisible. Paisible mais rude car il fallait se lever à quatre heures et méditer au moins huit heures par jour. Une méditation silencieuse qu'on pouvait fractionner en deux parties. Deux heures supplémentaires étaient consacrées aux chants dévotionnels et le reste du temps se partageait entre le travail manuel et des cours sur les Upanishads ou la Baghavad Gîta. « Nous étions quatre autour d'elle, raconte Sarvatma. Nous vivions tous ensemble dans une cabane sur le sable, sous les cocotiers. Lorsqu'elle chantait, nous chantions avec elle, lorsqu'elle se promenait, nous nous promenions avec elle, lorsqu'elle mangeait, nous mangions avec elle et lorsqu'elle pleurait, nous pleurions avec elle. Nous dormions près d'elle, nous vivions vraiment chaque instant avec elle. »

Très vite, Amma avait quitté la maison de ses parents pour venir habiter dans la cabane en feuilles de palmiers tressées construite par le disciple américain. Il ne faudrait pourtant pas céder à l'illusion d'une vie paradisiaque. « Ce n'était pas le club Méditerranée, insiste Sarvatma, mais le Kerala. » Les mauvaises langues fonctionnent aussi bien dans les petits villages indiens que partout ailleurs. Cette jeune femme qui vivait si proche de ses disciples était une proie de choix pour les commères. Un scandale aussi aux yeux des « rationalistes » qui allèrent – n'en étant pas à une contradiction près – jusqu'à utiliser contre elle les services d'un sorcier, lequel y épuisa en vain tous ses maléfices. Elle passait au milieu de tout cela comme si elle ne s'en apercevait pas.

Pour saisir dans toute sa fraîcheur le charme de ces toutes premières années, nous avons fait appel au témoignage de Prématma, l'un de ses tout premiers disciples indiens qui vit maintenant à la Réunion où il a fondé un ashram. Nous nous sommes beaucoup amusés au cours de cette interview car Prématma est un garçon plein d'humour, ce qui le dispense fort heureusement de se prendre trop au sérieux.

« J'ai eu du mal, se souvient-il, à quitter la Mère pour venir à la Réunion. C'est qu'à l'ashram, dans les débuts, je tenais sa robe du matin au soir. Je ne la laissais pas entrer aux toilettes sans m'asseoir devant la porte. Je la suivais partout et il m'arrivait de m'endormir dans ses bras comme un bébé. Si elle me laissait une heure, je me mettais à pleurer. Elle me disait pour me consoler : " Fils, ne t'en fais pas. Tu sais bien que sous le chandelier, il n'y a pas de lumière. C'est autour qu'il y en a. "

« Pendant les cinq premières années, l'ashram était avant tout un champ de bataille. Chacun d'entre nous devait mener son propre combat. Il n'y avait rien d'organisé. Chacun faisait sa méditation comme il le pouvait et ce n'était pas facile car, dès qu'on s'asseyait, il y avait tout de suite un frère qui avait besoin de quelque chose. S'il m'arrivait de m'en plaindre à Amma, elle me répondait : " Un jour, tu seras dans le monde et tu devras être capable de méditer dans une gare ou un aéroport, au milieu de la foule. Autant vous entraîner tout de suite. " »

« La première année, enchaîne Sarvatma, a été la plus intense. Il y avait entre nous tous un amour extraordinaire. Quant à son amour à elle, il était toujours égal. J'étais compliqué à cette époque et ce qu'elle disait me paraissait souvent trop simple. Alors elle ajoutait : " Pour moi, il n'y a qu'une chose : tu te retires tout seul dans un coin, tu fais appel à Dieu et tu pleures pour Lui. » Pleurer pour Dieu, je ne savais pas très bien ce que ça voulait dire. J'ai discuté toute une année là-dessus et puis ça a été fini. J'ai passé encore quatre années avec elle jusqu'au jour où elle m'a demandé de rentrer en Occident et de l'y représenter. Je lui ai dit que je n'avais aucune des qualités nécessaires pour une telle mission mais elle m'a répondu : " Tu n'as peut-être pas tout mais tu as l'amour d'Amma qui comblera tous les manques. D'ailleurs, chaque fois que ce sera nécessaire, je parlerai à travers toi. " »

Question : C'est ce qui est arrivé?

Sarvatma : Tout à fait. Je suis souvent étonné d'entendre ce que je dis. Non que je sois dans un état second, je suis au contraire tout à fait normal mais, en voyant les réactions des gens, je sais qu'Amma est passée par là.

Question : Tout de même, les premiers temps ont dû être durs?

Sarvatma : Oui. D'autant plus que je ne connaissais personne et que je n'avais pas un sou. J'ai trouvé une soupente à Paris qui, l'hiver, était glaciale et il me fallait vivre avec soixante-dix francs par semaine. Essayez et vous verrez que ce n'est pas facile. Pour pouvoir dormir, je buvais un verre d'eau chaude. Ça me tenait chaud pendant deux heures et je recommençais. Je mangeais des nouilles ou un peu de boulgour. Petit à petit, les gens sont venus, j'ai fait des conférences et il m'arrivait d'être invité ici ou là.

Question : Vous vous sentiez en mission?

Sarvatma : Oui. Mâ m'écrivait de rentrer si c'était trop dur mais je ne voulais pas échouer. En ce moment, il y a de plus en plus de gens qui vont voir Amma en Inde. Ils lui demandent comment garder le contact avec elle et elle leur dit qu'elle a un fils spirituel à Paris. Même s'ils sont de Vienne ou de Berlin, pour elle, c'est la porte à côté. C'est ainsi que j'en arrive à visiter régulièrement une quinzaine de villes européennes. Et à organiser les voyages d'Amma.

Question : Pourquoi vient-elle? Que peut-elle donc apporter à l'Occident?

Sarvatma : Elle est la seule, à ma connaissance, qui établisse à ce point, et d'une façon corporelle, un contact d'amour. Je crois qu'en Occident, où nous rationalisons tout, nous avons particulièrement besoin de cela. C'est un contact très doux, très pénétrant car avant tout, elle est Mère. Elle apporte cette qualité d'amour qu'ont les grands mystiques. D'ailleurs, ce qui me frappe, c'est que beaucoup de gens viennent par curiosité mais que très peu d'entre eux restent insensibles à sa présence. Dans notre monde qui est saturé de gourous, elle apporte la simplicité.

Question : Comment définiriez-vous son enseignement?

Sarvatma : Mais elle n'enseigne pas! Elle n'a pas de doctrine. Elle ne parle pas. Elle ne prétend pas apporter une vérité. Son seul rôle est de nous mettre en communication directe avec la Présence divine.

Question : On peut donc rester chrétien et vivre totalement son christianisme tout en venant se chauffer à son soleil?

Sarvatma : Tout à fait. Il y a beaucoup de chrétiens et de musulmans qui vont la voir en Inde et elle ne leur demande certes pas de changer de religion. Elle ne veut absolument pas convertir. A la Réunion, il y a un cheik qui l'a invitée dans sa mosquée pour prier avec elle.

Question : Tout de même, un maître qui n'enseigne rien...

Sarvatma : On ne peut pas dire ça. Elle n'impose pas de doctrine mais elle sait diriger ceux qu'elle prend en main. Elle nous aime tous d'un amour égal mais elle ne le manifeste pas de la même manière. Certains êtres ont besoin, au moins pour un temps, d'être aimés avec dureté ou, pour le moins, avec rigueur et, croyez-moi, elle sait faire cela. Quand elle m'a renvoyé en Occident, elle savait parfaitement que c'était très dur pour moi mais elle savait aussi qu'il le fallait, que mon chemin spirituel passait nécessairement par cette épreuve. Elle n'a pas son pareil pour user les égos trop envahissants. Si l'un penche d'un côté, elle le redresse jusqu'à ce qu'il découvre lui-même ce qu'il doit faire.

« Je l'ai souvent entendue dire : " Vous devez absolument m'obéir. Si je vous demandais de vous jeter du haut d'un immeuble de cent étages, vous devriez le faire sans réfléchir. " Dans l'enthousiasme qu'elle inspire, on a tout de suite tendance à faire tout ce qu'elle demande alors qu'en réalité, c'est toujours la dernière chose qu'on aurait envie de faire. Quand on a agi ainsi pendant un certain temps, elle s'écrie : " Mais que vous arrive-t-il ? Vous êtes des moutons. Votre obéissance n'est qu'une obéissance passive. Que vous suiviez à la lettre ce que je vous demande, c'est bien mais par la suite, c'est à vous de juger si cela est bon ou non pour vous. " C'est ainsi qu'elle sait être déconcertante pour que jamais, nous ne nous figions dans une absolue certitude. »

Question : Vous ne m'avez pas tout à fait répondu quand je vous ai demandé pourquoi elle a éprouvé le besoin de venir en Occident. Après tout, la plupart des grands maîtres, à commencer par le Maharshi ou Mâ Anandamayi, ne sont jamais sortis de l'Inde.

Sarvatma : Je lui ai un jour posé la question et elle a répondu avec vivacité : « Mais qu'est-ce que ça veut dire, cette question ? Quelle différence y a-t-il entre l'Inde et les pays étrangers ? Les frontières politiques ne me concernent pas parce que Dieu est un. Ses enfants ne sont qu'une famille. Pourquoi devrais-je me limiter aux enfants de l'Inde? »

« Je crois aussi qu'elle aime voyager. Elle n'est qu'une paysanne sans culture mais elle est moderne. Elle est passionnée par l'ordinateur de l'ashram et, depuis quelque temps, elle se révèle comme une bâtisseuse. Déjà, elle a installé dans son village natal un dispensaire où l'on donne gratuitement des soins et des médicaments aux plus pauvres et tous les ans, elle invite plusieurs médecins à venir soigner ceux qui ne peuvent se rendre à la ville. Je sais aussi qu'elle rêve d'un petit hôpital où on pourrait soigner aussi bien par l'allopathie que par l'homéopathie et la médecine ayurvédique. En ce moment, elle est en train de faire construire un immeuble de sept étages pour les visiteurs qui viennent de plus en plus nombreux. Si bien que ce village qui, d'abord, l'a rejetée, va lui devoir sa prospérité. »

Il est extraordinaire, Sarvatma. On sent qu'il pourrait parler d'Ammatchi pendant des heures avec toujours cette même flamme dans le regard. Ils sont d'ailleurs tous pareils. Nous avons demandé à Prématma de nous dire ce qu'Amma a fait pour lui et il nous a répondu par ce chant qu'il a écrit pour elle :

« J'étais un roseau de bambou dans un marécage qui était plein d'autres roseaux de bambou. Pour moi, la musique, c'était le bruit que nous entendions lorsque nous nous frottions les uns contre les autres. J'étais heureux comme ça. Je croyais vraiment entendre de la musique, de la grande musique. Un jour, une main que je n'ai pas vue m'a coupé, moi le roseau, à la base. J'ai souffert d'être ainsi séparé de mon milieu. La main m'a pris et m'a laissé sur le rivage, sous le soleil. J'ai senti que je me desséchais et c'était très douloureux. Et puis la main a commencé à faire des trous en moi, l'un après l'autre. Si je l'avais pu, j'aurais hurlé de douleur. Jusqu'au moment où une bouche est venue se poser sur moi. J'ai compris alors que je devenais musique. »

Souffrir pour devenir musique. Tous les chemins spirituels ne disent-ils pas la même chose?

Tandis que nous parlions avec Prématma, en cette belle journée de ce radieux été et que nous nous laissions enchanter par les paraboles qui semblaient être sa manière ordinaire de s'exprimer, le darshan d'Amma continuait. Tout en parlant, nous ne nous lassions pas d'observer cette scène incroyable et les visages bouleversés de ceux, jeunes ou vieux, hommes, femmes ou enfants qui revenaient à leur place après avoir été serrés dans ses bras. Le moment était venu pour nous de poser les questions qui nous brûlaient les lèvres, de demander à quelques-uns des assistants pourquoi ils étaient ici et ce qu'ils venaient de ressentir.

Voici une jeune femme. Elle préfère que nous ne donnions pas son nom. Elle a rencontré Amma lors d'un séjour à la Réunion. « Ce qui m'a frappée et comblée, dit-elle, c'est l'extraordinaire ouverture que j'ai trouvée en Amma. Elle ne veut convertir personne. Au contraire, elle demande à chacun de se relier à sa propre foi. J'ai rencontré beaucoup de chrétiens qui, après l'avoir rencontrée, sont devenus de meilleurs chrétiens. J'aime sa simplicité et le fait qu'elle ne joue absolument pas au gourou. Lorsque je la rencontre, elle me demande de chanter les chants de Taizé qu'elle aime beaucoup. »

Question : Si vous deviez définir ce qui vous séduit le plus en elle, que diriez-vous ?

X... : Je dirais qu'elle est franciscaine. Tout me porte à l'affirmer. On l'a traitée de folle au moment où elle a eu ses premières extases. En fait, comme François, elle faisait partie des fous de Dieu, de ceux qui étaient capables de danser et de hurler le nom de Dieu. Nous avons perdu cette fraîcheur, cette capacité d'émerveillement, de célébration qui ont été les caractéristiques mêmes des débuts franciscains.

Question : Vous avez rencontré beaucoup de maîtres, en commençant par Lanza del Vasto. En quoi Amma vous aide-t-elle plus que les autres ?

X... : Je peux vous donner un exemple : tout à l'heure, je suis allée la chercher à l'aéroport. Eh bien, dès que je l'ai vue, j'ai senti en moi circuler une énergie folle et cela a provoqué une extraordinaire ouverture du cœur. J'ai pleuré de joie et d'émotion. C'est très fort, vous savez, ça travaille en nous. »

G. a rencontré Amma aujourd'hui pour la première fois. Voir tous ces gens qui viennent se faire aimer par elle lui a fait mieux comprendre le besoin d'affection qu'ont les habitants de notre univers hyper développé. « Je réalise, dit-il, que les gens que je croise dans la rue se protègent derrière des masques. Regardez ce type qui doit peser au moins cent kilos et qui est en train de se faire bercer comme un tout petit.

« Pourquoi ce manque? Ce ne devait pas être pareil autrefois. Je me souviens de ma grand-mère, quand elle nous prenait sur ses genoux. Elle avait exactement le même geste et tous nous ronronnions d'aise tandis qu'elle nous berçait. »

Véronique est émerveillée par la simplicité de ce qu'elle voit. Il n'y a pas d'enseignement, pas de théories, seulement de l'amour. Avec son mari, elle s'occupe d'aider les gens à vaincre la peur qu'ils ont de l'eau. Elle sait par expérience à quel point nos contemporains ont besoin d'être aimés. Parce qu'ils ont été des enfants mal aimés et qu'ils traînent, à cause de cela, des multitudes de peurs qui leur empoisonnent la vie.

Patrick est médecin. Il a déjà un long chemin derrière lui, une recherche ardente qui l'a amené à rencontrer de nombreux groupes et un certain nombre de maîtres spirituels. Il s'est passionné pour le Zen et pour les Tibétains. Il a rencontré Amma il y a trois ans et, tout de suite, il a été séduit parce qu'il a retrouvé en elle la « Mère universelle » qu'il recherchait et vénérait depuis toujours.

« Le jour même où je l'ai rencontrée, raconte-t-il, j'ai senti monter en moi des mantras qu'on adresse habituellement à la Mère divine et je suis entré en transe. J'aime beaucoup la transe. Il m'a été donné de l'expérimenter avec joie. Chanter, danser pour Dieu comme elle le fait, je trouve cela merveilleux. Quand elle vous prend dans ses bras, vous redevenez vraiment un petit enfant. Pour nous, Occidentaux, si rationnels, c'est tellement inhabituel! J'ai vécu ainsi des choses assez fortes dont il m'est difficile de parler. Une fois, en Suisse, elle était hyper concentrée et, comme je l'étais aussi, je suis " parti ". C'était fantastique : il m'a été donné de voir toute la chaîne de ses chakras et toute la chaîne des miens. Je suis resté une heure en méditation. J'étais comme une pierre. »

Question : Vous la considérez comme votre maître?

Patrick : Il m'est difficile de répondre. Tout ce que je sais, c'est qu'à travers elle, je respire la Mère divine. J'apprends avec elle la compassion et la simplicité. Quand je dis compassion, ne vous y trompez pas : cela ne veut pas dire une espèce de douceur sirupeuse. Comme toute vraie mère, elle peut être dure. Les gens qui vivent dans son ashram ont un bol de riz et un verre d'eau par jour et ceux qui font des erreurs ou qui n'avancent pas assez vite peuvent s'attendre à vivre des moments difficiles.

« Ce que je trouve surprenant, c'est que, chaque fois qu'on reçoit le darshan d'Amma, on vit une expérience tout à fait nouvelle. Et puis ce que j'apprécie tout particulièrement, c'est qu'elle ne s'empare pas de vous. Au contraire, si vous en avez un, elle vous renvoie à votre propre gourou. Tout ce qu'elle fait pour vous, c'est de vous remettre dans votre énergie. »

Question : Beaucoup de gens pleurent pendant le darshan.

Patrick : Oui mais ils ne pleurent pas seulement avec leur corps physique ou émotionnel. Cela va plus loin. J'ai vu un jour un disciple pleurer pendant plus d'une heure. C'était son âme qui pleurait. C'est un peu cela être l'enfant dans les bras de sa mère : s'abandonner dans la félicité, ce qu'au fond, nous ne savons pas faire dans la vie habituelle. Une expérience intérieure très simple mais qui peut tout transformer. »

Un dernier témoignage tout particulièrement cher à notre cœur parce qu'il nous vient de Véronique Loiseleur que nous rencontrons souvent dans l'ashram d'Arnaud Desjardins. Elle revenait de Parayakadavou et elle a écrit pour nous ce petit texte :

« Étant déjà engagée sur une voie spirituelle en France, je ne me suis pas rendue auprès de Mâ Amritanandamayi en quête d'un maître mais pour rencontrer un de ces sages authentiques dont la seule présence intensifie notre propre recherche. La voie que je suis ne comprenant ni l'intense dévotion, ni la répétition d'un mantram, ni même les longues méditations quotidiennes qui constituent l'essentiel du chemin que propose

Ammatchi, c'est donc en témoin extérieur, si je puis dire, que je me suis laissée bouleverser par le rayonnement de cette femme hors normes à tous points de vue. Son rayonnement, je l'avais déjà perçu en France dans un cadre banal et il ne pouvait que se confirmer dans son ashram au Kerala.

« Ce ne sont pas les spectaculaires cérémonies où elle est supposée incarner la Mère divine qui m'ont le plus touchée, même si le fait qu'elle reste toujours aussi disponible au bout de sept ou huit heures de présence ininterrompue demeure un mystère. Comme beaucoup, je garde un souvenir inoubliable des darshans du matin où elle prend la tête de chacun quelques instants sur ses genoux, prêtant non seulement la plus grande attention à celui ou celle auquel elle se consacre entièrement, mais à tous ceux qui l'entourent au même moment.

« Au fil des heures, cette attention demeure inchangée : Amma semble omniprésente, donnant à chacun l'impression qu'elle n'a à s'occuper que de lui et qu'elle dispose de tout son temps. Inlassablement, elle dispense à tous une même qualité d'amour et de présence maternelle. Certains de ceux qui l'approchent m'ont soudain paru très beaux par l'ouverture de cœur qu'elle provoque en eux, comme s'ils ne portaient plus de masque et osaient laisser émerger leur nature profonde, simple et confiante. On sent que pour elle, il n'y a aucune différence essentielle entre les êtres humains. Et j'ai eu plusieurs fois le sentiment très net qu'elle pénètre jusqu'au plus intime de chacun pour y lire, comme à livre ouvert, toute l'histoire d'un cœur humain.

« Il ne faut pas croire cependant que la vie auprès d'elle soit un chemin semé de pétales de roses. Il suffit de la suivre quelques jours dans un de ses déplacements ou de séjourner, même brièvement, dans son ashram pour entrevoir combien est exigeante l'ascèse que ses plus proches disciples mènent auprès d'elle.

« Je voudrais que mon témoignage, qui n'est pas celui d'une de ses disciples à proprement parler, puisse donner à tous ceux qui doutent ou qui cherchent, le désir de la rencontrer, ne serait-ce que pour avoir la preuve vivante que les grands enseignements spirituels ne mentent pas en voyant de leurs yeux le témoignage de joie inaltérable que représente Amritanandamayi. »

Comment fait-elle ? La nuit est déjà bien avancée et elle danse encore. Elle est arrivée ce matin par avion, elle a donné son darshan tout l'après-midi, répondu à des questions, entendu des témoignages et maintenant, depuis plus de deux heures, elle nous donne un spectacle de pure énergie. Ce que nous vivons est indescriptible. Assise au centre de la pièce sur des coussins, elle s'incline, se relève, chante et crie, avec dans la voix une indicible nostalgie, les noms de quelques-uns des Dieux du panthéon hindou. Les gopis qui dansaient au son de la flûte de Krishna devaient avoir de tels accents. Pas une seconde, elle ne semble épuisée par cette incroyable débauche d'énergie. On sent qu'elle est ailleurs, dans un univers inaccessible aux simples mortels que nous sommes, ravie, là où il n'y a ni naissance ni mort.

Quelqu'un, demain, lui demandera où elle trouve son énergie et elle répondra en éclatant de rire : « Mais qu'est-ce que vous croyez ? Je ne suis pas une pile qui se décharge. Je suis branchée directement sur l'énergie divine. » Elle ajoutera un peu plus tard : « Un flux ininterrompu d'amour s'écoule de moi vers tous les êtres du cosmos. C'est ma nature innée. »

Je sais que ce soir-là, il y a dans la salle des gens qui viennent d'arriver et qui professaient un scepticisme bien établi. Je regarde leurs visages : ils semblent bouleversés. Et il est vrai que, malgré les jambes qui commencent à nous faire mal, le temps ne nous dure pas. Personnellement, j'ai l'impression de vivre un de ces moments privilégiés qu'ont vécu les Israélites voyant David danser devant l'arche ou les premiers compagnons de saint François tandis qu'il parlait aux oiseaux.

Car c'est bien – que les Franciscains me pardonnent – devant un autre François que j'ai le sentiment de me trouver. Comme lui, elle est née dans une famille relativement fortunée ; comme lui, elle s'est heurtée à l'incompréhension de son père et elle a souffert des sarcasmes de ses compatriotes ; comme lui elle a connu, avec ses premiers disciples, des moments de pure harmonie.

Cette période des débuts ne peut qu'enchanter ceux qui ont l'âme franciscaine et d'ailleurs tous ceux qui l'ont vécue en parlent avec, dans le regard, cette flamme que durent avoir frère Pacifique ou frère Léon, la petite brebis du Bon Dieu. Miracles naïfs, simplicité d'enfant, ardente ferveur, désir de tout donner... On peut vraiment parler des « fioretti » d'Ammatchi. Comme François, elle danse de joie, comme lui elle voit Dieu dans les moindres manifestations de la nature et elle se contente d'adorer, laissant de côté l'intellectualisme qui, trop souvent, corrompt les élans les plus purs. Les animaux viennent à elle comme venaient à François le loup de Gubbio, les poissons du lac Trasimène ou l'amoureuse colombe de la Portioncule. Chiens, lapins, oiseaux, serpents, écureuils recherchent la compagnie d'Ammatchi et une vache est venue longtemps lui présenter son pis pour qu'elle puisse boire de son lait. On n'en finirait pas si l'on voulait raconter toutes les histoires d'animaux qui, peu à peu, tissent la légende d'Amma, celle du chien pie, par exemple, qui venait la ranimer en lui léchant le visage chaque fois qu'elle s'évanouissait dans la contemplation. Ou de l'aigle qui lui amenait des poissons lorsqu'elle avait faim.

Même l'épisode le plus fameux et le plus souvent illustré de la vie du Poverello, elle l'a vécu elle aussi. Prématma nous a raconté cette histoire qui est d'ailleurs à l'origine de son désir de renoncer au monde pour se consacrer à la vie spirituelle.

Il y avait, dans un village voisin de Parayakadavou, un lépreux qui faisait horreur à tout le monde et qui avait été rejeté même par sa famille. Il s'appelait Dattan et il était devenu si horrible à voir que les villageois n'osaient s'approcher de lui pour lui faire l'aumône. Il n'avait plus de cheveux, il était presque aveugle et le pus et le sang ne cessaient de couler sur son visage. Il sentait si mauvais que même les autres lépreux le tenaient à l'écart. « Jamais, raconte-t-il, je n'entendais un mot d'amour, jamais je ne voyais un soupçon de compassion sur un visage. Tous me fuyaient et je voulais mourir. »

Il était au fond de cet abîme lorsqu'il entendit parler de la jeune sainte de Parayakadavou. Il demanda à la voir mais ceux qui l'entouraient ne voulaient pas le laisser s'approcher. Amma l'aperçut de loin, lui fit signe de venir, le prit dans ses bras, le berça, l'embrassa et alla même jusqu'à lécher ses plaies. « C'était insoutenable, se souvient Prématma, et certains disciples ne purent s'empêcher de vomir. » « Qui d'autre aurait pu s'occuper de lui et l'aimer? a plus tard expliqué Amma. Je ne voyais pas son corps extérieur, je ne voyais que son cœur. Je ne pouvais tout de même pas le chasser. Il est mon fils et je suis sa mère. Est-ce qu'une mère peut abandonner son fils? »

Dattan est aujourd'hui un homme heureux. Ses cheveux ont repoussé, ses yeux sont guéris et il ne fait plus peur à personne. Il peut prendre le bus et les mouches ont cessé de se coller sur ses plaies.

Rachel et moi, nous qui sommes des amoureux de saint François au point d'aller vivre tous les ans un mois sur les lieux où il a vécu, nous avons envie de terminer ce chapitre sur cette histoire franciscaine.

Ce reportage auprès d'Amma et de ses disciples a été pour nous comme une remontée aux sources. On croit toujours que les saints appartiennent au passé, que leur vie s'entoure de légendes. Nous savons maintenant qu'ils sont parmi nous, bien réels et qu'il est possible de revivre aujourd'hui, en notre siècle de fer, les émerveillements qu'ont connus les contemporains de ces géants de l'amour qu'ont été « François, Claire et les autres ».

6

CATHERINE DELORME OU LA LUMIÈRE DE L'ISLAM

Elle est sur son lit comme sur un trône, le dos relevé par des coussins multicolores, le visage ceint du traditionnel foulard islamique, son corps menu perdu dans une immense djellaba blanche et brodée. Habituellement autoritaire, son visage laisse parfois éclater un sourire contagieux et ses yeux tantôt pétillent de malice et tantôt se perdent dans une profondeur où nul ne saurait la rejoindre.

Elle nous avait donné rendez-vous au début de l'après-midi dans sa petite maison de Rabat et nous pensions l'avoir toute à nous. « Je n'ai pas d'autre moment, nous avait-elle dit : toute la nuit, je travaille et je pratique le dhikr, la prière des mystiques musulmans qui, vous le savez sans doute, consiste à répéter le nom de Dieu pendant des heures. Je ne m'endors qu'au petit matin, je me réveille pour déjeuner et, dès le début de l'après-midi, j'ouvre enfin ma porte. »

Il est vrai que la porte était grande ouverte lorsque nous sommes arrivés, Rachel et moi, à l'heure dite. Nous nous sommes installés de part et d'autre de son lit et nous avons commencé à lui dire ce que nous attendions d'elle. Nous n'avons pu aller jusqu'au bout car, dès les premières minutes, le défilé des visiteurs a commencé. Si bien que ce qui s'annonçait comme un entretien particulier s'est transformé en une sorte de séance publique que nous avons suivie, jusqu'à la tombée de la nuit, avec un intérêt passionné. En nous demandant aussi où cette femme, qui voguait allègrement vers ses quatre-vingt-dix ans, pouvait bien trouver l'incroyable énergie qui l'animait.

Les visiteurs entraient, saluaient et s'installaient où ils réussissaient à trouver de la place. Le premier arrivé fut un dignitaire musulman majestueux dans sa djellaba rayée. Il s'approcha du lit de Catherine Delorme et baisa la main qu'elle lui tendait avec les marques du plus profond respect. Il eut la courtoisie de parler français dès qu'elle nous eut présentés, si bien que nous avons pu suivre tant bien que mal la discussion théologique qui s'éleva aussitôt. L'homme venait, dit-il, lui voler un peu de sa lumière pour éclairer l'interprétation d'un hadith controversé. Un homme, strictement vêtu à l'européenne, vint peu après se joindre à la conversation et nous apprendrons plus tard qu'il s'agissait d'un ambassadeur du Maroc dans un grand pays de passage à Rabat. Ce fut ensuite le tour de deux Français qui se dirent attirés par la réputation de sagesse de notre hôtesse, d'un membre d'une tarika soufie dont le visage nous sembla éclairé par une lumière intérieure, d'une étudiante en médecine et de deux fiancés qui s'écrièrent en arrivant : « Mamita, nous venons vous faire notre petite visite quotidienne » et qui, passionnés par la discussion, restèrent jusqu'au soir.

Nous eûmes le sentiment que cette femme qui nous recevait avec tant de simplicité et de charme était, aux yeux de tous ces êtres si divers, le symbole même de la Sagesse, l'un de ces grands initiés de l'Islam qui apparaissent de temps à autre et rayonnent pour le plus grand bien de tous. Qu'une femme puisse exercer ce rôle dans le monde islamique nous paraissait déjà surprenant, mais plus surprenant encore était le fait qu'il s'agissait d'une Française, veuve d'un médecin colonel ; d'une femme qui avait vécu, en Afrique du Nord, la vie mondaine des épouses de hauts fonctionnaires français de l'époque coloniale.

« Cela s'est fait beaucoup plus naturellement que vous ne l'imaginez, nous a-t-elle dit pendant le dîner, après le départ des derniers visiteurs. Mes parents étaient d'origine sicilienne et mon sculpteur de père, comme tant de ses compatriotes, avait dû s'expatrier pour mieux gagner sa vie. Il avait choisi l'Algérie. C'était un être d'une merveilleuse générosité. J'ai donc été élevée au Maghreb et, dès ma toute petite enfance, il m'est arrivé une chose curieuse : je me sentais beaucoup plus chez moi dans les ruelles arabes que dans les avenues bien tracées des quartiers européens. Je souffrais d'entendre les petits Arabes me traiter de Française et de les voir me montrer du doigt quand j'allais faire des achats à l'épicerie. Ces doigts étaient des poignards qui me blessaient. Aux yeux des gamins qui m'entouraient, j'étais une colonisatrice et j'en souffrais. J'aurais voulu partager leur vie. Lorsque j'entendais le muezzin appeler les musulmans à la prière, si j'étais en train de courir, je m'arrêtais net et je restais figée comme une statue jusqu'à ce qu'il s'arrête. J'avais cinq ans alors et ce souvenir reste vivant en moi comme s'il était d'hier.

« Un peu plus tard, lorsque j'ai eu six ou sept ans et que nous sommes allés en Tunisie, j'ai fait un rêve troublant : je marchais seule dans une ville inconnue lorsque j'ai vu surgir un grand personnage très beau et habillé de blanc. Il a compris que j'étais perdue, m'a prise par la main et m'a remise dans le droit chemin. J'ai compris qu'il s'agissait de Moulay Abd el-Kader Jilali, un grand saint dont on parlait beaucoup alors.

« Pourquoi éprouvais-je déjà, si jeune, cette attirance irraisonnée envers l'Islam? J'étais chrétienne bien sûr et j'ai même été élevée en partie par des religieuses. J'aimais le Christ et j'étais si bouleversée de ses souffrances qu'il m'arrivait de m'évanouir pendant les chemins de croix mais cela ne m'empêchait pas d'être curieuse de tout ce qui concernait l'Islam.

« Déjà, dans le quartier que nous habitions, j'avais la réputation de ne pas être tout à fait une petite fille comme les autres. J'avais des dons surprenants. Par exemple, lorsqu'une de nos voisines avait un enfant qui ne voulait pas s'arrêter de pleurer, elle me l'amenait et à peine était-il dans mes bras qu'il se calmait aussitôt. »

Cela se passait aux environs de 1905, sous le règne du « petit père Combe » alors que la guerre religieuse sévissait et que les sœurs étaient obligées de se mettre en civil pour pouvoir continuer à enseigner. Une époque qui nous paraît aujourd'hui si lointaine et dont Catherine Delorme parle comme si c'était hier. Elle se souvient du déménagement de la famille dans le quartier populaire de Bab el-Oued et de la nouvelle façon de vivre à laquelle elle s'est trouvée soudain confrontée. La vie de la rue était intense et il fallait sans cesse relever d'étranges défis.

« Cela ne me faisait pas peur, affirme Catherine Delorme. J'étais la troisième fille et mes parents, déçus, m'avaient élevée comme un garçon. A peine arrivée, je suis devenue la " reine du quartier ". C'était un titre envié qu'il fallait défendre à coups de poing chaque fois qu'une nouvelle se présentait pour vous le ravir. Je me souviens que les copains me disaient à ce moment-là : " Catherine, tu es bonne pour la castagne! " Alors je me mettais une paille sur l'épaule et il fallait que la nouvelle vienne me l'enlever.

« C'est ainsi qu'un jour, je me suis trouvée confrontée à la fille du commissaire de police. J'avais dix ans, elle en avait treize et une tête de plus que moi. Nous étions au début de l'hiver. Il avait plu la veille et la rue était pleine de boue. La fille est descendue de chez elle en chantant. Elle portait une belle robe en broderie blanche. Les garçons ont fait cercle autour de nous et je lui ai demandé : " Es-tu une grande fille? " Elle a répondu oui et je l'ai défiée : " Viens retirer la paille que j'ai sur mon épaule. Si tu y arrives, tu seras la reine du quartier. " Elle s'est approchée mais elle n'a même pas eu le temps de lever la main. Je l'ai empoignée et jetée dans le caniveau plein de boue. Pauvre robe!

« Je n'arrêtais pas de me battre et j'organisais des expéditions pour aller voler les caroubes dont on nourrissait les chevaux. Je n'ai jamais été prise mais si je l'avais été, j'aurais reçu une bonne trempe. C'est que mon père ne plaisantait pas là-dessus. Il était gai, mais sévère. Il gagnait des fortunes en sculptant le marbre et le bois ou en faisant des lits Louis XV avec des petits amours mais il dépensait l'argent plus vite qu'il ne le gagnait car il était coureur. Je trouvais cela dommage car on disait de ma mère qu'elle était la plus belle femme d'Alger.

« Mon père était très fier de s'appeler Maltese car la légende familiale voulait qu'il descendît d'un prince maltais. Pour me montrer qu'il avait de qui tenir, il me racontait souvent l'histoire de mon grand-père.

« C'était, paraît-il, une force de la nature, une sorte de géant puissant et perpétuellement révolté qui gagnait sa vie en exploitant une carrière. Il était d'une invraisemblable générosité, accueillant chaque jour à sa table une demi-douzaine de pauvres hères qui, sans lui, n'auraient rien eu à manger. Ses idées anarchistes faisaient tellement horreur à la bonne société de Palerme que le préfet décida un jour de le faire arrêter. Lorsque les gendarmes se présentèrent à la carrière, il essaya d'abord, pour ne pas connaître le déshonneur de la prison, de se faire sauter à la dynamite. N'y étant pas parvenu, il prit la fuite et fut abattu de plusieurs coups de pistolet. Deux de ses filles, malgré leur beauté, firent le vœu de ne pas se marier. Elles s'installèrent dans la ville où exerçaient les gendarmes qui avaient abattu leur père. Quelques années plus tard, comme si tout était oublié, elles invitèrent les malheureux à entrer chez elles pour se désaltérer. On ne les revit jamais plus vivants. Ce soir-là, leurs chevaux rentrèrent seuls à l'écurie. »

On avait le sang chaud dans la famille Maltese et Catherine promettait déjà, dès sa toute petite enfance, de suivre les traces de ses ancêtres siciliens. Elle ne tarit pas d'histoires sur ses démêlés avec ses professeurs qui ne parvenaient pas à la « mater ». C'est que, déjà, elle observait les êtres avec un regard d'une singulière acuité et qu'elle se rendait compte, selon ses propres paroles, que « leur comportement était rarement conforme à leurs discours ». Elle ne se sentait pas à sa place dans ce monde fait d'hypocrisie et d'égoïsme. Alors elle se réfugiait dans un univers idéal dont elle pressentait déjà qu'il pouvait seul lui apporter le bonheur auquel elle aspirait.

A sept ou huit ans, elle voulait, disait-elle, ne plus vivre que pour Dieu. « Ma vraie vie est au ciel », aimait-elle à répéter. Ce n'était pas dans sa bouche des enfantillages ou des paroles toutes faites enseignées par les religieuses et mécaniquement répétées. Déjà, elle vivait d'étranges expériences qu'elle ne pouvait communiquer à personne.

« Un matin de printemps, racontera-t-elle plus tard dans son livre, assise, solitaire, je contemplais le ciel lorsqu'une question s'imposa soudain à ma pensée : où commence et où finit le ciel ? Un vertige s'empara aussitôt de ma raison, la précipitant dans un vide effroyable.

« Consciente de courir un danger, je parvins à me ressaisir et à détourner ma pensée en l'occupant à des sujets plus concrets. La prudence et la sagesse, indispensables à la quête de la connaissance, venaient de m'inspirer pour la première fois en me protégeant. »

Pendant des heures, allant au fil de ses souvenirs sans s'astreindre à la moindre chronologie, Catherine Delorme nous a raconté son enfance, sa tristesse en quittant Alger pour Oran, sa découverte de la musique et du chant, les bons et les mauvais souvenirs de l'institution Jeanne-d'Arc où elle ne s'intéressait qu'au dessin et au français, ignorant superbement les autres matières. Elle s'est attardée longuement sur son premier amour pour un certain Gérard qui éblouissait toutes les filles du quartier parce qu'il possédait une voiture, une Chenard et Walker, qui lui conférait un extraordinaire prestige.

Elle ne le savait pas encore mais sa vocation était en train de naître et, très vite, de se préciser. A douze ans déjà, elle était hantée par le désespoir qui devait, selon elle, être le lot de ceux qui ne croyaient pas en Dieu. Elle voulait les sauver à tout prix et, sans cesse, revenait en elle l'image du phare avertissant les navires du danger :

« Au cours de ces jours, écrivit-elle, ces pensées se précisèrent, m'inspirant un désir qui devint une volonté : être, sur le plan spirituel, semblable à un phare. Ce désir ardent devint une prière que j'ai adressée à Dieu durant toutes les années de ma vie. »

L'après-midi s'avance et les visiteurs continuent d'arriver. Ils entrent sans même se faire annoncer, pleins de déférence. Ils sont visiblement ravis d'être ici, passionnés par tout ce qui se dit, heureux de l'occasion qui leur est offerte, un peu grâce à nous, d'entendre Catherine Delorme raconter sa vie. Profitant d'un moment de silence, un homme se fraye un chemin jusqu'à son lit. Il est très grand et vêtu d'une djellaba rayée. Ce qui nous frappe en lui, ce sont ses yeux d'une parfaite limpidité. Nous apprendrons plus tard qu'il s'agit d'un « chérif » descendant du grand saint Abd el-Kader Jilali et chef d'une confrérie importante.

« Je ne vais pas bien, lui dit-il. J'ai toujours les mains brûlantes et les genoux douloureux. Souvent, ce sont toutes les articulations qui me font mal. Les médecins disent que c'est de l'arthrose mais je souffre aussi d'arythmie cardiaque... »

Catherine Delorme ne l'a pas laissé terminer. Elle l'a fait asseoir sur son lit et, avec une énergie stupéfiante, elle s'est mise à masser les endroits douloureux, puis elle lui a imposé les mains, a soufflé trois fois sur lui, lui a conseillé de toujours porter dans sa poche un petit pain de sel gemme et lui a dit : « Tu vas aller mieux. » Puis, sans transition, se tournant vers nous, elle est repartie dans ses souvenirs.

Elle a raconté les difficultés qu'ont eues ses parents pour la marier. Elle refusait tous les partis, même les plus flatteurs, des officiers pour la plupart sortis de Saint-Cyr ou de Saumur. Elle a tout de même fini par céder au prestige de l'uniforme en acceptant d'épouser Ivan Delorme, un médecin militaire en poste à Oran. Elle se souvient d'avoir été une jeune femme très heureuse, choyée par un mari plus âgé qu'elle, moderne, pratiquant le tennis, la natation et, avec passion, l'équitation. Tout en menant la vie mondaine qui était alors celle des femmes d'officiers, elle restait le garçon manqué de son enfance à Bab el-Oued. « Je préférais de beaucoup, dit-elle en riant, la compagnie des hommes. Je les trouvais plus amicaux, moins compliqués alors que, dans notre petite société, les femmes étaient souvent guindées, méchantes, jalouses et mal habillées. »

Dès les premières années, la carrière de son mari la conduisit en Corse dont elle a aimé les paysages et détesté la société. Il est vrai que sans le vouloir, tout simplement parce qu'elle était naturelle, elle faisait scandale. Toujours vêtue de blanc, sportive, les cheveux coupés à la garçonne, elle ne craignait pas, lorsqu'elle rencontrait dans la rue un des collègues de son mari, de s'arrêter pour lui parler. « J'étais, dit-elle, en proie à la médisance comme une biche traquée par les chasseurs. »

C'est dire qu'elle poussa un énorme ouf! de satisfaction en apprenant que son mari allait être muté à Sfax, en Tunisie.

En retrouvant la terre d'Afrique, elle eut soudain le sentiment de rentrer dans sa vraie patrie. Tout l'enchantait, les longues flâneries dans la médina avec ses odeurs, ses couleurs, ses friandises et surtout les gâteaux au miel dont elle faisait une consommation immodérée parce qu'elle avait la chance de ne pas être de celles qui engraissent facilement. Sur ce monde enchanté planait la voix du muezzin qui, depuis son enfance, soulevait dans la profondeur de son être une nostalgie qu'elle ne comprenait pas encore. Elle avait le sentiment que cette voix montant vers le ciel avait le pouvoir de purifier la terre de toutes ses souillures.

Elle continuait cependant à mener une vie mondaine que, d'ailleurs, elle ne détestait pas, vie faite de visites, de cocktails, de champagne, de médisances et de grandes réceptions chaque fois que passait un personnage important venu de la métropole. De plus en plus pourtant, son cœur était ailleurs. Chaque fois qu'elle avait un moment, elle aimait s'échapper seule dans la campagne.

Il lui arrivait d'aller si loin qu'elle en était épuisée et assoiffée. Un jour qu'elle passait ainsi dans un petit village, elle vit une femme sortir sur le pas de sa porte et lui proposer d'entrer un moment pour se rafraîchir. Ce fut le début d'une longue et profonde amitié. La femme s'appelait Lalla Fatma, elle avait soixante ans et, de ses sept enfants, six vivaient encore sous son toit. Il n'était pas habituel alors pour une femme européenne, encore moins pour une femme d'officier, de se lier si intimement avec une famille arabe et, une fois de plus, les mauvaises langues de la garnison entrèrent en action. Heureusement qu'elle n'était pas femme à accepter de contraintes. Elle commençait d'ailleurs à supporter avec peine les mondanités qui l'avaient enchantées dans sa vie de jeune mariée. Elle continuait parce qu'il le fallait mais sans joie et, dès qu'elle avait un moment, elle s'échappait, attirée comme par un aimant par ses nouveaux amis.

« Cette paix qui me manquait tant dans notre cercle mondain, écrira-t-elle, je la trouvais dans le camp des nomades, sous les tentes en poil de chèvre, quand je n'étais pas auprès de mon amie Lalla Fatma, dans l'ombre bleue de sa chambre. »

Bien sûr, on l'accusait de n'en faire qu'à sa tête et son mari lui reprochait parfois de trop se plaire avec ceux qu'on appelait alors « les indigènes ». Elle laissait dire. Elle avait une bonne raison car « la petite voix » lui conseillait de continuer sans s'émouvoir.

La petite voix! Tout au long de nos entretiens, elle n'a cessé de parler d'elle, si bien qu'intrigués, nous lui avons demandé ce qu'elle était vraiment et comment elle l'avait entendue pour la première fois. Elle s'est recueillie un moment et nous a raconté cette histoire avec un regard à la fois plein de malice et de nostalgie :

« Alors que nous étions encore en Corse, mon mari a dû aller en mission sur le continent et je l'ai accompagné au bateau. Sur le chemin du retour, j'ai rencontré une femme du grand monde, une comtesse très riche, elle aussi femme d'officier et je l'ai entendue dire à l'amie qui l'accompagnait et qui revenait elle aussi du bateau : " Maintenant que son mari est parti, elle va pouvoir... " Je ne vous dis pas le reste. J'ai reçu cette méchanceté comme un coup de poing. Je savais que cette femme était jalouse parce que, lors des réceptions, les hommes la délaissaient pour venir autour de moi.

« Je suis rentrée à la maison bouleversée, tournant dans ma tête des projets de vengeance. Je savais que je n'allais pas dormir de la nuit et, en arrivant, j'ai demandé à la propriétaire de me prêter un livre. Elle m'a ouvert sa bibliothèque et j'ai choisi *la Vie des saints*. J'étais tellement surexcitée que j'ai décidé de lire le livre en entier avant de m'endormir. A cinq heures du matin, alors que je venais de terminer, j'ai entendu dans la rue étroite sur laquelle donnait la fenêtre de ma chambre comme une meute de chiens qui hurlaient. J'avais le sentiment qu'ils étaient des milliers et qu'ils voulaient entrer. Je me suis dressée sur mon séant et je me suis écriée : " Ce sont les chiens de l'enfer! " C'était une sorte de vision, mais d'une puissance extraordinaire.

« J'ai été prise alors d'un désir aussi vif qu'irraisonné d'aller communier. Je n'étais jamais allée à l'église à Ajaccio. Je suis descendue et j'ai trouvé l'église fermée. Je me suis assise sur le port en attendant, près d'un vieux pêcheur qui réparait ses filets. Dès l'ouverture de l'église, je suis entrée, j'ai assisté à la première messe et je suis allée communier. De retour à la maison, j'ai été saisie d'inquiétude : j'avais communié sans m'être auparavant confessée. Cela ne se faisait pas alors. J'ai demandé à ma propriétaire si elle connaissait un bon directeur de conscience et elle m'a indiqué un prêtre qui habitait tout près. Je lui ai tout raconté, aussi bien la calomnie de cette femme que la vision des chiens de l'enfer. J'ai ajouté qu'au matin, j'avais entendu une petite voix me commandant d'aller communier pour que Dieu me soutienne mais que je ne m'étais pas confessée. Il m'a dit, je m'en souviendrai toute ma vie : “ Cette petite voix dont vous parlez, c'est la voix de votre cœur. Écoutez-la toujours. ” Depuis ce jour, la petite voix m'accompagne partout. C'est comme la voix d'un enfant qui me murmure à l'oreille ce qu'elle a à me dire. Une voix très douce mais qui sait aussi plaisanter et même, parfois, se moquer de moi. »

Question : Est-ce que ce n'est pas la voix de votre ange gardien?

Catherine Delorme : Bien sûr que oui! Je l'écoute toujours parce que je sais qu'elle me dit toujours la vérité.

Question : Pouvez-vous nous donner un exemple?

Catherine Delorme : Je suis allée un jour me promener dans la médina de Sfax. Il faisait une chaleur torride et je me suis laissé emporter par la foule, éblouie par les couleurs, grisée par les odeurs, fascinée par le travail des artisans, heureuse comme je l'étais étrangement chaque fois que je me trouvais au milieu des foules arabes. Soudain, j'ai été poussée à lever les yeux : juste en face de moi, il y avait un être comme je n'en avais jamais vu, un personnage imposant coiffé d'un turban blanc immaculé. Il avait les yeux fermés mais il les a ouverts sous l'insistance de mon regard et j'ai eu le sentiment d'y voir toute la sagesse du monde. Il m'a fait signe de venir m'asseoir près de lui et m'a demandé ce qu'il pouvait faire pour moi.

« C'est alors que la petite voix m'a poussée à dire : demande-lui de te donner son chapelet et de t'apprendre la prière qu'il est en train de faire. Déjà à cette époque, je ne discutais plus la petite voix et j'ai dit ce qu'elle me demandait de dire.

« Le vieil homme voulait bien me donner son chapelet mais quant à la prière, c'était autre chose. “ N'es-tu pas chrétienne? ”

m'a-t-il demandé. Je lui ai dit que si mais que rien ne pouvait m'empêcher de faire la même prière que lui puisque son Dieu était aussi le mien.

« Cette prière, m'a-t-il répondu, s'appelle le dhikr. Elle consiste à répéter qu'il n'y a point de divinité si ce n'est Dieu *(La ilâha illa Allah)*. Lorsqu'elle est prononcée du fond du cœur, elle est déjà une entrée dans la foi musulmane. »

« La petite voix me fit l'interrompre pour lui dire que je devais être musulmane sans le savoir puisque je croyais en un seul et unique Dieu.

« Cela ne suffit pas, m'a-t-il dit. Il faut aussi ajouter : Et Mohammed est l'envoyé de Dieu *(Wa Mohammed Rasûl Allah)*. »

« Je ne peux pas dire ce qui m'est arrivé exactement à ce moment-là mais je me suis entendue lui dire bien distinctement et en le fixant dans les yeux :

« De même que je crois en un Dieu unique, je crois en tous ses Prophètes, et parmi eux en Mohammed.

« Alors le vieil homme m'a tendu son chapelet en me demandant de prononcer au moins cent mille fois la formule sacrée : "*La ilâha illa Allah.*" Il m'a aussi appris les ablutions et les purifications obligatoires pour faire le dhikr. Il m'a demandé de revenir le voir lorsque j'aurais terminé le nombre prescrit.

« Inutile de dire que j'ai aussitôt commencé à pratiquer le dhikr en inscrivant sur un petit carnet le nombre de centaines faites chaque jour. Il m'a fallu trois mois pour arriver à cent mille et cela n'est pas étonnant si on considère que je ne pouvais utiliser que les moments "perdus" et surtout ne jamais pratiquer en présence de mon mari.

« Je suis donc retournée auprès du vieil homme. Il a posé un petit bâton de santal sur la braise d'un réchaud, tenu un moment le chapelet au-dessus de la fumée et me l'a tendu en me disant :

« Aujourd'hui, tu feras de grandes ablutions, tu changeras tout ton linge ainsi que celui de ton lit. Tu prendras soin de te garder en état de pureté parfaite jusqu'au moment de t'endormir. Tu mettras alors le chapelet sous ton oreiller. Si la pratique que tu as faite est agréée par Dieu, tu auras un rêve dans la nuit... »

« Ce rêve, je l'ai eu. Je l'ai raconté dans mon livre. Il a été si essentiel dans ma vie que je vais vous le lire tel que je l'ai écrit au matin même de cette nuit sublime.

« Je me voyais âgée de seize ans à peine, dans un dénuement extrême, sale, déguenillée, les cheveux emmêlés, pieds nus, affamée. Je me trouvais dans une ville arabe ancienne sans aucune trace de civilisation occidentale. Mais cette ville ne m'était pas inconnue. Je la reconnaissais : je l'avais vue si souvent dans mes rêves, où, égarée dans ses ruelles, Moulay Abd el-Kader Jilali me prenait par la main et me remettait dans la bonne direction.

« Je ne savais où aller, où trouver un refuge, à qui demander l'hospitalité. Enfin, j'aperçus un portail ouvert, alors que toutes les portes alentour étaient fermées. Je me dirigeai vers lui, espérant y trouver un asile. Lorsque je pénétrai à l'intérieur, je me rendis compte que j'étais dans une mosquée. Il n'y avait personne. Sachant que l'accès en était interdit aux non musulmans, je m'aplatissais contre le mur pour me soustraire aux regards. Une galerie avec des colonnes de marbre s'ouvrait devant moi. Je relevai la tête ; je vis alors, sur un tapis déployé dans l'air à quatre mètres du sol, Mohammed, l'Envoyé de Dieu. C'était bien lui ! J'en eus immédiatement la certitude. Tout mon être le reconnaissait. C'était bien son visage qui se trouvait au plus profond secret de mon cœur, comme la perle la plus rare dans son écrin. L'éclat insoutenable de cette vision me fit détourner le regard et je me cachai la tête entre les mains. Je me sentais indigne d'un tel privilège, honteuse de ma condition misérable. J'aurais voulu que la terre s'ouvrît sous mes pas pour y disparaître. Lorsque j'osai enfin relever la tête, je le contemplai. Il était couvert d'un manteau qui donnait à sa silhouette la forme d'un triangle allongé au sommet duquel apparaissait son visage, tel un joyau merveilleux. La perfection de ses traits était mise en valeur par le contraste harmonieux de la blancheur nacrée de son teint, la roseur pudique de ses pommettes, le rubis de ses lèvres, le noir de jais de ses yeux, de l'arc de ses sourcils et de sa barbe. Cette beauté était idéale, surhumaine.

« Il se pencha et, tendant ses bras vers moi, il m'invita à

prendre place auprès de lui. Je me trouvai aussitôt transportée sur le tapis, debout à sa droite. Mais la condition misérable qui était la mienne auparavant était totalement et miraculeusement transformée. J'étais devenue resplendissante, revêtue d'une robe magnifique entièrement incrustée de pierres précieuses comme le manteau qui la recouvrait et le tapis sur lequel nous étions.

« Au fond de la mosquée, dans la galerie en face de nous, se trouvait une sorte de scène de théâtre devant laquelle tombait un grand rideau fait de plusieurs épaisseurs de voile blanc...

« Par un mode de communication conceptuel, indépendant de toute fonction de relation ni d'aucun organe sensoriel, par un acte d'intellection pur, j'appris du Prophète que j'allais avoir le privilège d'une faveur immense rarement accordée.

« Il étendit aussitôt son bras droit en avant. A ce signe, un serviteur sortit d'un coin et, tirant le rideau, découvrit la scène : une nuée lumineuse remplit l'espace. Elle semblait être une sorte de substance essentielle de lumière vivante. Elle se mouvait en volutes qui évoquaient à la fois une grâce infinie, la puissance créatrice et la majesté.

« Mon esprit en assimilait le sens mystérieux auquel ma raison ne pouvait parvenir.

« Mon rêve s'acheva dans cette apothéose. »

Dès le lendemain matin, Catherine Delorme se précipita dans la médina pour raconter son rêve au vieil homme lumineux et elle eut la surprise de le voir fondre en larmes et de l'entendre s'écrier : « Je désire plus que tout au monde voir le Prophète Mohammed et je n'ai pas encore eu cette grâce. Toi, étrangère, ne connaissant presque rien de la religion, tu rentres à peine et te voilà favorisée d'un rêve exceptionnel. Tu es une Hourria (un être paradisiaque). »

Elle crut d'abord qu'il s'agissait d'une de ces formules un peu emphatiques que les Orientaux emploient souvent mais, très vite, elle dut se rendre à l'évidence : elle avait ce don mystérieux, ce pouvoir bénéfique que les Arabes appellent la « baraka ». Disons-le tout de suite : elle n'attache pas à ce pouvoir une importance excessive. Pour elle, seule compte vraiment la vie profonde, la recherche sans trêve de la Présence divine mais elle ne pouvait tout de même pas négliger ce pouvoir de faire du bien qui, très vite, attira autour d'elle des êtres de plus en plus nombreux.

C'est ainsi que les gens de son quartier lui attribuèrent le pouvoir de marier les jeunes filles qui ne trouvaient pas de maris et il est vrai que nombreuses sont celles qui se sont mariées après lui avoir rendu visite. « Je passais la main sur elles, dit-elle, et elles se mariaient. »

Question : Vous les bénissiez?

Catherine Delorme : C'est ça.

Question : C'est la magie de l'amour?

Catherine Delorme : Ah non! N'employez jamais le mot de magie. Même pour le bien. Il ne faut pas dégrader la baraka.

Question : En dehors des mariages, comment se manifeste-t-elle?

Catherine Delorme : J'ai guéri beaucoup de gens, souvent de maladies graves telles que l'épilepsie ou le cancer. Quand je dis « j'ai guéri », entendez-moi bien, je veux dire que Dieu guérissait et que ça passait par moi.

« Tenez, par exemple : j'ai un ami suisse qui était alcoolique au dernier degré. Il est venu me voir et je lui ai donné une chambre dans ma maison. Il descendait me voir dans la nuit – c'est alors que je travaille – et une fois, tandis qu'il était devant moi, j'ai eu une vision : sur son thorax, en lettres noires, des lettres arabes, il y avait écrit " Islam ". Je l'ai regardé avec une concentration extraordinaire et je lui ai dit d'une voix forte : tu es musulman! Il m'a répondu oui et ce oui était comme une explosion. Il n'est pas devenu officiellement musulman mais, depuis cette nuit, il n'a plus jamais bu un verre... »

Nous n'en finirions pas s'il nous fallait raconter toutes les histoires extraordinaires qui courent au Maroc sur le compte de Catherine Delorme. Il faut insister sur le fait que lorsque certaines d'entre elles sont arrivées, elle n'était pas, elle non plus, officiellement musulmane. Elle ne s'est pas senti le droit de l'être aussi longtemps que son mari a été vivant, ne serait-ce que pour ne pas nuire à sa carrière. Nous n'entendons d'ailleurs pas tout raconter de cette vie si longue et si riche. Contentons-nous de la laisser parler, de reprendre au moins quelques-uns des temps forts de nos entretiens tels que nous les transmet notre magnétophone. Tout commentaire est inutile :

« Un jour, j'ai vu arriver un de mes amis qui n'était pas heureux. Il travaillait chez le roi, il avait une bonne situation mais il avait l'impression de ne plus pouvoir progresser, d'être oublié et il n'avait pas tort puisqu'on appelait " les oubliettes " le service où il travaillait. Sans réfléchir, je lui ai dit :

– Vous allez quitter ce bureau.

– Vous croyez?

– J'en suis sûre.

– Mais comment?

– Ça me regarde.

« Quelque temps après, j'ai vu mon ami en rêve. Il était devant une porte de Rabat, dans la ville arabe, vêtu d'une robe de gala. Dès mon réveil, je lui ai téléphoné que tout était arrangé. Il n'y croyait pas. Il n'y avait absolument rien de nouveau dans sa vie professionnelle. Le soir même, j'ai vu à la télévision que le roi lui avait confié un poste important et il a fait depuis une carrière brillante. C'est ça la baraka. On l'a ou on ne l'a pas. C'est une façon d'aider les autres et cela peut prendre quelquefois des formes inattendues.

« En 1937, il y a eu à Casablanca et dans les environs une sécheresse si terrible qu'elle a entraîné une famine. On ramassait les morts dans les rues. Un jour, un homme est venu me voir et m'a dit avec une grande indignation : " Comment! Il n'y a pas d'eau, les gens meurent de faim et tu ne fais rien! " J'ai d'abord cru qu'il était fou et je me suis dit que je n'étais pas Milarépa pour avoir de tels pouvoirs mais à ce moment précis, j'ai entendu la petite voix dont je vous ai parlé : " Essaye, tu verras bien. " Alors je suis montée sur la terrasse et j'ai dit à la bonne que personne ne devait me déranger sous aucun prétexte. J'ai posé mon tapis par terre et j'ai fait le serment de ne pas me relever avant qu'il ne soit trempé. Pendant une heure, debout sur ce tapis, j'ai dévidé mon chapelet en faisant le dhikr. Il ne s'est rien passé. Au bout de l'heure suivante, j'ai aperçu dans le ciel un petit nuage qui m'a fait penser à une petite boule de coton hydrophile. J'ai ri et j'ai dit : " Non, ce n'est pas cela qu'il me faut. Il me faut un gros ours noir. " Cette fois-ci, je me suis assise, sur le tapis et j'ai encore intensifié ma prière. Vous savez, j'ai une volonté de fer. Je serais restée une semaine sans me lever mais cela n'a pas été nécessaire : deux heures plus tard, le pays était inondé. Bientôt, on est venu me supplier de faire cesser la pluie parce que les inondations allaient commencer. Vous voyez, c'est cela la baraka : un pouvoir qu'on ne s'explique pas. »

Question : On pourrait dire que c'est le hasard.

Catherine Delorme : Oui si cela n'arrivait qu'une fois, mais c'est tout le temps ! Je pourrais vous en raconter, des histoires ! Il m'arrive souvent de voir à l'avance ce qui va se passer, la plupart du temps en rêve. Un jour, par exemple, mon mari m'annonça qu'avec quelques amis, ils avaient décidé d'aller faire une randonnée dans le Sud tunisien. La nuit suivante, j'ai rêvé d'une route dans la campagne et j'ai vu, sur cette route, une voiture rouge entrer dans une borne et se renverser dans un fossé. Au matin, j'ai demandé à mon mari combien de voitures il y aurait pour sa randonnée et il m'a répondu qu'il y en aurait quatre. Je lui dis surtout de ne pas prendre la rouge et je lui ai raconté mon rêve. Il avait l'habitude car je l'avertissais de tout. On lui avait attribué la voiture rouge mais il l'a refusée en disant qu'il n'aimait pas cette couleur. Eh bien ! la voiture rouge est vraiment entrée dans une borne ! Heureusement, il n'y a pas eu de morts. Un autre jour, je lui ai annoncé que le train qu'il devait prendre allait avoir un accident. Il est parti quand même, le train a déraillé et il n'a rien eu.

« Voir ainsi l'invisible n'est pas toujours amusant. Mes visions sont parfois terribles. C'est ainsi que j'ai " vu ", cinq mois en avance, le début de la Seconde Guerre mondiale. J'habitais alors Tadla et en été, lorsque je n'allais pas en France, j'aimais aller me baigner dans l'oued. Ce jour-là, il faisait une chaleur torride et au moment même où je me suis plongée dans l'eau, j'ai vu le ciel devenir rouge tandis que j'entendais distinctement des coups de canon, puis des cris, des râles... L'eau de l'oued était rouge de sang. J'en ai été tellement saisie que j'ai failli me noyer. Tout m'a été révélé : les pays qui allaient entrer en guerre les uns après les autres, les destructions, les restrictions... En sortant de l'oued, j'étais comme folle. La mort était partout. J'en ai oublié que j'étais la femme du docteur et j'ai commencé à remonter la rue en maillot de bain. Vous imaginez le scandale dans une petite ville musulmane! La honte! Une jeune Berbère, qui était mon amie et qui m'avait appris à tisser, m'a fait entrer dans sa maison, m'a donné à boire et m'a habillée. Quand mon mari est rentré à la maison, je lui ai crié : " C'est la guerre! " Il m'a crue. Il avait tellement confiance en moi. »

A peine cette guerre se terminait-elle, en 1944, que le médecin colonel Ivan Delorme trouvait la mort dans des circonstances dramatiques. Catherine se retrouvait seule dans la vie avec, pour unique moyen d'existence, la demi-pension de son mari. Tout juste de quoi vivre.

Peu de temps auparavant, en la voyant s'engager avec de plus en plus de détermination sur le chemin spirituel, il l'avait mise en demeure de choisir entre l'Islam et lui. Elle n'avait pas répondu mais elle avait été déchirée car elle l'aimait profondément. « Sa mort fut pour moi un choc si brutal, nous dira-t-elle, que j'ai failli en perdre la vie. Je suis restée inconsciente pendant plus de trois mois. »

Au moins n'avait-elle plus de raison de continuer à mener la vie mondaine qui lui pesait depuis longtemps déjà. L'ère des grandes rencontres allait commencer.

Voici déjà plus de trois heures que Catherine Delorme parle avec son extraordinaire loquacité. On la sent heureuse au milieu de tous ces gens qui forment, autour de son lit, une espèce de Cour. Certains s'en vont, d'autres arrivent et ces mouvements ne troublent en rien le déroulement de la réunion.

Arrive un jeune homme très grand et très barbu, vêtu d'une longue robe noire serrée à la taille par un ceinturon de cuir. Nous apprendrons plus tard qu'il s'agit d'un frère musulman. Il s'avance, s'incline cérémonieusement et baise la main de Catherine Delorme. Il se présente et un dialogue s'engage aussitôt entre ces deux êtres si différents, dialogue si intense que nous le reproduisons tel qu'il s'est déroulé sous nos yeux :

Le Frère musulman : Je suis votre étudiant, votre élève et je descends du Prophète. Je viens de passer cinq mois à La Mecque.

Catherine Delorme : Parlez-moi un peu de vous.

Le Frère musulman : J'ai une grand-mère qui a votre âge et une tante qui a dépassé cent ans. Moi je suis né en 1964. Je ne parle pas souvent le français parce que ma carrière se fait en arabe. J'ai étudié la charia et le droit islamique et j'ai aussi un doctorat en sciences islamiques.

Catherine Delorme : J'ai lu sur votre visage que vous étiez très savant.

Le Frère musulman : Le jour de ma naissance, ma grand-mère a vu en rêve le Prophète qui me portait dans ses bras et qui lui a dit : « Il sera un grand savant. » J'ai été très impressionné lorsque j'ai appris cela. Je sais que j'ai beaucoup à apprendre de vous.

Catherine Delorme : Il faut que vous le sachiez : depuis dix ans, je suis en train d'élaborer un second livre. J'ai des quantités de notes et vous pourrez peut-être m'aider à les mettre en ordre. Mon premier livre s'arrête au « fana » qui est, vous le savez, le premier stade sur le Chemin. Je voudrais que le second soit consacré au « bakha ». Vous qui avez fait des études, vous pourriez peut-être me donner quelques idées là-dessus.

Le Frère musulman : Vous n'avez certainement pas besoin de moi.

Catherine Delorme : J'ai une petite voix qui me parle. On dirait la voix d'un enfant de cinq ans. Je lui ai demandé un jour ce que c'était que le « bhaka » et elle m'a répondu : « Quand un ami te demande si tu as fini ce que tu étais en train de faire, ne lui réponds-tu pas qu'il te reste encore ceci ou cela à terminer ? » J'ai réfléchi à cette réponse et j'ai compris que c'était une invitation à donner suite à mon premier livre pour aller jusqu'au bout du Chemin.

Le Frère musulman : Pourquoi avez-vous attendu dix ans pour publier ce livre?

Catherine Delorme : Ce sont les dix années que j'ai passées à Paris et au cours desquelles j'ai connu trois états différents.

Le Frère musulman : Pourriez-vous me les décrire?

Catherine Delorme : Un matin, je me suis réveillée dans mon appartement de la rue Rosa-Bonheur et j'ai eu une vision. J'insiste sur le mot « vision » car il ne s'agit pas d'un rêve. C'était l'aube et j'étais sur un grand boulevard, assise sur une malle ancienne, très ancienne. Ma vue s'étendait de tous les côtés. J'ai compris que j'étais la gardienne du trésor du monde. Qu'est-ce que cela veut dire? N'est-ce pas stupide?

Le Frère musulman : Ce ne peut être stupide : chaque vision a sa réalité.

Catherine Delorme : En tout cas cette vision est revenue sans cesse pendant trois ans et trois mois. Jusqu'à l'apparition d'une nouvelle. Devant une ambassade, il y avait deux guérites et j'étais la sentinelle chargée de les garder toutes les deux. J'avais un fusil et j'allais de l'une à l'autre. Cette vision est revenue également pendant trois ans et trois mois jusqu'à l'apparition d'une troisième dans laquelle je me voyais arrivée tout au bout d'un grand chemin. Au-delà, il y avait le vide et pourtant, je devais à tout prix continuer.

Le Frère musulman : C'était dans le désert?

Catherine Delorme : Non, dans l'air. Je me disais que si je continuais, j'allais tomber car il n'y avait plus de route. C'était vraiment le vide. Trois fois trois ans et trois mois, cela fait dix ans et au bout de ces dix ans, j'ai entendu ma petite voix me dire : « Lis le livre de Corbin. » J'ai obéi car il faut toujours obéir à la petite voix et j'ai lu ceci : Corbin affirme que Dieu a fait enfermer les portraits de tous les Prophètes dans une malle. J'ai alors compris que c'était de cette malle que, dans ma vision, j'étais la gardienne. Ne me demandez pas pourquoi. Moi-même, je n'osais pas y croire. Qu'une chose aussi insignifiante que moi puisse être la gardienne des trésors du monde...

Depuis un moment, le Frère musulman s'agitait comme quelqu'un qui a quelque chose à dire et qui ne peut plus attendre. N'y tenant plus, il a interrompu Catherine Delorme et s'est écrié sur un ton d'autorité :

Le Frère musulman : J'ai un avis : le fait de garder le trésor du monde va bien au-delà du Coran, au-delà des versets du Prophète. Vous savez que Dieu a choisi l'Islam comme la religion de tout le monde, la religion universelle et éternelle. Un esprit éclairé ne peut demander une autre religion que l'Islam. L'Islam est le trésor, la vraie fortune après laquelle tout le monde court. Le suprême bonheur, vous le savez bien, est d'entrer dans l'Islam. Dans votre vision, vous gardez le trésor et cela veut dire que vous avez un rôle important à jouer : vous êtes celle qui fait entrer les autres dans l'Islam...

Catherine Delorme : Je me permets de vous interrompre pour vous dire que, pendant trois ans, j'ai eu l'immense privilège de voir le Prophète sur le visage d'un être extraordinaire qui vivait chez moi et qui se nommait Gabsi.

Tout à sa démonstration, le jeune homme ne semble même pas avoir entendu cette interruption. Son débit s'accélère encore, comme s'il était lui-même un Prophète chargé d'apporter la vérité au monde.

Le Frère musulman : Le Prophète dit : « Celui qui me voit en rêve me verra un jour en réalité et celui qui me voit en réalité sera avec moi au Paradis. » Il a dit aussi : « Celui qui me voit voit un des côtés de Dieu. » Je poursuis donc mon explication : Le Trésor est l'Islam et vous, nous l'avons dit, vous y faites entrer beaucoup de gens. Il est donc normal que vous soyez la gardienne du trésor.

« Vous nous avez raconté aussi que, dans la deuxième vision, vous marchiez entre deux guérites, c'est-à-dire qu'en fait, vous étiez à la croisée de deux chemins. Savez-vous qu'un jour, alors que le Prophète était avec un compagnon, il a pris un bâton, a tracé sur le sol des traits sur la droite et sur la gauche, puis un grand trait tout droit. Il a alors déclaré : « Le chemin droit, c'est l'Islam, les autres chemins représentent le christianisme et les autres religions. Mais celui qui ne prend pas le chemin le plus droit va en enfer... »

J'avoue qu'en entendant cela, j'ai eu des sueurs froides dans le dos. Ce jeune homme avait l'air si sincère, si ouvert, si droit et voici qu'il envoyait en enfer, avec une superbe indifférence, les chrétiens, les juifs, les hindouistes, les bouddhistes et tous les hommes de bonne volonté n'ayant pas le privilège d'être musulmans. J'ai eu le sentiment, soudain, de me trouver devant un de ces doctrinaires chrétiens d'autrefois qui livraient les hérétiques au bras séculier sans le moindre trouble de conscience. J'ai eu du mal à suivre le reste de la conversation. Ce dont je me souviens c'est que, dès qu'il a eu fini sa démonstration, le Frère musulman s'est levé, a salué la compagnie et s'est retiré sans ajouter une parole.

J'ai fait remarquer à Catherine Delorme :

Question : Votre ami nous a envoyés en enfer, Rachel et moi, sans cérémonie et sans miséricorde. Cela m'a fait de la peine.

Catherine Delorme : Il ne faut pas! [elle a éclaté de rire]. Vous savez, il ne faut pas faire trop attention. Ces jeunes, on les envoie très tôt à l'école coranique et l'enseignement peut être dur. Mais celui-ci est un bon jeune homme. Il grandira et dépassera tout cela.

Question : En l'écoutant, j'ai eu le sentiment que, trop souvent, les religions officielles séparent les hommes au lieu de les unir.

Catherine Delorme : C'est tout à fait vrai, mais cela dépend de la façon dont on reçoit la religion, de l'idée qu'on se fait de Dieu. Il ne suffit pas de dire que Dieu est miséricordieux. Il faut comprendre qu'Il est la miséricorde exacte. Il connaît tout, Il est la bonté, l'amour, la connaissance...

Question : Le cheikh Ben Tounes nous a dit, la première fois que nous l'avons rencontré : « Je ne vous demanderai jamais de vous faire musulman parce qu'à mes yeux, si vous êtes un bon chrétien ou un bon juif, vous êtes nécessairement un bon musulman. » Qu'en pensez-vous?

Catherine Delorme : Mais c'est tout à fait ça! Que vous aimiez Dieu en français, en espagnol, en arabe, en sanscrit ou en hébreu, il est toujours le même Dieu. Dans la vraie religion, il ne peut y avoir de racisme.

Question : D'après ce que nous en connaissons, nous avons le sentiment que la voie soufie est la voie de l'ouverture, de l'universel.

Catherine Delorme : Oui, oui, oui, oui! La véritable intelligence est partout. Il n'y a qu'une Vérité et nul ne la possède. Je peux d'autant mieux affirmer cela que j'ai étudié les autres religions. Pour mieux connaître le judaïsme, je suis allée jusqu'à apprendre l'hébreu. C'est difficile, vous ne pouvez pas vous faire une idée du nombre de nuits que j'ai passées à y travailler. Je me suis passionnée pour le Zohar et pour la Kabbale. C'est extraordinaire, vous savez! J'ai voulu aller aussi loin que possible.

« J'étais chrétienne de tradition mais cela ne me suffisait pas. Par la suite, je suis allée aussi loin que possible dans le christianisme. J'ai aussi longuement étudié les Védas et j'ai eu un contact très profond avec le Dalaï-Lama. Si j'ai finalement choisi la voie soufie, c'est parce que c'est en elle que je me suis le mieux trouvée mais jamais je ne serai fanatique, ne serait-ce que parce que j'ai étudié les mystiques de toutes les religions et que j'ai trouvé entre eux une étroite parenté. »

Je me souviens qu'à cet instant, Rachel et moi nous en conviendrons plus tard, nous avons eu le sentiment de vivre des heures privilégiées. Tous ces gens, jeunes ou vieux, savants ou simples rassemblés dans la ferveur autour de cette femme qu'ils considéraient comme une lumière de l'Islam... la profondeur des questions posées et des réponses reçues... la courtoisie, la tolérance et l'atmosphère de paix qui régnaient sur l'assemblée...; tout cela nous emplissait d'une joyeuse reconnaissance dont je retrouve la fraîcheur en écrivant ces lignes.

Depuis le moment où la conversation s'était centrée sur ce qu'il y a de commun entre les religions, nous avions remarqué que l'un des assistants désirait intervenir. Il s'agissait de M. Abd-el-Aziz Ben Abdallah, un haut fonctionnaire marocain qu'on nous avait présenté comme un homme très avancé dans la voie soufie. Nous lui avons donc demandé ce qu'il pensait de ce que Catherine Delorme venait de dire.

« Vous savez, nous a-t-il répondu, je la connais depuis un quart de siècle. Elle venait faire son dhikr chez moi où elle avait une chambre et j'ai pour elle une grande estime. Pour ce qu'elle est, bien sûr, mais surtout parce qu'elle met toujours l'amour au premier plan. Car l'amour est le véhicule créateur, initiateur, promoteur de tout avancement et de tout progrès. »

Question : Peut-on dire qu'une religion possède à elle seule toute la vérité?

Abd-el-Aziz Ben Abdallah : Vous me posez une question à laquelle il m'est difficile de répondre parce que je ne suis qu'un débutant. Un rêve prémonitoire peut par exemple avoir plusieurs interprétations selon le contexte culturel, l'ambiance, l'environnement, l'état d'âme... Imaginez que je place une orange entre vous et moi. Votre vérité est le côté de l'orange que vous voyez et ma vérité à moi l'autre côté. C'est le jeu de Dieu : il n'y a qu'une seule Vérité mais nous ne pouvons l'englober tout entière.

Catherine Delorme : Tu veux dire qu'il y a autant de vérités que d'individus?

Abd-el-Aziz Ben Abdallah : Bien sûr que non! La Vérité est une mais il y a autant d'approches que de chercheurs. Pour moi, il faut toujours revenir à l'amour. On est au moins sûr de ne pas se tromper.

« Un jour, un des compagnons du Prophète est mort et sa femme a déclaré : " O bienheureux est mon époux car il va aller au Paradis. " Le Prophète lui a demandé :

– Pourquoi dis-tu cela?

– Parce qu'il jeûnait et adorait la nuit et qu'il lui arrivait même de rester en adoration jusqu'au matin.

– Ce n'est pas cela que tu aurais dû dire.

– Qu'aurais-je donc dû dire?

– Tu aurais dû dire : mon mari va aller au Paradis parce qu'il a aimé Allah et son Prophète. L'amour suffit.

« Vous le voyez, il y a un lien indélébile entre les trois religions abrahamiques et ce lien, c'est l'amour. »

Question : Puisque l'amour est universel, peut-on concevoir une religion universelle basée sur l'amour?

Abd-el-Aziz Ben Abdallah : On m'a souvent posé cette question et je réponds toujours que la religion universelle est la religion abrahamique. Elle englobe l'Islam, le Christianisme et le Judaïsme et il est vrai que nous sommes tous frères. Mais je ne puis m'empêcher de constater que l'Islam est la plus universelle.

Question : Ne dites-vous pas cela parce que vous êtes musulman?

Abd-el-Aziz Ben Abdallah : Non, non. C'est objectivement vrai et cela pour une raison très simple : en tant que musulmans, nous croyons à la mission prophétique de Moïse, de Jésus et de Mahomet.

« Pour nous, c'est un dogme tout à fait simple et être un bon musulman, c'est aimer aussi bien Moïse et Jésus que Mahomet. C'est aussi ajouter foi à la notion immaculée de Marie.

« Je ne sais pas pourquoi les chrétiens n'ont pas retenu l'Évangile de Barnabé. S'ils l'avaient fait, nous n'aurions pas de problèmes aujourd'hui. Barnabé affirmait en effet que Jésus n'était pas le Fils de Dieu mais un grand prophète et que Marie était l'immaculée par excellence. Malheureusement, on a fait disparaître cet Évangile au point qu'il n'en reste que deux exemplaires, l'un au Vatican et l'autre au Bristish Council... »

M. Abd-el-Aziz Ben Abdallah a parlé encore pendant plus d'une heure et nous regrettons de ne pas avoir la place de rapporter tous ses propos tant ils étaient clairs, profonds et empreints de tolérance et d'amour. Il a longuement répondu à Catherine Delorme à propos de l'étape suprême sur le chemin initiatique et il est tombé d'accord avec elle sur le fait que l'enfer n'est pas dans l'autre monde mais dans celui-ci.

Question : Il n'est donc pas éternel?

Catherine Delorme : Bien sûr que non! Imaginez un peu! Non, non! Je le vois comme une purification, une transformation. C'est l'ignorance qui crée la faute et on ne peut punir pour l'éternité quelqu'un qui a fait une faute par ignorance. Ce serait injuste et Dieu ne peut être injuste. Si le pécheur récidive, on va le punir en lui faisant ce qu'il a fait aux autres. Mais une fois qu'il sera purifié, corrigé, il n'y aura plus d'enfer pour lui.

« En réalité, si on veut aller au fond des choses, il n'y a que Dieu. Les créatures, l'humanité, ce sont les cellules de Dieu. Il y a des cellules malades et elles finissent par mourir. »

Question : Et le diable?

Catherine Delorme : Je ne sais pas. Moi je ne vois que Dieu. Celui qu'on appelle le diable, c'est sans doute le côté négatif de toute chose.

Question : Et le mal?

Catherine Delorme : C'est un mauvais passage pour arriver au bien. La vie est d'une telle richesse!

« De toute façon, laissez-moi vous dire ceci : l'enfer ne me dit rien. C'est comme si je n'y croyais pas. Il n'entre jamais dans mes méditations. Je ne peux pas croire que Dieu fasse périr des créatures en enfer. Il n'est pas un Dieu cruel mais un Dieu d'amour, clément, attentif. Jamais un père ne peut torturer son fils. Jamais, jamais! Et même lorsque ce fils est égaré, il fait tout pour le ramener à lui. Il cherche à le corriger et non à le frapper à mort. Ce serait un défaut de Dieu et Dieu ne peut avoir de défaut. »

Depuis un moment, nous sentons que l'atmosphère a encore changé dans la pièce. Catherine Delorme parle maintenant dans un silence religieux. Nous regardons les assistants et nous voyons peu à peu leurs visages s'éclairer, s'apaiser. C'est une longue méditation commune qui commence ainsi tout naturellement. Tous ceux qui sont ici savent qu'ils sont en train de vivre un moment exceptionnel. Car on ne vient pas voir Catherine Delorme par curiosité ou pour entendre parler un maître spirituel. On vient partager son expérience. Elle est avant tout une grande mystique de l'Islam et c'est cette mystique que nous allons apprendre à mieux connaître au cours des jours suivants.

Tout a commencé chez elle par un désir fou de rencontrer des maîtres. Pendant des années et des années, elle a mené cette quête sans jamais se laisser rebuter, prenant des autobus déglingués, marchant pendant des heures dans le sable et la pierraille, dépensant jusqu'à ses derniers sous, acceptant d'être rebutée, persévérant et persévérant encore. Car il n'était pas facile pour une femme et encore moins pour une Occidentale de se faire admettre dans l'intimité de ces maîtres dont la plupart vivaient cachés dans des lieux presque inaccessibles. Si bien qu'à cette époque, la vie de Catherine Delorme devient un véritable film d'aventures extraordinaires. Ces aventures, elle les a revécues pour nous avec, dans le regard, une nostalgie si j'ose dire amusée, car avec elle, même dans les moments les plus graves, l'humour ne perd jamais ses droits.

« La parole qui m'obsédait alors, raconte-t-elle, était celle-ci : Cherche la connaissance, même jusqu'en Chine. Je courais partout. Il m'arrivait de prendre un autobus, de m'arrêter au hasard et de demander s'il y avait un cheikh dans la région. Un jour, un garçon de café m'a dit qu'il y en avait un à cinq kilomètres. J'y suis allée. A peine avais-je frappé à la porte qu'on m'a fait entrer et qu'on a déroulé un tapis près de celui du cheikh. C'était un petit cheikh de village pas du tout connu. Il était assis près d'une fontaine et il a fait couler de l'eau pour moi. Il ne disait presque rien mais je le voyais marcher à quelques centimètres au-dessus de la terre. Il n'était pas loin de la mort. J'ai compris que j'avais rencontré un être d'une exceptionnelle sainteté.

« Vous savez, si je devais vous raconter toutes les choses extraordinaires qui me sont arrivées, nous en aurions pour des semaines. Prenez par exemple les lettres et surtout les nombres. Chaque lettre, chaque nombre sont des monuments. Une nuit, au moment de m'endormir, j'ai vu surgir sous mes yeux le chiffre 9 et, aussitôt, un véritable film s'est déroulé dans ma tête. Toutes les combinaisons possibles : 9 + 9, ça fait 18 et 8 + 1, ça fait 9. Autrement dit : le pluriel de 9 revient à 9. J'ai entendu, dans mon demi-sommeil, une voix me dire : " Étudie, cherche, regarde ce que c'est que le 9. "

« Je suis restée des années sur ce problème et puis un jour, le jeune Israélite qui m'enseignait l'hébreu m'a annoncé qu'il allait à Marrakech et m'a proposé d'y aller avec lui. J'ai dit oui car une intuition s'est levée en moi, me laissant pressentir que j'allais trouver là-bas l'homme qui m'enseignerait enfin le secret du 9.

« Mon ami m'a emmenée dans un hôtel et comme j'avais faim, je suis allée dans un café qui donnait sur la grande place de Marrakech. A peine étais-je entrée que mon regard a été attiré par le dos d'un vieil homme. Il était debout, le bras levé avec un verre de vin rouge dans la main. J'ai pensé en moi-même qu'il y avait quelque chose qui n'allait pas : un vieil Arabe d'allure si noble ne pouvait pas boire de vin! C'était un scandale! Et tout d'un coup, contre toute logique, a surgi en moi cette certitude : voici l'homme qui me donnera l'explication du 9.

« J'ai dit au jeune homme qui m'accompagnait : " Je cherche cet homme depuis dix ans et je dois absolument avoir un entretien avec lui. " Il a répondu que ce serait très difficile mais qu'il allait essayer d'organiser un rendez-vous. Pleine de confiance, j'ai dîné et le service s'est révélé si lent que le café était fermé lorsque j'ai eu fini. On m'a fait sortir par une petite porte donnant sur une ruelle et là, j'ai vu l'homme. On aurait dit qu'il m'attendait. Je suis allée droit à lui et je lui ai dit : " Où étais-tu ? Je te cherche depuis tant d'années. Je veux que tu me donnes la clé du 9. " Il m'a emmenée dans un petit café maure et nous nous sommes assis dehors, autour d'une table en fer. Nous avons bu le thé à la menthe et il m'a demandé :

– Que veux-tu de moi ?

– Je te l'ai dit : je veux la clé du 9.

« Il m'a pris la main, l'a gardée un moment dans la sienne, a fait des prières. Tout s'est passé sans paroles, à l'intérieur. C'était vraiment un homme extraordinaire. »

Question : Alors, vous avez eu la clé du 9?

Catherine Delorme : Eh bien! oui.

Question : Et si je vous la demandais?

Catherine Delorme : Je ne pourrais pas vous la donner. Ce serait comme si vous me demandiez mon corps et mon esprit, tout mon état d'être.

Question : Pourquoi le verre de vin rouge?

Catherine Delorme : Sans doute pour que je le reconnaisse. Il devait attirer mon attention. Vous savez, dans la vie spirituelle, cela est sans importance. Il y a des choses qu'on ne soupçonne pas. Des fois l'acte le plus simple a une signification énorme et personne ne le sait. Il y a d'un côté les apparences et de l'autre la réalité.

« Tout ce que je peux vous dire, c'est que cet homme-là connaissait la Vérité et voyait des choses que les autres ne voyaient pas. C'était un prophète, un personnage biblique. »

En me rappelant nos rencontres avec Catherine Delorme, je ressens aujourd'hui un sentiment de frustration. Elle nous a dit tellement de choses, raconté tellement d'histoires, fait connaître tellement de personnages hors du commun que nous aimerions tout partager avec ceux qui nous lisent. Comme nous aimerions partager son optimisme, son rire parfois si contagieux et les moments d'intense profondeur. Il nous faut, hélas!

choisir, essayer de conserver l'essentiel au risque de sacrifier des anecdotes charmantes et révélatrices. Comment, par exemple, résister au plaisir de raconter l'histoire du foulard de soie rubis ?

Catherine Delorme est sans doute une grande mystique mais cela ne l'empêche pas, encore aujourd'hui, de rester la femme coquette qu'elle était au temps de sa vie mondaine. Un jour au cours d'une soirée, elle avait vu sur les épaules d'une femme élégante un foulard dont la couleur l'avait séduite. Une couleur indéfinissable, chaude, chatoyante, proche de la couleur du rubis sans être tout à fait cela. Depuis, de boutique en boutique, elle n'avait cessé de rechercher un foulard semblable. Cette quête a duré des années jusqu'au jour où, dans la vitrine d'un magasin chic, lui a sauté aux yeux un foulard exactement semblable à celui qu'elle convoitait. Elle l'acheta aussitôt en ayant bien conscience de faire une folie que ses maigres revenus n'auraient pas dû, normalement, lui permettre.

C'était l'époque où elle cherchait à rencontrer des maîtres et, justement, elle entendit parler, quelques jours plus tard, d'un vieux cheikh très vénéré qui se mourait dans le petit village de Nouasseur. Elle s'y rendit dès le lendemain sans avoir prévenu et elle eut la surprise de trouver sur le quai de la gare un « fakir » qui l'attendait et qui lui dit : « Le cheikh a été averti en rêve qu'une Européenne musulmane allait venir le voir et il m'a envoyé pour te montrer le chemin. »

De cette visite, elle conserve un souvenir bouleversé. Le vieillard était si faible qu'il ne pouvait plus se lever mais, raconte-t-elle, « Son regard gris pénétrait au plus profond de l'âme. » Il vivait manifestement dans une extrême pauvreté mais on ne pouvait pas, en le rencontrant, ne pas être frappé par son rayonnement et par la noblesse qui se dégageait de lui. Il reçut Catherine Delorme comme s'il l'attendait depuis toujours, lui raconta le rêve qu'il avait fait à son sujet et lui dit : « Mon rêve m'a dit aussi que tu devais être la dernière, de mon vivant, à boire de l'eau de mon puits. »

A peine avait-elle bu de cette eau que Catherine se sentit saisie d'une étrange obsession : ce foulard qu'elle avait tant cherché et pour lequel elle avait fait un si gros sacrifice financier, elle devait en faire cadeau au vieux cheikh. C'était absurde et elle s'efforça de résister à cette folle impulsion. Que ferait le pauvre homme de cet objet de luxe dont il ne soupçonnait pas la valeur? Elle eut beau raisonner : au moment de partir, elle ne put pas ne pas déposer le foulard sur la poitrine du vieil homme. « Je vis alors, racontera-t-elle, sur le visage du cheikh, un sourire d'une douceur infinie que j'emportai avec moi en partant, émue jusqu'au plus profond de mon être, les larmes aux yeux, remplie d'amour, de joie et aussi de tristesse. »

Les larmes aux yeux, elle les avait encore en nous racontant cette histoire. Comme elle les aura d'ailleurs souvent en évoquant pour nous le cheikh Tadili de Mazagan qui l'a profondément marquée.

Il y avait entre eux un lien si profond qu'il arrivait au cheikh de dire à ses disciples, en parlant d'elle : « Pourquoi venez-vous chez moi? Allez chez elle. Qui la voit me voit. »

Doué de pouvoirs exceptionnels, il la connaissait avant même de l'avoir rencontrée et il savait qu'à cette époque, elle était en train de se convertir à l'Islam. Après une inoubliable première rencontre, elle prit l'habitude d'aller le voir toutes les semaines. C'était un homme détaché de tout à un point inimaginable. Apprenant qu'un de ses disciples se trouvait ruiné, il avait vendu sa maison pour le dépanner. Il avait quatre-vingt-treize ans, il était aveugle, paraplégique et presque sourd, ce qui ne l'empêchait pas de faire preuve d'une extraordinaire vitalité en même temps que d'une surprenante subtilité d'esprit.

Il avait aussi un curieux sens de l'humour. C'est ainsi que Catherine Delorme vit un jour arriver chez elle ses deux plus anciens disciples. « Le cheikh, lui dirent-ils, a envie de se promener. Il en a assez d'être à Mazagan. Il te demande de lui trouver un véhicule. » Cette demande consterna Catherine. Elle vivait alors dans une réelle pauvreté et elle se trouvait incapable d'acheter même la plus petite automobile. « Tout de même, s'écria-t-elle, quelle idée de me demander cela à moi? Pourquoi ne demande-t-il pas à sa fille qui est mariée à un gros commerçant en huile à Meknès? » Les deux disciples restèrent inflexibles. « Mais c'est à toi qu'il demande. Il nous a dit d'aller chez toi et que tu comprendrais. » Tout ce qu'elle comprit, sur le moment, c'est qu'elle devait consacrer ses petites économies à l'achat d'un véhicule. C'est alors qu'elle eut une idée dont elle ne se rendit pas compte sur le coup qu'il s'agissait d'une idée bizarre. Elle irait voir un marchand de vélos, lui achèterait deux roues de bicyclettes, puis elle demanderait à un menuisier de les fixer à un petit siège. Ainsi le cheikh aurait, à un moindre prix, un véhicule qu'il pourrait conduire lui-même. Elle était déjà en train de prendre des mesures et de dessiner l'étrange machine lorsqu'elle se sentit tout à coup littéralement envahie par le cheikh. Comme si c'était lui qui vivait en elle. Ce fut l'une des plus étranges expériences de sa vie. Une expérience qui se prolongea une semaine au cours de laquelle elle fut habitée par le cheikh Tadili à un tel point qu'elle parlait avec sa voix et qu'elle faisait des gestes semblables aux siens. Si elle n'avait pas commencé d'accéder à sa folle demande, elle n'aurait jamais connu une telle béatitude.

Courir ainsi de maître en maître, avec tant d'enthousiasme et d'obstination, cela ne peut avoir qu'un but : trouver enfin le Maître qui va éclairer le Chemin et permettre au disciple de franchir le pas décisif. S'il est un adage commun à toutes les traditions, c'est bien celui-ci : Le Maître arrive quand le disciple est prêt.

Sans doute était-elle prête le jour où un jeune étudiant avec qui elle s'entretenait de ses problèmes s'est écrié : « Je ne sais comment vous répondre mais je connais quelqu'un qui saura le faire. Il s'appelle Gabsi. » Ce même soir, elle invita son jeune ami au cinéma pour voir un film hindou. Au cours de l'entracte, elle fut soudain fascinée par le visage d'un spectateur, fascinée au point de ne plus pouvoir le quitter des yeux. « Une tête qu'on ne pouvait jamais oublier dès qu'on l'avait vue, écrira-t-elle dans son livre. Elle réunissait au type arabe la forme et les traits du Bouddha. Ce mélange en une seule figure produisait un effet saisissant, extraordinaire. Quand son regard croisa le mien, j'en fus bouleversée... »

Ironie du destin : pendant des années, elle avait cherché son maître parmi de très vieux cheikhs enturbannés et pleins d'une antique sagesse et voici qu'il lui était envoyé sous la forme d'un étudiant.

Il faut entendre Catherine Delorme parler de Gabsi ! Elle est intarissable et quel que soit le sujet de la conversation, il est rare qu'elle ne finisse pas par revenir à lui.

« Il était prodigieux, répète-t-elle sans cesse. Je l'ai emmené voir les plus grands maîtres du Maroc et tous m'ont dit : " Il est l'Ibn Arabi de notre temps. "

« Il était d'ailleurs un grand admirateur d'Ibn Arabi, une des lumières du soufisme, celui qu'on a appelé le " doctor maximus ". Il pouvait en réciter par cœur des pages entières. D'ailleurs, malgré sa jeunesse, il était un puits de science. Il pouvait discuter avec les plus savants mais il pouvait aussi passer des nuits entières dans une méditation qui l'emportait loin, très loin... »

Très vite, Gabsi accepta de venir vivre chez Catherine, lui imposant un rythme de vie qui se révéla être une véritable ascèse. Il n'y avait place que pour la prière et l'étude, le but étant d'éliminer peu à peu ou plutôt de dissoudre le « moi » dont le pouvoir tyrannique fait de nous des esclaves.

Commença alors pour le maître et sa disciple une période où le merveilleux prit souvent la première place. Il faut dire que Gabsi avait une façon toute particulière de faire passer son enseignement. Un jour, par exemple, peu avant l'Aïd el Kébir, sa tante vint le supplier de lui donner le mouton traditionnel qu'il lui fallait sacrifier et qu'elle était trop pauvre pour acheter. Gabsi n'avait pas d'argent et il demanda à Catherine de le remplacer mais celle-ci se crut autorisée à refuser : elle vivait avec un budget très serré sur lequel il lui fallait encore donner à la tante une petite mensualité. L'achat d'un mouton allait rendre la fin du mois très difficile. Aussi fut-elle peinée d'entendre Gabsi insister et lui dire que sa tante mourrait de confusion si elle n'avait pas son mouton pour l'Aïd el Kébir. Elle allait refuser une fois de plus lorsque, soudain, la lumière se fit en elle : cette peur de manquer n'était-elle pas une déformation mentale des Occidentaux ? Ne venait-elle pas de la certitude qu'ils ne devaient compter que sur eux-mêmes, n'avoir confiance qu'en eux-mêmes alors que c'est en Dieu et en Dieu seul qu'il faut avoir confiance ?

« Un voile épais s'était déchiré devant moi, écrira-t-elle.

Comme un cheval devant l'obstacle dressé sur son parcours, je sautai pour poursuivre ma course. Prenant la somme que j'avais gardée, je la donnai à Gabsi pour acheter le mouton de sa tante. Il poussa un soupir de soulagement et me félicita : " Vous avez franchi le palier du Tawakkoul, l'appui sur Dieu. " »

Ainsi va le chemin spirituel. Tous les moyens sont bons pour progresser et les petits faits de la vie quotidienne se révèlent souvent plus importants que les grands moments d'exaltation ou d'extase. Un simple rêve, pour peu qu'on sache l'interpréter, permet parfois d'effectuer une percée extraordinaire alors qu'on marquait le pas depuis longtemps. Gabsi savait se servir de tout avec une sagesse qui n'était pas de son âge. Il répondait si peu à l'idée qu'on se fait d'un maître spirituel qu'il rêvait de faire une carrière d'acteur de cinéma. Il avait déjà tourné, en 1946, dans *la Septième porte* d'André Swoboda et il avait depuis demandé une bourse pour aller étudier l'art dramatique à Paris. Lorsqu'il eut obtenu cette bourse, ce fut pour Catherine Delorme un grand déchirement de le voir partir.

Après son retour au Maroc, la réputation de Gabsi ne cessa de croître au point que les plus hautes autorités venaient le consulter. On voyait des vieillards réputés pour leur sagesse s'incliner devant lui. Un jour son ami Moulay Ahmed vint le trouver tout excité et lui dit : « Le roi a entendu parler de toi et il veut te connaître. Il va partir en bateau pour Dakar et il te demande d'aller avec lui. »

« J'étais heureuse pour Gabsi, raconte Catherine Delorme, mais sa femme était furieuse de ne pas avoir été invitée. Si furieuse qu'elle a maudit son mari et souhaité que le bateau coule. J'étais comme folle : je savais que cette femme était néfaste. Gabsi et Moulay Ahmed sont partis et c'est ce dernier qui m'a tout raconté. En entrant dans la cabine de Gabsi, peu après le départ du bateau, il l'a trouvé assis par terre avec une orange à la main. Il n'en a pas d'abord été trop étonné parce que son ami avait souvent des attitudes étranges. Il lui arrivait, par exemple, de se laisser prendre par l'Esprit et d'entrer dans des extases qui pouvaient durer des heures.

« Un peu après, il a trouvé Gabsi dans la même posture. Il lui a dit qu'il venait le chercher parce que le roi l'attendait. Pas de réponse. Impossible de réveiller son esprit. Le roi a fait venir son docteur qui a été tout de suite très pessimiste. A Dakar, les médecins de l'hôpital ont dit qu'il ne pouvait être soigné qu'à Paris. On l'y a envoyé et c'est le roi qui a payé tous les frais. On l'a installé en France dans une belle maison entourée d'un grand parc mais il n'y a rien eu à faire : jamais il n'a retrouvé son esprit. Finalement il est revenu chez moi. C'était là où il se trouvait le mieux. Il n'était pas malheureux, il était ailleurs. Je lui ai donné une chambre et je l'ai soigné, soigné... Vous pensez, il était mon maître. C'est lui qui m'avait tout appris. Pendant des années, j'ai vu le Prophète en lui. Il a vécu ainsi sans parler pendant dix ans et il s'est éteint dans la paix.

« J'ai vécu tant de choses avec lui! Quand il parlait, tout le monde se taisait. J'ai même entendu un prêtre catholique me dire, au cours d'une conférence de Gabsi : " Si je reste encore deux minutes, je me fais musulman. " [Elle rit.] Il était orphelin et pauvre. Il n'avait vraiment rien. Lorsque je lui ai proposé de venir chez moi, il m'a répondu : " Vous êtes trop bavarde, vous allez me déranger. " Je lui ai promis : " Je ne viendrai chez vous que quand vous m'appellerez. " C'est ainsi que nous avons vécu. C'était très étrange : il était mon maître et je le considérais comme mon fils. Il m'a tout appris, le dhikr, la prière... C'est lui qui m'a enseigné l'Islam.

« Je peux vous raconter une aventure extraordinaire que j'ai vécue avec lui : un soir, nous étions ensemble, tout était tranquille autour de nous et soudain, mue par je ne sais quelle intuition, je lui ai demandé : " Est-ce que vous entendez les vagues qui viennent lécher le sable? » Nous étions pourtant loin de la mer mais je vivais cela avec une poignante intensité. Il m'a dit qu'il n'entendait rien et je lui ai répété : " Écoutez bien : la vague est en train de lécher le sable. " Ça l'a impressionné. Au bout d'un moment, je lui ai demandé : " Entendez-vous la brise dans les feuilles des arbres? " Je vivais une véritable vision. Je me suis vue sortir de chez moi à minuit et marcher dans le jardin. Il y avait deux palmiers et, un peu plus loin, j'ai vu une vieille maison dont la fenêtre était éclairée. J'ai eu l'intuition que le Christ venait de naître dans cette maison. C'était merveilleux. Je me suis vue ensuite poursuivre mon chemin, un chemin pas plus large que ça, juste ce qu'il fallait pour passer. Je me suis trouvée au milieu d'une forêt de très hauts palmiers. Au moment où j'y suis entrée, ils se sont secoués et j'ai reçu une pluie de dattes.

« J'ai raconté cette vision à Gabsi et il en a été émerveillé. »

Question : Une pluie de dattes, qu'est-ce que cela signifie? L'abondance?

Catherine Delorme : Oh! Beaucoup plus que cela! C'est la grâce de Dieu. Cette grâce qui ne m'a jamais manqué. Pensez que j'ai fait deux fois le pèlerinage à La Mecque sans avoir eu à payer un sou. Les deux fois, je ne savais pas le matin que j'allais partir le soir.

Question : Et cette maison que vous avez vue et où le Christ venait de naître?

Catherine Delorme : Le Christ, qu'est-ce que c'est? Dites-le-moi.

Réponse : C'est l'enfant Dieu que chacun porte en lui.

Catherine Delorme : Si vous voulez, mais je dirais plutôt qu'Il est le Principe. Il est l'enfant, le maître. Il est tout.

Question : Vous avez souvent des visions comme celle que vous venez de raconter?

Catherine Delorme : Mais bien sûr! Une fois par exemple, j'ai vu tomber du plafond une espèce de dentelle. Mais quelle dentelle! large, faite avec des émeraudes, des diamants, toutes les pierres précieuses du monde et émaillée de fleurs de la même couleur que les pierres. J'ai demandé pour qui était une telle merveille et on m'a répondu que c'était pour ma robe. Cette robe, je l'ai vue. Si belle que je suis incapable de vous la décrire...

Les yeux de Catherine Delorme scintillaient tandis qu'elle nous racontait cette vision, comme si elle était encore devant elle. Ce qui est remarquable avec elle, c'est qu'on ne peut pas longtemps parler de choses indifférentes. Comme le chat d'Haroun el Rachid, elle revient toujours très vite à l'essentiel. En nous racontant cette histoire, elle éclatait entre chaque phrase d'un rire dont nous admirions la fraîcheur. Le grand calife avait un chat qui était très intelligent, si intelligent qu'il pouvait donner des spectacles à lui tout seul, faisant avec la plus grande facilité les tours qui lui avaient été enseignés. Un jour, alors qu'il était en pleine exhibition, le calife ordonna à un serviteur de lancer une souris sur la piste et on vit le chat oublier soudain tout ce qu'il avait appris pour courir après la souris.

Ce que nous avons aimé chez Catherine Delorme, c'est qu'elle est une mystique gaie. Elle rit comme une enfant en nous racontant des histoires tirées des fameux contes soufis. C'est sans doute à cause de cette joie d'être qu'elle est entourée de jeunes et qu'elle se plaît tant en leur compagnie. « Je ne suis pas triste, dit-elle, parce que je n'ai peur de rien et surtout pas de la mort. Je me sens éternelle. »

Si elle nous a reçus si longuement et avec tant de gentillesse, c'est qu'elle a été séduite par le thème de notre livre. Il n'y a pas de doute à ses yeux que les valeurs féminines peuvent sauver le monde. « Dieu, nous a-t-elle affirmé avec force, s'adresse à ses interlocuteurs au féminin. Il parle à l'anima et non à l'animus. La part féminine qui est en tout homme est son thème subtil, son côté délicat. C'est l'éclat de l'aurore. »

La part féminine qui est en tout homme... C'est-à-dire aussi bien, elle le précise, dans l'homme que dans la femme. Cette part féminine qui est tout intuition et qui est à l'origine de nos plus belles expériences religieuses, ces instants d'éternité où nous touchons en nous ce qu'il y a de plus profond et, pourquoi ne pas le dire, de divin.

Catherine Delorme se meut dans ces expériences comme dans son élément naturel. Elle nous en a raconté plusieurs et, pour certaines d'entre elles, elle nous a demandé de ne pas les enregistrer sur notre magnétophone parce que, nous a-t-elle dit, elles sont trop intimes. Elle raconte dans son livre qu'elle a été, pendant des années, incapable de lire le Coran en français. Elle a dit cela un jour à Gabsi et, aussitôt, il a saisi une traduction de quelques sourates, l'a ouverte au hasard et a lu cette simple phrase : « Lequel des bienfaits de votre Seigneur nierez-vous ? » Une phrase banale en apparence mais qui a soulevé en elle une tempête. Pour nous aider à comprendre ce qui s'est vraiment passé, elle a ouvert son livre et nous a lu ce passage :

« Chaque fois que je l'entendais, il se produisait en moi un remous semblable à celui de la marée montante, dont les vagues étaient la même réponse d'amour et de reconnaissance à cette question. En même temps, comme le soleil se lèverait à l'intérieur de mon être, la connaissance des réalités éblouissait ma conscience. Je réalisais que tout était faussé dans un monde à l'envers. La vie, privée de ses valeurs fondamentales, s'égarait au rebours de son orientation primordiale. Il s'opéra en moi une révolution complète. Mes facultés sensorielles intervertirent leur ordre naturel, comme ce qui se produisit dans l'ordre des éléments lors du passage de la mer Rouge par les Hébreux, quand l'eau devint du feu et l'air de la terre. Je voyais avec mes oreilles, j'entendais avec mes yeux. Cela fut suivi d'autres phénomènes en rapport avec le Cosmos, mais d'une ampleur, d'une complexité, et d'une diversité telles que je ne puis les décrire... »

C'est sans doute ce sentiment constant de la Présence de Dieu en elle qui lui a valu, lors de son entrée officielle dans l'Islam, le nom de « Hydayat Allah » qui signifie « Guidance divine » et qui est très rarement donné à une femme parce qu'il contient le nom de Dieu habituellement réservé aux hommes. Mais tout n'est-il pas inhabituel dans la vie de Catherine Delorme?

On nous demande souvent ce qui nous a le plus frappés en elle et, tout en étant bien conscient de l'arbitraire de notre réponse, j'ai envie de dire : la détermination et le courage. La voie qu'elle a choisie est rude mais elle donne l'impression de n'y jamais trébucher.

« La voie, nous a-t-elle dit, ne peut être parcourue sans le sacrifice de la vie du soufi. Ce qui la rend difficile est l'obligation de mourir pour trouver la vie éternelle. Il faut détruire son désir, laver ses mains et son cœur de toute possession, détruire le rocher de son individualité. Ô toi qui cherches l'amour de toute ton âme, sache qu'il te faut, pour le trouver, couper les jarrets du cheval de ton existence. Cette opération essentielle est souvent comparée dans les livres saints à une transmutation alchimique faite avec effort et patience. Pour certains, la voie est longue, pour d'autres, pour ceux qui possèdent la grâce, elle peut être parcourue en un seul pas. »

Chrétiens, bouddhistes, hindouistes aussi bien que musulmans, tous les mystiques de tous les temps ont pu, peuvent ou pourront faire leurs ces phrases de feu.

A plusieurs reprises, au cours de nos entretiens, nous avons éprouvé un vrai bonheur en entendant Catherine Delorme nous parler de la Zaouia de Mostaganem où elle a vécu des heures ardentes, partageant la vie des fokaras, vivant des expériences bouleversantes, assistant à la danse extatique de trois mille disciples et recevant la bénédiction du cheikh Adda ben Tounes... Cela nous a touchés parce que, bien que n'étant pas musulmans, nous nous sentons, Rachel et moi, profondément liés à cette confrérie. Déjà, lors de la rédaction de notre livre : *les Prophètes d'aujourd'hui*, nous avons eu le privilège de parler longuement avec le cheikh actuel, le fils de celui qu'a rencontré Catherine Delorme

Avant notre départ pour le Maroc, nous sommes allés le trouver et il nous a permis de voir, à Tanger, des femmes de la confrérie qui, dans leur recherche de la profondeur, vivent une expérience originale. C'est Rachel maintenant qui va prendre le relais car elle seule a pu assister à la prière de ces femmes.

A peine m'étais-je assise sur mon tapis que j'ai eu le sentiment de vivre un moment de grâce exceptionnelle. Comme si l'atmosphère se faisait d'un coup plus légère et que s'éloignaient de moi toutes mes préoccupations, même celle de rendre compte, d'une façon aussi exacte que possible, de la « cérémonie » à laquelle j'étais en train d'assister. Nous sommes une cinquantaine dans cette grande salle entourée de bancs qui sont recouverts de coussins aux couleurs vives. Il me suffit de les regarder pour comprendre que les femmes qui m'entourent ne sont pas des curieuses ou des bigotes. Manifestement, elles vivent avec intensité une expérience intérieure.

Dès mon arrivée, j'avais demandé aux deux sœurs du cheikh Ben Tounes de m'expliquer ce qui allait se passer, si bien que je pus suivre tant bien que mal ce qui était en train de se dérouler. L'une des sœurs a commencé par lire des poèmes du cheikh El Alahoui, le fondateur de la confrérie et deux autres poèmes mystiques décrivant le chemin que doit suivre le fidèle s'il veut rencontrer Dieu. Puis toutes les femmes ont commencé à chanter les louanges d'Allah, une interminable mélopée rythmée dont l'intensité n'a cessé de croître. Elles se balançaient en accélérant peu à peu le rythme. Je me laissai porter, fondue dans l'ensemble, étonnée d'éprouver un tel bonheur à répéter des paroles que je ne comprenais pas toujours. Je savais qu'il s'agissait, dans la profondeur des profondeurs, de chercher la présence de Dieu et je me sentais comblée comme je m'étais sentie comblée en partageant, à Paris, le « dhikr » des membres de la confrérie. Je me souviens que ce jour-là, l'atmosphère avait été si forte que je m'étais trouvée guérie, comme par miracle, d'une forte grippe et de la fièvre qu'elle avait engendrée. Ici, à Tanger, je me suis laissé bercer, emporter par les chants qui se sont prolongés pendant plus d'une demi-heure.

A la fin, nous avons formé un cercle et nous sommes passées les unes devant les autres, de façon à ce que nous nous embrassions toutes. J'étais émue car moi, l'étrangère, je me sentais parfaitement acceptée par toutes ces femmes.

Il est six heures maintenant. Le cercle s'ouvre, les femmes s'en vont les unes après les autres et Jean-Pierre peut venir nous rejoindre. Nous nous asseyons dans un coin de cette merveilleuse salle mauresque autour de l'inévitable thé à la menthe. Il y a en face de nous les deux sœurs du cheikh Ben Tounes et notre hôtesse, intimidées toutes les trois d'avoir à parler devant un magnétophone mais pleines de gentillesse et de bonne volonté.

Les deux sœurs nous parlent un moment de leur vie dans la grande zaouia de Mostaganem où elles ont été élevées. Elles ont le sentiment d'avoir eu une merveilleuse enfance au sein d'une communauté de cent cinquante personnes.

« Toute mon enfance, nous a dit Radia, j'ai vécu au milieu de gens qui priaient. Je suis née dans la zaouia, je me suis mariée dans la zaouia. Ce n'est pas toujours facile d'être la fille d'un cheikh. On te demande beaucoup mais aussi tu es entourée d'une grande tendresse. J'aimais beaucoup les études mais j'ai dû m'arrêter à la quatrième année secondaire.

« Avec les vieux, il faut avoir de la patience, savoir respecter leurs coutumes. La patience est la clé du bonheur. C'est une grande arme. Maintenant, je peux reprendre un peu mes études, apprendre au moins l'anglais et l'espagnol, ce qui m'est une grande aide pour recevoir ceux qui viennent. »

Question : Vous étiez heureuse à Mostaganem. Pourquoi être venue ici?

Radia : C'est mon frère, notre cheikh, qui me l'a demandé. Beaucoup ici souhaitaient que des gens de la tarika viennent vivre parmi eux.

Question : C'est comme une sorte de mission?

Radia : Je ne sais que dire exactement. J'ai forcément beaucoup appris et maintenant, c'est à moi d'aider les autres, de transmettre ce que j'ai reçu aux femmes qui m'entourent. C'est aussi simple que cela. L'essentiel, c'est d'être propre à l'intérieur.

Question : Vous êtes heureuse?

Radia : Oui.

Question : Si je vous demandais de nous dire ce qu'est pour vous le soufisme, que répondriez-vous?

Radia : Je serais embarrassée. Le soufisme, tant qu'on ne l'a pas vraiment vécu en profondeur, on ne peut en parler avec des mots. C'est une aventure intérieure, une recherche progressive de l'unicité.

« Si je demande à Dieu la patience, le courage, la force d'accepter les épreuves, je suis certaine qu'Il me répondra. Je sais qu'Il est là. Toujours. »

Question : Ce qui m'a toujours impressionnée dans la voie du soufisme, c'est la tolérance. En France, nous avons vécu des moments d'union profonde avec les membres de votre confrérie. Est-ce qu'ici, vous vivez cette ouverture de la même façon?

Radia : Avez-vous eu le sentiment d'être isolée de nous pendant la prière?

Réponse : Pas du tout.

Radia : Quand j'étais enfant, j'ai vu des Européens venir à la zaouia, des Français, des Suisses, des Italiens, des Allemands... Beaucoup viennent encore pour participer au ramadan ou commémorer la naissance du Prophète. Certains sont musulmans mais nous acceptons aussi parmi nous les juifs ou les chrétiens. Au début, les vieux fokaras ont eu un peu de mal à comprendre cela, puis ils s'y sont faits.

« Vous savez, le but est le même. Pour les chrétiens, les juifs, les bouddhistes, les musulmans, ce qui compte, c'est l'unicité. Dieu est un pour tous. Il n'y a pas un Dieu pour les uns et un Dieu pour les autres. Ce qui compte, c'est de penser à Dieu tout le temps avec un amour universel. Et d'avoir le cœur pur.

« Mon père était très libéral. Il ne disait jamais non lorsque nous lui demandions quelque chose de raisonnable. Nous pouvions aller à la plage, mettre des pantalons et même des shorts mais il nous répétait toujours : " Vous pouvez être modernes à condition de rester dans le droit chemin et d'avoir le cœur pur. " »

Notre hôtesse, Zaïra, qui était en train de dire au revoir à ses amies, vient maintenant s'asseoir avec nous. Elle affirme d'abord qu'elle ne pourra jamais parler devant le magnétophone, qu'elle ne l'a jamais fait et elle demande à Radia de parler à sa place mais, très vite, prise par la conversation, elle oubliera l'appareil.

Nous désirions son témoignage parce que c'est elle qui, la plupart du temps, accueille les réunions dans sa grande et belle maison d'un quartier résidentiel de Tanger.

Elle aussi, elle a grandi dans une atmosphère religieuse car son père était membre d'une confrérie.

« Est-ce pour cela, dit-elle, mais c'est étrange : dès l'âge de sept ou huit ans, je voulais rassembler mes amies pour prier avec elles. Non pas une fois par semaine mais au moins trois. Je sentais qu'il me fallait transmettre ce que mon père m'enseignait. Car il était un grand " fakir ". Il avait une vie très profonde et il m'encourageait.

« Je suis allée à l'école mais ma mère est tombée malade et j'ai dû arrêter pour l'aider. Cela a été pour moi une vraie souffrance mais vous savez, chez nous, on ne se préoccupe pas beaucoup de l'éducation des filles. Ça change, mais ça ne va pas vite.

« J'ai tout de même continué mes petites rencontres avec mes amies et, en échange de ce que je leur apportais, elles me faisaient partager ce qu'elles apprenaient à l'école. C'est ainsi que j'ai pu apprendre l'espagnol.

« A seize ans, je me suis mariée... »

Question : Est-ce vous qui avez choisi votre mari?

Zaïra : Il y en a quatre qui ont demandé ma main, trois de la campagne et un de la ville, mais je les ai refusés parce qu'ils n'étaient pas des fokaras. Celui qui est devenu mon mari, je le connaissais depuis mon adolescence. Nous avons deux filles et deux garçons.

Question : Racontez-nous comment vous avez organisé vos premières réunions de prière.

Zaïra : Ce n'est pas difficile. Un jour que j'étais en train de déjeuner avec quelques amies, je me suis sentie poussée à reprendre ma vieille idée d'enfance : rassembler des femmes pour prier avec elles. Je connaissais peu de monde mais il y avait en moi la certitude que si mon désir venait de Dieu, il se réaliserait.

« Le problème, c'est que les femmes des fokaras étaient pour la plupart illettrées. Comment leur apprendre le Coran? C'était d'autant plus difficile qu'au début ne venaient que des vieilles parce que les maris ne voulaient pas laisser sortir les jeunes. J'ai compris qu'il me fallait ranimer encore ma confiance en Dieu. Lorsqu'on lui demande quelque chose avec sincérité et pureté de cœur, Il répond toujours. »

Question : Il a modifié le cœur des maris?

Zaïra : Mais oui! Au départ, ils accompagnaient leurs femmes jusqu'à la porte. Maintenant, la plupart les laissent venir seules.

« D'ailleurs, depuis que leurs femmes prient dans la tarika, les hommes ont plus confiance en elles. Ils se rendent compte qu'elles sont moins futiles et qu'elles reçoivent un bon enseignement. »

Question : Pratiquement, comment est-ce que cela se passe?

Zaïra : J'ai la chance d'avoir une grande voiture et de pouvoir faire la tournée des femmes qui habitent le plus loin. Pour la première réunion, nous étions cinq. Maintenant, nous sommes plus de cinquante.

Question : Le cheikh accepte que des chrétiens et des juifs puissent prier avec des musulmans mais qu'en pensent les maris des femmes qui viennent ici?

Zaïra : Certains étaient réticents au début mais maintenant, la plupart comprennent. Pour le dernier Ramadan, nous avons eu une femme qui venait du Mexique et une autre qui m'a dit : « Je suis une chrétienne en recherche. » Elles ont jeûné et fait le dhikr avec nous.

« Les maris n'en ont pas été choqués. Chose extraordinaire : certains d'entre eux ont pris l'habitude de préparer le repas pour que leurs femmes puissent venir ici. »

Elle a dit cela avec un sourire timide. Elle n'insiste pas mais nous sentons que, sans trop le vouloir, elle vient de toucher une corde sensible. Les femmes qui nous entourent ne sont pas féministes au sens que nous donnons à ce terme. Elles ne sont pas prêtes à descendre dans la rue pour réclamer leurs droits mais elles sont persuadées, connaissant bien le Coran, que le Prophète n'a pas voulu que les femmes soient soumises à la loi des hommes aussi étroitement qu'elles ne le sont dans la plus grande partie du monde musulman.

Avant de partir pour le Maroc, nous avions lu *le Harem politique*, le très beau livre de Fatima Mernissi, une universitaire marocaine qui traite du Prophète et des femmes. Mme Mernissi a étudié à fond le Coran, les hadiths, les commentaires des théologiens musulmans de tous les temps et c'est à partir de cette étude, en citant scrupuleusement les textes, qu'elle est arrivée à cette conclusion : Mohammed avait l'intention de libérer les femmes de l'esclavage dans lequel elles vivaient de son temps. Si on avait suivi l'esprit de son enseignement, elles seraient aujourd'hui les égales des hommes. Ce sont les théologiens, les commentateurs qui, imprégnés de préjugés préislamiques, ont par la suite déformé la pure doctrine pour rétablir la suprématie absolue de l'homme.

Inutile de dire que ce livre a soulevé de violentes polémiques dans le monde islamique au point d'être finalement interdit au Maroc. Il est d'autant plus gênant pour ses adversaires que, répétons-le, il est d'une érudition sans faille et qu'il n'avance rien qui ne soit aussitôt prouvé.

Nous n'avons malheureusement pu rencontrer Mme Mernissi mais nous avons longuement parlé à deux de ses élèves : Farida Benlyazid et Zineb Maadi et je dois dire que nous avons été passionnés par ces rencontres. Nous regrettons d'ailleurs de ne pouvoir donner à ces entretiens et à cette question du Prophète et des femmes toute la place qu'ils méritent.

Zineb Maadi est une universitaire qui enseigne la sociologie à l'université de Casablanca. Elle a étudié la religion musulmane avec le sérieux qu'elle apporte manifestement à toutes choses. Dans ses cours, qui se déroulent devant des amphithéâtres bondés, elle prend bien soin de ne rien affirmer sans l'étayer aussitôt de textes incontestables. En fait, elle pose le problème et elle laisse ses élèves y réfléchir sans jamais rien leur imposer. Elle s'est passionnée pour le code du statut personnel marocain, pour le travail de la femme et sa vie quotidienne. Elle a étudié plus de trois mille dossiers puisés dans les tribunaux. Elle parle avec compétence et sérieux.

Elle constate qu'il y a au Maroc de plus en plus de femmes qui travaillent parce que le salaire du mari ne permet pas de faire vivre la famille. Ce qui n'empêche pas l'homme, dans la plupart des cas, de conserver son statut d'être supérieur et d'exiger l'obéissance de son épouse.

Elle sait de quoi elle parle : elle a été mariée et elle a deux filles.

« Au début, raconte-t-elle, mon mari m'aidait dans les travaux de la maison. Nous nous sommes mariés alors que nous étions étudiants et nous avions l'esprit ouvert. La première année et même la deuxième, nous avons partagé les tâches ménagères mais il nous a fallu très vite réaliser que nous étions trop en avance sur la société. Mon mari n'aurait pas demandé mieux que de continuer mais il a fini par avoir honte parce que les gens qui nous entouraient, les amis, la famille n'acceptaient pas notre façon de vivre. Par exemple il ne pouvait pas, sans qu'on se moque de lui, essuyer la table devant les autres. Il a continué à m'aider pendant un temps à condition que cela reste entre nous et puis un jour, il a carrément refusé. Je sais bien que ce n'était pas complètement sa faute mais notre vie est devenue très vite impossible et nous avons fini par divorcer.

« Si de telles choses peuvent exister dans un milieu qui est, somme toute, évolué, imaginez ce qui se passe ailleurs. La loi marocaine dit que la femme est l'égale de l'homme mais les coutumes ne suivent pas. »

Question : Vous prétendez qu'en traitant les femmes comme ils le font, les hommes musulmans ne sont pas en accord avec les intentions du Prophète?

Zineb Maadi : Je ne prétends pas, j'affirme et je donne les textes. J'ai dû travailler énormément parce que je ne suis pas de formation religieuse. C'est par le biais de la sociologie que j'en suis venue à étudier à fond la religion. Pour enseigner à la fac, j'ai dû me former moi-même. Je dois faire très attention parce que je parle devant deux cents ou trois cents étudiants de vingt à vingt-cinq ans dont certains, plus ou moins intégristes, s'intéressent beaucoup à la question.

« Je suis arrivée à la conclusion que l'évolution de la femme musulmane est liée à une vraie compréhension de l'Islam.

« Le véritable Islam est le contraire de la rigidité. Je me suis demandé pourquoi la loi religieuse, loin d'aider à résoudre les problèmes, les durcit souvent et les bloque. J'ai constaté que ce sont les hommes qui ont ajouté à la loi et il m'a fallu revenir aux sources. Trouver tout ce qui concerne la famille et la femme dans le Coran et dans la Sunna et savoir comment le Coran et la Sunna ont résolu les problèmes quotidiens des musulmanes aux premiers siècles de l'Hégire. Je suis de plus en plus persuadée que nous sommes en retard sur le Coran et sur la Sunna et je crois être en mesure de le prouver.

« D'abord, on ne tient pas assez compte du fait que le Coran incite l'homme à réfléchir et à évoluer. Remarquez bien que le premier verset du Coran s'intitule : “ Lis. ” Or un homme qui lit, c'est un homme qui réfléchit, qui ne se contente pas de recevoir passivement. Mohammed dit que celui qui fait l'effort de comprendre le texte et qui travaille à établir une relation harmonieuse entre le texte sacré et sa vie quotidienne, que celui-ci sera doublement récompensé alors que celui qui n'y sera pas parvenu ne sera récompensé qu'une fois. Je suis fascinée par ce hadith. Sur le plan de la psychopédagogie, il signifie que celui qui ne réussit pas tout de suite, on doit l'encourager à réfléchir une fois de plus. »

Question : L'important, c'est qu'il réfléchisse...

Zineb Maadi : C'est cela.

Question : Qu'il ne se fige pas.

Zineb Maadi : Qu'il essaie de réfléchir. Sans cesse le Prophète a poussé les musulmans à réfléchir aux problèmes qui se posent à eux. Ils ne doivent pas toujours demander à Mohammed.

Question : Ne pas être passifs?

Zineb Maadi : C'est cela.

Question : Nous parlions tout à l'heure du mariage. Je dois avouer que nous, Occidentaux, nous avons du mal à comprendre qu'un homme soit autorisé à avoir quatre femmes.

Zineb Maadi : C'est un problème intéressant sur lequel on peut longuement réfléchir. Il faut revenir aux origines, savoir qu'en Arabie, avant l'arrivée du Prophète, les femmes n'étaient que des objets, des marchandises. Elles n'avaient aucun droit et si elles devenaient veuves, elles ne pouvaient se remarier sans l'autorisation de la famille de leurs maris. Elles faisaient partie de l'héritage mais elles-mêmes, elles n'avaient pas le droit d'hériter. Avant l'Islam, on avait le droit d'enterrer vives les petites filles non désirées. L'Islam a aboli ces épouvantables pratiques.

« Donnez-vous la peine de lire le Coran et vous verrez ce que le Prophète dit, à plusieurs reprises, de la femme et du mariage. Ce verset par exemple : " Les femmes sont votre habit et vous êtes leur habit. " C'est la fusion totale, sans aucune différence entre la femme et l'homme. Il n'y a pas de maître et d'esclave. Ce sont les théologiens, les commentateurs, qui ont déformé la pensée du Prophète. »

Question : Il a tout de même autorisé l'homme à avoir quatre femmes?

Zineb Maadi : Encore une fois, je ne le répéterai jamais assez : il faut toujours remonter aux origines. Avant l'Islam, les hommes arabes avaient le droit d'avoir jusqu'à vingt femmes. Il y a des hommes qui sont entrés dans l'Islam avec dix et c'est le Prophète qui, peu à peu, les a poussés à n'en avoir que quatre. En ce sens, l'Islam a amené un progrès. Et puis il y a ce fameux verset dont on ne parle pas assez : « Si vous avez peur de ne pas être équitables, contentez-vous d'une seule femme. » Verset qui doit être complété par celui-ci : « Vous ne pouvez pas être équitables, même si vous vous y efforcez. » En d'autres termes, si vous juxtaposez ces deux versets, le Prophète recommande aux hommes de n'avoir qu'une seule femme.

« J'ai toujours été frappée par le côté raisonnable de l'Islam, par sa façon de respecter la nature humaine telle qu'elle est. Prenez l'interdiction du vin, par exemple. Elle s'est faite par paliers. Au début, on a souligné les dangers du vin sans pour autant l'interdire. Plus tard, on a conseillé de n'utiliser le raisin que d'une façon normale, c'est-à-dire de le manger. Plus tard encore, on a interdit de boire du vin pendant les temps de la prière. Enfin seulement est venue l'interdiction finale.

« Avec l'Islam, il faut toujours penser en termes d'évolution. De son vivant, le Prophète a limité le nombre des femmes et laissé entendre que seuls des hommes tout à fait exceptionnels pouvaient en avoir plusieurs.

« J'admire beaucoup son manque de rigidité. Vous savez sans doute, par exemple, que la loi ordonne de couper la main du voleur. Eh bien le Prophète lui-même n'a pas appliqué cette loi à la lettre : il l'a suspendue en période de famine. Ce qui montre bien qu'il faut toujours tenir compte de la situation.

« Je pousse toujours mes étudiants à revenir aux sources. Je ne nie pas le rôle important qu'ont joué les commentateurs mais nous devons nous garder de sacraliser ce qu'ils ont dit. Je pourrais vous donner d'innombrables exemples. »

Question : Un dernier pour finir.

Zineb Maadi : L'héritage. Avant le Prophète, je vous l'ai dit, les femmes arabes n'avaient aucun droit et, par conséquent, elles ne pouvaient pas hériter. Tenant compte de la situation de l'époque et du fait que les frères avaient pour mission de protéger leurs sœurs, le Coran leur a attribué une double part. C'était un progrès mais il n'aurait pas fallu le figer. Les filles d'aujourd'hui ne se sentent plus du tout protégées par leurs frères ou même par leurs oncles et elles ne comprennent pas pourquoi elles n'ont qu'une demi-part. Je suis certaine que le véritable esprit du Coran, compte tenu de la situation d'aujourd'hui, serait de leur donner une part entière.

Question : Êtes-vous heureuse d'être musulmane?

Zineb Maadi : Tout à fait. Il m'arrive, vous le voyez, de contester certaines interprétations mais je m'inspire beaucoup, pour mon travail et ma vie personnelle, de l'éducation islamique. Les grands principes de la morale islamique sont merveilleux et, plus que tout, j'admire le Prophète. Pour moi, il représente l'amour dans toute sa pureté. Il est doux, il ne se met pas facilement en colère, il respecte l'autre, il est bienveillant. Un verset coranique dit : « Si vous parlez, dites quelque chose de bon; jamais ce qui est mal. » C'est le grand principe d'une bonne éducation. Je l'applique sans cesse à mes deux filles et je vous assure que ça donne de très bons résultats. D'ailleurs, je peux le constater dans mes cours, les enfants des Frères musulmans sont vraiment bien éduqués. Ils pratiquent la grande loi de l'Islam qui est le respect de l'autre.

Question : Et si je vous demandais, pour finir, de me dire en un mot ce qu'est pour vous l'Islam?

Zineb Maadi : Pour moi, l'Islam, c'est la paix.

« Nul n'est censé ignorer la loi. Cette phrase est une grosse entourloupe. Parce que cette loi est interprétée par des hommes qui veulent nous faire croire qu'elle s'identifie à l'Islam. Je crie halte parce que l'Islam n'a jamais été contre la femme. Ils sont contre l'esprit de l'Islam dont ils font un spectre hideux. »

C'est une jeune femme qui s'exprime ainsi avec une conviction contagieuse. Souriante mais avec, autour des yeux, comme un pli d'amertume. Tout comme Zineb Maadi et tant d'autres femmes marocaines d'aujourd'hui, elle se veut pleinement musulmane mais elle est persuadée que le message du Prophète a été un message de libération. Message qui a été trahi au cours des siècles par les théologiens et les commentateurs. Message qui a été figé dans l'immobilisme alors qu'il était un message en devenir.

Elle s'appelle Farida Benlyazid. Elle est descendante du Prophète et elle a été élevée par un père qui, tout en étant fort pieux, était, nous dit-elle, ouvert à la vie. Pour la rencontrer, il nous a fallu nous perdre dans les ruelles si vivantes de la Kasba de Tanger. Nous avons, ce jour-là, béni le sens de l'hospitalité des Marocains qui nous ont guidés jusqu'à sa porte. Une porte qui s'ouvrit sur une maison accueillante et belle d'où, par une large baie vitrée, l'on apercevait la mer d'un bleu intense.

Farida Benlyazid connaît bien la loi des hommes. Elle s'est mariée très jeune, pressée, selon ses propres termes, de « vivre une vie d'adulte ». A vingt ans, elle avait déjà deux filles. « Je pensais, dit-elle, qu'un compagnon de ma génération serait plus compréhensif que des parents dépassés par la précipitation du siècle. » Hélas! C'est le contraire qui est arrivé. Très vite elle s'est trouvée enfermée dans une vie dénuée de toute perspective. « A vingt-deux ans, dit-elle, j'avais l'impression d'être morte. J'avais été mise en circulation dans une vie que je n'avais jamais rêvée. »

Elle aurait pu se résigner et tout, pour elle, aurait été terminé. Elle décida de se battre, de lancer un défi à cette société qui stérilisait d'avance toutes les possibilités, les désirs et les ambitions qu'elle sentait germer en elle. Elle se souvient du jour où elle annonça à son mari qu'elle voulait reprendre des études pour faire du cinéma. Ce fut un vrai cataclysme. Son père lui-même, jusqu'ici si généreux et si ouvert, menaça de la jeter à la mer et son mari commença à lui mener la vie dure, faisant intervenir les tribunaux et allant même – il en avait le droit – jusqu'à lui faire retirer son passeport.

Elle a lutté, s'est battue contre tous et contre tout et elle a fini par obtenir le divorce. Alors elle a tout quitté et, bien persuadée qu'elle ne remettrait jamais les pieds au Maroc, elle s'est précipitée à Paris pour y faire des études de lettres et de cinéma tout en travaillant dans une banque car il fallait bien nourrir ses deux filles. Vu de loin, l'Occident lui apparaissait comme un paradis mais il ne lui a pas fallu longtemps pour découvrir que les femmes occidentales, elles aussi, souffraient de certaines formes d'aliénation. Dans l'enthousiasme des débuts, elle a milité dans des mouvements féministes. Surtout, elle s'est passionnée pour le cinéma. Il lui a d'abord fallu, elle le reconnaît, vaincre sa peur des machines, de ces caméras ultrasophistiquées inventées par l'Occident et puis un jour, elle s'est dit : « Si je suis bonne pour consommer des images, pourquoi ne serais-je pas bonne pour en fabriquer? »

Elle a commencé par écrire des scénarios et, très vite, elle a senti qu'elle devait rentrer au pays pour y retrouver ses racines. Elle portait en elle une histoire qu'elle voulait à tout prix raconter et il lui a fallu se battre pendant trois ans avec elle-même et avec les autres pour réaliser enfin : *Une porte sur le ciel,* un film qui a été accueilli dans de nombreux pays arabes avec enthousiasme chez les uns et, bien entendu, avec réprobation chez les intégristes.

Même ceux qui ne sont pas d'accord avec le fond, pour peu qu'ils soient un tant soit peu de bonne foi, ont été contraints de reconnaître qu'il s'agissait d'un film de grande qualité, d'un événement important dans la vie du jeune cinéma marocain.

Ce film, nous l'avons vu, Rachel et moi, avec émotion. Émotion née du sujet mais aussi de la beauté des images et de la grande maison qui en est, en quelque sorte, le héros principal, une demeure d'autrefois, blottie dans le vieux Fès, loin de la barbarie du béton.

C'est l'histoire d'une quête, d'une recherche passionnée, par une jeune femme marocaine, de son identité. Quête ardente, recherche parfois désespérée qui apportent, nous semble-t-il, une juste conclusion à ce chapitre sur les femmes et l'Islam.

Au départ, Nadia est ce qu'il convient d'appeler une femme libérée. Elle vit à Paris avec son amant, elle fume, boit du whisky et porte des mini-jupes. Elle se croit heureuse, bien insérée dans sa vie d'Occidentale. Pourquoi faut-il qu'elle revienne à Fès pour assister son père dans ses derniers moments? Sa vie va basculer d'un coup. D'abord parce qu'elle retrouve la maison de son enfance, une demeure mystérieuse qui fait rêver, avec ses pièces immenses où la fraîcheur règne même au cœur de l'été, avec ses recoins intimes, ses jardins et toute la splendeur de l'art arabo-musulman. Une maison qui a une âme.

Après la mort de son père, Nadia se retrouve perdue dans le chagrin. Elle est en train de le noyer dans un « scotch » lorsqu'elle entend une femme psalmodier le Coran près du cadavre. C'est pour elle une grande émotion et le début de la quête. Soudain, elle ne sait plus qui elle est. Elle ne sait même pas encore qu'elle aspire par-dessus tout à retrouver son identité en rejetant loin d'elle la fausse image qu'elle a voulu se donner d'elle-même. Elle se sent Marocaine jusqu'en la profondeur de sa profondeur. Elle envoie promener ses mini-jupes, cesse de boire, de fumer et se sépare de son amant français qui est venu la relancer et qui ne comprend rien à ce qui lui arrive. Guidée par la femme qui la lui a pour la première fois révélée, elle découvre la prière. Elle se bat aussi pour conserver la maison que ses frères veulent vendre pour aller vivre dans le béton.

De cette maison qui semble avoir été construite pour cela, elle fait une zaouia, c'est-à-dire un centre de prière où elle accueille les femmes brisées par la vie, victimes de la loi des hommes.

Nadia a retrouvé son identité. Elle est devenue une vraie musulmane, ce qui ne l'empêche pas de rester une femme moderne et tolérante. D'ailleurs, d'un bout à l'autre, le film de Farida Benlyazid est un hymne à la tolérance. Il démontre par l'image ce que Zineb Maadi et nombre de ses compagnes ne cessent de proclamer : l'Islam des intégristes est une caricature de la religion qu'a voulu fonder le Prophète Mohammed. On peut être un bon musulman tout en étant tolérant, ouvert et tout en reconnaissant à la femme la dignité d'un être humain à part entière.

Si on l'écoute bien, Catherine Delorme ne dit pas autre chose, comme d'ailleurs tant d'autres femmes qui savent remonter aux sources pour saisir, dans sa fraîcheur, le message de leur Prophète bien-aimé.

7

MARGUERITE BANGERTER : JE SUIS IVRE D'ÊTRE!

Si on disait d'elle qu'elle est un maître spirituel, elle pousserait des hauts cris ou éclaterait de rire selon son humeur du moment et il est vrai qu'elle n'a pas de disciples, qu'elle ne veut pas en avoir, qu'elle n'a pas fondé de mouvement, pas écrit de best-seller et que la célébrité ne l'intéresse pas le moins du monde.

« Dans ces conditions, nous a demandé un ami, pourquoi parler d'elle? »

Tout simplement parce que, Rachel et moi, nous avons découvert en Marguerite Bangerter une femme selon notre cœur : accueillante, courageuse, gaie, compréhensive mais aussi rigoureuse, profonde et intransigeante lorsqu'il s'agit de l'Essentiel. Nous avons le sentiment que son itinéraire est exemplaire et nous n'avons pas cessé, tout au long de nos conversations, d'admirer la détermination avec laquelle elle a mené sa quête.

Nous avons éprouvé à un tel point le plaisir de sa compagnie que nous avons eu envie de le partager avec nos lecteurs. Plaisir de rencontrer une vraie mystique de notre temps, une femme de quatre-vingt-huit ans si jeune encore qu'elle enfile elle-même ses aiguilles et qu'elle a envie, dit-elle, de tout savoir et de tout expérimenter, qu'elle s'intéresse à tout, à l'émancipation des pays de l'Est aussi bien qu'aux avancées les plus pointues de la science. Un être habité par l'amour et qui passe son temps à recevoir des âmes en détresse et à leur insuffler un peu du courage et de la force qui l'habitent.

« Je suis allée la voir, nous a dit Thérèse, alors que j'étais au creux de ma souffrance. J'ai trouvé une femme d'expérience, un peu la grand-mère que je n'ai jamais eue et maintenant, chaque fois que je vais la voir, j'ai l'impression de me nettoyer complètement. Elle me dit des choses si fortes que, les jours suivants, elles travaillent en moi. Il m'arrive même de me sentir dans la clarté toute la nuit.

« Si je ne peux pas aller la voir, je peux toujours lui téléphoner. Ce qui me bouleverse, c'est qu'elle est une femme, qu'elle a connu tous les problèmes et toutes les souffrances des femmes et qu'elle peut, par conséquent, me comprendre. Avec elle, je peux pleurer librement, sans fausse honte. Je sais qu'elle ne me juge pas et que je peux être enfin moi-même. C'est extraordinaire.

« Sur le coup, quand je vais la voir, il ne se passe rien de spectaculaire. J'ai l'impression d'avoir agréablement pris le thé. C'est dans les heures qui suivent que tout se met à bouger en moi. Elle m'ouvre à l'impossible et m'apprend à dire oui alors que j'ai toujours refusé la vie. Ce qui me frappe, c'est qu'elle voit en nous ce qu'il y a de plus beau. On peut tout lui dire parce qu'on sait qu'elle ne juge pas. Bien qu'elle soit tellement occupée, elle te donne toujours l'impression qu'elle a tout son temps. Mercredi dernier, j'ai pu rester une heure et demie avec elle au téléphone. Je ne sais pas comment elle fait.

« Elle a une capacité d'écoute extraordinaire. Elle te laisse parler, parler, parler... et quand elle le juge bon, elle t'interrompt pour te dire ce qu'elle a à dire. C'est une véritable danse, un pas de deux qui t'oblige à une vigilance permanente... »

Le témoignage d'Helena nous a, lui aussi, tout particulièrement intéressés. Sans doute parce qu'il vient d'une femme forte, réaliste, d'une femme d'affaires qui a remarquablement réussi. Elle est certainement capable de s'assumer et de mener elle-même sa vie sans avoir besoin, en permanence, de demander conseil à un « guide spirituel ». Elle a rencontré Marguerite Bangerter aux environs de 1985 et, depuis, leur relation n'a fait que s'approfondir.

« Elle connaissait tant de monde, nous a-t-elle raconté, tant de gens importants qu'il me sembla extraordinaire qu'elle prît plaisir à être avec moi. Je me souviens qu'au début, lorsque je rentrais de chez elle et que je me regardais dans mon miroir, je ne me reconnaissais pas. J'étais rayonnante, heureuse.

« Ce que je trouve merveilleux en elle, c'est qu'elle ne nous parle pas du haut d'un nuage. Elle peut me comprendre parce qu'elle a vécu une vie de femme avec ses joies mais aussi ses souffrances. Même si elle est bousculée, elle te donne du temps lorsqu'elle sent que tu en as vraiment besoin. C'est pour cela d'ailleurs qu'elle ne parvient pas à terminer le livre qu'elle a commencé. Elle passe un temps fou au téléphone. Elle te laisse parler, parler et si elle sent que c'est nécessaire, d'elle-même, elle te propose de revenir. La première fois que j'y suis allée, c'était pour une demi-heure et je suis restée avec elle près de cinq heures.

« A son âge, elle se passionne encore pour tout. Lorsqu'il m'arrive de lui parler de quelqu'un d'intéressant que j'ai rencontré, elle s'écrie : " Tu me mets l'eau à la bouche " et elle fait tout pour trouver un moment afin de rencontrer cette personne. On dirait que plus elle avance en âge et plus elle est passionnée. »

Ces témoignages et bien d'autres encore nous ont, bien entendu, donné l'envie de mieux connaître Marguerite Bangerter, de suivre l'itinéraire qui l'a menée d'une enfance bourgeoise tout à fait comme les autres au degré d'épanouissement spirituel auquel, de toute évidence, elle est aujourd'hui parvenue.

Il est des êtres qui manifestent dès l'enfance le haut destin auquel ils sont appelés. Très vite, une légende se crée autour d'eux dans laquelle ne cessent de puiser les hagiographes. Rien de tel pour Marguerite Bangerter et c'est sans doute pour cela qu'elle exerce une telle influence sur tant d'êtres. Elle a été une enfant comme les autres, une jeune fille comme les autres et elle a connu les joies et les peines d'une femme mariée et d'une mère douloureuse. Les femmes qui viennent lui demander aide et réconfort peuvent sans peine se reconnaître en elle à la lumière de ce qu'elle leur raconte de sa vie. Elles aussi, elles peuvent espérer atteindre à la sérénité de cette femme exceptionnelle.

Enfance bourgeoise, avons-nous dit. Un grand-père qui fabriquait des lampes à pétrole au cœur de Bruxelles, à proximité de la collégiale saints Michel-et-Gudule dans une grande maison peuplée de souvenirs ; un père officier, une petite enfance passée dans une belle maison de la rue Koekelberg entourée d'un vaste jardin plein de fleurs sauvages... Des déménagements au gré des déplacements de son père. Rien d'extraordinaire en somme jusqu'à la première communion.

Libre penseur, le père était en butte à la haine, aux insinuations perfides et aux tracasseries continuelles des catholiques intransigeants parmi lesquels se distinguait un gros brasseur de la ville. Fidèle à ses idées, il avait dispensé Marguerite des cours de religion mais sa mère tenait au moins à ce qu'elle fasse sa première communion. Il lui fallut subir des cours de catéchisme dont elle conserve un souvenir d'ennui. Vint le grand jour.

« Pour accéléré qu'il fut, raconte Marguerite Bangerter, le catéchisme que je venais d'apprendre m'avait fortement impressionnée. Il y était question d'un Dieu bon, juste, tout amour : " Aimez-vous les uns les autres. " Cette préparation m'avait introduite aussi à la notion du sacré. Le jour vint où, pendant la première messe du matin, dans l'église presque déserte, je fis sans aucune cérémonie ni assistance familiale ma première communion. Je me suis trouvée au banc de communion presque coude à coude avec le fameux brasseur qui participait à l'eucharistie quasiment tous les jours. Son comportement de nuisance et de haine me parut une si épouvantable profanation que tout mon être se sentit soulevé d'une immense révolte. Non ! mille fois non ! recevoir Dieu, ce n'était pas ça, et un rite ainsi pratiqué n'était qu'une abominable comédie. Ce fut pour moi la première et dernière communion eucharistique, mais aussi le départ de ma solitaire et ardente quête de l'Absolu. »

Vint la guerre de 14, l'invasion allemande, le départ du père qu'elle ne reverra pas pendant quatre ans, l'occupation de la Belgique et les sentiments de patriotisme exalté que peut connaître, en de telles circonstances, une enfant de cet âge.

Ce fut aussi, à quinze ans, le temps d'un premier amour avec un cousin nommé Auguste qui vivait dans la campagne des vacances d'été. Un amour qui ne pourra jamais s'épanouir parce qu'il sera, dès le départ, contrarié par sa famille. Est-ce la tristesse de cet amour malheureux, sont-ce les privations de la guerre, toujours est-il qu'elle va tomber gravement malade de consomption comme on disait à l'époque. Elle aura beau, sur les conseils de son médecin, absorber six œufs et deux litres de lait par jour, son état deviendra vite alarmant. Ce sera pour elle la fin des études et il ne faudra rien moins que l'enthousiasme de la victoire de 1918 et le retour de son père tout auréolé de gloire pour la remettre enfin sur pied.

Dès 1919, la voici partie pour occuper l'Allemagne. Elle a dix-neuf ans et elle n'a pas le bonheur facile. Jour après jour, elle écrit des phrases désespérées dans son précieux journal. Tant de jeunes filles de son âge et de son temps pourraient se reconnaître dans ces lignes emphatiques :

« J'entre dans ma dix-neuvième année, écrit-elle. Quel cauchemar fut ma dix-huitième ! Tous les malheurs se sont ligués pour augmenter mon désarroi... Ô sort, ô impitoyable destin !... Vous qui vivez à mes côtés, n'entendez-vous donc pas que j'appelle au secours ? Comprenez que ma gaieté est factice ; sachez que le rire convulsif qui me secoue quelquefois n'est qu'un déguisement, alors que mon âme sanglote... »

Elle pleure sur son amour perdu et qui n'en finit pas de mourir, elle s'enthousiasme pour Platon, se désespère de n'être pas comprise par son père, rêve d'aimer l'humanité, médite interminablement sur la mort... On ne saurait trouver jeunesse plus romantique. Elle découvre enfin le secret du mieux-être qui est de s'appliquer à être heureuse : « J'éprouve parfois un dangereux besoin d'aimer jusqu'à en mourir : c'est un délire d'amour, enchanteur et voluptueux. » Elle commence à sentir la présence de Dieu et à s'irriter de la tyrannie que les hommes font peser sur les femmes. Tout est permis à ses frères mais elle, elle n'a même pas le droit de lire les revues estudiantines qui lui arrivent dans son courrier. Elle admire secrètement les suffragettes que les gens de son milieu s'acharnent à ridiculiser.

Par-dessus tout, elle attend l'aimé, l'inconnu à qui elle pourra se donner un jour corps et âme. Elle lui parle dans son journal : « Toi, inconnu adoré pour qui j'accumule toute cette force inquiétante, pourquoi ne viens-tu pas? »

Il va venir à l'aube de sa vingt-quatrième année sous la forme d'un jeune Suisse rencontré à Aix-la-Chapelle. Cet amour va-t-il être lui aussi contrarié? Elle a des raisons de le craindre. Son père interdit toute correspondance aux amoureux, puis finit par se rendre et elle peut épouser Robert Bangerter en grande pompe dans la cathédrale d'Aix-la-Chapelle, la cathédrale de Charlemagne.

Elle est heureuse et elle proclame interminablement sa joie dans son journal. Elle se dit une épouse comblée. Elle semble s'accommoder fort bien de la vie qui lui est offerte et personne, même ses meilleures amies, ne pourrait deviner, sous cette apparence si « normale », la vie secrète qui bourgeonne en elle, la soif d'Absolu qui la dévore sans même qu'elle en ait tout à fait conscience.

Le 9 février 1929, la voici mère d'un petit Pierrot. C'est l'enchantement. Jour après jour, son journal ne va plus être maintenant qu'une litanie amoureuse. Elle se dit une mère comblée et la naissance, l'année suivante, d'un second garçon qui ne vivra pas lui rend son petit Pierrot encore plus cher. Sur des pages et des pages, elle consigne fidèlement ses moindres actions, ses moindres mots et les questions ingénues qu'il ne cesse de poser. Elle décrit les heures bénies du réveil, les rires qui fusent, les câlins et cette affirmation que Pierrot ne cesse de répéter : « Je suis si content de t'avoir choisie pour maman. »

Ils sont toujours à Aix-la-Chapelle mais le nazisme monte à l'horizon. Robert, qui travaille pour une firme industrielle, se sent de plus en plus mal et il finit par donner sa démission et par entrer, comme représentant en champagnes, dans la maison de son père. Voici les Bangerter installés à Bruxelles, rue de la Victoire. Le nouveau travail de son mari ne simplifie pas la vie de Marguerite. Vendre du champagne, cela signifie passer sa vie dans des restaurants ou des bars, dîner en ville, rentrer tard le soir... Elle passe de plus en plus de temps seule avec son petit. Elle s'émerveille de le voir si heureux de vivre, si curieux de tout, si intelligent. Elle joue pendant des heures avec lui.

Le 2 décembre 1934, à la fin d'une journée d'épouvante, elle note dans son journal : « Pierrot joue dans le corridor. Par la porte un instant entrouverte, le petit s'échappe, court vers le magasin d'en face voir les belles images de saint Nicolas. Hélas, une voiture le happe, le tuant sur place. Qui dira jamais l'effondrement de toute ma vie de maman devant cette épouvantable catastrophe. »

On ne peut raconter une telle douleur. Sa vie semble s'arrêter. Pendant plusieurs années, elle ira tous les jours au cimetière. Elle croit voir Pierrot en chaque enfant qu'elle rencontre. Elle ne trouve un peu de repos qu'en surveillant les travaux de la maison qu'elle et son mari ont décidé de faire construire dans le village ardennais d'Éprave. Peut-être est-ce pour cela qu'elle baptisera cette maison « l'Oasis ».

La souffrance est un maître. Emportée par le souffle de la guerre, réfugiée à Cognac, rentrée à Bruxelles pour y vivre les heures noires de l'occupation, Marguerite Bangerter sent, au-delà de tous les événements, une lente maturation s'effectuer en elle. Pendant les longues heures solitaires qu'elle passe à « l'Oasis » elle sent monter en elle des questions qu'elle ne s'était jamais posées. Pourquoi la vie, pourquoi la mort ? Qu'est-ce que la matière et qu'est-ce que l'esprit ?... La douleur même d'avoir perdu son enfant se transforme, se sublime. Elle commence à en pressentir le sens. « J'ai compris au bout d'un certain temps, dit-elle, que ce petit était presque plus mûr que moi. Il lui arrivait de me consoler. Un jour que je pleurais dans la cuisine, il m'a dit : " Écoute, maman, essuie tes yeux avec mon petit mouchoir. Ne pleure pas pour ça. " J'ai fini par comprendre qu'il était venu sur ma route pour m'apprendre à souffrir. Lui, il n'a connu que l'amour. Quand j'ai pu enfin le rendre à Dieu, après plusieurs années de larmes, je me suis dit : " Je ne peux pas garder ce petit pour moi, je dois le rendre à Sa lumière. " »

A partir de ce moment-là, Marguerite Bangerter va devenir une autre femme.

Depuis que nous travaillons ensemble, Rachel et moi, depuis que nous nous sommes donné pour tâche de faire partager à nos lecteurs les émerveillements que nous avons éprouvés en rencontrant des êtres d'exception, nous nous sommes rendu compte que rien n'était plus difficile que de raconter le cheminement spirituel d'un être.

Comment savoir où il a vraiment commencé? Comment découvrir le déclic qui a tout mis en marche alors que les intéressés ne le savent pas toujours eux-mêmes? Comment pénétrer sans trahir jusqu'au plus profond du plus profond d'un chercheur de vérité?

Confrontés à ce problème en face d'un être aussi complexe et aussi attachant que Marguerite Bangerter, nous avons décidé que le mieux était encore de la laisser parler sans essayer de mettre de l'ordre dans son témoignage ou d'établir une chronologie qui n'est pas forcément conforme à la réalité intime.

« Je ne saurais dire, nous a-t-elle dit, quand mon chemin a vraiment commencé. Lorsque j'étais jeune, aux environs de ma quinzième année, j'étais très nourrie de Georges Duhamel. Je peux dire qu'il a été mon premier maître. Il est un peu oublié aujourd'hui mais je suis certaine que si vous interrogez des gens de mon âge ou même des plus jeunes, beaucoup vous diront la même chose. Duhamel était un maître de sagesse. La *Possession du monde, le Double Jardin,* quelles merveilles! Pendant longtemps, je me suis nourrie de lui et encore aujourd'hui, il m'arrive de le relire avec émotion et reconnaissance.

« Vous savez, on se fait souvent une fausse idée des maîtres. On croit qu'ils sont nécessairement des êtres " réalisés ", qui disent des choses sublimes devant des centaines de disciples assis en lotus. En réalité, si l'on sait voir, il y a des maîtres inconnus qui, tout en vivant une vie en apparence ordinaire, peuvent nous apprendre des choses essentielles. Je pense par exemple à Mme Paulet qui a eu une grande influence sur moi. Je passais la voir tous les jours en revenant du conservatoire. Avec son mari et ses trois garçons, elle vivait dans une grande maison, un ancien couvent. Lui, il était artiste, il peignait de merveilleux tableaux mais il avait créé en même temps une entreprise de peinture. Il était un peu rêveur et elle devait s'occuper de tout. Je ne sais pas comment elle avait fait pour élever ses trois enfants et pour diriger en même temps une grande entreprise. Elle s'occupait des ouvriers, veillait aux comptes et menait tout tambour battant. J'aimais cette maison. Il y avait une galerie de tableaux et un piano à queue. Les trois fils étaient mes danseurs mais je n'ai épousé aucun des trois parce que j'aimais trop leur mère.

« J'ai tellement été la fille de la maison que M. Paulet, pour le mariage de son fils aîné, m'a emmenée à Paris avec une de mes amies. Mon premier voyage à Paris. Ce fut un enchantement! J'ai été bouleversée par la Sainte Chapelle. Le soleil y donnait quand j'y suis arrivée. Je me serais mise à genoux. Le mariage à Saint-Philippe-du-Roule a été somptueux. J'avais une robe à crinoline et les demoiselles d'honneur, toutes habillées de la même façon, avaient de grandes capelines. C'est fou ce que j'ai pu apprendre de cette famille et tout spécialement de Mme Paulet! D'ailleurs, tout au long de ma vie, j'ai beaucoup appris des femmes. »

Question : Vous nous avez dit un jour : quand les femmes feront marcher le monde. Vous croyez vraiment que cela arrivera un jour?

Marguerite Bangerter : La poussée de la vie nous amène à cela d'une façon toute naturelle. Un monde dirigé par les hommes sera toujours un monde de guerre et Dieu sait si nous sommes encore sous le code Napoléon. Il est difficile d'être femme aujourd'hui, je le sais par toutes les confidences que je reçois. Même lorsqu'elles sont aussi capables que les hommes, on leur donne toujours des postes inférieurs. Mon mari et moi, nous étions de grands marcheurs et quand nous rentrions le soir, également fatigués, il s'asseyait dans son fauteuil, prenait son journal et attendait que je mette le souper sur la table. J'étais consciente de cela mais je tenais ma langue parce que j'aimais beaucoup mon mari et que, de toute façon, à cette époque, on m'aurait jeté la pierre si j'avais agi autrement.

Aujourd'hui, cela va un peu mieux. On voit des hommes qui poussent des landaus et, chez mes neveux, l'homme et la femme partagent les tâches ménagères. Mais c'est loin d'être parfait, surtout dans le monde du travail ou de la politique.

Question : Mais comment les femmes transformeront-elles le monde?

Marguerite Bangerter : Quand elles seront au pouvoir, elles ne donneront jamais leurs enfants à la guerre. Un monde de femmes ne sera jamais un monde guerrier.

Question : Pourquoi?

Marguerite Bangerter : Parce que les femmes ont le corps calleux qui relie les deux hémisphères du cerveau plus développé. C'est leur cerveau droit qui va donner, celui qui, jusqu'ici, a été le moins développé. Le côté intuitif.

Question : Pourtant les femmes ont souvent poussé à la guerre.

Marguerite Bangerter : On disait au temps de la chevalerie que l'armure ne tenait bien que si elle avait été attachée par une femme mais c'est fini maintenant. Je le vois bien quand je donne des séminaires : les femmes sont plus douées pour l'intériorité. C'est cette intériorité, cet approfondissement qu'elles vont maintenant apporter à l'humanité.

Question : Mais comment cultiver le cerveau droit?

Marguerite Bangerter : En étant très attentif à ce que la vie nous fait passer. Attentif à notre enracinement dans la nature, à la beauté qui nous entoure, à la tendresse, à l'intuition. Attentif aussi à la souffrance qui n'a pas de valeur en soi mais qui amène une maturité lorsque la douleur est cicatrisée. Les femmes savent mieux souffrir que les hommes. C'est pourquoi elles sont plus fortes.

Question : A vous entendre, on a le sentiment que tous les hommes sont un peu des enfants.

Marguerite Bangerter : Oui et, croyez-moi, je parle par expérience. Beaucoup d'hommes viennent chez moi. Certains sont âgés et pourtant, ils ont tellement besoin d'une mère qui les écoute. A moi, ils peuvent tout dire. Ils savent que j'ai deux grandes oreilles pour entendre et un grand cœur pour aimer. C'est d'ailleurs parce qu'ils sont des enfants qu'ils ont tellement besoin d'être importants. Regardez les enfants : ils cherchent toujours à attirer l'attention. C'est dans leur nature. La volonté de puissance naît toujours de l'insécurité.

Question : Mais les femmes peuvent être aussi habitées par la volonté de puissance.

Marguerite Bangerter : Pas si elles sont vraiment femmes. Certaines se virilisent mais c'est seulement quand elles veulent copier les hommes. Dans ce sens-là, je ne suis pas féministe. Les femmes ne seront fidèles à leur mission que si elles savent rester féminines. Je le répète : une femme complète, une vraie femme n'enverra jamais son enfant à la guerre.

Question : Un homme complet non plus.

Marguerite Bangerter : Non mais ceux que tu appelles des hommes complets ne sont pas nombreux. Ils sont trop dominateurs et on ne peut leur en vouloir parce que depuis toujours, on leur répète qu'ils sont nés les premiers. Ils finissent par le croire.

Question : Pouvons-nous revenir à votre cheminement spirituel ?

Marguerite Bangerter : Bien sûr. Un des moments les plus importants a sans doute été ma rencontre avec Robert Linssen. A cette époque, j'étais souvent seule. Le matin, mon mari prenait son petit déjeuner avec les membres de son équipe et il en profitait pour leur distribuer les rôles pour la journée. Il trouvait d'ailleurs que les petits pains et les croissants étaient meilleurs en ville que chez moi. A midi, il allait dans les restaurants pour vendre du champagne et le soir, il était dans les bars. Je ne le voyais que le samedi et le dimanche. Le reste du temps, je passais mon temps à l'attendre, souvent tard le soir.

« C'est à ce moment-là qu'une amie m'a proposé d'assister à une conférence donnée dans une maison de la chaussée d'Ixelles par un nommé Robert Linssen. Je me suis dit que je pouvais bien y aller et que, de toute façon, je serais rentrée avant le retour de mon mari. J'ai été conquise. A ce moment-là, Robert Linssen était très mystique, très pur. Il était un dévot de Krishnamurti et il désirait fonder un ashram en Belgique. Il faut vous rendre compte qu'à cette époque, cela n'était pas commun. L'Inde n'était pas encore à la mode dans nos pays.

Les traductions de Jean Herbert commençaient tout juste à être lues.

« Cette rencontre avec Robert Linssen et avec ses amis a brisé la solitude dans laquelle j'avais mené jusqu'ici ma recherche spirituelle. J'ai compris à quel point il était important de tisser des liens entre l'Orient et l'Occident. Très vite, je suis devenue la rédactrice en chef de *Spiritualité*, la revue fondée par Linssen, ce qui m'a donné l'occasion de connaître des êtres extraordinaires tels qu'Alexandra David-Neel, la célèbre exploratrice du Tibet, Roger Godel ou Marie-Madeleine Davy.

« Je découvrais un nouveau monde à travers les traductions de Jean Herbert et cela a été pour moi une grande joie que de faire sa connaissance. Il était directeur de l'école internationale de traduction simultanée et il consacrait tout son temps libre à faire découvrir aux Européens les grands maîtres orientaux. C'était un grand bonhomme très noir qui avait un charme extraordinaire.

« Un jour, sa première femme m'a mise en rapport avec toute l'équipe d'Aurobindo. C'est ainsi que j'ai eu la grande joie d'avoir des contacts avec Mère. Tous les mois, elle m'envoyait une petite fleur séchée. Elle était voyante et elle a beaucoup apporté à Aurobindo. J'ai eu plusieurs fois l'occasion de parler d'elle avec Satprem à qui nous devons la publication de l'extraordinaire agenda de Mère. Comme elle, à quatre-vingt-huit ans, je suis capable d'enfiler mes aiguilles avec une double cataracte. J'y arrive parce que je suis détendue et que je n'ai pas peur que le fil ne passe pas. Alors, le geste est juste. »

Question : C'est comme le tir à l'arc?

Marguerite Bangerter : Absolument. Quand mon fil passe, je dis : Merci Seigneur! Le destin de la flèche est d'aller dans la cible.

« J'étais à la revue depuis peu de temps lorsque j'ai commencé à faire des conférences. La première fois, j'ai parlé de la vie unitive chez une vieille dame qui avait un salon et qui recevait des gens peu connus. Depuis, je n'ai pas arrêté mais je trouve plus pratique de donner la plupart de mes conférences chez moi. C'est assez intime car mon salon ne peut contenir plus de cinquante personnes. »

Question : Vous avez fréquenté beaucoup de maîtres. N'avez-vous jamais eu la tentation de devenir disciple de l'un d'eux?

Marguerite Bangerter : Je suis très indépendante. J'ai tout de même eu une grande admiration pour mon professeur de sciences naturelles et je suis restée en contact avec elle après la fin de mes études. C'est elle qui m'a fait entrer en maçonnerie. Elle m'a dit un jour : « Avec ta nature et tout ce que tu sais, tu es une maçonne sans tablier. » Je l'ai suivie et je ne l'ai jamais regretté. Je ne suis pas forcément toujours d'accord avec tout ce qui se dit ou se fait dans la loge mais je reste pour que ça change. J'ai été aussi très fortement tentée par le Réarmement moral.

« J'avais lu par hasard un journal illustré intitulé *les Nouvelles d'un monde neuf* où l'on parlait d'un immense hôtel situé au-dessus de Montreux et que des gens de toutes nationalités étaient en train de restaurer. Des gens qui rêvaient de créer un monde idéal. On montrait des ministres, des hommes d'affaires, des aristocrates qui faisaient de la maçonnerie, épluchaient les légumes, soignaient le jardin ou faisaient la vaisselle. J'ai été passionnée, j'ai lu les livres de Russel et, un jour, j'ai décidé de me rendre à Caux pour voir de plus près ce qui s'y passait.

« Les articles que j'avais lus disaient que n'importe qui pouvait se présenter sans prévenir et à n'importe quel moment. Mon mari et moi, nous sommes donc arrivés un beau jour d'été et nous avons été reçus comme si nous étions de vieux amis. Une hôtesse a commencé par nous faire visiter les lieux et nous en avons eu le souffle coupé. Il n'y a pas si longtemps encore, cet ancien palace de mille lits était en train de tomber en ruines. Désaffecté depuis la guerre, il avait servi à héberger des réfugiés. Désormais inutile, considéré comme irréparable, il était promis à la démolition.

« C'est alors que la branche suisse du Réarmement moral avait décidé de l'acheter et de le faire restaurer par ses membres actifs. Cela semblait fou. Des gens qui, pour la plupart, n'avaient jamais travaillé de leurs mains allaient retrousser leurs manches et tout reconstruire de la cave au grenier et, par la suite, entretenir l'hôtel et faire le service. Le plus extraordinaire, c'est qu'ils ont tenu cet incroyable pari et que le vieux palace, rajeuni, brillait de tous ses feux, que les jardins, dominant le décor sublime du lac Léman, étaient splendides et qu'en 1947, lors de notre première visite, l'ensemble donnait une impression de luxe et de beauté.

« Mon mari et moi, nous avons été d'emblée enthousiasmés par cette étonnante aventure, conquis par les sourires qui nous accueillaient, intéressés par le fait que la vie se déroulait sans être codifiée par le moindre règlement, séduits par la devise du mouvement : Amour absolu, honnêteté absolue, désintéressement absolu, pureté absolue. De fait, cet hôtel pas comme les autres était sans doute le seul endroit au monde où il était possible de laisser son sac plein d'argent pendu à un portemanteau sans craindre les voleurs.

« J'ai trouvé décapants les partages et les témoignages qui avaient lieu deux fois par jour. Il s'agissait pour chacun, à la lumière des autres, de faire en soi la vérité absolue, de démasquer tous les petits mensonges, toutes les petites faiblesses, toutes les petites malhonnêtetés qui ne nous paraissent pas si graves dans la vie quotidienne mais qui l'empoisonnent sournoisement. Je me sentais bien aussi parce que les dogmes, les interdits, les Églises n'avaient pas droit de cité. J'aimais le climat de liberté absolue qui régnait là-bas.

« Hélas! au bout de deux années, il m'a bien fallu constater que le Réarmement moral n'était pas, lui non plus, exempt d'idéologie alors que l'idéologie est ce qui me fait le plus horreur. Par souci de vérité, j'ai donc rompu avec le mouvement mais je ne regrette absolument pas de l'avoir connu. »

Question : Mais le fait de refuser systématiquement toute sorte de religion n'est-il pas une idéologie à l'envers?

Marguerite Bangerter : Je ne refuse rien. J'ai simplement du mal à accepter les gens qui prétendent être les seuls à posséder la vérité mais j'ai des amis partout et je peux même dire que deux de mes plus chers amis sont prêtres. Je les aime tous les deux également pour leur ouverture d'esprit. Ils ont passé leur vie à chercher Dieu et ils sont allés au plus profond d'eux-mêmes. Nous sommes très camarades. L'un d'eux répète souvent : « Ne croyez surtout pas que vous avez compris même un peu de Dieu parce que vous êtes allé au catéchisme. Dieu, c'est tout à fait autre chose. » L'autre est aumônier militaire et lorsqu'il célèbre un mariage, il ne manque pas de dire aux époux : « N'oubliez jamais que le mariage doit être l'école de la liberté. Ne cherchez jamais à mettre la main sur l'autre. Au contraire, vous devez vous aimer assez pour vous donner la liberté l'un à l'autre. Vous en êtes responsables devant votre conscience. » Celui-là a tout lu, la Bhagavad Gîta, Patanjali, les Bouddhistes... C'est un passionné. J'aime les gens comme ça.

« Quant à mon autre ami, je vais vous donner un exemple de son ouverture d'esprit : Le jour où je lui ai appris que j'étais en franc-maçonnerie, il a été un peu commotionné. Il m'a dit qu'il ne savait pas que j'étais aussi rationnelle. C'est une optique qu'on avait autrefois à propos de la franc-maçonnerie mais cela ne l'a pas empêché de rester mon ami. J'aime beaucoup aller à ses messes parce qu'elles sont merveilleuses. La première fois que j'y suis allée, je lui ai dit : " Ne t'étonne pas si je ne vais pas à l'eucharistie. J'y suis allée une fois et ça a été la dernière. J'étais à côté d'un nazi et je savais qu'à peine sorti de l'église, il allait écrire des lettres de dénonciation contre mon père parce qu'il était franc-maçon. Mais tu sais bien que cela ne m'empêche pas d'être une chercheuse passionnée du Divin. J'aime autant te dire que j'ai le sentiment de communier la nuit lorsque j'entre dans ma méditation profonde. "

« Mon ami n'a rien dit mais après avoir consacré le pain et le vin, il a descendu les trois marches de l'autel et il est venu me serrer la main. Cela m'a fait une joie! Je me suis dit qu'il avait compris et maintenant, nous n'avons même plus besoin de nous parler pour nous comprendre. Je l'ai connu parce que nous nous rencontrions dans un endroit où l'on fait du zen.

« J'aime le zen parce que j'y retrouve l'importance de l'instant présent. C'est une école extraordinaire de transparence. On m'a beaucoup interrogée sur la transparence. Comment y arrive-t-on? Bien entendu, il faut dépasser tout le paquet de l'ego. Au bout, tout au bout, lorsqu'on est transparent, on n'est plus rien. Rien qu'un tuyau par où ça passe. On est passé de la substance à l'essence. »

Question : Comment faire pour devenir ce tuyau dont vous parlez?

Marguerite Bangerter : Il faut passer par des épreuves. Il n'y a que comme ça. (Elle rit.)

Question : Il n'y a pas moyen de faire autrement?

Marguerite Bangerter : Je ne crois pas. Nous sommes si peu sages qu'il nous faut sans arrêt recevoir des coups de bâton pour comprendre. Un jour, j'ai été renversée par une voiture. Le conducteur a pris la fuite et on m'a ramassée en miettes. On m'a transportée à l'hôpital et je me suis réveillée dans une chambre de quatorze lits. C'est là que j'ai appris la patience et aussi la collaboration avec le corps. Si tu as une épreuve, vis-la. Ne passe pas à côté, ne te plains pas comme une idiote. Ce n'est pas facile mais il faut absolument le faire. Je suis restée quatre mois avec les jambes en l'air, lestées par des poids et il m'a fallu presque neuf mois pour que je puisse remettre le pied par terre. J'ai souffert mais tout cela a été positif. Mon mari a été admirable à ce moment-là. Il venait tous les jours et il déjeunait dans un petit bistro près de l'hôpital. Le dimanche, il venait trois fois.

« Je n'ai pas voulu avoir une chambre pour moi toute seule et cela a été une expérience que je n'oublierai pas. J'ai été surprise de voir que les femmes qui étaient avec moi ne priaient jamais. Quelle pauvreté!

« Lorsque j'ai pu bouger, on m'a mise à la fenêtre pour me permettre de voir éclater le printemps. Il faut collectionner ces joies, ne pas passer à côté. Je n'ai jamais désespéré. Si on sait l'accueillir, la moindre joie est merveilleuse. »

Il est vrai qu'elle a souffert, Marguerite Bangerter, tout au long de sa vie! Dans sa chair, dans ses affections, dans sa vie conjugale, dans son âme. Son rire qui jaillit si souvent, comme une source claire, n'est certes pas fait d'inconscience. La souffrance ne l'a pas repliée sur elle-même comme elle le fait pour tant d'êtres désespérés. Elle l'a au contraire ouverte et épanouie. Elle l'a surtout rendue sœur de tous les hommes et de toutes les femmes qui se sont trouvés sur son chemin. Tant et tant d'êtres, souvent à bout de forces, qu'elle s'obstine sans cesse à remonter, à libérer, à soulager, à reconquérir à la joie. C'est cela sa mission sur la terre, elle le sait, et c'est sans doute pourquoi nous nous sommes sentis, d'emblée, tellement attirés par elle.

Elle rêve depuis longtemps d'écrire un livre qui serait en quelque sorte son testament spirituel. Ses amis la poussent à s'y mettre sérieusement et, nous-mêmes, nous avons insisté pour qu'elle prenne le temps nécessaire. Elle promet qu'elle le fera mais elle le remet de jour en jour parce qu'elle ne sait pas ne pas se laisser déborder par les gens qui ont besoin d'elle. « Que veux-tu, répète-t-elle sans cesse, je ne peux tout de même pas refuser, je ne peux fermer la porte. Il y a tant de souffrances! »

Il y avait chez elle, lors de notre première visite, un couple qui vivait étroitement avec elle, dormant et prenant ses repas dans son appartement. Nous avons d'abord pensé qu'il s'agissait de personnes de sa famille.

« Pensez-vous, nous a-t-elle dit, ce sont des gens dans le besoin. Lui, il s'est entiché du yoga mais il est tombé sur un professeur irresponsable qui lui a fait faire des exercices que, mentalement, il n'a pas pu supporter. Il a commencé à faire monter sa kundalini le long de sa colonne vertébrale et il l'a laissé en plan. C'est criminel. Le pauvre garçon ne savait plus où il en était. Il aurait aussi bien pu devenir fou. Il m'a bien fallu le prendre en charge et maintenant, je suis sa maman Margot. Je l'ai écouté, écouté. Pendant deux jours, sans arrêter il m'a raconté ses " expériences ". Le troisième jour, je lui ai dit : " Maintenant, ça va, tu vas mettre tout cela dans ta valise et refermer le couvercle à double tour. C'est fini. Tu ne dois plus être dépendant mais arriver à la transparence. N'être plus que le tuyau d'orgue par lequel passe la musique. Gagner ta liberté intérieure. " Au début, il a résisté mais maintenant, aidé par son admirable femme, il commence à comprendre. Je suis contente qu'il soit venu. Lorsqu'il est chez lui, il m'écrit d'interminables lettres auxquelles je dois répondre. C'est plus facile de vive voix. »

Ajoutons qu'un an après notre première rencontre, cet homme semble tout à fait tiré d'affaire. Il participe à des groupes de recherche spirituelle au sein desquels on aide des gens qui sont dans la détresse, qui souffrent d'incompréhension ou qui vivent des " états de conscience altérée ".

« Vous ne pouvez imaginer les problèmes qu'on rencontre lorsqu'on se donne la peine d'écouter les êtres. Tenez, juste avant votre arrivée, j'ai reçu une femme qui était, il n'y a pas si longtemps encore, en pleine détresse. Son père était diamantaire et lui avait laissé une poignée de diamants qui constituaient toute sa fortune. Son mari, avec lequel elle ne s'entend plus, est parvenu à s'emparer des diamants. C'est sa maîtresse qui en profite maintenant. Lorsqu'elle est sortie de chez moi après sa première visite, elle était déjà changée. Sans doute parce que quelqu'un l'avait enfin écoutée avec amour. Elle m'a écrit un petit poème. »

Question : Concrètement, que s'est-il passé pour elle?

Marguerite Bangerter : Elle n'a pas récupéré ses diamants mais elle a retrouvé le goût de vivre. Étant multilingue, elle a trouvé un travail. C'est dur mais elle s'en sortira.

« Les problèmes de femmes, vous n'avez pas idée de ce qu'ils sont. J'ai une amie qui a six enfants dont une fille qui est restée quadriplégique après un accident de voiture. Sa vie était si dure qu'il lui arrivait de partir se reposer quelque temps laissant la malade à la garde de son mari. Celui-ci a trouvé le temps long et il a fini par prendre une maîtresse. Mon amie doit maintenant gagner sa vie tout en s'occupant de sa fille. Il y a beaucoup d'hommes qui ne supportent pas la moindre contrainte et qui plantent leur femme à la première contrariété. Que de souffrances! »

Question : Que pouvez-vous faire pour elles?

Marguerite Bangerter : D'abord les écouter. C'est ce dont elles ont le plus besoin. Et après cela, essayer de trouver la parole qui leur convient.

Question : Ce n'est pas toujours facile.

Marguerite Bangerter : Ces paroles, on ne peut les trouver que dans son cœur. Je souhaite que celles qui viennent chez moi ne repartent pas comme elles sont venues. Qu'elles trouvent au moins une petite réponse. Georges Duhamel disait qu'il faut « voir les hommes en Dieu », c'est-à-dire ne pas voir seulement leurs qualités et leurs travers mais voir au-delà afin de discerner le rond de lumière, aussi étroit soit-il, où leur âme se meut en secret. Ce rond de lumière et d'éternité, il est chez chaque homme et c'est parce que je sais cela que je reçois tous ceux qui viennent avec une amoureuse curiosité.

« Par exemple, j'ai accepté de recevoir mardi quelqu'un que je ne connais pas. Il a entendu parler de moi et il a eu envie de venir. C'est beau. C'est une carte vierge pour moi, quelqu'un de vivant que je vais découvrir, un paysage nouveau... Voilà pourquoi je n'ai pas le temps d'écrire. Je dois rester disponible. Je crois que telle est ma vraie mission.

« Je n'ai pas peur de la mort, vous vous en doutez bien et il m'arrive même, lorsque mon corps me fait trop souffrir, de la voir comme une délivrance, mais j'accepte de vivre aussi longtemps que je pourrai découvrir ainsi les hommes et les femmes à la lumière de Dieu et peut-être aussi les aider à vivre un peu mieux. »

Question : Si j'en juge par ce qu'ils nous disent, ce sont surtout des problèmes concrets qu'ils vous posent?

Marguerite Bangerter : Bien sûr, les problèmes avec le mari, les enfants, la profession, les dettes à payer mais, la plupart du temps, nous débouchons très vite sur des problèmes psychologiques profonds et même sur des aspirations spirituelles qui ne sont pas toujours reconnues.

Question : Vous recevez surtout des femmes?

Marguerite Bangerter : Surtout mais les hommes viennent aussi. Des jeunes et des vieux, des riches et des moins riches. Il y a même des hommes d'affaires, de gros industriels. Quand il vient me voir, l'un d'entre eux dort chez moi parce qu'il n'aime pas l'hôtel. Je lui ai donné la clé. Je lui ai fait lire les Upanishads et il en est resté stupéfait au point de s'écrier : « Comment n'ai-je pas lu cela plus tôt? » C'est extraordinaire ce qui peut se passer dans les cœurs.

« J'ai même des mères de famille qui m'amènent leurs enfants parce qu'elles ne savent plus qu'en faire et, il n'y a pas longtemps, un professeur de mathématiques m'a amené sa classe parce qu'elle avait le sentiment que ses élèves, de seize-dix-sept ans, ne l'écoutaient plus. Comme je ne sais pas dire non, je les ai fait venir. Je leur ai servi une tasse de chocolat et je leur ai dit : " Écoutez, mes enfants, je comprends très bien qu'à l'âge où vous êtes, on soit déboussolé et que vous ne vouliez plus du monde que nous nous apprêtons à vous laisser. Alors vous allez faire une chose : vous allez prendre votre pouls et vous allez sentir battre quelque chose. C'est la vie qui est en vous, cela n'a pas besoin de démonstration. La vie qui vous habite et qui ne cesse de battre. Vous la recevez gratuitement. Et qu'est-ce que le but de la vie? Georges Duhamel a répondu, il y a bien longtemps, que le but de la vie est d'être heureux. Il a dit aussi à peu près cela : ' Les larmes que nous versons lorsque nous sommes malheureux nous prouvent bien que notre destin est d'être heureux. ' C'est vrai et je vais vous donner le secret du bonheur : à votre âge, on veut se dévouer pour une grande cause, défendre la vérité, la justice... L'ouvrage ne manque pas et vous pouvez vous y mettre dès maintenant. Si vous le faites, vous verrez disparaître votre malaise. "

« Je n'ai jamais eu d'auditoire aussi attentif. Il y a juste une fille qui m'a dit : " Vous parlez, vous parlez... Et après? " Celle-là, je lui ai téléphoné le lendemain en lui disant que j'aimais bien les gens qui rouspétaient. Le professeur n'en revenait pas. Elle m'a dit en partant qu'elle n'avait jamais vu ses élèves aussi attentifs.

« C'est beau la vie. Des fois, je proteste un peu, je dis au Seigneur qu'il est exigeant et puis je réalise qu'il n'a pas de bouche, pas de mains et que nous devons être ses instruments, ce qui nous donne une responsabilité formidable. Et une dignité! J'en ai assez d'entendre toujours dire des hommes qu'ils sont de pauvres pécheurs alors qu'ils sont tous animés par Dieu, qu'il les fait à chaque instant vivre de son souffle, depuis le moment où on leur tape sur le derrière pour les faire respirer jusqu'au dernier instant de la vie.

« Plus j'avance en âge et plus je suis amoureuse de la vie. Hier, entre deux averses, j'ai fait le tour de l'étang. J'ai rencontré un vieux monsieur et nous nous sommes regardés. Aujourd'hui, les gens ne se regardent plus. Lui, il a planté en moi son regard. C'était très beau. Si tu gagnes un regard, tu as gagné ta journée. Il ne faut pas grand-chose pour m'émerveiller. Un petit brin d'herbe qui pousse courageusement entre deux pavés, cela me suffit.

« La vie ne nous laisse jamais tomber. Je suis émerveillée de voir la force qu'elle me donne, à mon âge, au moment même où j'en ai besoin. Dieu n'est pas responsable de ce qui ne va pas. C'est nous qui ne sommes pas fidèles. Ce livre que je n'arrive pas à commencer, je sais déjà comment je vais le terminer. Avec ce poème que j'ai composé pour le Nouvel An :

« Il faut enfin comprendre
que sur toute la Terre,
ceux que nous côtoyons,
pour différents qu'ils soient
reçoivent comme nous
le don sacré d'une vie
qui nous rend solidaires
de cette masse humaine. »

« Quand un cosmonaute part dans l'espace, il y a au sol des centaines de personnes qui, devant des écrans, travaillent pour lui. A mon avis, c'est la plus belle image de la solidarité humaine. Le coude à coude, le cœur à cœur... D'ailleurs je suis passionnée par l'aventure scientifique de notre époque. »

Question : Autant que par l'aventure spirituelle.

Marguerite Bangerter : Mais c'est la même chose!

Marguerite Bangerter a lancé cela comme un acte de foi, comme une évidence absolue. Nous touchons là à ce qui nous a peut-être le plus passionnés, Rachel et moi, lors de nos rencontres avec cette vieille dame si jeune encore. Depuis longtemps déjà, elle se tient à la croisée des chemins, là où se rejoignent la science et le spirituel. Cela nous semble aujourd'hui d'une évidence qui s'impose de plus en plus mais il y a des dizaines d'années qu'elle clame à tous les vents que, pour qui sait voir, l'esprit se révèle aussi dans la matière.

C'est dire qu'elle a été une des premières fidèles de Teilhard de Chardin. Elle s'est rendue en pèlerinage dans sa maison natale et elle est encore aujourd'hui un des piliers du groupe Teilhard de Bruxelles. Elle peut parler pendant des heures de ce qu'elle a découvert dans *le Phénomène humain* et dans les autres œuvres du jésuite.

« La noosphère, écrit-elle, phénomène nouveau dont il nous

brosse le tableau, est déjà en train de s'établir et s'organise sous nos yeux... ceci m'amène au Tout en tout qui remplit l'œuvre de Teilhard... Aimer avec le sentiment réel et profond de parenté dans l'Unité, ce n'est pas aimer tout le monde pour finalement n'aimer personne. C'est être habité par un amour si torrentiel que, toutes scories consumées, on ne puisse empêcher sa lumière d'éclairer tout ce que le regard ou la pensée embrasse... Teilhard était profondément et authentiquement chrétien, mais sa personnalité était si vaste et le souffle qui l'a traversé si puissant, que son message a porté bien au-delà des murs et que son expérience mystique dépasse les catégories... »

Étonnante Marguerite Bangerter! Elle n'a pas poussé très loin ses études parce qu'on considérait, en son temps, que les filles ne devaient penser qu'au mariage; elle n'a pas de culture scientifique et pourtant, elle a tellement lu et avec tellement de passion qu'elle a pu devenir l'hôtesse et l'amie de quelques-uns des plus grands savants de notre temps. Roger Godel et Thérèse Brosse d'abord, nous l'avons dit, puis Capra, Prigogine, Reeves, Charon...

« Ils me fascinent, affirme Marguerite Bangerter. Ils nous expliquent l'univers, la Terre vivante, les trous noirs, les naines blanches. Ce sont eux qui provoquent aujourd'hui le mûrissement de la conscience. Ce n'est plus comme autrefois : nous ne pouvons plus croire sans comprendre. La foi du charbonnier, c'est fini. Les jeunes n'en veulent plus.

« Quand une chambre est obscure, c'est que la lampe n'est pas allumée. Nous devons allumer notre lampe et nous servir d'elle pour éclairer ce qui est encore dans l'obscurité.

« La première fois que j'ai vu Hubert Reeves, c'était à Bruxelles à l'occasion d'une de ses conférences. Je suis montée sur l'estrade et je lui ai demandé de nous dire ce qu'il y avait avant le big-bang. Il m'a dit qu'il ne pouvait pas répondre comme ça et qu'il m'écrirait. Alors je lui ai dit : “ Tout ce que vous venez d'expliquer, c'est l'inspir et l'expir du Brahman. Nous sommes dans une période d'expansion, d'expir, les galaxies s'éloignent les unes des autres et elles vont continuer jusqu'au moment où elles atteindront le point Oméga. Après, ce sera l'inspir, les galaxies se rapprocheront jusqu'à se fondre les unes contre les autres. Tout cela, c'est le jeu de Dieu. ”

« Capra, lui, est un mystique authentique. Il a vu danser les particules au moment où il sortait de la chambre à bulles du grand cyclotron. Avec lui, les grands scientifiques actuels sont d'accord pour affirmer que le vide n'est pas le néant.

« Nous vivons vraiment des temps passionnants : ce sont les scientifiques qui nous emmènent vers la mystique profonde. C'est un extraordinaire renversement de perspectives. Et cela va vite, vite.

« Ils sont tous venus ici. Quand les Prigogine sont arrivés en Belgique, ils venaient tout droit de l'URSS. Un de mes amis lui a demandé s'il avait la vocation d'être un grand physicien. Il a souri et il a répondu (je lui aurais sauté au cou pour cette réponse) : " Vous savez, on peut parler de vocation quand on a fait carrière. Moi, j'étais musicien et je suis toujours pianiste. " Fritjof Capra insiste aussi beaucoup sur son intuition première d'artiste et de mystique. C'est pourquoi ils sont à l'avant-garde de notre époque car, j'en suis persuadée, nous entrons dans une ère où la mystique sera reine. »

Marguerite Bangerter vient, sans en avoir l'air, de nous ouvrir la porte de son secret Royaume et nous comprenons soudain pourquoi cette femme que rien n'y prédisposait se passionne tant pour la science d'aujourd'hui. Pourquoi aussi elle attire à elle tant d'âmes en peine. Elle ne le dirait pas ainsi et sans doute sera-t-elle un peu choquée que nous le disions mais si nous devions la définir, nous dirions avant tout que cette franc-maçonne est une mystique au sens fort du terme.

Une mystique de notre temps qui s'intéresse passionnément au monde où elle vit, qui aime rire et cultive avec bonheur les rapports humains. La nuit, elle qui a tant de mal à dormir parce que son corps la fait souffrir, elle passe des heures en méditation et elle aime raconter cette petite histoire :

Quand le Bouddha fut sur le point de mourir, ses disciples lui demandèrent si le temps n'était pas venu de faire ses dernières prières. Il répondit : « Mais ma prière est permanente. » « C'est beau, vous savez, car c'est cela le seul but de la vie : être dans la Présence à chaque instant de notre vie. C'est pour cela que j'ai tellement aimé la *Messe sur le monde* de Teilhard. Lui savait que la pensée divise et que l'amour seul réunit. Il vivait dans la Présence, j'en suis certaine. Je le répète, il n'y a que ça. Quand je suis à mon bureau le soir, car j'écris encore très tard, j'ai le sentiment que tout chante autour de moi, que les murs sont tapissés de Présence. C'est beau, c'est beau. C'est toute la vie.

« Les saints de toutes les religions ont connu cela mais aujourd'hui, l'on n'y prête plus guère attention. Les curés n'osent même plus parler des anges. Moi je fais souvent ce que Gitta Mallasz m'a conseillé de faire : lorsque je n'arrive pas à prendre une décision que je crois importante, j'invoque saint Michel... Je suis bien placée ici puisqu'il est le patron de Bruxelles. On nous parlait autrefois de l'ange gardien d'une façon enfantine. En réalité, il est notre conscience profonde qui se structure peu à peu et devient notre maître intérieur pour peu que nous prenions l'habitude de conformer notre conduite quotidienne aux intuitions que cette conscience nous donne. Tout se joue sur notre capacité d'accueil. Quelle extraordinaire aventure : si nous le voulons, la Conscience peut introduire dans notre vie active cette part de lumière qu'elle porte en elle. Nous passons au-delà des frontières à l'intérieur desquelles l'ego veut nous limiter pour accéder en quelque sorte à la sagesse de notre dimension cosmique. Le signe en est la Joie. Une Joie gratifiante qui transforme le regard que nous portons sur les êtres et les choses. Croyez-moi : si l'action prend sa source dans cette profondeur, alors elle est juste.

« C'est pourquoi malgré mon âge et mon corps qui souffre, je peux encore faire tant de choses, recevoir des gens par dizaines, donner des conférences, inviter ici des conférenciers. Ma porte est toujours ouverte et quand il me faudra la fermer, je pourrai mourir. »

Question : Vous nous avez dit que vous n'étiez pas pressée d'aller de l'autre côté.

Marguerite Bangerter : Tant que je suis utile, je veux bien rester. Je suis ivre d'être mais je sais que de l'autre côté, je serai à la source de l'être. Je serai dans le moindre brin d'herbe quand il poussera sa petite tige verte. Ce sera beau, ça chantera. J'attends cela avec impatience.

Question : Tout en étant très heureuse de vivre sur terre?

Marguerite Bangerter : Bien sûr. Mais il m'arrive parfois de me sentir comme Thérèse d'Avila quand elle disait : « Je meurs de ne pas mourir ! » Ma carcasse est fatiguée et, pour tout arranger, il n'y a pas longtemps, je suis tombée et j'ai eu le sternum défoncé. J'avais du mal à respirer, c'était atroce et j'ai tout fait pour souffrir sans me plaindre. C'est un exercice difficile mais, à ce prix, j'ai appris beaucoup de choses et en particulier l'importance du souffle. C'est une énergie formidable. C'est avec lui qu'on arrive au fond de l'être.

Ce que nous avons trouvé passionnant, dans nos rencontres avec Marguerite Bangerter, c'est qu'à chaque instant, dans une conversation en apparence banale, nous découvrions des merveilles. Des phrases, dites tout simplement et qui étaient de véritables joyaux. Il n'est pas question pour nous de répéter tout ce qu'elle nous a dit. Ceux qui veulent aller plus loin peuvent assister à une de ses conférences ou lire l'unique livre qu'elle a écrit en attendant celui qu'elle va peut-être se décider à écrire si ses visiteurs lui en laissent le temps.

Nous sommes heureux d'avoir été parmi ces visiteurs car nous avons eu le sentiment de découvrir une femme remarquable, même si, répétons-le, elle n'a pas fondé de mouvement ou mobilisé des foules. On nous a demandé plusieurs fois de la définir en quelques mots et je crois que le mieux est encore de citer une phrase qu'elle aime beaucoup et qui lui ressemble. Elle est d'Émile Verhaeren et nous l'offrons à nos lecteurs en guise de conclusion :

« Tout m'est ardeur, beauté, frisson, folie. Je suis ivre du monde et je me multiplie si fort dans tout ce qui m'émeut et m'éblouit que mon cœur en défaille et se délivre en cri. »

8

LORSQUE TROIS TRADITIONS SE REJOIGNENT DANS L'AMOUR

Denise Desjardins, Annick de Souzenelle, Eva de Vitray-Meyerovitch, trois femmes qui nous ont fait l'amitié de répondre à ces questions qui sous-tendent tout notre livre : Est-il vrai que le monde nouveau qui est en train de naître sera, beaucoup plus que par le passé, marqué par les valeurs féminines ? Valeurs d'intuition, d'accueil, de partage et d'absolu respect de la Terre mère. Est-il vrai que cette révolution silencieuse – déjà commencée pour qui sait voir – est un événement majeur capable de transformer enfin le visage du monde ?

Il nous a paru intéressant de constater qu'à notre époque où l'on parle tant de la montée du fanatisme, trois femmes, solidement enracinées dans trois traditions différentes, sont capables, au-delà de leurs différences, de se rejoindre dans l'amour et de nous délivrer un message de tolérance et d'espoir.

DENISE DESJARDINS

Denise Desjardins : Votre question me frappe parce que j'ai en effet remarqué qu'apparaissait une nouvelle façon d'aborder le rôle de la femme : après avoir voulu s'affranchir, se libérer, la femme, et même l'homme, commencent à revenir aux valeurs essentielles de ce rôle qui est, bien sûr, de recevoir mais aussi de donner. Et d'abord de donner naissance. Plus la femme sera reconnue, respectée et même valorisée dans ses fonctions d'épouse et de mère et mieux l'homme pourra s'appuyer sur ses composantes viriles et s'affirmer en tant qu'homme. Il n'est pas question pour autant qu'elle renonce à certaines libertés vis-à-vis des aspects contraignants de sa sexualité. Grâce à la pilule, les maternités peuvent être maintenant voulues, choisies.

« Autre changement, le rôle du père. Plutôt à l'écart autrefois jusqu'à ce que l'enfant commence vraiment à parler, il ne s'occupait guère du nourrisson. Aujourd'hui, nous assistons à un retournement. Les " nouveaux pères " sont à l'ordre du jour et font l'objet de colloques, d'entretiens et d'articles dans les revues. Il semblerait que le père soit maintenant un père à part entière, même pour le nouveau-né, ce qui ne nuit en rien au rôle de la femme, lequel consiste d'abord à s'occuper de son enfant après l'avoir porté pendant neuf mois.

« En Inde, la femme se prépare très jeune à assumer la charge délicate d'élaborer un nouvel être et de lui donner un moi solide et équilibré. Dès l'âge de huit ans, elle accomplit un rituel de respect et d'offrande – cérémonial habituellement réservé aux Dieux et aux Sages – appelé Kumari puja. Il ne s'agit pas de gonfler une enfant d'orgueil mais de la rendre consciente du germe de divinité qui réside en elle ainsi que de la dignité et du caractère sacré de sa fonction future de maternité.

« Ainsi consacrée, elle pourra éveiller et faire croître en l'embryon et chez l'enfant cette graine de divin qui est en lui comme en elle.

« J'ai assisté, en présence de Mâ Anandamayi, à cette cérémonie en l'honneur de plusieurs petites filles qui pouvaient ainsi prendre conscience de la gravité et de la grandeur de leur rôle futur.

« A propos de Mâ Anandamayi, je voudrais vous lire ce passage extrait d'un petit recueil de ses dits : *Aux sources de la joie* publié, il y a fort longtemps, par Jean Herbert : " Observez bien l'esprit de notre époque, dit Mâ. Ce sont les femmes qui seront au gouvernail et les hommes qui rameront. Si vous voulez arriver à un certain succès, faites-vous aider par les femmes. Il est indispensable que les filles soient entraînées, comme les garçons, à lire les écritures sacrées (Bhagavad Gîta, Bhâgavata-Purâna), à concentrer, quand elles sont jeunes, leurs forces mentales et morales sur la méditation et à rechercher la compagnie des cœurs bons et nobles. Ainsi garçons et filles verront leur conception de la vie s'améliorer grandement. " »

Question : Vous avez vu cela mais c'était il y a longtemps. Est-ce qu'on peut le voir encore? Est-ce que le modernisme ne prend pas le pas, malheureusement?

Denise Desjardins : Dans les grandes villes et dans certains endroits très industrialisés, on assiste sans doute à une rapide émancipation. Les choses changent mais il paraît peu probable que la femme ne soit plus respectée et même honorée dans ses rôles d'épouse et de mère.

« Quand on parle d'égalité entre l'homme et la femme, il convient d'introduire certaines nuances. Il est vrai qu'en toute femme existent des composantes et des aspects masculins et qu'en tout homme existent des composantes et des aspects féminins. C'est ce que l'Inde nomme *ardha-ardha* : moitié-moitié. L'androgyne, *ardanârîsvara*, en est le symbole et l'iconographie traditionnelle indienne représente souvent les dieux et leurs parèdres en union tout à fait intime pour que, justement, cette étroite union de *deux* corps symbolise la non-dualité retrouvée. C'est le cas par exemple pour Siva et sa compagne Sakti. Il arrive même qu'on les montre réunis par moitié de leurs corps. Siva est parfois représenté sous l'aspect d'un hermaphrodite, la partie droite de son corps étant masculine et la moitié gauche féminine. Les deux sexes sont ainsi associés pour montrer l'unité originelle des principes opposés qui nous divisent nous-mêmes comme l'univers et suggérer la possibilité qui nous est offerte de reconstituer cette unité. Selon ce modèle, une voie traditionnelle s'ouvre aux yogis et aux yoginis, lesquels doivent, en partant de leur dualité, retrouver cette unité primordiale en unissant en eux leurs propres principes masculin et féminin – une sorte d'union sexuelle métaphysique. »

Question : C'est le vrai mariage à l'intérieur de soi?

Denise Desjardins : Oui, mais c'est surtout une technique pour tenter de se délivrer de la dualité et réaliser en soi, sans l'aide d'un partenaire, une véritable unification, ce que vise toute ascèse (*sadhana*). Arthur Avalon cite ces paroles d'un ascète hindou : « Quel besoin ai-je d'une quelconque femme extérieure ? Je suis une femme intérieure en moi-même. » Une femme intérieure qui n'est autre que puissance divine, la *kundalinî*, ce réservoir d'énergie latente que l'on dit endormie, lovée à la base de la colonne vertébrale et qui peut, par diverses méthodes, recouvrer sa nature consciente et transformer ainsi l'être humain.

« On pourrait dire qu'il y a deux formes d'union : sur le plan grossier, l'union par accouplement physique – qui a tout à fait sa valeur et son rôle à jouer – et, au cours d'une ascèse, l'union subtile, celle des principes statiques et actifs qui nous composent. Il arrive aussi que certains yogis très avancés sur la voie tantrique se servent de l'union sexuelle mais dans des conditions draconiennes, les principales étant de n'avoir ni attachement ni désir pour une partenaire qu'on ne choisit même pas.

« Qu'on ne voie pas ici une complaisance envers des plaisirs plus ou moins raffinés mais une technique propre à éveiller l'énergie de la *kundalinî*. Cette voie périlleuse, parlons-en avec respect mais aussi avec précaution, du fait qu'elle peut susciter des excès qui ne relèvent pas du tout de la voie de " la main droite " mais de celle de " la main gauche " et qui risquent d'aboutir à des résultats désastreux.

« Dans le *mahâyâna* tibétain, l'union représentée symboliquement par une étreinte est l'union de *Prajnâ* et de *Upâya*. *Prajnâ* étant la connaissance illuminante conçue comme féminine et *Upâya* le pouvoir opérant qui est conçu comme masculin. L'union de ces deux polarités peut conduire, après une ascèse plus ou moins longue, à la réalisation. Ce sont là un langage et des méthodes de recherche intérieure spécifiques à l'Hindouisme et au Bouddhisme. On les retrouve sans doute dans un autre vocabulaire et avec d'autres symboles dans des traditions différentes. Unité et dualité, deux principes opposés fondus en l'énergie de la Sakti qui, à son origine, est une et indifférenciée. Elle se sépare ensuite, lorsqu'elle se manifeste, en deux aspects statique et dynamique qui, tous deux, existent en chacun de nous et jamais l'un sans l'autre.

« Ces deux aspects contraires coexistent déjà dans l'œuf fécondé. L'œuf représentant l'aspect immobile et le spermatozoïde l'aspect dynamique. Ainsi donc, à peine la vie humaine est-elle amorcée qu'existe déjà une polarité actif-passif.

« L'intérêt de ces symboles et de ces techniques consiste à nous montrer qu'il est possible d'échapper à la dualité et de recouvrer l'unité primordiale, cette énergie unique, indifférenciée, toute-puissante, qui anime l'ensemble des êtres humains quels qu'ils soient. Nous ne sommes donc pas séparés les uns des autres mais, en vérité, unis par ce pouvoir énergétique qui passe à travers nous. L'ennui, c'est que nous nous prenons pour une entité indépendante avec une volonté propre. Que dirions-nous si une ampoule électrique affirmait : “ Moi, je suis toute-puissante ”, alors que sa puissance provient du courant électrique qui passe à travers elle et qu'elle n'en est que le canal ? Bien sûr, aucune comparaison ne peut être parfaite. Mais si l'être humain proclame qu'il est tout-puissant avant que de s'être rendu un pur canal, c'est une sorte de déviation. L'énergie qui passe à travers nous peut sans doute conférer la toute-puissance mais sous réserve de certaines conditions difficiles à remplir. »

Question : Si on la laisse passer ?

Denise Desjardins : Bien sûr. Ce sont les nœuds émotionnels qui bloquent son passage et l'empêchent d'œuvrer en nous. L'énergie perd ainsi la puissance qu'elle pourrait nous transmettre. Selon les mots de Swâmi Prâjnanpâd, qui a été pendant dix ans mon maître et que nous appelions Swâmiji, selon la coutume en Inde : « L'être humain possède des possibilités infinies mais a des probabilités limitées. » Ainsi, sur des millions d'êtres humains, un seul parvient à s'évader du carcan de la dualité pour arriver au bout du chemin.

« Ces deux aspects statique et dynamique, on les retrouve chez chacun. En général on pense que l'aspect d'accueil, l'accueil passif, est dévolu à la femme et que le principe actif reste le privilège de l'homme. A première vue, c'est vrai : le rôle de la femme semble être de recevoir. Habituellement, elle reçoit son confort, l'argent et le sperme.

« Il est également vrai que l'homme a le rôle actif dans sa

profession, sa responsabilité de chef de famille comme dans la sexualité mais en vérité, la femme a aussi un côté actif du fait que sa nature est d'attirer l'homme et même de le charmer, de lui " jeter un charme ". Elle n'est véritablement comblée que quand elle a séduit un homme dans le but, même inconscient, d'une fécondation future. Chez la femme, la séduction joue un grand rôle. En Inde, se parer fait partie de ses devoirs : tous les bracelets qu'elle porte suggèrent bien sûr la richesse, l'abondance qui règnent autour d'elle mais ils représentent aussi le symbole concret de sa puissance de séduction. Son rôle officiel, si je puis dire, est d'attirer l'homme et, même si elle est mariée, de continuer à séduire son époux. Treize siècles avant notre ère, la législation indienne (les lois de Manou) recommandait aux femmes de se parer : " Certes si une femme n'est pas parée d'une manière brillante, elle ne fera pas naître la joie dans le cœur de son époux et si le mari n'éprouve pas de joie, le mariage restera stérile. " La femme doit d'ailleurs jouer tous les rôles. Dans le Râmayâna, lorsque le roi Dasharatha perdit son épouse Kausâlyâ, il s'exclama : " J'ai tout perdu. J'ai perdu mon précepteur, ma disciple, mon ami, mon ministre, mon esclave, ma mère, ma sœur, ma courtisane. "

« Ajoutons cependant que ce même roi avait deux autres épouses. Kausâlyâ était sans doute sa préférée du fait qu'avaient été remplis tous les rôles qu'il attendait d'elle.

« Multiples rôles à jouer, pouvoir de séduction qui s'insère dans un magnétisme bien plus puissant, celui que représente le pôle féminin face au pôle masculin... Il est dans la nature de l'homme de prendre l'initiative d'aller vers la femme alors que celle-ci demeure apparemment passive. Mais de l'aimant immobile et du fer qui s'y précipite, quel est celui qui agit si ce n'est l'aimant, quel est le pôle actif si ce n'est la femme?

« La femme aura donc à jouer de ces deux aspects : recevoir, écouter, accueillir (l'aspect passif) mais aussi utiliser son pouvoir d'attraction dynamique ainsi que son pouvoir créateur.

« L'énergie divine en Inde est toujours féminine. De même que la Sakti divine crée tous les univers, la femme, elle aussi, se révèle investie du même pouvoir créateur. Elle forme un nouvel être, établit les bases d'un foyer dont elle est le pilier, l'artisan et l'âme – conditions nécessaires au maintien d'une famille aussi bien que du dharma collectif de l'Inde.

« Dans le couple Siva-Sakti, Siva représente l'aspect statique, inébranlable, inaffecté, inaltérable. Il délègue ses pouvoirs à son épouse. D'elle émanent le monde et les univers, tout ce qui bouge et tout ce qui est immobile. »

Question : Il est le principe?

Denise Desjardins : Il est le principe inactif. Elle, elle assume alors le rôle du principe actif. C'est une façon symbolique de parler car le couple Siva-Sakti est figuré en étroite union, même sexuelle. Sakti n'est qu'une émanation de Siva. C'est comme si on disait, parlant du soleil, qu'elle en est le pouvoir chauffant et éclairant. Il n'y a pas vraiment séparation mais unité primordiale.

« Notons en passant que monothéisme et polythéisme se trouvent ainsi réunis. Le couple Siva-Sakti ne fait qu'un. Il représente donc le monothéisme mais il représente aussi le polythéisme puisqu'on vénère les deux aspects en tant que principe statique et inaffecté dans la personne de Siva et le pouvoir dynamique créateur dans la personne de Sakti. D'elle vient tout ce qui est créé, agencé, mesuré, composé, élaboré, façonné, tout ce qui bouge dans l'univers des formes. »

Question : Peut-on dire qu'elle est le côté féminin de Dieu?

Denise Desjardins : C'est alors la représentation de Siva hermaphrodite réunissant en un seul corps le masculin et le féminin.

« L'important, c'est la mise en pratique du principe actif, Sakti, et de Siva qui est le principe passif en nous. Swâmiji me disait souvent : " Chaque fois que vous êtes au repos, dans la tranquillité, vous êtes Siva mais vous êtes Sakti dès que le geste commence, que l'action s'ébranle. " En d'autres termes, derrière toute activité réside un fond statique. Si chaque action est faite en gardant une sorte de contact conscient avec cette tranquillité qui la sous-tend, elle sera accomplie de façon tout à fait différente et elle gardera, même au sein d'une journée totalement occupée, cette saveur de la tranquillité. Ce qui engendre la possibilité d'une attitude méditative tout le long du jour.

« Pour Swâmiji, la méditation se poursuivait vingt-quatre

heures sur vingt-quatre. Ce qu'il faut pour en arriver là, c'est agir tout en restant en contact avec le centre inaffecté en nous. Alors nous agirons non avec indifférence mais de façon paisible et détendue, c'est-à-dire sans aspect émotionnel. Voilà une clé importante pour la vie quotidienne.

« Sur le plan physique, on pourrait également considérer que les deux aspects féminin et masculin sont contenus dans chaque être humain puisque la femme possède des hormones masculines et l'homme des hormones féminines. Swâmiji soulignait l'équivalence des corps masculins et féminins en allant jusqu'au détail des organes sexuels : bien que caché à l'intérieur, l'organe féminin correspond à l'organe masculin, le vagin équivalant au pénis et les deux ovaires aux deux testicules. La femme apparaît comme un double inversé de l'homme : le fourreau et la dague. Il y a symétrie, corrélation.

« A la bisexualité physique répond la bisexualité sur le plan psychologique du fait que tous les principes féminins de réceptivité, d'intuition agissent aussi bien dans l'homme que dans la femme et que les qualités masculines de combativité, d'action et de force intérieure se retrouvent aussi chez la femme.

« Dans un pays comme l'Inde ancienne, la femme dépendait traditionnellement de l'homme. Dépendance et soumission ne signifiaient alors aucunement infériorité mais impliquaient la nécessité de protéger la femme en situation de faiblesse : danger de viol de la jeune fille dans une contrée exposée aux envahisseurs, protection de la femme qui porte un enfant ou qui allaite. Il ne s'agissait pas de soumission dans le mépris mais de soumission affectueuse. Et l'énumération des devoirs essentiels de l'homme (dharma) comprenait la protection “ de ceux qui en sont dignes, le brahmane, l'enfant, la femme, le vieillard, le souffrant ”. »

Question : Mais les choses changent. Autrefois la force de l'homme avait un rôle plus grand à jouer qu'aujourd'hui. Le muscle était plus nécessaire. Maintenant, il n'a plus tellement de valeur.

Denise Desjardins : En Occident, la jeune fille n'est pas éduquée avec les mêmes valeurs. On lui demande plutôt de devenir une « battante », d'être armée pour l'existence en ayant un métier ou une profession honorée, d'être capable de gagner sa vie et celle de ses enfants en cas de divorce. Elle est admirée pour sa célébrité d'actrice, d'artiste ou pour le poste important qu'elle occupe. Jamais pour le fait d'être une « femme au foyer ». Devenu méprisant, ce terme en arrive à lui faire horreur.

« Quant aux Indiennes, leur soi-disant soumission n'en fait pas des femmelettes. Lorsqu'un rajah trouvait la mort en combattant les envahisseurs, on a vu souvent sa femme prendre sa place à la tête de ses armées. Elles ont toujours eu également des talents multiples dans les domaines de la poésie, de l'art, de la danse et même du combat. Dans certains milieux, une jeune fille bien éduquée doit savoir chanter en s'accompagnant d'un instrument et, pour les cérémonies religieuses, dessiner sur le sol des ornements rituels.

« Je voudrais maintenant aborder un sujet qui suscite bien des controverses : l'héritage des vies passées. Lorsque la composante masculine d'une femme ou la composante féminine d'un homme se révèlent très fortes ou même trop fortes, cela veut souvent dire qu'une vie passée envoie des messages impossibles à décoder. Il m'arrive de recevoir des personnes qui viennent effectuer chez moi un travail d'introspection profonde. Il s'agit en fait d'un examen, en vue d'une purification, des couches inconscientes. Au cours de ce travail, il arrive que surgissent spontanément à la mémoire des souvenirs qui ne peuvent en aucun cas appartenir à la réalité de la vie présente. J'ai vu par exemple des femmes retrouver plusieurs vies d'hommes, ce qui expliquait leur forte composante virile qui parfois les gênait ainsi d'ailleurs que leur compagnon de vie.

« De façon analogue, certains hommes éprouvaient, à leur grande stupéfaction, certaines tendances homosexuelles telles qu'une attraction vers le pénis, alors qu'ils n'étaient véritablement pas homosexuels. Au cours de leur travail avec moi, ils ont vu revenir à leur mémoire une identité féminine d'une ou de plusieurs vies passées. Il n'y avait pas vraiment homosexualité mais résurgence de traces encore vivaces d'existences antérieures. »

Question : Ils ont été guéris ?

Denise Desjardins : En retrouvant leurs vies de femmes, ils ont compris beaucoup de leurs comportements et ils ont été libérés d'un poids. Ils ont pu laisser de côté cette fascination envers le sexe masculin. De la même façon les « coups de foudre » ou la forte attraction éprouvée envers une personne peuvent également venir des souvenirs des vies passées. Selon Swâmiji, l'homme serait toujours attiré chez une femme par quelque élément lui rappelant sa mère. Le schéma traditionnel de l'adulte vient du rapport mère-enfant. Les marques de l'enfance expliquent déjà certaines attractions mais l'être humain porte aussi en lui toute une série d'expériences, agréables ou non, par lesquelles il est passé. Elles influencent son psychisme et orientent non seulement son comportement quotidien mais aussi sa façon de se tenir en face du sexe opposé. Qu'il s'agisse de souvenirs très lointains ou de scénarios fantasmatiques, leur force est assez grande pour déformer sa vision du monde. Il faut donc nettoyer la psyché pour pouvoir un jour être en prise directe avec l'existence réelle.

Question : Je voudrais vous poser une question d'homme. Qu'ils le sachent ou non, beaucoup d'hommes réalisent en eux ce côté féminin. J'ai le sentiment, par exemple, que ma vie a été transformée le jour où j'ai pris conscience en moi, profondément, de ce côté réceptif lié à la terre, à la nature. J'ai eu le sentiment d'une libération. Je trouve que les hommes ont souvent été mal élevés. A force de leur dire qu'ils doivent être les protecteurs, les géants, on finit par en faire de petits êtres malheureux parce qu'ils ne sont pas à la hauteur de ce qu'on réclame d'eux. Un jour, j'ai découvert que si j'avais envie de pleurer, j'en avais le droit.

Denise Desjardins : Notre éducation est responsable de ces problèmes lorsqu'elle nous demande de ne pas exprimer ce que nous ressentons. Il est vrai que le durcissement de l'homme est le fruit de l'éducation occidentale et qu'en Inde, le masque est moins compassé. L'Indien ne se sent pas déshonoré s'il verse des larmes, ce qui ne l'empêche pas de montrer aussi sa force.

« D'un autre côté, la femme a pris dans notre société une telle assurance, elle a tellement bien démontré qu'elle avait les mêmes possibilités d'action, de création et de combativité que ses partenaires masculins, elle s'est affirmée avec une telle puissance qu'il est devenu plus difficile à l'homme de montrer sa virilité et sa force intérieure. Plus une femme est active et forte et moins l'homme se sent responsable. Une adaptation reste à faire pour sortir de ce flottement qui se manifeste en ce moment. »

Question : Souvent, l'homme se retire de la compétition.

Denise Desjardins : Et il abandonne aussi ce rôle protecteur qu'il sent moins utile. Plutôt que de prôner l'égalité entre l'homme et la femme, il serait préférable de parler d'équivalence dans le plein accomplissement de leur nature de femme et d'homme.

Question : On peut parler d'égalité d'être dans la complémentarité.

Denise Desjardins : On met beaucoup l'accent sur le rôle réceptif de la femme mais, comme vous l'avez dit très justement, l'homme doit aussi avoir ce côté réceptif et ce rôle de compréhension, valeurs généralement qualifiées de féminines. Si l'homme en est dépourvu, c'est une grande lacune. Précisons donc que la vie de tous les jours comporte des moments où, tout naturellement, l'homme est réceptif et la femme spontanément active.

« Passivité et réceptivité de celui ou de celle qui écoute, activité et affirmation de celui ou de celle qui parle : toute une série de rôles complémentaires existent par lesquels nous passons tour à tour, hommes et femmes. Vous avez raison de dire que si un homme se croit obligé d'être un dur ou un " géant " alors que ce n'est pas sa nature, cela lui sera néfaste et risquera de provoquer des désastres dans la vie du couple.

« Ajoutons que la femme en tant qu'énergie créatrice a vu souvent sa vigueur cachée étouffée par l'éducation ou par ce qu'on appelle le " machisme ", ce qui l'a amenée à se révolter. Alors que dans l'Inde ancienne, même si la femme était soumise, même si elle ne pouvait sortir sans être accompagnée d'un homme, même si elle passait directement de l'autorité du père à celle de son mari, elle était cependant honorée comme une reine.

« A ce sujet, un passage des lois de Manou est révélateur :

" Partout où les femmes sont honorées, les divinités sont satisfaites mais si on ne les honore pas, tous les actes pieux sont stériles. Toute famille où les femmes vivent dans l'affliction ne tarde pas à s'éteindre mais lorsqu'elles ne sont pas malheureuses, la famille s'augmente et prospère en toutes circonstances. Les maisons maudites par les femmes auxquelles on n'a pas rendu les hommages qui leur sont dus se détruisent entièrement comme si elles étaient anéanties par un sacrifice magique. "

« Il faut bien reconnaître qu'à notre époque, la femme au foyer n'a guère été respectée ni honorée. On s'est même parfois moqué d'elle. Est-ce pour cela que semblent s'accomplir des prédictions vieilles de plus de trois mille ans et que la famille chancelle et s'écroule dans les divorces et les séparations ? »

Question : Vouloir faire que les femmes soient aussi semblables aux hommes que possible, n'est-ce pas comme si on leur disait qu'elles n'ont pas de valeur en tant que femmes ?

Denise Desjardins : Le fait qu'on ne les valorise pas dans leur rôle féminin provoque par réaction leur désir de s'approprier les professions et les métiers traditionnellement masculins. Cela risque de déséquilibrer aussi bien les couples que la vie quotidienne.

Question : Nous nous demandons si ce n'est pas en train de changer. Nous avons l'impression que nous sortons des excès du féminisme. Mais il y a un aspect des valeurs féminines qui nous intéresse tout particulièrement : nous sommes persuadés que la femme est la gardienne de la création. On parle beaucoup d'écologie mais la femme est naturellement écologiste parce qu'elle a un lien direct avec la nature, les fleurs, l'air, l'eau, la terre mère... Les désastres écologiques ne viennent-ils pas d'une « supermasculinisation » ?

Denise Desjardins : Certains psychologues tendent à penser que si l'homme continue à saccager la nature et à détruire ses semblables par des guerres de plus en plus terribles, ce sera aux femmes de prendre la relève et même le pouvoir pour tenter d'enrayer le désastre.

Question : Donc elle est vraiment la gardienne de la terre ?

Denise Desjardins : La gardienne et la protectrice. Elle est une protectrice née du fait qu'elle doit protéger ses enfants. De même qu'elle veille farouchement sur leur santé physique, de même elle est gardienne de ce qui nourrit sa famille, donc de la terre. Si les nourritures terrestres commençaient à disparaître, les femmes pourraient bien être prises d'une « sainte colère » qui remettrait les choses en place.

Question : On peut donc dire que s'il veut éviter cette catastrophe écologique, l'homme doit redécouvrir en lui-même ses valeurs féminines. Jusqu'ici, nous nous sommes contentés de prendre et de détruire pour avoir, pour gagner, gagner, gagner...

Denise Desjardins : L'homme aura sans doute à retrouver le rôle de protecteur de sa famille et de son terroir dont il était auparavant investi et qu'il semble avoir perdu aujourd'hui.

« Il est difficile de faire des pronostics sur le futur, même en se servant de paroles vieilles de plus de trois mille ans. Tout aussi difficile d'analyser un présent en constante évolution sans avoir le recul suffisant. Sans doute est-ce la raison qui m'a conduite à parler d'une tradition ancienne, dans la mesure où, selon les mots de Swâmi Prâjnanpâd, le présent est le produit du passé alors que le futur en est l'élongation.

« Parler de l'Inde, donner des informations sur sa tradition, c'est déjà parler au passé, citer une Inde périmée qui, chaque jour, se déforme davantage. Il reste néanmoins assez de traces d'un ordre juste de l'existence pour, non pas nous donner envie d'imiter extérieurement un code de comportements impossible à adapter à l'Occident actuel, mais plutôt inspirer le désir de trouver, par une compréhension intérieure, une réponse personnelle, inédite et sans équivalence.

« Il est vrai qu'en Occident, la condition souvent difficile de la femme a suscité une vive réaction, une révolte qui a engendré la femme forte, indépendante, responsable, capable de faire les mêmes études que l'homme et de briguer les mêmes postes, même les plus hauts.

« Mais l'égale de l'homme reste-t-elle sa moitié? Avec son indépendance conquise, la permissivité sexuelle, le droit aux amants, l'épouse ne perd-elle pas ses privilèges et ses droits d'épouse? En tout cas, les séparations et les divorces sont plus fréquents que jamais.

« De réflexion sur un passé traditionnel en prise de conscience de notre situation d'aujourd'hui et de réaction à d'anciens comportements en réaction aux attitudes actuelles pourrait naître, entre l'homme et la femme, un équilibre juste qu'il appartiendra à chacun de trouver et de définir pour soi-même. »

ANNICK DE SOUZENELLE

Annick de Souzenelle : Quelle est votre question?

Question : Nous avons le sentiment de vivre une époque très importante en ce sens que, pour la première fois dans l'Histoire, les valeurs féminines sont en train de prendre leur vraie place. Nous aimerions savoir ce que vous en pensez.

Annick de Souzenelle : Je suis complètement d'accord avec vous. C'est un sujet qui m'est tellement cher.

Question : Pourquoi?

Annick de Souzenelle : Peut-être parce que je suis une femme. Je crois que ça joue mais je crois aussi que... Vous savez, mon chemin est passé par une rencontre de la théologie, de la psychologie et de l'hébreu. Tels ont été mes trois éléments formateurs qui ont fait un jour en moi une unité extraordinaire. A ce moment-là, j'ai découvert dans la langue hébraïque, dans nos textes sacrés et en particulier dans la Genèse, les données anthropologiques que les sciences humaines cherchent avec une petite lampe de poche tandis que moi, j'avais l'impression tout à coup de me trouver devant un soleil, une lumière extraordinaire que n'approchent pas encore les sciences humaines. Celles-ci m'ont donné au départ une clé, une piste de recherche et je leur en suis très reconnaissante. A partir du moment où j'ai découvert que la Genèse m'apportait tout cela, j'ai pu aller beaucoup plus loin en faisant très attention d'être sans cesse vérifiée par la tradition chrétienne parce que, si tu n'es pas vérifiée, cela devient de l'imagination d'Annick de Souzenelle qui n'intéresse personne. Ce qui intéresse, c'est la tradition, le message divin.

« J'ai découvert en particulier que Adam, créé mâle et femelle, n'a rien à voir avec monsieur et madame. A un niveau tout premier, peut-être, mais ce n'est pas la dimension de l'homme. La dimension de l'homme est tout à fait autre chose. »

Question : Cela demande une explication.

Annick de Souzenelle : Elle est simple. Adam plonge dans le sommeil. C'est l'extase. Il voit le noyau de son être, il voit son féminin totalement accompli et il dit : « Voici celle qui est les os de mes os et la chair de ma chair », ce qui veut dire en hébreu : « Voici celle qui est l'essence de mon essence et qui porte mon nom. »

« Nous tous, hommes et femmes, nous sommes enceints. Notre vie est une grande histoire de grossesse, une sorte de gestation. Il nous faut accoucher de cet enfant Dieu qui est à l'intérieur de nous. C'est parce que Marie l'a fait pour l'humanité totale, parce que le Christ est mort et ressuscité que c'est possible au niveau de chacun de nous.

« Actuellement, si nous voulons sortir de ce monde de la chute, il nous faut revenir vers ce *féminin intérieur*. C'est ce que Dieu va dire à Adam : " Tu mangeras ton pain à la sueur de tes narines jusqu'à ce que tu retournes vers ta Adama ", vers cette terre-mère des profondeurs.

« Ce travail vers le féminin est un travail amoureux d'épousailles intérieures. Le féminin détient le secret du nom, le secret de notre force nucléaire. Le drame de l'humanité, c'est d'avoir seulement conquis les espaces extérieurs, jusqu'à avoir compris le secret de l'atome. Résultat : on déploie une force fantastique, un pouvoir qui est beaucoup plus fort que nous. Aujourd'hui, le pouvoir de l'atome a une autonomie en soi. C'est pourquoi il est trop tard pour aller contre le nucléaire. Tu l'as libéré et il a une force en lui-même, il va faire son chemin. Et la seule façon de ne pas lutter contre mais de travailler avec, c'est d'aller ouvrir ton noyau intérieur. Il n'y en a plus d'autre.

« Épouser le féminin en soi, ce n'est pas autre chose et la vie nous est donnée pour aller enlever les voiles de ce féminin jusqu'à son sacré secret, le plus indicible, le noyau divin qui est force de résurrection, force de sainteté.

« Le féminin, c'est cette réserve d'énergie folle qu'il y a en nous et qui a un pouvoir autonome si nous ne l'épousons pas.

« La femme est beaucoup plus sensible que l'homme à cette réalité-là. Quand les hommes vont s'y mettre, ça va être fantastique mais, pour commencer, la femme y est plus sensible parce que même si elle ne connaît pas tout cela intellectuellement, il y a quelque chose en elle qui le connaît et qui le sait. Ce secret qu'elle porte avec l'enfant biologique éveille en elle une autre maternité, la maternité spirituelle. L'éros est porteur du divin.

« Ce que nous faisons à l'heure actuelle en conquérant le cosmos extérieur, en cueillant tous les fruits d'une connaissance extérieure, cela ne peut être bon que si nous faisons en même temps le travail intérieur. Sinon, cette connaissance se retournera contre nous. Il n'y a pas de bien et de mal, il n'y a qu'un juste rapport entre l'accompli et le non-accompli.

« Le chemin des épousailles est un chemin qui se fait avec Dieu et plus tu te fais mâle, plus tu épouses ton féminin et plus l'homme total devient féminin par rapport à Dieu et se construit en épouse de Dieu... Si tu épouses ton féminin, tu atteins une terre nouvelle, un nouveau champ de conscience à l'intérieur de toi. Cette terre est assoiffée des eaux d'en haut, des eaux de Dieu. Et Dieu pénètre son épouse. »

Question : Ce qui me frappe, c'est que tous les chemins spirituels ont au moins une chose en commun : ils parlent de la Présence même s'ils lui donnent des noms différents. Les soufis disent que la vie spirituelle, c'est se souvenir de Dieu sans cesse. Mais n'est-ce pas le côté féminin qui se souvient de Dieu puisque l'autre est complètement branché sur l'extérieur?

Annick de Souzenelle : Si tu veux mais seulement du point de vue psychologique. Parce que se souvenir est déjà une œuvre mâle sur le plan ontologique. La mémoire ontologique, c'est cette grande réserve d'énergie qu'est le féminin. Mais vous avez raison : sur le plan psychologique, les choses sont inversées et c'est cette intuition féminine qui se souvient de Dieu. C'est déjà l'homme en tant qu'il est épouse de Dieu. Il est important de le dire.

Question : Très important parce que cette recherche de l'intériorité, c'est cela le souvenir. C'est aller dans sa profondeur et c'est quand même cette recherche de l'intériorité qui est la grande nouvelle d'aujourd'hui. De plus en plus nombreux sont aujourd'hui les hommes qui ont cette recherche et qui ne se contentent plus de ce qu'on leur proposait autrefois. Quand j'étais enfant, nos bons curés nous disaient en substance : « Si vous êtes à peu près convenables, si vous ne faites pas trop de bêtises, surtout de bêtises sexuelles, vous serez sauvés. Il ne vous est rien demandé d'autre. Nous, les prêtres, les religieux et les religieuses, nous nous occupons du reste... »

Annick de Souzenelle : Nous roulons pour vous.

Question : Oui en quelque sorte. On nous disait aussi ; « Continuez vos petites affaires, votre petit travail, continuez à faire l'amour ou la guerre, pour le reste, pour l'essentiel, nous sommes là. Nous assurons. » J'ai le sentiment qu'il y a aujourd'hui beaucoup de gens qui ne veulent plus se contenter de cela. Ils sont laïcs, mariés, engagés dans le monde mais ils aspirent eux aussi à la sainteté. C'est une bonne nouvelle, ne le croyez-vous pas ?

Annick de Souzenelle : Une grande nouvelle.

Question : Je me trompe peut-être mais j'ai l'impression que c'est cela aussi découvrir sa féminité, même si c'est du point de vue psychologique.

Annick de Souzenelle : Oui mais cela va plus loin dans la mesure où je crois que c'est, sans qu'on le sache encore, l'homme en tant qu'il est épouse de Dieu, donc féminin par rapport à Dieu, qui est capable d'être mâle... En attendant d'être l'épouse construite vraiment, il est fille. Toi, moi, les hommes, les femmes, nous sommes tous filles de Dieu, lourdes du fils. C'est cela la Vierge-mère. Nous sommes tous des Vierges-mères.

Question : Et nous sommes tous appelés à dire le « oui ».

Annick de Souzenelle : Oui et c'est en cette qualité-là que nous sommes capables d'avoir une force mâle pour épouser ce féminin intérieur.

Question : Là tout se rejoint ?

Annick de Souzenelle : Oui.

Question : C'est l'homme total ?

Annick de Souzenelle : Tout à fait. Au-delà de l'homme et de la femme. C'est l'Adam. Au fur et à mesure que tu construis ce fils intérieur pour tes épousailles avec ton féminin intérieur, tu te construis en tant qu'épouse de Dieu. C'est cela l'accomplissement.

« J'insiste sur ce mot car il y a une grande différence entre la morale et l'accomplissement. La morale est souvent un refoulement : tu essaies de faire le bien, d'être gentille mais en fait, tu es entièrement possédée par ton inconscient. Le message du Christ n'a rien à voir avec la morale. Il est même aberrant de parler de morale chrétienne. En réalité, le Christ est venu nous montrer comment nous pouvions pénétrer notre violence. La pénétrer pour l'épouser. La pénétration, c'est justement le pouvoir mâle en chacun de nous. Pour pouvoir épouser ce féminin, pour en faire le retournement. Cela n'a plus rien à voir avec la morale : c'est l'accomplissement de l'homme...

« La femme est à l'aise dans cet univers. Allez dans les séminaires, les conférences qui traitent de spiritualité et vous y trouverez toujours une écrasante majorité de femmes. Ce n'est pas par hasard. J'ai envie de dire plus : je crois que toute femme qui exprime son désir à un homme attend de lui qu'il soit divin. Très peu d'hommes le comprennent... »

Question : Très peu de femmes aussi.

Annick de Souzenelle : Très peu en effet mais même celles qui ne comprennent pas restent inassouvies, insatisfaites parce que l'homme n'a pas répondu au niveau auquel elles attendaient qu'il réponde. Je suis de plus en plus convaincue de ça. Dans les archétypes père et mère qui sont en nous, le père est la référence au monde divin et la mère à la Terre, au monde des profondeurs qui est en nous. Quand un homme se révèle père, il est inconsciemment beaucoup plus mère que père parce qu'il n'est pratiquement pas possible d'être père.

Question : Pourquoi?

Annick de Souzenelle : Parce qu'il faut être déjà tellement près de Dieu. Un homme dont on va dire qu'il est un père merveilleux est souvent une mère.

Question : Parce qu'il agit comme la mère? C'est à cela qu'on reconnaît qu'il est un vrai père?

Annick de Souzenelle : C'est cela. Cet archétype de père, nous le connaissons tellement mal, nous sommes tellement coupés de lui.

Question : Sommes-nous donc moins coupés de l'archétype mère?

Annick de Souzenelle : Oui. Seulement cet archétype mère est confondu avec une espèce de sentimentalisme au lieu d'être vécu au niveau où il doit l'être. Cette terre des profondeurs que Jung a parfaitement bien retrouvée, elle va se traduire dans un premier temps par une vie animale qui fait toute la beauté de la maternité. Plus tard, elle devra devenir une maternité non possessive pour se transformer enfin en cette maternité intérieure de l'homme, de l'Adam qui s'accomplit. C'est fou cette dimension du féminin! Et elle est en train de se réveiller.

Question : Donc il y a une grande espérance?

Annick de Souzenelle : Ah oui!

Question : Si je comprends bien, vous voulez nous dire que nous sommes à la croisée des chemins : ou nous continuons à aller à l'extérieur ou nous revenons à cette intériorité qui est l'aspect féminin?

Annick de Souzenelle : Absolument.

Question : Nous avons le sentiment que c'est en train de se faire. Ne le pensez-vous pas?

Annick de Souzenelle : Je partage tout à fait ce sentiment. Mgr Jean, le fondateur de l'Église orthodoxe de France à laquelle je suis heureuse d'appartenir, nous a dit : « Le monde futur sera très charismatique. » Mais cela implique le passage d'une porte et un retournement. La sortie d'Égypte si tu veux, mais cette fois-ci pour le monde entier. Cela demande une prise de conscience énorme que beaucoup sont en train de faire en ce moment. Il faut qu'ils soient de plus en plus nombreux car si cette prise de conscience n'est pas faite en masse, les événements nous la feront faire et ces événements risquent d'être terribles.

Question : Pour en revenir à la femme, pourquoi, dans la Genèse, est-ce elle qui fait croquer la pomme à Adam? Pourquoi apparaît-elle comme la tentatrice, la responsable de la chute?

Annick de Souzenelle : Mais ce n'est pas la femme! C'est le féminin intérieur. Il n'y a pas d'Ève dans l'histoire de la chute. C'est une invention totale de gens qui ne connaissent pas les textes. C'est Adam qui est Ishe-Isha. Ishe, l'époux de Isha son épouse. Ils sont deux et ils connaissent maintenant le chemin qu'ils ont à faire. Ils sont deux et ils ne sont plus confondus. Ils sont Ishe-Isha, ils ne sont pas Adam et Ève. Et Isha, c'est tout notre inconscient. Nous sommes sans cesse mus par notre inconscient. Vous savez, un mythe est valable pour hier, pour aujourd'hui et pour toujours. Cela s'est peut-être passé il y a des milliers d'années, je n'en sais rien mais ce qui est certain, c'est que ça se passe maintenant.

« Nous sommes piégés par notre inconscient avant même de le savoir et c'est notre inconscient qui nous fait passer à l'acte avant même que nous ayons pu comprendre que c'est le Satan qui est là derrière. C'est cela le cheminement et cela n'a rien à voir avec la femme.

« Être mâle, c'est être conscient du non-accompli. Parce que si tu n'es pas conscient de ton non-accompli, tu ne peux pas l'accomplir. Être mâle, c'est donc être conscient de sa faiblesse parce que c'est dans l'accomplissement que tu vas trouver ta force. C'est pourquoi l'apôtre Paul dit : “ C'est quand je suis faible que je suis fort. ” »

Question : Mais n'est-ce pas en même temps se souvenir de Dieu ? Car c'est lui qui doit faire le travail.

Annick de Souzenelle : Pas du tout. C'est toi et Dieu. A partir du moment où il y a toute cette œuvre qui commence dans la Genèse, ce n'est plus Elohim qui crée, c'est Yahweh-Elohim qui fait. Et Yahweh, c'est toi en tant que tu es ton nom. Donc c'est toi en tant que tu te souviens de ton nom qui fais et qui fais appel au Père. Cela est évident parce que, seul, tu ne pourrais rien faire. Personnellement, je n'aurais rien pu faire dans les difficultés que j'ai connues si je n'avais pas été dans la prière, dans la foi et dans l'amour. Sans cela, j'aurais été terrassée. Heureusement dans cette Présence inouïe, il y a une force fantastique.

« Le chemin des épousailles est un chemin qui se fait avec Dieu. Plus l'homme se fait mâle, plus il épouse son féminin et plus l'homme total devient féminin par rapport à Dieu, plus il se construit en épouse de Dieu. En d'autres termes, l'homme qui épouse son féminin atteint un nouveau champ de conscience, une terre nouvelle et cette terre est assoiffée des eaux d'en haut, assoiffée de Dieu. Et Dieu pénètre son épouse, ce qui lui permet de continuer son chemin intérieur. Dans la Genèse, il y a les eaux d'en haut et les eaux d'en bas. Elles sont séparées et toujours elles s'épousent. Continuellement. C'est cela Yahweh-Elohim. C'est superbe. J'en suis émerveillée car tout est dit dans la Genèse. C'est une splendeur. »

Question : Ce que tu viens de dire, n'est-ce pas une condamnation sans appel du féminisme?

Annick de Souzenelle : Le féminisme est la réaction de femmes qui n'ont pas été reconnues, pas regardées, qui ont été niées. Quand je pense à la vie de nos grand-mères... Si effacée.

« On peut comprendre cette réaction des femmes qui, à la limite, finissent par rejeter l'homme. Mais c'est une réaction infantile, psychique qui n'a rien à voir avec l'ontologique. D'ailleurs cette période est en train de passer et je souhaite de tout mon cœur que de plus en plus de femmes trouvent les clés qui se trouvent dans la Genèse, dans le message divin. Le chemin intérieur peut très bien se faire dans l'union de l'homme et de la femme avec tout ce que cela implique de difficultés, d'incompréhensions mais aussi d'amour et de respect. »

Question : La vie de couple est donc importante?

Annick de Souzenelle : Bien sûr et c'est pourquoi je remets en question le monachisme à l'heure actuelle. Bien sûr et fort heureusement, il y a des moines qui peuvent se passer de la rencontre avec la femme mais pour beaucoup, c'est une catastrophe. Ils sont dans l'illusion totale. Après tout, dès le départ, dès les premiers mots de la Genèse, tout est noces, épousailles. Dieu rend sa fille enceinte et Il établit avec elle une alliance d'amour.

Question : Sa fille, c'est Israël?

Annick de Souzenelle : C'est l'humanité totale. Et c'est dans Israël que va se produire la montée messianique jusqu'à ce que l'Adam total soit mis au monde. L'Adam total qui est le fils de l'homme et en même temps le fils de Dieu. Nous nous trouvons là devant quelque chose d'immense : si Dieu nous demande de mourir en tant que fils à l'intérieur de nous, de façon à ce que nous puissions ressusciter à nous-mêmes, c'est que Lui-même meurt dans son fils.

Question : C'est un long chemin.

Annick de Souzenelle : Qu'est-ce que tu es au départ? Étant donné que nous sommes dans un monde de chute, tu es complètement esclave du groupe parce que tu es dans l'âme animale. Devenir des hommes, c'est franchir la porte des hommes, sortir d'Égypte et de l'esclavage, lutter avec l'ange comme Jacob, aller chercher cette force qui va faire de toi un être unique. Cette force unique de la personne qui est en toi et qui fait que tu vas te détacher du groupe.

« Tu sors du groupe parce que tu n'es plus esclave que de Dieu. A ce moment-là, ce n'est plus l'égo qui domine. Tant que tu es esclave du groupe, tu prends ta petite vengeance en te faisant un égo insupportable qui n'a rien à voir avec la personne. Cet égo, il ne s'agit pas de l'écraser mais il ne s'agit pas non plus qu'il domine tout. Donc tu deviens un homme et puis après, tu continues le chemin pour entrer dans la déification. Pour cela, tu dois faire émerger en toi l'image divine. »

Question : Cela ne se fait pas tout seul...

Annick de Souzenelle : C'est difficile mais c'est en même temps d'une telle beauté. Tu passes par la souffrance, tu meurs, tu ressuscites et tout cela peut se faire dans la joie...

Question : Il faut pour cela épouser son côté féminin mais comment faire?

Annick de Souzenelle : Il faut faire bien attention de ne pas rester sur le plan de la psychologie, de ne pas retourner dans les catégories jungiennes avec l'animus et l'anima. Les physiciens modernes disent que la vie est l'accomplissement d'un potentiel d'énergie. C'est exactement cela et ce potentiel d'énergie qui est en nous peut faire de nous un meurtrier ou un saint. C'est tout l'un ou tout l'autre et c'est sans doute pour cela que Jésus a dit : « Qui n'est pas avec moi est contre moi. » Si tu prends cela dans le sens extérieur, dans le sens de : hors de l'Église point de salut, c'est épouvantable. Cela veut dire : ou tu épouses ton féminin intérieur ou, inconsciemment, même si tu n'as pas le couteau à la main, tu es complice de tous les meurtres qui ensanglantent le monde.

Question : Je repose tout de même ma question : que faire pour épouser son féminin?

Annick de Souzenelle : C'est une question qu'on me pose tout le temps. Le chemin, c'est de prendre vraiment conscience de cette énergie folle qui nous habite et qui, la plupart du temps, reste inconsciente. Cette énergie, il faut la faire monter au niveau de la conscience. Transformer les ténèbres en lumière. C'est tout le travail.

Question : Dans la méditation, l'écoute?

Annick de Souzenelle : Il n'y a pas que cela. C'est ce que devraient faire les analyses quand elles sont bien faites ou de vrais guides spirituels. Mais il n'est pas toujours besoin d'une analyse ou d'un maître spirituel pour voir en face les énormes problèmes qui nous habitent.

Question : On peut le faire au quotidien?

Annick de Souzenelle : Tu peux le faire au quotidien en examinant tes réactions, tes petites jalousies, tes petites haines, tout ce qui, en toi, n'est pas juste. Mais attention! Il ne faut pas le faire au sens moraliste du terme mais dans le sens de l'accomplissement des profondeurs. Il ne s'agit pas de refouler tout cela mais de le retourner.

Question : C'est un effort constant?

Annick de Souzenelle : Pas vraiment. Eschyle a dit : « Ce qui est divin est sans effort. » Et Simone Weil : « Les biens les plus précieux ne doivent pas être cherchés, mais attendus. »

Question : Sur le plan pratique, nous rencontrons souvent des femmes qui se plaignent de n'avoir pu développer le côté mâle de leur personne et qui nous demandent : comment sortir de la soumission, de la passivité ancestrales?

Annick de Souzenelle : Je prends un exemple : celui de la femme qui a un gosse insupportable. La première réaction, c'est de lui flanquer une gifle. La faiblesse sera de le laisser faire. Alors que l'attitude juste va être d'essayer d'entrer dans l'intelligence de l'événement : pourquoi l'enfant est-il insupportable? Quelle est sa problématique? S'il est insupportable, c'est qu'il a quelque chose à dire et qu'il ne sait comment faire. Il faut essayer de comprendre, parler à l'enfant avec fermeté mais aussi avec douceur en laissant ouverte une possibilité de dialogue avec lui. Voir sa souffrance.

« Ce n'est pas facile, je le sais bien, c'est pourquoi il faut, dans ces moments-là, aimer et prier. C'est la prière qui est la vraie force. L'humanité en est là aujourd'hui. Ou bien elle continue la folle marche aux armements ou elle désarme. Mais il est impossible de mettre par terre les armes extérieures si on ne prend pas les armes intérieures. C'est sainte Geneviève devant les Huns ou Gandhi, tous ces grands êtres de prière. »

Question : Souvent ils en meurent.

Annick de Souzenelle : Oui, ils peuvent être les boucs émissaires d'une humanité inconsciente. Mais à ce moment-là Gandhi était bien au-delà de la vie et de la mort. Mgr Jean nous racontait souvent cette histoire : il connaissait un moine russe qui était d'une telle sainteté, d'une telle beauté intérieure qu'il n'a pu s'empêcher de lui demander : « Racontez-moi votre histoire. » Le moine lui a répondu : « Sous la Révolution, j'ai arrêté des moines pour les conduire à la mort. Parmi eux, il y en avait un qui m'a regardé avec un tel amour que j'ai juré de prendre sa place. » Il a pris la place de sa victime et, à son tour, il est devenu un saint.

« C'est une histoire simple mais elle illustre bien ce qu'est le monde. Ce qui est important, c'est que la qualité de notre amour puisse transformer les êtres. C'est pour cela que la prière est quelque chose de fou. Ma foi orthodoxe me dit que nous pouvons aussi trouver une grande aide dans les armées angéliques. »

Question : C'est étrange : un peu partout où nous allons, nous constatons que beaucoup d'êtres recommencent à croire aux anges. Il n'y a pas si longtemps, c'était un sujet de rigolade.

Annick de Souzenelle : Mgr Germain, l'évêque de mon Église, est allé un jour faire une conférence sur les anges à des religieuses de l'Église catholique romaine. Très vite, il a entendu fuser ici ou là des rires. C'est devenu si gênant qu'il a fini par demander aux sœurs ce qui se passait et l'une d'entre elles a répondu : « Nous devons vous dire, Monseigneur, que nous ne croyons plus du tout aux anges. » Il est vrai que ces croyances ont été tellement puérilisées. Je peux dire que j'ai eu des manifestations angéliques fantastiques.

Question : Gitta Mallasz dit que les anges se plaignent de ce qu'on ne les invoque pas assez.

Annick de Souzenelle : Dans l'Évangile, un passage de la tentation du Christ me touche beaucoup. Le Christ, deuxième Adam, revit exactement la tentation du premier. Quand il renvoie le Satan, il y a une petite phrase qui n'a l'air de rien : « Alors les anges s'approchèrent et le servirent. » Dans notre vie quotidienne, si nous savons voir, l'aide des mondes angéliques est toujours à notre disposition.

Question : J'aimerais que nous revenions, en terminant, sur le rôle de la femme ou plutôt des valeurs féminines dans le monde d'aujourd'hui.

Annick de Souzenelle : J'ai envie de vous rappeler cette parabole d'Héraclite qui illustre bien tout ce que nous venons de dire :

« En grec, le mot " bios " signifie à la fois la vie et l'arc dont les flèches portent la mort. L'homme est un arc à une corde tendue, portant l'instinct guerrier de la mort. Si l'on ajoute d'autres cordes, l'arc devient une lyre et, à la place de la mort, il apporte la musique, l'harmonie, la beauté, la vie et une ouverture vers un autre monde qui se situe au-delà de la finitude d'un monde clos. Ainsi, symbolisée par les autres cordes, la femme apporte à l'homme la métamorphose.

EVA DE VITRAY-MEYEROVITCH

Nous terminions la rédaction de ce livre lorsqu'à notre grande surprise, nous qui pensions traiter de problèmes intemporels, nous avons été rejoints par l'actualité : la question de l'Islam est devenue plus brûlante encore que par le passé. Immigration, crise du Golfe, montée de l'intégrisme... autant de graves problèmes qui ont fait naître en France, et sans doute dans tout l'Occident, une vague de refus envers l'Islam. Un fanatisme à l'envers.

Voici pourquoi Eva de Vitray-Meyerovitch ne va pas pouvoir répondre à la question que nous lui avons posée d'une façon aussi directe que Denise Desjardins et Annick de Souzenelle. Parler avec une femme devenue musulmane de la montée des valeurs féminines, c'est automatiquement soulever la question si controversée de la femme et de l'Islam.

Nous qui avons passé tant de temps à rencontrer au sein de la religion musulmane des hommes et des femmes de bonne volonté, nous qui avons admiré leur foi, leur tolérance, leur ouverture d'esprit et leur sens de l'amour universel, nous ne pouvons accepter l'amalgame qui est fait chez nous, de nos jours, entre l'Islam et l'intégrisme. Car l'intégrisme est un danger pour l'Islam de la même façon qu'il est un danger pour le christianisme ou pour toute autre religion.

En même temps qu'une mystique engagée sur la voie soufie, Eva de Vitray-Meyerovitch est une intellectuelle d'une incroyable érudition, une femme de cœur et de bon sens. Nul n'est mieux qualifié qu'elle pour élever le débat et nous faire découvrir, loin de tout fanatisme et de toute bigoterie, le véritable visage de l'Islam.

Question : Comment ressentez-vous cette levée de boucliers contre l'Islam à laquelle nous assistons en ce moment?

Eva de Vitray-Meyerovitch : J'avoue humblement qu'aujourd'hui, certains pays musulmans ne donnent pas une très bonne idée d'eux-mêmes mais que voulez-vous, l'intégrisme est partout semblable à lui-même, générateur de conformisme, de fanatisme et de violence. Mais sommes-nous vraiment qualifiés, nous Occidentaux, pour donner des leçons de tolérance et de générosité? Nous avons eu, il n'y a pas si longtemps, Hitler, Staline et d'autres dictateurs. Nous avons aujourd'hui nos intégristes et je frémis à l'idée de ce qui pourrait arriver s'ils avaient le pouvoir. Dieu sait qu'il y a eu dans l'Église des choses atroces et qu'on ne peut en rendre responsable Jésus de Nazareth. Au contraire, quel coup de balai il aurait donné!

Question : Vous voulez dire qu'il n'est pas juste de confondre l'Islam et l'intégrisme?

Eva de Vitray-Meyerovitch : Bien sûr que non!

Question : Pourtant, la femme musulmane...

Eva de Vitray-Meyerovitch : Je préfère vous arrêter tout de suite pour vous dire qu'on ne peut pas plus parler de la femme musulmane que de la femme chrétienne. Est-ce que vous allez comparer une femme premier président de la Cour de cassation à une paysanne sicilienne? Elles sont pourtant toutes deux occidentales et chrétiennes. Je connais des musulmanes très émancipées, une de mes amies égyptiennes par exemple que j'ai vue souvent téléphoner le soir à neuf heures à son mari pour lui dire : « Chéri, fais manger les enfants, j'ai encore trois clients qui m'attendent. » Une paysanne kabyle ne pourrait agir ainsi. Il faut comparer ce qui est comparable.

« Ce qui est vrai, c'est qu'il y a une tradition méditerranéennne de " machisme " qui concerne aussi bien la Sicile, la Grèce ou le Portugal que l'Algérie ou l'Iran.

« Quand j'étais professeur à l'université du Caire, j'avais des étudiantes qui étaient libres comme l'air. Elles n'auraient même pas compris si je leur avais demandé de porter un foulard ou de ne pas choisir leurs maris elles-mêmes. Il y avait pourtant parmi elles des filles qui avaient fait le pèlerinage à La Mecque et qui étaient pratiquantes. Ce qui prouve bien qu'il ne faut pas généraliser. »

Question : La loi coranique est pourtant contraignante pour la femme.

Eva de Vitray-Meyerovitch : Vous savez, il n'y a pas si longtemps que nous avons échappé au code Napoléon. Il y a trente ans, sans vouloir me faire mousser, j'avais tout de même un poste assez important et il fallait que je demande à mon mari l'autorisation d'ouvrir un compte postal. Vous ne le savez pas parce qu'on ne le dit jamais mais la femme musulmane a un patrimoine complètement distinct. Elle peut mettre sur son contrat de mariage qu'elle exige de continuer sa profession et son mari ne peut pas l'en empêcher. Elle peut mettre aussi dans son contrat de mariage que, même si elle est stérile ou grabataire, son mari ne prendra jamais une deuxième femme. S'il en prend une, elle est divorcée d'office sans même avoir à aller devant les tribunaux. Le malheur, c'est que souvent elle ne connaît pas les lois.

« Comprenez-moi bien : je souhaite par-dessus tout que les femmes soient aussi libres que possible et je ne dis pas que tout est pour le mieux dans le meilleur des mondes. Je sais qu'il y a en Islam beaucoup de femmes victimes de l'homme mais ce n'est pas ce qu'a voulu le Prophète. Et pourquoi ne parle-t-on que des femmes musulmanes? Allez voir un peu en Inde, en Afrique ou dans certains pays d'Amérique latine comment les choses se passent. »

Question : Vous nous avez dit un jour que vous étiez entrée dans l'Islam parce que vous étiez avide de liberté. N'est-ce pas paradoxal?

Eva de Vitray-Meyerovitch : Je me plaçais sur un autre plan.

Question : Expliquez-nous. Au départ, vous étiez quoi?

Eva de Vitray-Meyerovitch : Catholique. J'ai même été très fervente. Au moins jusqu'au moment où j'ai fait de la philo. Là j'ai commencé à me poser des questions. J'avais des amis catholiques qui passaient leur temps à mettre tout ce qui les embarrassait entre parenthèses et lorsque je leur demandais des explications, ils me disaient : « C'est un mystère. » Moi j'étais beaucoup trop raisonnable et ratiocinante pour admettre qu'on me dicte ce que je devais croire. Pourquoi aurais-je dû croire sans examen que le Saint-Esprit procède du Père et du Fils? Je me souviens d'un jeune prêtre très gentil et un peu boy-scout qui me disait : « J'adore le Christ mais je ne crois pas du tout à la transsubstantiation quand je dis la messe. » Cela me paraissait vraiment une énorme parenthèse.

« Je me suis donc trouvée un moment très malheureuse parce que j'avais absolument besoin de croire à quelque chose. J'avais fait de la résistance, j'avais eu des malheurs autour de moi et la réponse à la souffrance, à l'innocent malheureux, je ne la trouvais nulle part. Pas plus dans l'hindouisme ou le bouddhisme que dans mon catholicisme d'origine.

« Je ne dirais pas que j'ai tout envoyé promener mais j'ai tout mis en veilleuse. J'ai trompé ma faim en faisant de la théologie chrétienne et de l'exégèse néo-testamentaire. Je savais bien le grec et j'ai préparé un doctorat d'État sur la pensée symbolique de Platon. Cela ne m'a pas beaucoup avancée. Mes trois années de théologie m'ont dégoûtée à tout jamais de la théologie. L'exégèse néo-testamentaire m'a passionnée mais ne répondait pas réellement à mes questions. Savoir si l'évangile de Marc s'arrête vraiment au verset 24, c'est intéressant, mais ça n'entraîne pas une conviction d'un ordre métaphysique.

« J'en étais là lorsque j'ai retrouvé un ami avec qui j'avais fait du sanscrit et qui, grand physicien, était devenu recteur d'une université d'Islamabad au Pakistan. Il est venu m'apporter, dans mon bureau du CNRS où je dirigeais le service des sciences humaines, un livre intitulé : *Reconstruire la conscience religieuse de l'Islam.* Il m'a dit : " Cela vous intéressera sûrement. " J'ai mis le livre sur ma table et je ne l'ai repris que plus tard. Il était du grand poète Iqbal qui avait été l'ami de Bergson et de Teilhard de Chardin. Il était indien mais comme pour beaucoup de gens de cette partie du monde, sa langue littéraire était le persan, ce qui ne voulait pas dire qu'il était chiite. Dans ces pays, depuis le Moyen Âge, la langue littéraire de ceux qui n'étaient pas arabophones était le persan.

« Ce livre sur la pensée religieuse de l'Islam m'a semblé répondre à toutes les questions que je me posais et de plus, il faisait sans cesse allusion à un certain Rûmi qui était un grand maître spirituel. Je n'avais jamais entendu parler de ce Rûmi et je me suis précipitée à la Bibliothèque nationale, aux langues orientales... partout où j'avais des chances de trouver quelques textes de lui. Il n'y avait rien de traduit en français, quelques poèmes seulement en anglais et en allemand. On croit que Rûmi était chiite, mais pas du tout : il écrivait en persan parce que, dans cette région du monde, le persan était le latin du Moyen Âge ou l'anglais de nos jours. Je me suis dit que je devais faire du persan et c'est ce que j'ai fait. J'ai pu ainsi avoir accès au texte même et pour moi, cela a été un véritable émerveillement.

« Pour la première fois de ma vie, je me suis sentie libre... »

Question : Est-ce que cela veut dire que toutes les objections que vous vous faisiez sont tombées d'un coup?

Eva de Vitray-Meyerovitch : Toutes les objections qui m'empêchaient d'avoir une foi tranquille et paisible.

Question : Je voudrais comprendre...

Eva de Vitray-Meyerovitch : Vous savez, j'aime les idées simples et l'Islam part de cette idée extrêmement simple : ou bien il y a un Dieu, ou bien il n'y en a pas. S'il n'y en a pas, ce n'est pas la peine de chercher plus loin. S'il y en a un, ce Dieu se révèle ou ne se révèle pas. S'il ne se révèle pas, il faut aller à sa découverte.

« Pour les hindouistes et les bouddhistes, Dieu ne se révèle pas ou plutôt, Il ne se révèle qu'à la suite d'innombrables purifications ou transmigrations. Comme s'il fallait gravir péniblement les échelons d'une interminable échelle. »

Question : On entend souvent dire que les bouddhistes ne croient pas en Dieu.

Eva de Vitray-Meyerovitch : Tout le monde le dit mais c'est une absurdité. Quand on interrogeait le Bouddha sur l'immortalité de l'âme ou l'absolu, il répondait en substance : « Nous en reparlerons quand vous serez parvenus à un niveau de conscience suffisant. » Un peu ce que répondrait un père à un petit garçon de cinq ans qui lui demanderait de lui expliquer la théorie de la relativité.

« En d'autres termes, les bouddhistes ne disent pas qu'il n'y a pas de Dieu mais que Dieu est impossible à concevoir dans notre condition et que nous devons arriver à un niveau de conscience infiniment plus élevé que le nôtre pour commencer à en avoir une petite idée.

« Les trois grandes religions monothéistes, le judaïsme, le christianisme et l'islam disent au contraire que Dieu, étant amour et miséricorde, se révèle. C'est le : " Tu ne me chercherais pas si tu ne m'avais déjà trouvé. " C'est aussi ce que dit Rûmi. Du haut de l'échelle mystique, il y a une lumière qui descend et qui se manifeste dans la Thorah, dans Jésus ou dans le Coran. Le Coran se veut donc uniquement un rappel. Il nous dit : " Puisque Dieu se révèle et qu'Il est la vérité suprême, Il ne peut pas dire fondamentalement que deux et deux font quatre à des Arabes, cinq à des Chinois, trois à des Américains... " La révélation prend, par la force des choses et par la sagesse divine, un aspect différent selon les peuples, les époques et les besoins. Il y a des chiffres en caractères arabes, chinois, japonais ou aztèques mais ils représentent l'unique vérité mathématique.

« Le Coran répète à longueur de temps qu'il faut aller chercher la science jusqu'en Chine, que l'encre des savants est plus précieuse que le sang des martyrs... Il se veut en fait un rappel conclusif et définitif, rappelant ce qu'ont d'essentiel les grandes religions, même le bouddhisme, car il y a un verset qui parle du bouddhisme. L'essentiel du message est de croire en un Dieu unique qui est amour et miséricorde, en l'immortalité de l'âme, de croire aussi que Dieu s'est manifesté dans les livres sacrés par la bouche des prophètes.

« J'insiste sur ce mot " rappel ". Il y a un verset très mystérieux dans le Coran où Dieu interroge les âmes des hommes alors que les créatures n'ont pas encore été créées. Il leur demande d'attester qu'Il est bien leur Seigneur. Il y a d'ailleurs un très beau poème de Rûmi là-dessus. Et ces âmes à venir répondent : " Oui, en vérité, tu l'es. " C'est à ce pacte en dehors du temps que se rattache pour un homme d'aujourd'hui, pour un croyant, la possibilité d'attester qu'il n'y a qu'un seul Dieu.

« Cela m'a frappée à un tel point que j'en ai changé mon sujet de thèse. Connaître, pour l'Islam et tout particulièrement pour les soufis, c'est se souvenir. Qu'il y ait ou non des vies antérieures, je ne dis pas que c'est secondaire, on peut le croire ou non mais ce n'est pas essentiel. Ce qui est essentiel, c'est de savoir que les hommes préexistent au corps et que rechercher Dieu, étant en exil, c'est rechercher notre véritable patrie spirituelle.

« Il y a à ce sujet un conte soufi que j'aime beaucoup : des paons vivent dans un jardin royal. Ils se promènent sur les pelouses, étendent leurs ailes... Ils sont heureux. Un jour, on ne sait pas bien pourquoi, le prince prend un de ces paons, l'enferme dans un sac en ne laissant qu'une toute petite ouverture pour qu'il puisse manger. Au début, le malheureux se sent en prison, puis il finit par oublier complètement. De temps en temps, il sent le parfum des fleurs qui lui vient du jardin, il entend les cris de ses congénères et cela lui rappelle quelque chose, provoquant en lui une nostalgie qu'il ne comprend pas. Il finit par être pris d'un désir fou de sortir de ce sac de peau. Alors le prince déchire le sac et le paon se retrouve enfin dans son paradis originel.

« C'est une belle illustration de l'Islam pour lequel l'idée de retour est absolument essentielle. D'ailleurs le Coran s'appelle lui-même un " rappel ". " Nous ne sommes qu'un rappel de tout ce qui a été révélé à tous les autres prophètes, à Noé, Moïse, Abraham, Jésus... " L'Islam les reconnaît tous. Ce qu'il met de côté, ce sont tous les travaux des gens qui ont ajouté aux données révélées ou extrapolé sur elles. Rien au fond de fondamental ou d'essentiel. "

Question : Je ne sais plus très bien où j'en suis. Vous nous dépeignez l'Islam comme la religion même de la tolérance. Comment concilier cela avec les appels à la guerre sainte que nous entendons un peu trop souvent? Nous avons posé cette question à des amis qui étaient sur la voie soufie et ils nous ont répondu qu'il ne fallait pas voir la guerre sainte comme une guerre extérieure mais comme une guerre qui se passe en l'homme, une lutte contre tout ce qui nous empêche de vivre continuellement dans la Présence.

Eva de Vitray-Meyerovitch : C'est en effet une réponse traditionnelle mais je ne voudrais pas, en la faisant mienne, vous donner l'impression que j'essaie d'éluder votre question. Il est vrai qu'on entend beaucoup parler de « djihad » en ce moment. D'ici à traiter les musulmans de sauvages, il n'y a qu'un pas et il est vite franchi.

« Il ne faut pas oublier qu'il y a entre l'Islam et le monde européen un vieux contentieux qui remonte certainement à l'Espagne. Georges Duby a raison d'affirmer que la civilisation arabe en Espagne avait au moins quatre siècles d'avance sur la nôtre. J'ai envie d'ajouter : surtout en ce qui concerne la tolérance.

« C'était alors l'œcuménisme total. Les califes avaient des ministres juifs ou chrétiens. C'était l'époque où Rûmi écrivait : " Si ton âme est assez pure et assez pleine d'amour, elle devient comme Marie portant le Messie. " Un autre très grand poète iranien, Sanaï, écrivait un peu avant : " Si ton âme ne passe pas par le vendredi de la crucifixion, elle n'arrivera jamais au dimanche de la résurrection. " En Turquie, pendant deux siècles, les musulmans allaient aux fêtes chrétiennes ou juives et Rûmi, toujours lui, voulait être enterré aux côtés de son ami l'évêque de Koniah. En Andalousie, il y avait des toilettes avec des chasses d'eau, des bains publics, des bibliothèques... On appelait Charles V le sage, c'est-à-dire le savant, parce qu'il y avait deux cents manuscrits à l'hôtel Saint-Paul alors qu'il y en avait cent mille à la bibliothèque de Cordoue.

« Il est évident qu'à cette époque, l'Islam représentait un danger pour la chrétienté. Voir, de l'autre côté des Pyrénées, des gens qui vivaient heureux sans se condamner, sans s'entre-tuer, sans avoir d'hérésies, de bûchers, d'inquisition, c'était insupportable. Souvenez-vous que notre bon Saint Louis disait : " Si tu vois un musulman, il faut le brûler sans tarder. "

« Il y a eu les croisades et, par la suite, les guerres coloniales qui n'ont pas arrangé les choses. Et ce mépris... Il est tellement implanté chez les Occidentaux qu'ils ne s'en rendent même pas compte. J'ai fait, il y a quelque temps, un livre sur le pèlerinage à La Mecque où je suis moi-même allée deux fois. Pour me documenter, je suis allée consulter à la Sorbonne des ouvrages sur les pèlerinages. Le seul ouvrage sur lequel j'ai pu mettre la main avait été écrit dans les années 40 par le professeur en titre d'histoire médiévale à la Sorbonne. Il parle avec admiration de Chartres, de Saint-Jacques-de-Compostelle, de Lourdes; avec respect de Bénarès. Quant à La Mecque, il dit textuellement : " Heureusement que tous ces pauvres hommes musulmans qui vont en pèlerinage à La Mecque et qui vivent dans la chasteté pendant trois semaines, ont les maisons de passe d'Alger, de Damas et du Caire pour se défouler en rentrant. " Des exemples de ce mépris, je pourrais vous en donner des milliers. »

Question : Parlez-nous un peu de La Mecque.

Eva de Vitray-Meyerovitch : C'est le point de convergence de centaines de milliers d'oraisons de tous les pays de l'Islam. Tous les musulmans se tournent vers La Mecque cinq fois par jour, ce qui suggère irrésistiblement le symbole de la roue, à la fois au sens géographique et métaphysique. Regardez une roue : si vous restez à la circonférence, vous êtes nécessairement loin du centre. Vous n'arrivez au centre que si vous suivez votre propre tradition jusqu'au bout. J'insiste sur « votre propre tradition ». Car Islam veut dire : remise à Dieu. Une attitude que partagent tous les croyants. L'Islam vous dira : « Sainte Thérèse d'Avila était une très bonne musulmane parce qu'elle était entièrement remise à Dieu » ou bien : « Jésus était un très bon musulman parce qu'il était entièrement remis à Dieu. »

Question : Dans ces conditions, pourquoi Mohammed est-il venu?

Eva de Vitray-Meyerovitch : Comme un messager qui vient « rappeler » aux gens dans une autre langue. Il y avait déjà une révélation en sanscrit pour les Védas, en langue hébraïque pour la Thorah, en araméen et ensuite en grec pour les chrétiens mais il n'y avait pas de livre en langue arabe. Le Coran est un rappel, en langue arabe claire, de ce qu'ont déjà dit la Thorah et les Évangiles.

Question : A propos de la roue...

Eva de Vitray-Meyerovitch : Justement, je voulais revenir sur le côté géographique. En général, lorsqu'on prie avec d'autres, on ne voit que les dos ou les côtés de ses voisins puisque tout le monde est tourné dans la même direction. Quand vous arrivez à La Mecque, vous arrivez au centre géographique et, à votre grande stupeur, vous voyez pour la première fois, en face de vous, les visages de ceux qui prient en même temps que vous. Quand on arrive au centre, c'est le prochain qu'on rencontre. C'est cela, le symbolisme.

« Le symbolisme de la prière, c'est qu'on prie debout comme un arbre, agenouillé comme un homme et prosterné comme une pierre. Donc on récapitule dans sa gestuelle les trois règnes de la nature. Le Coran dit que tout prie dans la nature : quand l'oiseau étend ses ailes, il prie; quand l'arbre projette son ombre, il prie; l'atome prie et aussi le grain de sable. Et quand on termine la prière, on se tourne dans les quatre directions en appelant la paix sur le monde. On présente le monde à Dieu en incarnant dans sa propre personne les trois règnes de la nature et le dernier mot du Coran, c'est l'humanité. »

Question : Un vrai musulman doit donc aimer tous les éléments de la nature?

Eva de Vitray-Meyerovitch : Bien sûr que oui! Il y a toute une écologie dans le Coran. Pour ne donner qu'un exemple, l'Islam n'interdit pas de manger de la viande mais de faire souffrir la bête. Il interdit également de chasser pour s'amuser, de faire du tir aux pigeons... Quand on tue un animal, on doit dire qu'on le fait au nom de Dieu. Et si, comme le croient beaucoup de soufis, il y a une succession de vies, si donc la vie animale est un passage, la boucherie se transforme en sacrifice.

« D'ailleurs dans la vie de l'Islam, comme sans doute dans la chrétienté au Moyen Âge, tout ce qu'on fait est placé sous le signe de la sacralisation. Je dis souvent à mes étudiants : " Si vous prenez un taxi à Damas, au Caire ou à Istambul, le chauffeur vous demandera : " Inch' Allah, où veux-tu aller? " En mettant son moteur en marche, il dira : " Au nom de Dieu. " C'est-à-dire qu'une petite course de rien du tout se situe par rapport à une transcendance. Dans les congrès internationaux, je reconnais facilement à qui j'ai affaire : si quelqu'un prend un ascenseur en disant entre ses dents : " Au nom de Dieu ", on se regarde avec un petit sourire complice. On est de la même famille. " »

Question : Vous avez dit tout à l'heure un mot sur la réincarnation. Mais dans l'Islam, on n'y croit pas.

Eva de Vitray-Meyerovitch : La plupart des soufis y croient, au moins à un certain niveau. J'ai entendu un très grand maître dire : « Nous enseignons la réincarnation dans les tarikas mais à un niveau très élevé pour que ce ne soit pas une cause de quiétisme comme ça l'est souvent en Inde où on dit qu'un homme qui meurt de faim l'a mérité dans une autre vie. » Il faut être arrivé à un certain degré spirituel pour comprendre vraiment de quoi il s'agit.

« Je me souviens d'une dame que j'ai connue il y a quelques années, une femme gentille, bien élevée, élégante. Elle m'a dit un jour que depuis sa petite enfance, elle ne pouvait traverser le pont Neuf. Arrivée à la statue d'Henri IV, elle se mettait à trembler de peur et il lui est même arrivé de s'évanouir parce qu'elle voyait des flammes. Elle qui habitait juste à l'entrée du pont Neuf, pour aller à la Samaritaine, il lui fallait emprunter le pont des Arts ou le pont Saint-Michel. Elle était malheureuse parce que tout le monde se moquait d'elle. J'ai d'abord cru qu'il s'agissait d'un souvenir d'enfance, qu'on lui avait raconté l'histoire de Jacques de Molay et de ses compagnons qui avaient été brûlés précisément à cet endroit. Elle n'en avait jamais entendu parler. C'est tout de même drôle et cela d'autant plus que je pourrais vous citer de nombreux cas de ce genre. Je ne dis pas que ce sont des preuves par neuf et je ne considère pas, je vous l'ai dit, qu'il soit très important de croire ou non à la réincarnation. L'Islam se montre très tolérant à cet égard. On peut y croire sans être automatiquement condamné.

« Souvenez-vous que les premiers Pères de l'Église y croyaient et qu'il a fallu le concile de Mâcon, dans les années 500, pour que cette croyance soit interdite. Qu'on puisse interdire de telles choses, je trouve cela délirant. Je n'y crois pas à cent pour cent, nous verrons bien, mais cela me paraît très logique et très consolant. Quand vous voyez deux bébés qui naissent dans des conditions si différentes... »

Question : Beaucoup vont être surpris de vous entendre affirmer que l'Islam est tolérant.

Eva de Vitray-Meyerovitch : Bien sûr qu'il y a des fanatiques dans l'Islam, mais ils n'ont pas bien lu le Coran. Je pourrais vous donner des dizaines de citations. Je me contente de deux qui sont incontestables. Le Coran dit :

« Que vous soyez juifs, chrétiens, musulmans ou même sabéens (les sabéens étaient des idolâtres qui adoraient la lune et les étoiles), vous n'avez rien à craindre de votre Seigneur si vous faites le bien. »

« Voici un autre passage : " Si Dieu avait voulu, Il aurait fait de vous une seule communauté religieuse mais Il a voulu vous enrichir par vos différences pour que vous vous interconnaissiez. Donc surpassez-vous les uns les autres dans vos bonnes actions et Dieu vous éclairera ensuite sur vos différences. "

« Où est le fanatisme là-dedans? Bien sûr, il y a dans l'Islam les vieilles barbes et les vieux turbans mais les catholiques ont aussi leur Mgr Lefebvre. Il n'y a pas si longtemps qu'un des curés de Saint-Nicolas-du-Chardonnet a dit que la foudre aurait dû tomber sur Assise le jour où le pape s'y est " acoquiné avec les païens ". Cela veut dire qu'il y a la bêtise partout.

« Les grands mystiques de l'Islam ont eu des intuitions fulgurantes. Comme s'ils avaient pénétré au cœur de la matière. J'ai trouvé ceci chez Ibn Arabi qui écrivait en plein XIIIe siècle : " Tu vois de l'eau et tu penses que c'est uniquement un liquide qui coule mais en réalité, c'est un composé de deux gaz. Pourvu qu'avec l'un de ces deux gaz, les hommes ne fassent pas un jour du feu. " (Est-ce une allusion à la bombe à hydrogène?)

« Et Rûmi. Il n'arrête pas de m'émerveiller lui qui a écrit, un siècle avant Galilée : " Quand on coupera un atome, on y trouvera un système solaire en miniature. " Il disait aussi : " Toutes les créatures humaines, sur cette petite planète Terre, sont soumises aux influences des astres. Tout le monde sait que le soleil agit sur la végétation, la lune sur les marées et sur la fécondité des femmes, mais ce qu'on sait moins, c'est que le geste le plus infime d'un homme sur cette planète Terre est perçu dans des systèmes solaires appartenant à des galaxies non encore découvertes. " J'ai eu froid dans le dos en lisant cela parce que je me suis souvenue d'un colloque qui a eu lieu à Fès au cours duquel Olivier Costa de Beauregard m'a dit un jour en prenant un café : " Ma chère amie, si le grand public savait ce que nous, les physiciens de pointe, nous découvrons, on nous mettrait dans des asiles de fous. Par exemple, si vous touchez votre tasse de café, c'est perçu dans Sirius... " »

Question : J'ai le sentiment que vous pourriez parler de Rûmi pendant des heures.

Eva de Vitray-Meyerovitch : Ce n'est pas étonnant : voici vingt-cinq ans que je me consacre à la traduction de son œuvre, plus de cinquante mille vers.

« Je viens aussi de faire paraître un livre sur sa ville natale de Koniah en Turquie. Ce fut un centre œcuménique extraordinaire où chrétiens, juifs et musulmans vivaient ensemble dans l'amour et partageaient les mêmes choses. Koniah fut la plus ancienne ville préhistorique du monde, plus ancienne même que Jéricho. C'était un matriarcat qui a connu le rite de l'enterrement différé qu'on ne retrouve que chez Homère. On y cultivait dix-sept sortes de céréales. Plus tard, la ville a été occupée par les Hittites, un peuple mystérieux dont on a déchiffré la langue il y a seulement une trentaine d'années.

« Elle a été la première ville évangélisée parce qu'elle fut l'Iconium de saint Paul. On y voit encore la maison où il a été recueilli après son illumination de Damas. C'est là qu'il a trouvé son disciple Barnabé.

« Si bien que cette ville où il y a toujours eu une forte

communauté juive est un des berceaux du christianisme et une ville sainte de l'Islam. J'aime y aller parce que c'est la ville de l'harmonie et qu'y est vécue depuis toujours cette tolérance, cette union des croyants qui est le rêve de tous les hommes de bonne volonté. »

ÉPILOGUE SOUS FORME D'APOTHÉOSE

Dès la fin de notre enquête et d'un commun accord, nous avions décidé, Rachel et moi, de consacrer notre dernier chapitre à Mère Meera et voici qu'au moment de l'écrire, nous avons le sentiment de nous trouver au seuil d'un mystère qui ne peut s'exprimer par des mots. Ceci explique pourquoi un des chapitres sans doute les plus importants de notre livre se trouve être aussi le plus court. Comment dire l'indicible? Comment parler d'un enseignement qui, en réalité, n'existe pas? Mais aussi comment ne rien dire alors que nous avons vécu, Rachel et moi et Rachel encore plus que moi, une expérience bouleversante? Ce livre n'a-t-il pas pour but de partager nos rencontres?

En apparence, il ne se passe rien mais en réalité, pour peu qu'on soit ouvert au Divin, une visite chez Mère Meera ouvre, dans les profondeurs de notre être, des portes qui jamais plus ne se refermeront.

Pour suppléer à cette espèce de paralysie mentale qui s'était emparée de nous à propos de Mère Meera, nous avons demandé à ceux qui étaient avec nous lors de ces rencontres de nous raconter ce qu'ils avaient vécu. Nous avons eu la surprise de les entendre nous répondre que ce qu'ils avaient vécu, ils ne pouvaient justement pas en parler. Sans doute parce que c'était une expérience trop intérieure et trop intime.

Plantons au moins le décor. Le crépuscule tombe sur Thalheim, un petit village allemand bien tranquille et bien propre.

Au cœur de ce village, une maison qui ne se distingue en rien de celles qui l'entourent. Devant la grille de cette maison, une cinquantaine de personnes attendent en silence. Des Français, des Belges, des Néerlandais, des Anglais, et, bien sûr, une majorité d'Allemands. La plupart d'entre eux sont des habitués et ils savent que ce qui va se produire ne peut donner son fruit que dans le recueillement.

La porte s'ouvre au moment même où sept heures sonnent au clocher de l'église toute proche. Un escalier étroit s'ouvre devant nous qui nous conduit au premier étage dans une salle remplie de chaises le long des murs et de coussins dans le milieu. Un décor aussi anonyme que possible. Cette pièce était sans doute la salle à manger de petits-bourgeois allemands. Pas de décorations, pas d'images de Dieu, pas d'odeur d'encens. Si ce n'était le grand fauteuil avec des coussins multicolores et le magnifique bouquet de roses qui se trouve à ses pieds, on pourrait se croire dans une banale salle de réunions.

Vaille que vaille, très vite, tout le monde a trouvé sa place et déjà, un silence habité s'installe. Je ferme les yeux et je me laisse prendre par l'ambiance si profondément recueillie. Quelques minutes plus tard, alerté par un vague brouhaha qui se produit dans l'assemblée, j'ouvre les yeux et je la vois devant moi. Elle est entrée sans bruit et elle est venue s'asseoir dans son fauteuil. « Comme elle est belle! », telle est la première pensée qui a jailli dans mon esprit. Ce n'était pas tout à fait une surprise car j'avais vu des photos d'elle mais j'étais loin de m'attendre à lui trouver une telle « Présence ». Elle est assise bien droite, les yeux à la fois très présents et lointains, de grands yeux noisette profonds et magnifiques, un teint à la fois sombre et doré et de longs cheveux très noirs séparés en leur milieu par une raie, un front lisse frappé de l'œil de Siva. Elle est enveloppée dans un sari rouge à points blancs brodé de fils d'or qui donne à sa silhouette élégance et fragilité.

« Lorsque je l'ai vue, me racontera plus tard Rachel, je me suis écriée : " Mais c'est une enfant! " J'avais le sentiment qu'elle avait douze ans. Je ne pouvais pas en croire mes yeux... cette fraîcheur, cette fragilité, cette innocence... la fragilité surtout, peut-être. Et il y avait en elle en même temps tant de force, de grandeur et de beauté... »

A peine est-elle installée qu'une femme en sari vient s'agenouiller devant elle. Nous apprendrons plus tard qu'elle s'appelle Adilakshmi Olati et qu'elle est sa plus fidèle compagne. Mère Meera saisit sa tête dans les mains et, au bout de quelques secondes, la redresse et la regarde droit dans les yeux.

Pour les dévots de Mère Meera, il n'y a pas d'autre cérémonial que ces quelques gestes si simples. Tous ceux qui sont ici ce soir vont venir ainsi s'agenouiller à ses pieds et recevoir cette imposition des mains. Il n'y a pas d'ordre établi. Chacun y va lorsqu'il se sent prêt. Ce qui se passe dans ces moments-là appartient au mystère. Tout ce que je peux dire, c'est que tandis qu'elle me serrait la tête entre ses mains, j'ai senti couler en moi une énergie calme et puissante. Je peux dire aussi que lorsqu'elle m'a regardé au fond des yeux, j'ai eu le sentiment d'une libération, comme si des obstacles depuis toujours accumulés en moi se volatilisaient soudain.

Comme à son habitude, Rachel est plus expressive. « Aussitôt qu'elle a pris ma tête dans ses mains, m'a-t-elle raconté, j'ai senti un souffle, un espace extraordinaire entrer en moi. Je sentais mes côtes qui s'ouvraient, s'ouvraient, s'ouvraient et mon souffle me semblait trop court pour pouvoir aspirer cette immensité qui entrait en moi. Quand j'ai rejoint ma place, j'ai fermé les yeux et elle était là, devant moi, dans une grande lumière.

« Le deuxième soir, je n'ai plus été qu'une grande respiration. Tout mon corps respirait et je ne peux décrire le bien-être qui m'a envahi. Je me souviens que mes pieds étaient brûlants, incroyablement vivants. J'ai entendu une voix me dire : « Je t'ai tant appelée, tant cherchée ! » De retour à ma place, j'ai revu en elle l'enfant que j'avais déjà vue la veille. Le cœur plein d'une immense tendresse, j'avais envie de la prendre dans mes bras. C'était comme si c'était moi la mère. Je voulais la bercer, la protéger et je riais en moi-même. Je me disais : " Ce n'est tout de même pas elle qui a besoin d'être protégée. " Peut-être ai-je compris alors qu'elle était notre miroir à tous. Peut-être est-ce l'enfant en moi que j'ai vue devant moi, l'enfant qui, à tort ou à raison, avait le sentiment de n'avoir pas été assez aimé, assez bercé. J'ai eu la sensation d'avoir fait alors la paix avec ma propre enfance et j'ai pu, par la suite, vérifier que c'était vrai. »

Tous ceux que nous avons interrogés, même s'ils ont refusé de s'exprimer sur la profondeur de leur expérience, ont au moins été d'accord pour affirmer qu'ils ont senti, dans leur contact avec Mère Meera, comme un surgissement d'énergie. Comme si elle était une source inépuisable de force et de joie.

Je sens déjà, chez certains lecteurs, se lever la curiosité : qui est cette femme? D'où vient-elle? Quelles ont été les grandes étapes de sa vie, ses peines et ses joies? Comment est-elle devenue ce qu'elle est?... Je dois avouer que nous ne possédons pas toutes les réponses à ces questions. Mère Meera ne raconte pas sa vie, cela ne lui viendrait même pas à l'idée et même dans les livres qui lui sont consacrés, les éléments biographiques sont réduits au minimum.

Elle pourrait faire sien ce chant à la déesse mère égyptienne Neit qu'Adilakshmi cite en exergue du livre qu'elle a écrit sur elle :

« Je suis tout ce qui a jamais été
Je suis tout ce qui est
Je suis tout ce qui sera jamais
sans que jamais œil mortel
ne m'ait perçu tel que je suis. »

Au moins sait-on qu'elle est née le 26 décembre 1960 au village de Chandepalle dans la province d'Andhra Pradesh, au sud de l'Inde. Ses parents étaient des paysans qui ne semblent pas très bien avoir compris leur fille. Elle n'a que six ans lorsqu'elle connaît son premier samadhi, c'est-à-dire sa première expérience du Divin. Une expérience si forte qu'elle resta sans connaissance pendant vingt-quatre heures et qu'à partir de ce jour, dira-t-elle, « je sus ne vivre qu'en le Divin et par la volonté et l'aide du Divin ». C'est cela le mystère de la grâce : recevoir si jeune l'illumination que tant d'êtres profondément spirituels n'obtiennent qu'après toute une vie passée dans une rude ascèse. Deux ans plus tard, un certain Mr. Reddy, venu dans son village pour régler une question d'héritage, voit en elle une incarnation de la Mère divine et décide de la prendre dans sa famille. C'est un chercheur de vérité qui a décidé de vivre dans le célèbre ashram de Shri Aurobindo et de Mère à Pondichéry. C'est là qu'il emmène sa jeune protégée à l'aube de sa treizième année.

A partir de ce moment-là, on peut dire que la biographie de Mère Meera s'arrête. Du moins sa biographie classique car sa vie ne va plus être faite que d'expériences mystiques de plus en plus profondes et bouleversantes. Des expériences qui ne peuvent même pas se raconter tant elles paraissent irrationnelles à nos esprits occidentaux. Elle vit dans un autre monde, parle avec Aurobindo et Mère qui sont morts depuis des années, voyage dans ce qu'elle appelle des « plans supérieurs », contemple les Dieux et les Déesses de l'Inde. C'est dans un pensionnat de jeunes filles d'Hyderabab où Mr. Reddy l'a placée pour deux ans, qu'elle connaît la plus radicale de ses expériences, l'expérience complète du Paramatman, une sublime réalisation de la lumière divine.

On pourrait écrire un livre entier avec le récit de ses expériences qui ne font que s'approfondir jusqu'aux mois d'avril et de mai 1983 où elle reçut ce qu'elle appelle « la lumière sous son aspect d'amour ». Voici, rapporté par Adilakshmi, le récit de cette « descente de Lumière » :

« Au début, la descente de Lumière commençait à minuit et durait jusqu'à six heures du matin. Puis, Mère Meera se reposait une ou deux heures. Toute la journée, elle était normale. Mais après quelque temps, la descente de Lumière devint aussi forte le jour que la nuit. A partir de ce moment, Mère Meera ne put connaître ni repos ni sommeil ni nourriture. Elle sentait constamment dans son corps des douleurs insupportables pour l'être humain. Lorsque la douleur était trop importante, Mère Meera perdait connaissance.

« Nous avions peur et voulions appeler un médecin. Lorsque nous demandâmes à Mère Meera Sa permission, elle nous répondit : " NON ", et perdit à nouveau connaissance. Elle nous expliqua plus tard que durant cet état Ses sens ne fonctionnaient pas. Quand on Lui demandait quel était Son état, Elle ne répondait pas car nos questions ne L'atteignaient pas. Quand nous avons demandé si nous devions appeler un médecin, le mot " médecin" a résonné en Elle comme une cloche, car ce n'était pas correct d'appeler le médecin. Elle est donc revenue à notre niveau de conscience pour nous dire "NON", et est immédiatement retournée au plan supérieur. C'était uniquement pour que nous ne fassions pas l'erreur d'appeler un médecin qui, de toute façon, aurait été inutile puisqu'il n'aurait pas pu diagnostiquer pourquoi le corps de Mère Meera réagissait de cette façon terrible.

« La dernière période de la descente de Lumière fut si solide et concrète que nous avons aussi perçu fortement l'atmosphère d'Amour dans la maison tout entière emplie de Joie.

« Dans cette atmosphère, une heure de sommeil suffisait, même pour des êtres humains.

« Il y a un grand changement dans le corps de Mère Meera, qui donne l'impression d'être devenu doux comme du velours et brillant. »

J'ai tout à fait conscience, depuis que j'ai commencé à écrire ce petit texte sur Mère Meera, d'évoluer dans un univers qui n'est pas le mien et qui n'est sans doute pas non plus celui de la majorité de nos lecteurs. Tous ces événements merveilleux, ces visions, ces lumières et ces couleurs qui ne sont pas de ce monde, ces rencontres avec des Dieux et des Déesses, avec Shri Aurobindo et avec son épouse que tous ses dévots appellent « Douce Mère »... Je dois avouer que mon esprit, irrémédiablement rationnel, a tendance à se cabrer. Si je m'étais contenté de lire les quelques livres qui parlent de Mère Meera ou d'entendre parler d'elle par des disciples enthousiastes, j'aurais probablement, je le dis à ma grande honte, traité tout cela d'élucubrations. Mais je suis venu voir Mère Meera, j'ai mis ma tête dans ses mains, j'ai livré mon regard à son regard et je peux dire que j'ai découvert l'amour à l'état pur et que – pourquoi ne pas le dire? – j'en ai été bouleversé.

Les Hindous d'ailleurs se meuvent au naturel dans cet univers et ils ne sont pas pour autant, c'est le moins qu'on puisse dire, des nains dans le domaine spirituel. Pour Adilakshmi par exemple, qui a obtenu un diplôme universitaire de philosophie occidentale, les expériences les plus extraordinaires (au sens fort du terme) de Mère Meera appartiennent au domaine du quotidien. Pendant plus de deux heures, dans le petit jardin clos de mur, elle nous a expliqué pourquoi elle avait consacré sa vie à Mère Meera.

Ce n'est pas tellement étonnant lorsqu'on sait que, depuis l'âge de six ans, elle n'avait qu'un seul et impérieux désir : servir les saints hommes, les « sannyasins » qui passaient chez ses parents et, plus tard, faire comme eux, partir sur les routes sans argent ou aller vivre dans un ashram. Le 2 juillet 1969, elle est partie en laissant un mot d'adieu à ses parents et sans rien emporter d'autre qu'un billet de cent roupies pour prendre le train. Elle voulait aller au célèbre ashram de Ramana Maharshi et elle s'est retrouvée chez Aurobindo à Pondichéry où elle a été accueillie par Mr. Reddy et où elle est devenue professeur d'anglais et de télégu. C'est là qu'en 1973, elle a rencontré pour la première fois Mère Meera que Mr. Reddy venait d'amener.

« Elle était tout en rouge, se souvient-elle. Belle! Après ma première rencontre avec elle, partout où j'allais, même pendant que je donnais mes cours, je voyais ses yeux devant moi. C'était extraordinaire. J'ai su tout de suite qu'elle était la Mère divine.

« Depuis, je ne l'ai pas quittée et lorsque Mr. Reddy, malade, est venu se faire soigner en Allemagne, je suis venue avec eux et nous avons décidé de rester ici, même après la mort de Mr. Reddy. Ici ou ailleurs, quelle importance? Partout, Mère Meera peut faire son travail qui est d'apporter la lumière au monde.

« Elle est avant tout un être d'amour et de paix. Jour après jour, elle donne son aide physique, psychologique, mentale et spirituelle pour que de plus en plus d'êtres puissent trouver enfin la libération. Elle fait descendre la Lumière et la Lumière protège le monde. »

Tandis que nous parlions avec Adilakshmi, il y avait avec nous, dans le petit jardin, notre amie Héléna qui a été la première à nous parler de Mère Meera. Le soir, rentrés dans notre hôtel, nous lui avons demandé de nous dire pourquoi elle venait ici. Nous tenions beaucoup à son témoignage parce que nous avons toute confiance en elle. Elle n'est pas une illuminée évanescente, une nostalgique inconditionnelle des années 70 mais une femme solide, équilibrée, qui a su créer une entreprise prospère d'importation de la soie, ce qui lui donne l'occasion d'aller en Asie plusieurs fois par an et de traiter avec des commerçants chinois.

Jeune fille, elle est restée trois ans en Extrême-Orient, elle a étudié le japonais, le chinois et elle s'est enthousiasmée pour les coloris superbes de la soie au point de vouloir en faire son métier. Un de ses amis lui a donné un jour un livre sur Mère Meera et, après l'avoir lu, elle a tout de suite demandé un rendez-vous.

« Je suis arrivée, raconte-t-elle, sans rien attendre. Il y avait beaucoup de monde et quand mon tour est venu, quand elle a pris ma tête entre ses mains, j'ai senti une énergie monter le long de ma colonne vertébrale, comme si des canaux subtils se débloquaient. C'était presque trop et elle a dû le sentir parce qu'elle s'est arrêtée juste au moment où ça allait devenir insupportable. Quand elle m'a regardée dans les yeux, j'ai vu que son visage était entouré d'une aura dorée.

« Je suis retournée à ma place, je me suis assise par terre et j'ai senti à ce moment-là que je ne pouvais plus soulever les paupières. C'était comme si toute ma couronne, tous les niveaux de ma tête au-dessus des yeux étaient totalement vides et, en même temps, totalement ouverts. Cela a duré de vingt minutes à une demi-heure. Plus tard dans la soirée, j'ai commencé à sentir mon corps comme je ne l'avais jamais senti jusque-là. Une extraordinaire présence à moi-même. Pendant plus de quatre heures, au moins jusqu'à minuit, je me suis trouvée dans un état méditatif plein de sensations. Le rationnel en moi était tout à fait anéanti. Je me suis laissée aller dans le vide mais, je ne sais comment l'expliquer, il ne s'agissait pas d'un vide vide, mais d'un vide plein d'énergie, de création.

« Depuis ce jour-là, chaque fois que je vais voir Mère Meera, je me sens baignée dans sa lumière. Ma respiration n'est plus la même. C'est comme si, à chaque expiration, je rejetais ce qu'il y a en moi de négatif et de vieux et qu'à chaque inspiration, j'aspirais sa lumière.

« Certains de mes amis ont tendance à sourire lorsque je leur raconte cela mais moi, je suis bien obligée de constater que ma vie est transformée : je suis plus calme, plus souriante et surtout plus sereine à l'intérieur. Plus confiante. Dans tout ce que je fais, je sais que c'est elle qui agit en moi. Bien sûr, je reste responsable de mes actions mais je sais qu'instant par instant, elle m'aide à trouver celles qui sont justes. Cela, je peux le vérifier tous les jours. C'est comme si toutes mes paroles et mes actions jaillissaient d'une intarissable source d'énergie. Telle est l'action de Mère Meera : elle éveille des énergies qui se trouvaient en nous mais que nous ne savions pas employer parce que nous n'étions même pas conscients de leur existence. »

Il est vrai qu'elle-même, si l'on en croit Andrew Harvey qui fait partie des sept personnes qui vivent dans la maison, elle est pleine d'une incompréhensible énergie. Nous avons du mal à croire que cette femme que nous voyons si irréelle se révèle dans la vie quotidienne comme une infatigable travailleuse. Trouvant sa maison trop petite, elle a décidé d'en construire une autre à proximité de Thalheim. Elle y travaille neuf heures par jour, faisant elle-même le ciment, portant les sacs, maniant la truelle, faisant à la fois le travail de l'architecte et du maçon. Ce qui ne l'empêche pas, une fois rentrée du chantier, de se mettre à coudre ou à scier du bois. Tout cela, affirme Andrew, d'une façon tellement simple et tout à fait relaxée. En douceur.

Cher Andrew! Il déborde d'enthousiasme. On sent qu'il consacre entièrement sa vie à la Mère. Il n'est pourtant pas, lui non plus, un illuminé. Fils d'un père indien et d'une mère anglaise, il est professeur de littérature anglaise à Oxford et il va souvent aux États-Unis pour donner des cours dans les plus prestigieuses universités. Sans doute est-il l'un des garçons les plus brillants qu'il nous ait été donné de rencontrer, poète, musicien, écrivain... Derrière ses lunettes cerclées de fer, ses yeux sont d'une vivacité extraordinaire, toujours en mouvement et il est prêt à parler de Mère Meera pendant des heures. Lorsque nous l'avons rencontré, il était en train de finir sur elle un livre qu'il voudrait définitif.

« Je suis avec elle depuis onze ans, dit-il. J'ai eu des centaines d'heures d'entretien et jamais elle ne m'avait permis de commencer un livre. Il y a deux ans, elle m'a dit : " Maintenant, tu peux écrire. " Il fallait d'abord que je fasse le " voyage ". Cela sera avant tout un livre d'espoir car les hommes de notre temps sont désemparés, désespérés. Mère apporte la lumière dans le monde. Une lumière qui aime, guide, enseigne et nourrit. Ce n'est pas un rêve : cette lumière, on la voit.

« La vie mystique est la vie la plus réelle. Beaucoup plus réelle que toute autre. Que peut-il y avoir de plus réel que la lumière divine? C'est cela que Mère nous donne si nous nous ouvrons à elle et surtout si nous sommes assez courageux pour renoncer à tout le reste. Sans cela, on ne peut pas atteindre ce nouveau monde. Mais attention! Cette voie du renoncement n'est pas une voie triste. La lumière n'est pas triste et Mère nous dit : " Mon enfant, sois joyeux, gai, libre du passé. "

« Les disciples veulent toujours une voie toute tracée mais rien n'est tracé avec elle : il faut devenir des pionniers. Il faut sans cesse s'adapter, être sensible, vigilant, souple comme un dauphin. Il faut être Liiiiiiibre! Fou de gaieté parce qu'elle est le bonheur incarné. Les hommes ont peur de ça. Ils veulent un Dieu qui les punit tout le temps alors que la Mère ne cesse de donner. Toute la splendeur du monde. La joie et la force.

« Cette nouvelle force n'est pas du tout grandiose, lourde et pesante comme les autres. Elle est infiniment légère, subtile. C'est une caresse qui transforme tout. L'homme est tellement mutilé, détruit, angoissé que la seule chose qui puisse le transformer, c'est cette caresse d'un amour infiniment délicat, l'amour de la Mère divine.

« Héraclite a dit : " L'amour vient de l'enfant. " Pour moi, cette phrase a été la clé de tout mon voyage avec elle. Il n'y a que l'enfant en nous qui soit vraiment ouvert au Divin. L'enfant danse, il est prêt à suivre la Mère n'importe où. Tout le reste est une construction mentale. Mère fait de nous des enfants. Quand on est près d'elle, on se sent si jeune. J'ai souvent l'impression d'avoir six ans.

« Près d'elle, j'ai vécu des expériences fabuleuses. Un jour, par exemple, j'ai vu les collines se mettre à danser et elle aussi, elle dansait dans une lumière intense. Elle était dans sa chambre et je m'y suis précipité en m'écriant : " Mère! Mère! Les collines dansent dans ta lumière! " Elle était en train de coudre. Elle a levé les yeux, a dit " Oui " et s'est remise à coudre. Pour elle, il n'y avait pas lieu de s'étonner. C'était normal. »

Les yeux d'Andrew éclatent de joie derrière ses petites lunettes rondes. Il est si enthousiaste, si joyeux, si amical et nous le sentons tellement délivré de tous les conformismes que nous avons envie d'en savoir un peu plus sur lui. Il se raconte sans réticences et on a l'impression que pour lui, comme pour Mère Meera, les choses les plus extraordinaires sont normales. Lui aussi, il vit dans un autre monde et il nous émeut en nous décrivant le mal-être qui, comme tant de jeunes Occidentaux, l'a poussé, presque malgré lui, à s'engager sur un Chemin spirituel.

« Je suis né en Inde, nous dit-il et mon père était à demi Indien. Plus tard, je suis devenu Anglais mais sans joie. Je ne me suis jamais senti vraiment anglais, ce qui ne m'a pas empêché de devenir professeur de littérature anglaise dans un grand collège d'Oxford. J'y suis resté pendant dix ans mais j'ai détesté l'atmosphère d'Oxford tout comme je déteste l'atmosphère de l'Occident. L'Occident est pourri, tout est foutu, fini et la vie intellectuelle y est vide et stupide. J'étais désespéré et je suis retourné en Inde. Là-bas, j'ai fait des expériences extraordinaires.

« J'avais vingt-cinq ans lorsque j'ai rencontré Mère pour la première fois et je suis tout de suite devenu son disciple. J'ai compris qu'elle était l'énergie divine. Peu après, j'ai pris la fuite parce qu'elle était trop majestueuse, trop puissante mais j'ai gardé, de loin en loin, le contact avec elle. Il y a quatre ans, ma vie est devenue délabrée. Je commençais à être connu, j'avais écrit des livres, fait des disques qui avaient du succès mais tout cela était nul pour moi. Le vide total de toutes les ambitions et de tous les désirs. N'en pouvant plus, j'ai téléphoné à Mère et je lui ai dit : " Guéris-moi. Je suis profondément malade. Il faut absolument que j'atteigne la libération parce que cela ne peut pas durer. " Elle a ri et elle m'a dit : " Viens. " Depuis, je suis resté près d'elle et elle me donne les clés nécessaires pour le voyage vers la lumière.

« Elle est un maître merveilleux parce qu'elle est toute douceur. Elle te pousse dans le feu mais elle y descend avec toi. Elle est tour à tour tendre et féroce et si tu es prêt à la suivre, si tu es totalement sincère, elle peut très vite nettoyer tout ce qui t'empêche de progresser. Mais sa force est tellement grande qu'elle peut détraquer les gens qui ne sont pas sincères. Elle le sait et elle agit en conséquence. Elle donne, donne, elle te fait voir l'Absolu sous toutes ses facettes...

« La plupart des gens ont peur de cette force féminine parce qu'elle détruit toutes les fausses valeurs du patriarcat et des hiérarchies religieuses... »

Il rit, Andrew et son rire est si clair, si contagieux qu'on a du mal à l'imaginer mal dans sa peau. Il est heureux et son bonheur est fait pour durer. En le quittant et en quittant le village si tranquille de Thalheim, nous nous disons que nous avons bien fait de garder pour la fin le récit de notre rencontre avec Mère Meera.

Non seulement parce que nous avons vécu près d'elle une expérience unique mais parce que nous avons senti avec force ce que nous pressentions en commençant ce livre : Oui, si nous voulons que le monde sorte de cette morosité qui nous désespère, si nous voulons que s'apaisent ses violences, nous devons à tout prix et sans attendre redonner aux valeurs féminines leur vraie place. Mère Meera nous a fait vivre avec notre cœur, avec tout notre être ce que nous savions dans notre tête : l'homme a fait un Dieu à son image, un Dieu Père tout-puissant et souvent terrifiant et, ce faisant, il a créé le monde que nous connaissons, un monde de conflits et de haine. Il a oublié que ce Dieu est aussi et peut-être avant tout un Dieu Mère qui donne la première place à l'intuition, à l'abandon, à la disponibilité et à l'ouverture du cœur.

Chacune à sa façon, toutes les femmes que nous avons rencontrées pour écrire ce livre n'ont cessé de nous dire que l'énergie divine nous demande non pas de la conquérir mais de l'accueillir avec tendresse.

POUR CEUX QUI VEULENT ALLER PLUS LOIN

Anila n'a pas écrit et elle n'avait pas d'adresse permanente lorsque nous l'avons rencontrée.

Chiara Lubich habite Rome, mais si on veut aller plus loin avec elle et avec les focolari, on peut contacter le centre Mariapolis, 29, rue Dantzig, 75015 Paris.

Elle a beaucoup écrit. Citons :

– *La vie est un voyage,* Nouvelle cité.

– *Pourquoi m'as-tu abandonné. Le secret de l'unité,* Nouvelle cité.

– *Petit manifeste inoffensif,* Nouvelle cité.

– *Paroles pour vivre,* Nouvelle cité.

On peut également consulter, de Michel Pochet : *Dialogue avec Chiara Lubich,* Nouvelle cité.

Maguy Lebrun. Son adresse : La Boiseraie, 12, avenue Marcel-Peretto, 38100 Grenoble.

Elle a écrit : *Médecins du ciel, médecins de la terre,* chez Robert Laffont et elle vient de remettre à cet éditeur un second livre qui va être bientôt publié.

Marguerite Hoppenot. Adresse du mouvement « Sève » : 14, rue Freycinet, 75016 Paris.

Parmi ses livres :

– *Cette vie qui m'est donnée,* qui a été publié chez Plon.

On peut se procurer ses autres livres au mouvement « Sève ». En voici quelques titres :

– *Midi sur le monde.*
– *Vers le Royaume.*
– *Pleins pouvoirs à l'Esprit saint.*
– *Le Temps du feu.*
– *S'établir dans l'Essentiel.*

Ammatchi. On peut contacter : ARCY. 30, rue Croix-Saint-Jacques, 91410 Dourdan.

En attendant la publication d'un ouvrage définitif, on peut se procurer, de Balagopal, le petit livre intitulé : *Ammatchi, la vie et l'enseignement d'une jeune mystique d'aujourd'hui.* Il a été traduit par Sarvatma et peut être trouvé aux éditions du Soleil natal, 28, rue Paul-Doumer, 91150 Étampes.

Catherine Delorme a déménagé depuis notre dernier passage à Rabat et nos efforts pour découvrir sa nouvelle adresse se sont, jusqu'ici, révélés vains.

Elle a publié : *Le Chemin de Dieu,* chez Albin Michel.

Sur le Prophète et les femmes, on peut aussi consulter avec profit, également chez Albin Michel, le livre de Fatima Mernissi : *Le Harem politique.*

Marguerite Bangerter. Son adresse : 40, avenue de l'Hippodrome, Bruxelles 1050.

On peut trouver sur elle un livre signé Milly Destanche et intitulé : *Le long itinéraire de Marguerite Bangerter.* Il a été publié aux éditions Jacques Antoine, 187, rue Saint-Bernard, 1060 Bruxelles.

Mère Meera. Son adresse : Oberdorf 4A. Dornburg-Thallheim, 6255 RFA.

Elle n'a rien écrit mais deux livres sont parus sur elle en français :

– Adilakshmi Olati : *La Lumière de Mère Meera,* L'Or du temps. 1, rue du 26 mai 1944, 38950 Saint-Martin-le-Vinoux.

– Claude Gérard Sarrazin : *Mère Meera,* Éditions de Mortagne, Canada.

LA SPIRITUALITÉ A LA TABLE RONDE

Dans la même collection

SVÂMI PRAJNÂNPAD, MANQUE ET PLÉNITUDE (tome 1), de Daniel Roumanoff.

SVÂMI PRAJNÂNPAD, LE QUOTIDIEN ILLUMINÉ (tome 2), de Daniel Roumanoff.

LE BAPTÊME DE L'OMBRE, de Christian Charrière.

ARNAUD DESJARDINS, LE BALADIN ET LA SAGESSE, de Jean-Pierre Calvet.

RACINES DE LA CONDITION HUMAINE, de Frithjof Schuon.

ÉCLAIRS D'ÉTERNITÉ, d'Eric Edelmann.

ARNAUD DESJARDINS OU L'AVENTURE DE LA SAGESSE, de Gilles Farcet.

LE MESSAGE DES TIBÉTAINS, d'Arnaud Desjardins.

ASHRAMS, d'Arnaud Desjardins.

AU-DELÀ DU MOI (*A la recherche du Soi* III), d'Arnaud Desjardins.
TU ES CELA (*A la recherche du Soi* IV), d'Arnaud Desjardins.
UN GRAIN DE SAGESSE, d'Arnaud Desjardins.
POUR UNE MORT SANS PEUR, d'Arnaud Desjardins.
POUR UNE VIE RÉUSSIE, d'Arnaud Desjardins.
LA VOIE DU CŒUR, d'Arnaud Desjardins.
APPROCHES DE LA MÉDITATION, d'Arnaud Desjardins.
L'AUDACE DE VIVRE, d'Arnaud Desjardins et Véronique Loiseleur.
EN RELISANT LES ÉVANGILES, d'Arnaud Desjardins et Véronique Loiseleur.
DE NAISSANCE EN NAISSANCE, de Denise Desjardins.
LA MÉMOIRE DES VIES ANTÉRIEURES, de Denise Desjardins.
MÈRE, SAINTE ET COURTISANE, de Denise Desjardins.
ANTHOLOGIE DE LA NON-DUALITÉ, de Véronique Loiseleur.
MÉTAPHYSIQUE POUR UN PASSANT, d'Eric Edelmann.
ALAN WATTS, TAOÏSTE D'OCCIDENT, de Pierre Lhermite.

TABLE DES MATIÈRES

Cet ouvrage a été réalisé par la
SOCIÉTÉ NOUVELLE FIRMIN-DIDOT
Mesnil-sur-l'Estrée
pour le compte des Éditions de La Table Ronde
en mai 1993

Imprimé en France
Dépôt légal : février 1991
N° d'édition : 2699 - N° d'impression : 23969